ACHIM HOFER
BLASMUSIKFORSCHUNG

ACHIM HOFER

BLASMUSIKFORSCHUNG

Eine kritische Einführung

WISSENSCHAFTLICHE BUCHGESELLSCHAFT
DARMSTADT

Einbandgestaltung: Neil McBeath, Stuttgart.

Einbandbild: „Pfeiferstuhl", Aquarell von G. Eberlein, 1855,
nach Entwürfen von Albrecht Dürer
(aus dem Hauptamt für Hochbauwesen Nürnberg,
Bildstelle und Denkmalsarchiv)

Die Deutsche Bibliothek – CIP-Einheitsaufnahme

Hofer, Achim:
Blasmusikforschung: Eine kritische Einführung /
Achim Hofer. – Darmstadt: Wiss. Buchges., 1992
ISBN 3-534-11083-8

Bestellnummer 11083-8

Das Werk ist in allen seinen Teilen urheberrechtlich geschützt.
Jede Verwertung ist ohne Zustimmung des Verlages unzulässig.
Das gilt insbesondere für Vervielfältigungen,
Übersetzungen, Mikroverfilmungen und die Einspeicherung in
und Verarbeitung durch elektronische Systeme.

© 1992 by Wissenschaftliche Buchgesellschaft, Darmstadt
Gedruckt auf säurefreiem und alterungsbeständigem Offsetpapier
Gesamtherstellung: Wissenschaftliche Buchgesellschaft, Darmstadt
Printed in Germany
Schrift: Times, 9.5/11

ISBN 3-534-11083-8

Inhalt

Vorwort IX

Abkürzungen XI

I. SYSTEMATISCHER TEIL

A. "Blasmusikforschung" 3
  1. Die Internationale Gesellschaft zur Erforschung und Förderung der Blasmusik (IGEB) 3
  2. Blasmusikforschung und Musikwissenschaft . . . 10
  3. Schwerpunkte einer deutschsprachigen Blasmusikforschung 18
  4. Zur US-amerikanischen Forschung 22

B. "Blasmusik" und "Bläsermusik" 27
  1. "Blasmusik" 28
    a) Zum Problem der "landläufigen" Bedeutung . . 29
    b) Blasmusik als "Volksmusik" 33
    c) Blasmusik als "volkstümliche Musik" 34
    d) Blasmusik als "Popularmusik" und als "populäre Musik" 36
    e) Blasmusik als "Unterhaltungs-", "Gebrauchs-", "Militär-" und "funktionale Musik" 39
    f) "Amateur-Blasmusik" und "professionelle Blasmusik" 41
    g) Konzertante, Sinfonische und Kunst-Blasmusik . 43
    h) Zusammenfassung, Definitionsversuche, Konsequenzen 46
  2. "Bläsermusik" 48

C. Bläser-Formationen 52
  1. "Kapelle" und "Orchester" 53

2. "Band" 59
3. "Ensemble" 61

D. Blasmusik und Ideologie 64
  1. Herrscher und Blas- bzw. Bläsermusik 65
  2. Blasmusik und Militarismus 67
  3. Zivile (Amateur-)Blasmusik 71
  4. Zur Kritik an der Militär- und Amateur-Blasmusik 77
  5. Blasmusikforschung und Ideologie 78
  6. Konsequenzen 81

II. HISTORISCHER TEIL

A. Bläsermusik vom Spätmittelalter bis um 1700 87
  1. Die "alta capella" 89
  2. Variable Besetzungspraxis, Ensembles 93
  3. Venezianische Bläsermusik, Zinken und Posaunen 97
  4. Türmer, Stadtpfeifer, Ratsmusiker 101
  5. Speer, Pezel und Reiche 102
  6. Zur Kombination von Pfeife und Trommel . . . 106
  7. Das Ensemble der Hof- und Feldtrompeter und Heerpauker 108
      a) "Zunft" 108
      b) Instrumente, Funktionen, Stimmen, Repertoire 112
  8. Militärmusik am Hofe Ludwigs XIV. 120

B. Bläsermusik des 18. Jahrhunderts 124
  1. Instrumente 124
  2. Duette, Trios, Quartette 130
  3. Musik für Kombinationen aus Oboen, Fagotten, Hörnern und Trompeten der ersten Jahrhunderthälfte 132
  4. "Harmoniemusik" 135
      a) Definitionsprobleme 137
      b) Besetzungen 139
      c) Gattungen 142
      d) Namen, Werke, Orte – eine Auswahl 144
      e) Bearbeitungen 148
      f) Soziale, funktionale und ästhetische Aspekte . . 152
  5. "Türkische Musik" 156
  6. Zur Bedeutung der Französischen Revolution . . 158

Inhalt VII

C. Blas- und Bläsermusik im 19. und 20. Jahrhundert . . 163
  1. Zur Situation im frühen 19. Jahrhundert 163
  2. Das Bläserquintett 165
  3. Militärmusik des deutschsprachigen Raumes (19. Jh.) 167
    a) Instrumente 167
      Das Baßproblem 168
      Zur Erfindung der Ventile 169
    b) Besetzungen 173
    c) Anspruchsvollere Originalliteratur 178
    d) Die Masse der Literatur/Bearbeitungen . . . 182
    e) Soziale Aspekte 185
  4. Zur Entwicklung in den USA (19. Jh.) 190
  5. Blechblas-Formationen 195
    a) Brass-Bands 196
    b) Brass-Ensembles 199
  6. Amateur-Blasmusik 201
    a) Bis ca. 1890 201
    b) Bis 1945 204
    c) Nach 1945 207
  7. Originale Blasorchestermusik in Europa (20. Jh.) . 212
    a) Anfänge in England 212
    b) Donaueschingen 1926 214
    c) Zur Blasmusik im Dritten Reich 218
    d) Blasorchestermusik nach 1945 220
  8. Originale Blasorchestermusik in den USA (20. Jh.) 223
    a) Voraussetzungen 223
    b) Anfänge in den 30er und 40er Jahren 226
    c) Zur Entwicklung ab 1950 228
  9. Musik für (kleinere) gemischte Bläserensembles
    (20. Jh.) 233
    a) Definitionsprobleme 233
    b) Beispiel 1: Igor Strawinsky 234
    c) Beispiel 2: Richard Strauss 236
    d) Ausblick 238

Literaturverzeichnis 241

Register 265
  Sachen 265
  Personen 273

Vorwort

Blasmusikforschung als erklärter Zweig der Musikwissenschaft ist jüngeren Datums als die Erforschung vieler Phänomene, die zu ihrem Gegenstand gehören. Dies begründet – neben anderem – den Systematischen Teil des vorliegenden Buches, der vor allem als Anregung zu einer bislang fehlenden Diskussion verstanden werden will. Offene Fragen, für die historische Musikwissenschaft ebenso wie für die Musikpädagogik, gibt es genug. Und Blasmusikforscher, die zu Recht monieren, daß die etablierte Musikwissenschaft über ihren vermeintlichen Gegenstand die Nase rümpft, sollten nicht gleiches tun, wenn berechtigte Kritik sie selber trifft.

Dem notwendig zu begrenzenden Umfang des Buches fielen Notenbeispiele und Abbildungen ebenso zum Opfer wie ein Kapitel zur Ästhetik geblasener Musik und Ausführungen zur Tradition kirchlicher "Posaunenchöre", welche vor allem in den Schriften Wilhelm Ehmanns (Auswahl im Literaturverzeichnis) dokumentiert ist. Die thematische Breite des gesamten Buches begründet auch die relative Kürze und Unvollständigkeit einzelner Unterpunkte. Die Gewichtung ist letztlich subjektiv und kritisierbar, aber jede Ergänzung dessen, was vermißt wird, bedeutete auch die Kürzung von Geschriebenem. Das Literaturverzeichnis kann aus einer ca. 5500 Titel umfassenden Bibliographie des Verfassers nur die im Text zitierten Schriften enthalten.

Herrn Christian Geinitz von der Wissenschaftlichen Buchgesellschaft sei gedankt für sein wohlwollendes Verständnis, das die Überschreitung des zunächst vorgegebenen Umfangs ermöglichte. Besonders danken möchte ich Frau Gudrun Völcker von der Stadtbücherei Iserlohn für ihre Bemühungen und Erfolge bei der Beschaffung zahlreicher schwer zugänglicher Literatur.

Iserlohn, im Oktober 1991   Achim Hofer

Abkürzungen

Fett gedruckte Zahlen verweisen auf die entsprechende Schrift im Literaturverzeichnis; ihnen folgt nach einem Punkt als normal gedruckte Ziffer die Seitenzahl. Angaben mit "S.[eite]" bezeichnen Verweise innerhalb des vorliegenden Buches.

Abb.	Abbildung(en)
AfMw	Archiv für Musikwissenschaft
AM	Alta Musica, eine Publikation der Internationalen Gesellschaft zur Erforschung und Förderung der Blasmusik, Tutzing 1976ff.
Art.	Artikel
ausf.	ausführlich
BB	Brass Bulletin (alle Beiträge in französischer, englischer und deutscher Sprache)
Bd., Bde.	Band, Bände
Beitr.	Beitrag, Beiträge
Bhr	Bassetthorn, Bassetthörner
BJHM	Basler Jahrbuch für Historische Musikpraxis, Winterthur/Schweiz 1977ff.
BQ	Brass Quarterly
CBDNA	College Band Directors National Association
D.M.A.Diss.	Doctor of Musical Arts Dissertation
Fg	Fagott(e)
Fl	Flöte(n)
GSJ	The Galpin Society Journal
H.	Heft
Hr	Horn, Hörner
Hrsg., hrsg.	Herausgeber, herausgegeben
IGEB	Internationale Gesellschaft zur Erforschung und Förderung der Blasmusik
JBR	Journal of Band Research

Jh.	Jahrhundert(s)
Kb	Kontrabaß
Kfg	Kontrafagott(e)
Kl	Klarinette(n)
Mf	Die Musikforschung
Mf.	Musikforschung
Mg.	Musikgeschichte
MGG	Die Musik in Geschichte und Gegenwart, Kassel–Basel 1949 ff.
Mitt.	Mitteilungsblatt
ML	Music & Letters
MR	The Music Review
Mw.	Musikwissenschaft(liche)
NB	Notenbeispiel
NGrove	The New Grove Dictionary of Music and Musicians, London 1980
NHbMw	Neues Handbuch der Musikwissenschaft, Laaber 1980ff.
NZfM	Neue Zeitschrift für Musik
Ob	Oboe(n)
Picc-Fl	Piccolo-Flöte
Pk	Pauke(n)
Pos	Posaune(n)
R	Reprint
RML	Riemann Musik Lexikon, Sachteil, Mainz 1967
Tl.	Teil(e)
Tp	Trompete(n)
Univ.	University
vgl.	vergleiche
zit.n.	zitiert nach

I. SYSTEMATISCHER TEIL

A. "Blasmusikforschung"

1. Die Internationale Gesellschaft zur Erforschung und Förderung der Blasmusik (IGEB)

In seinem Einleitungsvortrag zur ersten Internationalen Konferenz zur Erforschung und Förderung der Blasmusik (1974, Druck 1976) hoffte ihr Präsident Wolfgang Suppan auf eine "nun systematisch einsetzende Blasmusikforschung" (358.14). 1982 bezeichnet Walter Deutsch die "Blasmusikforschung" als "ein junges Unternehmen innerhalb der musikwissenschaftlichen Disziplinen" (90.11). Für Eugen Brixel (1983) hat sich die Blasmusikforschung als Teil der Musikwissenschaft "in den letzten Jahren einen fixen Platz gesichert" (55.154). Und 1987 stellt wiederum Suppan fest: "Blasmusikforschung steht am Beginn" (366.10).

Unter dem Oberbegriff "Blasmusikforschung" lassen die von der IGEB publizierten "Alta Musica"-Bände eine äußerst breite Palette an Themen erkennen, so daß beispielsweise Gregor Widholm in der Blechbläser-Fachzeitschrift "Brass Bulletin" schrieb, hier würde unter "Blasmusik" "nicht nur die Blasmusikensembles der Amateure, sondern vor allem die geschichtliche Entwicklung der Bläserensembles im weitesten Sinne verstanden" (1977, H. 19, 73). Auf der anderen Seite aber spricht Hermann Moeck in der Holzbläser-Fachzeitschrift "TIBIA" von den "Aktivitäten der Internationalen Gesellschaft zur Erforschung und Förderung der (gemeint ist vornehmlich: der populären) Blasmusik" (1980, H. 1, 52). Die Mitglieder der IGEB sind in ihrer Gesamtheit sehr heterogen, sowohl von ihrer Profession her wie auch aufgrund ihres Verständnisses von "Blasmusik". Eine weitere Ursache für Widholms und Moecks unterschiedliche Interpretation ist darin zu sehen, daß zu den Zielen der IGEB ausdrücklich nicht nur die "Erforschung", sondern auch die "Förderung" der Blasmusik gehört. Unter "Förderung" aber wird vor allem das Amateur-Blasmusikwesen verstanden. (W. Suppan war u. a. lange Jahre Vorsitzender des Jugendbeirates im "Bund Deutscher Blasmusikverbände".) Und so mögen letztlich die sich scheinbar widersprechenden Äußerungen von Widholm und Moeck als Ausdruck eines sehr vielschichtigen Bildes verstanden werden, das die IGEB selbst vermittelt.

W. Suppans Grundsatzreferat zur Blasmusikforschung (1976) läßt bereits im Titel den Forschungsgegenstand deutlich werden: "Das Blasorchester. Forschungsbericht und Forschungsaufgabe" (**358**). Zwar erscheinen Suppan Themen wie etwa die Instrumentenkunde der Blasinstrumente, Bläserkammermusik, Hoftrompeter, Stadtpfeifer, Harmoniemusik usw. "in den Fächerkatalog der Blasmusikforschung eingebettet", aber diese Bereiche seien von jeher Gegenstand musikwissenschaftlicher Forschungen gewesen. Dagegen klaffe "dort eine Lücke in unseren musikgeschichtlichen Darstellungen, wo das Blasorchester als spezifischer Klangkörper mit eigengesetzlicher Entwicklung in Erscheinung tritt" (9). Folglich stehen für ihn Fragen nach den "historischen Wurzeln des Blasorchesters, seiner Entwicklung, seiner jeweiligen Stellung zur allgemeinen Musikkultur, seinen [...] wechselnden Aufgaben, nach den Instrumenten und Besetzungen, nach dem Repertoire, den Interpretationsstilen, nach den Kapellmeistern und Komponisten" im Zentrum der Blasmusikforschung (15), denn gerade hier bestehe "eine Lücke im Katalog der Forschungsaufgaben der Musikwissenschaft" (13). Dies bedeutet, daß es Suppan schwerpunktmäßig um die Geschichte und Gegenwart der Blasmusik als Orchestermusik geht.

Auch Eugen Brixel formulierte in seinen Aufsätzen "Blasmusikforschung – ein Postulat an die Musikwissenschaft" (1975; **50**), "Was ist – und zu welchem Ende betreibt man Blasmusikforschung?" (1980; **54**) und "Blasmusik an der Musikhochschule Graz" (1983; **55**) Aufgaben, Methoden und Ziele der Blasmusikforschung. Für ihn ist "prinzipiell klarzustellen, daß Blasmusikforschung, im weitesten Wortsinn verstanden, alle Sparten aerophoner Instrumentalmusik – von solistischen und kammermusikalischen bis zu orchestralen Formen – inkludiert und somit eine einseitige Konzentration auf die Blasorchestermusik vermieden werden müßte. Das weitläufige Gebiet der geblasenen Musik, in das Bläsermusik ebenso wie Blasmusik integriert ist, bietet sich [...] an, ohne daß mit dem Terminus Blasmusikforschung eine mißverständliche Einengung oder Relativierung des Forschungsbereichs verbunden wäre" (**54**.73). Die "augenfälligsten" Perspektiven sind dabei (1) die historische, (2) die instrumentenkundlich-musizierpraktische, (3) die musikästhetische und (4) die soziologische Perspektive (73–76). (Als "Gesichtspunkte" für die "befruchtende Wechselwirkung von Blasmusikforschung und Bläserpraxis" stellt Brixel in einem anderen Beitrag heraus: a) den musikhistorischen, b) den instrumentenkundlichen, c) den pädagogischen sowie d) den musikästhetischen Aspekt [**55**.155 ff.]).

Weder die von Suppan noch die von Brixel genannten Gegenstandsbereiche der Blasmusikforschung können, wie beide betonen, ohne interdisziplinäre Forschungen auskommen. Brixel zufolge entspricht es "dem interdisziplinären Charakter der intendierten Blasmusikforschung, daß in ihr alle jene Wissenschaftsdisziplinen koordiniert zusammenwirken, in deren Geltungsbereichen die Gattung 'Blas- oder Bläsermusik' zentral oder peripher angesiedelt ist" (**54**.76). Das heißt, Blasmusikforschung wird unter "Heranziehung einschlägiger, zu Gebote stehender Hilfswissenschaften [...] zu erschließen und aufzufächern sein" (71). "Hilfswissenschaften" der Blasmusikforschung sind nach Suppan die Musikethnologie, die Vergleichende Musikwissenschaft, die Militär- und Kriegsgeschichte, die Volkskunde, die Soziologie, die Psychologie, die Pädagogik sowie die Musiktherapie (**358**.19–21). Entsprechend sollen in der "Alta Musica"-Publikationsreihe der IGEB "Vertreter all jener wissenschaftlichen Fachrichtungen zu Wort kommen, in deren Forschungsbereichen – zentral oder peripher – die Blasmusik angesiedelt ist" (Vorwort zu **370**.8).

An zuletzt genannter Stelle schreiben Suppan und Brixel, die IGEB habe sich "zum Ziel gesetzt, eine (nur allzu oft) diskriminierte Musikgattung vom Odium der Subkultur zu befreien und damit den häufig depravierend gebrauchten Terminus 'Blasmusik' zu rehabilitieren". Suppan betont, man sollte "gewisse Vorurteile ablegen" (**358**.15), und "[u]mfassende Aufklärung" solle "zu einer gerechten Beurteilung des Blasmusikwesens führen" (21). Bereits 1975 bemerkte Brixel: "Im steten Bemühen um eine Rehabilitierung der Blasmusik [durch die Orchester] [...] darf es nun auch nicht weiter wunder nehmen, wenn allenthalben immer wieder die dezidierte Forderung nach einer systematischen und grundlegenden Erforschung dieser Sparte erhoben wird" (**50**.62).

Und er warnt davor, daß "die Blasmusikgeschichte [...] in ein sklavisches Abhängigkeitsverhältnis zur Musikgeschichte" gerät (65). Fünf Jahre später (1980) gilt es für Brixel, "Hypotheken, Mißverständnisse oder festgefahrene Ressentiments aus dem Weg zu räumen, um zum eigentlichen Kern dessen vorzustoßen, was das Phänomen Blasmusik ursächlich ausmacht" (**54.**69). (Auch z. B. Othmar K.M. Zaubek betreibt "regionale Blasmusikforschung" "zur Entkräftung verschiedener Vorurteile, etwa 'bäuerliche' und 'städtische' Blasmusik" [**414.**177].)

Nachzufragen wäre, welches Verständnis von "Blasmusik" dem "Phänomen Blasmusik" zugrunde liegt. Wenn Brixel die Blasmusikforschung ausdrücklich ansieht "als eine Möglichkeit zur Emanzipation einer oftmals diskreditierten Musiksparte" (**55.**160), so wird damit "Blasmusik" entweder so eng gefaßt, daß tatsächlich nur "eine" Sparte daraus wird, für die seine Äußerung zutrifft, oder es wird unzulässig verallgemeinert. *Welche* Blas- oder Bläsermusik ist denn mit "Vorurteilen" behaftet oder wurde oft diskreditiert? Was an anspruchsvoller Musik darunter fällt (von etwa Mozarts "gran Partitta" bis hin zu Pendereckis "Pittsburgh Ouverture"), braucht kaum in einem solchen Sinne "rehabilitiert" zu werden (gleichwohl noch manches einer Würdigung bedarf). Millionen von Menschen, die gerne "Blasmusik" hören, dürften diese Musik nicht kennen, und Musikwissenschaftler, die sich damit beschäftigten, diskreditieren sie nicht unbedingt. So stellt sich die Frage, für *wen* eigentlich *was* rehabilitiert werden muß. (Und sofern es darum geht, vermitteln zu wollen, daß Blasmusik auch Kunstmusik sein kann, dürfte nicht von *der* Sparte "Blasmusik" gesprochen werden.)

Selbst das vor allem auch *gesellschaftlich* relevante Phänomen der populären bzw. amateurhaften Blasmusik ist viel zu komplex, als daß sich für sie generell sagen ließe, es gehe darum, Vorurteile abzubauen. Zu fragen ist, ob, inwieweit, wie und durch wen oder was hier eine Veränderung herbeigeführt werden *soll.* Sofern dies zunächst ein wissenschaftsimmanentes (Begriffs-)Problem ist, muß hier zunächst Klarheit geschaffen werden. Inwieweit Ergebnisse auch gesellschaftlich greifen, ist ein ganz anderes. Hinsichtlich der IGEB sieht der Verfasser die Gefahr, daß der Anspruch der Gesellschaft aufgrund ihres Namens (Gesellschaft zur Erforschung *und Förderung* der Blasmusik) zu einer Vermischung beider Bereiche führt, welche der "Erforschung" nicht nur förderlich ist. "Erforschung" meint "Wissenschaft", "Förderung" hingegen ist eine pädagogische, gesellschaftliche und politische Aufgabe, über die Wissenschaftler allein nicht zu befinden haben sollten. Bereits in seinem Grundsatzreferat schrieb Suppan, Blasmusikforschung dürfe "nicht wissenschaftlichen Ballast aufhäufen", sondern sie müsse "dem Musikleben in umfassender Weise Hilfen bereitstellen [...]: soll sie ihren Sinn nicht verleugnen" (**358**.21). Brixel sieht die Blasmusikforschung "als theoretische Fundierung der Bläserpraxis", und es geht ihm auch darum, "den Bläser speziell im orchestralen Bereich künstlerisch zu rehabilitieren" (**55**.160). Zwar wird auch "Grundlagenarbeit" gefordert: Suppan verlangt "die Aufarbeitung der in den Archiven liegenden oder in Privatbesitz dem Verfall preisgegebenen Quellen" (**358**.15), und für Brixel muß Blasmusikforschung "die sich überreichlich anbietenden Quellen in strikter Sachlichkeit und Objektivität untersuchen und darstellen" (**50**.63). Doch könnten "strikte Sachlichkeit und Objektivität" gefährdet sein, wenn die "Förderung der Blasmusik" zur Leitschnur wird. So spricht Brixel im Zusammenhang mit der "Legitimation" der Blasmusikforschung von der "Verpflichtung, überkommene musikkulturelle Werte zu tradieren" und "künftige Entwicklungen anzubahnen, vorzubereiten oder vollziehen zu helfen" (**54**.71). Und Suppan begreift sein Buch "Komponieren für Amateure" zwar als "Ergebnis des wissenschaftlichen Interesses", doch soll es auch "in die Praxis zurückwirken" (**366**.9). Konkret zeigt sich die nicht immer glückliche Verbindung von "Erforschung" und "Förderung" beispielsweise darin, daß es bezüglich der Blasmusik-Bearbeitungen und -Transkriptionen zu sehr gegensätzlichen Bewertungen kommt, und dies teilweise dadurch, daß musikalische und "praxisrelevante" Kriterien vermischt werden. Damit sei nicht in Abrede gestellt, daß Bewertungen erfolgen sollen. Brixel fordert ausdrücklich auch von der Blasmusikforschung, Wertmaßstäbe zu objektivieren (**55**.160) und Trennungslinien zu ziehen etwa "zwischen musikalisch anspruchsvoller, autorisierter und gehaltvoller Transkription auf der einen und künstlerisch nicht vertretbaren 'Bearbeitungen' auf der anderen Seite" (**54**.76). Doch dürfte eine auf "Förderung der Blasmusik" zielende "Erforschung der Blasmusik" nicht umhin kommen, gewissenhaft darüber zu reflektieren, inwieweit der Rahmen streng wissenschaftlicher Methodik verlassen wird in Richtung auf eine Einflußnahme in einem Bereich, der vor allem auch ein pädagogisches, gesellschaftliches und politisches Problem darstellt (wie etwa das Amateur-Blasmusikwesen).

Zwar wird gerne auch bewußt die pädagogische Dimension der Blasmusik bzw. Blasmusikforschung artikuliert. Doch Brixels Verweis (**55**.159) in diesem Zusammenhang auf die als "Alta Musica"-Band erschienene Arbeit von Helmut Moog über "Blasinstrumente bei Behinderten" (**260**) geht an Wesentlichem vorbei: Moogs Schrift ist in erster Linie eine überaus verdienstvolle (Behinderten-)*pädagogische* Arbeit und weniger eine solche der Blasmusikforschung, für die die Pädagogik eine "*Hilfs*wissenschaft" darstellt. Der "Blasmusikforscher" als Musikwissenschaftler kann nicht von vornherein gleichermaßen kompetent sein in allen Fragen, die über den streng genommen *musikwissenschaftlichen* Rahmen hinausgehen. Veränderungen etwa des Amateur-Blasmusikwesens darf und soll sich der Musikwissenschaftler wünschen; wissenschaftlich darüber zu schreiben hieße aber auch, sich beispielsweise mit der Rechtfertigung von Normen aus erziehungswissenschaftlicher Sicht auseinanderzusetzen. Bemerkungen des Präsidenten der Deutschen Forschungsgemeinschaft, Hubert Markls, in seinem Buch "Wissenschaft: Zur Rede gestellt" (1989), mögen heutzutage als idealtypisch-naiv angesehen werden; trotzdem sollten sie Anlaß geben, sich im Grundsätzlichen bewußt zu sein: "Wissenschaft ist das durch Erfahrung geleitete Verfahren, zuverlässiges Wissen zu erlangen und zu bewahren, sonst nichts" (**245**.8). Gerade eine Blasmusikforschung, die sich auch mit einem gesellschafts- und kulturpolitischen Phänomen wie das des Amateur-Blasmusikwesens beschäftigt, muß sich im klaren sein: "Wissenschaft ist keine Heilslehre; sie ist nicht die Methode, Menschen glücklich zu machen" (9). Wenn Wissenschaft "beansprucht, lebenspraktisch einflußreich zu sein, so ist die hochnotpeinlich kritische Befassung mit ihren Rechtfertigungen und ihren Auswirkungen nicht Ausdruck irrationaler Wissenschaftsfeindlichkeit, sondern angemessene, ja fast schon respektvolle Würdigung ihres Ranges" (18). Und wie aus "freier wissenschaftlicher Erkenntnissuche [...] nicht die Freiheit beliebiger praktischer Anwendung wissenschaftlicher Erkenntnisse" folgt, so bedarf jede Praxis des Handelns "ihrer Rechtfertigung durch moralisch vertretbare Gründe" (25). Dabei hat der Wissenschaftler "über die Rechtfertigung der Anwendung seiner Erkenntnisse in der Lebenspraxis um kein Jota mehr zu befinden als irgendein anderer Bürger" (25). Wenn etwa Bálint Sárosi über ungarische Bauernkapellen schreibt: "Ihre negativen Züge [...] sind authentisch, und diese Tatsache allein verdient das

Interesse wissenschaftlicher Forschung" (313.300), so hätte Blasmusikforschung nicht a priori darüber zu reflektieren, wie diese "negativen Züge" zu verbessern seien, sondern z. B. darüber, was die genannte Authentizität den Spielern selbst bedeutet. (Kurt Blaukopfs Bemerkungen zur Musikethnologie wären auch von Blasmusikforschern zu bedenken, selbst wenn die Verhältnisse nicht vergleichbar sind: "Was einer schwarzafrikanischen Nation im musikalischen Bereich zum Nutzen gereicht, sollte [...] nicht von noch so wohlmeinenden Musikethnologen bestimmt werden, sondern von den Betroffenen selbst" [34.354].) Überzeugen können in diesem Zusammenhang die Äußerungen Antonio A. Bispos (1987): Nachdem er zunächst einmal *definierte,* daß er innerhalb seines Beitrages unter "Blasmusik" "ausschließlich die heutige Blasmusikpraxis im volkstümlichen Bereich" verstehe (32.254), erachtet er es als "erstrebenswert", daß "erst auf der Grundlage breiter Forschungsergebnisse" ein Förderungsprogramm entwickelt würde (257). Den "musikästhetische[n] Konservatismus" zahlreicher Kapellen deutet Bispo als "Ausdruck einer traditionsgebundenen Haltung; eine wissenschaftliche Auseinandersetzung mit dem Begriff der Tradition im Bereich der Blasmusik [...] ist demnach notwendig. Eine mangelnde Berücksichtigung des dynamischen Charakters der Traditionen kann hier zu einer traditionalistischen Haltung führen. [...] Eine unreflektierte Verbreitung von Kompositionen ohne Berücksichtigung des kulturgeschichtlichen Zusammenhangs ihrer Entstehung trägt nicht zur Förderung der Blasmusikpraxis bei, sondern kann sinnentleerend wirken und letztlich zu ihrem Ende führen" (257). Und um die Blasmusikpraxis "zu fördern [...], ist die Verbreitung eines neues Repertoires nicht ausreichend, vielleicht sogar schädlich. Erforderlich ist zunächst die Erforschung der musikalischen, sozialen, kulturellen, ja psychischen [!] Voraussetzungen dieser Musikpraxis [...]" (262). Bispos Aufsatz lautet "Blasmusikforschung und -förderung in Brasilien", aber es wäre nicht daraus zitiert, wenn seine Ausführungen nicht auch hierzulande zu bedenken wären.

2. Blasmusikforschung und Musikwissenschaft

Die Postulierung der Blasmusikforschung als eines "neuen" Zweiges der Musikwissenschaft wurde im Rahmen der IGEB-Darstellung bereits dargelegt. Mit Suppans Gewichtung der Schwerpunkte hat sich hier in der Tat ein neues Feld erschlossen. Anzutreffende Rechtfertigungen verweisen dabei mehr auf die populäre Blasmusik. Bernhard Habla stellt fest: "Sowohl in der historischen als auch in der vergleichend-systematischen Musikwissenschaft sind die Themenbereiche der Blasmusik noch keine allgemeinen Forschungsgegenstände" (**148**.VI), oder er bedauert, daß Musikgeschichten wie die von Guido Adler, Jacques Handschin, Georg Knepler oder Carl Dahlhaus die Blasmusik ignorierten (V). Brixel zufolge besitzt die Blasmusikforschung "derzeit [1975] für die seriöse Musikforschung noch das Odium des Dubiosen und Suspekten. Und damit ist, wenigstens teilweise, die bisherige Ausklammerung der Blasmusik aus der Musikforschung motiviert" (**50**.61), und er fordert, die "Blasmusik, bisher eine 'terra incognita', in den Komplex der Musikwissenschaft zu integrieren" (67).

"Blasmusik" als Gegenstand der Musikwissenschaft wird von zwei Seiten her begründet. Zum einen damit, daß eine Wissenschaft von der Musik sich nicht einem so verbreiteten Phänomen wie dem der Blasmusik, "die von Hunderttausenden von Menschen gern interpretiert und von Millionen von Menschen gern gehört wird" (**366**.7), verschließen dürfe. Brixel spricht von der "sich immer mehr ausbreitende[n] Blasmusikbewegung unserer Zeit" (**50**.61), und während die Musikforschung "lange Zeit hindurch eine kritische Auseinandersetzung mit der diskriminierten Blasmusik ablehnte, gewann aber in der Musikpraxis gerade diese Gattung immer mehr an Boden" (62). Zum anderen wird argumentiert, daß die Musikwissenschaft sich bereits anderen Bereichen, die lange Zeit ignoriert worden waren, zuwandte. So wie sie sich seit den 60er Jahren bis dahin "tabuisierten Peripherzonen des Musikgeschehens" widmete (Jazz, Trivialmusik, Folklore, Popmusik etc.), dürfe "auch auf dem umfangreichen Blasmusiksektor die systematische Forschung [...] nicht länger privaten oder zufälligen Initiativen überlassen bleiben" (**54**.71).

Die Klagen über fehlende Untersuchungen im Bereich der populären Blasmusik und Militärmusik begleiten indessen von Anfang an die Entwicklung der Musik selbst. Schon im Jahre 1858 wies Hans von Bülow darauf hin, daß die Militärmusik "einmal verdiente, von Sachkundigen [...] genauer erörtert zu werden, als eben zu geschehen pflegt" (**64**.4), und am Ende des 19. Jahrhunderts stellte August Kalkbrenner fest, daß das, was "auf diesem Felde vereinzelt bisher geleistet" worden sei, "leider zumeist nur mehr verwirrend als klärend zu wirken vermocht" hat (**208**.3). Mit zahlreichen deutsch-, englisch-, französisch- und italienischsprachigen Untersuchungen zur Geschichte der Militärmusik ist solchen Forderungen aber bereits Folge geleistet, z. B. Kappey 1894 (**211**), Farmer 1912 (**119**), Brenet 1917 (**49**), Vessella 1935 (**393**), Reschke 1936 (**299**), Degele 1937 (**89**), Panoff 1938 (**279**), Palecziska 1939 (**278**) (die letzten vier nicht zufällig in den dreißiger Jahren). Und Suppan fordert deshalb, daß von ihnen aus "der Schritt zur allgemeinen Blasmusikgeschichte getan werden" könnte (**358**.12). Denn für den Bereich der populären bzw. Amateur-Blasmusik konstatierte bereits 1952 Hermann Egger in seiner Dissertation über "Die Entwicklung der Blasmusik in Tirol": "[...] Eine ernst zu nehmende Literatur fehlt noch, und die Legendenbildung wuchert um so reicher, je spärlicher die Quellen fließen" (**103**.1).

Die Gründe dafür, daß die Musikwissenschaft lange Zeit diesen Bereich ignorierte, hängen eng mit ihrem jeweiligen Selbstverständnis zusammen. Es ist kein Zufall, daß etwa Kurt Strom in seiner 1926 erschienenen Dissertation über den Marsch in der Kunstmusik schrieb, eine Untersuchung des Militärmarsches komme wegen seiner "künstlerischen Geringwertigkeit" nur dort in Frage, wo er "sich in die sinfonische Literatur Eingang verschafft" (**353**.63). Und was Blaukopf über die Rockmusik schreibt, kann teilweise auch auf die populäre Blasmusik bezogen werden: Sie "bereitete den Forschern und Lehrern wenig Freude. Wer sich des guten Geschmacks wähnte, mußte die Nase rümpfen. Musiksoziologen aber, die dort, wo es sich um den Gegenstand ihrer Forschung handelt, zur Geschmacklosigkeit verurteilt sind, konnten es sich leisten, den positiven Aspekt dieses Phänomens zu vermerken" (**34**.247). Einen weiteren Grund nennt Andreas Masel: Die "Musik der Blaskapellen nahm von Anfang an eine Mittelposition zwischen Volksmusik und Kunstmusik ein und schlüpfte so jahrzehntelang durch das Raster der musikalischen Volkskunde und das der herkömmlichen Musikwissenschaft" (**248**.9). Geblasene Musik war zu wenig Kunstmusik, als daß die traditionelle Musikwissenschaft hier einen relevanten Zweig erkennen konnte. Indessen sind es inzwischen nicht nur "Blasmusikforscher", die eine Beschäftigung mit den populären Formen geblasener Musik fordern. Friedhelm Brusniak konstatiert 1985: "Angesichts des Fehlens der Termini 'Blasmusik', 'Blechmusik', 'Harmoniemusik', 'Militärmusik' in neueren Darstellungen der Musik des 19. Jahrhunderts soll diesen integrierten, nicht selten sogar dominierenden Bestandteilen der Musikkultur jener Zeit besondere Aufmerksamkeit geschenkt werden" (**63**.150). Auch Heinz Becker bemerkte 1987: "Die Popularisierung der Opernmusik [...] durch die Militärkapellen, ist ein bisher wenig beachteter Faktor in der Rezeption von Opernmusik überhaupt" (**21**.556). Daß Beckers Erkenntnisinteresse mehr auf Formen der Opernrezeption im 19. Jahrhundert gerichtet ist denn auf "Blasmusik", ändert nichts am Gegenstand. Und bereits hier mag deutlich werden, daß die Beschäftigung mit populärer Blasmusik auch Erkenntnisgewinne für andere Zweige der Musikwissenschaft bringen kann, wie umgekehrt historische Blas- und Bläsermusik eingebettet zu werden verdienen in "die Musikgeschichte" einer historischen Musikwissenschaft. (Die für das 18. Jahrhundert kaum bestreitbare Bedeutung der "Harmoniemusik" erscheint im 5. Band des Neuen Handbuchs der Musikwissenschaft [**83**] nicht einmal im Glossar.)

Insbesondere hinsichtlich der populären Blasmusik mögen also die Äußerungen über das "Stiefkind Blasmusik" zutreffen. "Blasmusikforschung" steht aber nicht "am Beginn", wenn sie den oben von Brixel konstatierten breiten Themenkatalog, einschließlich der Bläsermusik, umfaßt. Wulf Arlt etwa wies 1979 darauf hin, daß "Untersuchungen zur Spieltechnik und zum Repertoire der Blasinstrumente vom 16. bis ins frühe 19. Jahrhundert" einem Arbeitsbereich angehören, "der seit langem schon und nach wie vor im Zentrum der historischen Praxis steht" (Vorwort zu **392**.5). Zwar ist das Verhältnis zwischen historischer Musikpraxis und Musikwissenschaft, wie Peter Reidemeister darlegte (**298**.3-7), auch nicht problemlos; aber ohne hier Diskussionen über das Glas, welches entweder halb voll oder halb leer ist, führen zu wollen, soll doch mit Brixel festgestellt werden, daß innerhalb der gesamten *Musikwissenschaft* "der speziellen Erforschung der geblasenen Musik im weitesten Wortsinn noch eine relativ bescheidene Rolle" zukommt" (**50**.60).

Für musikwissenschaftliche Zweige, die sich längst mit Formen geblasener Musik und ihrer Instrumente beschäftigt haben, ist die Etikettierung als "Blasmusikforschung" neu; das Bewußtsein, "Blasmusikforschung" zu betreiben, dürfte kaum vorhanden gewesen sein. So zitiert Brixel zum oben angegebenen instrumentenkundlichen Bereich der Blasmusikforschung als "richtungsweisend" (55.157) beispielsweise die Studie von Jürgen Meyer über die "Akustik der Holzblasinstrumente" (1966, 253). Es ist nicht unproblematisch, wenn (vor allem ältere) Arbeiten anderer Zweige der Musikwissenschaft quasi "in Beschlag" genommen werden, um damit die Qualität des eigenen zu demonstrieren. Wenn wirklich alles das, was Brixel unter "Blasmusikforschung" subsumiert, Blasmusikforschung "ist", dann gibt es diese bereits sehr lange, und ihr Verdienst *als erklärter Zweig der Musikwissenschaft* bestünde darin, daß sie neben dem Aufgreifen bisher stiefmütterlich behandelter Themen vor allem die Forschung in Bereichen intensiviert, die zwar nicht "neu" sind, die aber auch innerhalb der "alten" Musikwissenschaft ein Randdasein führten. Denn obgleich Suppans Bemerkungen über die Musik der Stadtpfeifer, die Harmoniemusiken etc. als Gegenstände der allgemeinen Musikwissenschaft nicht falsch sind, so ist die Aufarbeitung dieser Gebiete keinesfalls bereits in einem solchem Maße erfolgt, daß eine "Blasmusikforschung" als Zweig der Musikwissenschaft sich nur am Rande mit ihnen beschäftigen sollte. Sie machte es, wenn auch aus anderen Gründen, der historischen Musikwissenschaft gleich.

Unmut über die geringe Bedeutung von *Bläser*musik ist vielfach anzutreffen. Führt die populäre Blasmusik ein Randdasein in der Musikwissenschaft, so Formen der Bläsermusik eher und vor allem auch in der Gesellschaft, selbst wenn hier inzwischen ein Wandel eingetreten ist. Dieter Klöcker schreibt 1978 beispielsweise davon, daß Bläserserenaden-Programme "im heutigen Konzertleben immer noch die Ausnahme" bilden (221.78), und Gunther Joppig spricht 1981 von der "selten zu hörenden Bläserkammermusik" (206.160). Aber auch im Bereich der *Erforschung* von Bläsermusik sind Klagen nicht selten. Bereits 1968 begann Udo Sirker seine Studie über Bläserquintette mit der Feststellung, daß "Untersuchungen, die sich mit klang- und satztechnischen Problemen von Bläserkompositionen befassen, weitgehend fehlen" (336.3). Bernhard F. Höfele betont 1982 in seiner Arbeit über "Harmoniemusik", Kompositionen für Bläserbesetzungen seien "nur selten Gegenstand musikwissenschaftlicher Untersuchungen" (179.9) gewesen und die "Harmoniemusik" habe "immer im Schatten der größeren symphonischen Besetzungen" gestanden und sei "deshalb von der musikwissenschaftlichen Forschung nicht beachtet" worden (11). Man mag einwenden, derlei Erläuterungen der Forschungslage seien Pflicht jeder wissenschaftlichen Arbeit, die ihre Existenz rechtfertige, jedoch handelt es sich keineswegs um äußerst spezielle Lücken, sondern um ganze Sparten und Gattungen geblasener Musik. (Nicht ohne Grund bemängelt Michael Nagy 1985 in einer Rezension von David Whitwells neunbändiger Blasmusikgeschichte [408], die Bläsermusik *insgesamt* sei "bisher im musikgeschichtlichen Schrifttum viel zu kurz gekommen und bestenfalls auf die Erwähnung ihrer Höhepunkte beschränkt gewesen" [408 a.447].)

Selbstverständlich hängt die Einschätzung der Bedeutung und Größe einer "Lücke" auch vom Betrachter ab, und man sei sich der Zwiespältigkeit der Akzeptanz von Blas- und Bläsermusik als Forschungsfeld bewußt. Für viele mag es hier und dort "seriöse" und "gute" Bläsermusik als Kunstmusik geben, doch allenfalls als Randerscheinung. Es liegt zum Teil im Wesen und in der Geschichte geblasener Musik (Freiluftmusik, Militärmusik, funktionale Musik i.w.S.), daß sie einerseits zum großen Teil bewußt "einfach", "unterhaltend" und "populär" war. Andererseits verhinderte gerade dies, daß sie ohne Hindernisse zur Kunstmusik "aufsteigen" konnte. So waren es beispielsweise auch *gesellschaftliche* Veränderungen, die parallel zum Verschwinden der "populären" Harmoniemusik des 18. Jahrhunderts das Bläserquintett als Kunstmusik entstehen ließen. Einem Komponisten wie Anton Reicha lag sehr daran, Zeitgenossen davon zu überzeugen, daß Blasinstrumente eine den Streichinstrumenten adäquate, gute Musik spielen können. Und wenn heute nicht nur Bläser-, sondern durchaus auch Blasmusik Kunstmusik sein kann, so scheint es, als habe sich in langen Prozessen zunächst die (Streich-)Instrumentalmusik von der Vokalmusik, und dann die Bläser- und Blasmusik von der Streichmusik emanzipiert.

Aber selbst Musikforscher, die sich mit geblasener Musik und deren Instrumente im Rahmen der "alten" Musikwissenschaft beschäftigen (Stadtpfeifer, Bläserquintett usw.), mögen zwar eher Verständnis für die Erforschung des Phänomens der populären Blasmusik aufbringen, letztlich ihren Gegenstand aber als zu "wertvoll" begreifen, als daß sie ihn als Teil einer "Blasmusikforschung" betrachten. Dies findet hier seine Erwähnung, weil zuweilen sehr unterschiedlichen Interpretationen und Bewertungen des gleichen Gegenstandes, schwankend zwischen Über- und Unterbewertungen, die Folgen sind. Für Musikforscher, deren Interesse an Kunstmusik orientiert ist, sind nicht selten Bläser-Kompositionen "größerer" Komponisten Randerscheinungen des Œuvres. Bezeichnenderweise schrieb Robert L. Gauldin in seiner Dissertation "The Historical Development of Scoring for the Wind Ensemble": "[...] Many writers' wind pieces represent the less important aspect of their total output" (**133**.127). Demgegenüber werden ebendiese Werke von einigen Blasmusikforschern oft als Garantie für die Qualität geblasener Musik zitiert, so daß, überspitzt formuliert, das Niedrigste der einen Seite das Höchste der anderen ist. Hierzu zählen etwa Bläser-Kompositionen von Lully, Haydn, Mozart, Beethoven, Spohr, C.M.v. Weber, Mendelssohn Bartholdy, Berlioz, Gounod, Tschaikowsky, Wagner, Rimskij-Korsakow, Schönberg, Strauss, Hindemith, Strawinsky u.v.a. Sie alle haben ihre Blas- bzw. Bläsermusiken komponiert, aber bevor diese zu qualitativ minderwertigen Randerscheinungen oder zu "Spitzen" der Blasmusik-Kompositionen interpretiert werden, sollte eine vorurteilsfreie Annäherung stattfinden: Hindemiths Konzert für Blasorchester op. 41 ist nicht deshalb von vornherein wertlos, weil er überwiegend andere Musik schrieb, und es ist nicht a priori wertvoll, weil es sich um Blasmusik von Hindemith handelt.

So präsentiert Otis Kitchen u.a. Gounods "Petite Symphonie" für Bläser als vorbildlich (**220**.80), während Gauldin über das Werk schreibt: "[...] the musical content [...] is of a rather inconsequential nature" (**133**.109). Widmen sich etwa Gauldin (**133**) und Michael Votta (**398**) Strauss' Bläserwerken, so sind in Suppans "Lexikon des Blasmusikwesens" (1988) fast ausschließlich Bearbeitungen genannt (**368**.337, vgl. auch **359**). Ist für Benjamin Husted die Brass-Band-Bewegung des 19. Jahrhunderts nur unter soziologischem Blickwinkel interessant, weil die musikalische Bedeutung der Werke äußerst gering sei (**196**.VI), so belegen inzwischen doch zahlreiche Untersuchungen, daß musikalische Aspekte keineswegs bedeutungslos sind.

Selbst bei der *Klassifizierung* von Werken als "Blas"- oder "Bläsermusik" werden unterschiedliche Sichtweisen deutlich: Kitchen beklagt, nicht einmal Musikwissenschaftlern sei bewußt, daß Händels "Feuerwerksmusik" ein "original band work" sei (**220**.78). Suppan zufolge ist diese Komposition aber "nur teilweise/bedingt zur Bläserliteratur zu zählen" (**367**.206). Und für Dimiter Christoff sind generell Werke "für Bläser" keine "Blas"- oder "Bläsermusik", wenn sie "für die Bläser des Symphonieorchesters geschrieben" (**75**.238) wurden (worunter er etwa

Strawinskys Konzert für Klavier und Bläser zählt). (Vgl. ausf. S. 55 ff. und S. 233 ff.)

Auch die gerne hervorgehobenen Beziehungen namhafter Komponisten und Persönlichkeiten zur Blasmusik bedürfen der Überprüfung dahingehend, in welcher Weise sie zur Aufwertung geblasener Musik taugen. Recht häufig findet sich beispielsweise das Zitat von Johannes Brahms, der 1880 an seinen Verleger Simrock schrieb: "Die Akademische Festouvertüre empfehle ich Ihnen aber für Militärmusik setzen zu lassen. Das lockt mich selbst, wenn ich nur genauer damit Bescheid wüßte" (zit.n. **209**.324). Wie Brixel "Richard Wagners Beziehung zur Militärmusik" (**59**) herausstellte und Suppan über "Anton Bruckner und das Blasorchester" schrieb (**362**), so wird nicht selten auch auf Spontinis, Donizettis, Meyerbeers, Spohrs, Liszts, Rimskij-Korsakows u.a. Beziehungen zur Militärmusik (oder auf deren Bläser-Kompositionen) verwiesen. Zu fragen ist aber, in welchem Falle derlei Bezüge wirklich ein Indiz für die Qualität der Blas- bzw. Militärmusik sind oder mehr ein solches für die Bedeutung der gesellschaftlichen Funktion, die geblasene Musik unstreitbar von jeher gehabt hat. Das heißt auch: Inwieweit ist das Verhältnis namhafter Komponisten zur Blas- und Bläsermusik nicht nur ein künstlerisches, sondern auch ein merkantiles oder gar politisches? Christoph-Hellmut Mahling (**241**.137) weist z. B. auf die künstlerischen und wirtschaftlichen Intentionen Mozarts hin, der sich, wie er in seinem oft zitierten Brief vom 20. Juli 1782 an seinen Vater schrieb, beeilen mußte, seine "Entführung" für Bläser zu bearbeiten: denn "sonst kommt mir einer bevor – und hat anstatt meiner den Profit davon"; gleichzeitig war er aber darum bemüht, daß seine Bearbeitung "den blaßinstrumenten eigen ist, und doch dabey nichts von der Wirkung verloren geht". Joseph Haydn empfahl die Vereinfachung einzelner Stimmen seiner Märsche, damit sie "spielbar" wurden (**181**.331); auch Franz Liszt stellte 1856 in einem Schreiben an den Direktor der preußischen Militärmusik, Wilhelm Wieprecht, diesem anheim, bei der Bearbeitung seines "Tasso" "gänzlich nach [...] Belieben frei zu schalten und zu walten" (zit.n. **241**.139). Ganz anders dagegen Leoš Janáček, der, "trotz der Einsprüche der Fachleute", bei einer Trompetenstimme "keinen einzigen Ton darin ändern" wollte (**151**.102). Mauricio Kagel schließlich komponierte "10 Märsche, um den Sieg zu verfehlen". Und warum, so muß weiter gefragt werden, ist der Anteil originaler Blas- bzw. Bläser-Kompositionen namhafter Komponisten bis auf den heutigen Tag relativ gering? Bezogen auf Blasorchesterkompositionen schreibt Kitchen 1980: "[...] Only during the last thirty years or so [...] numerous prominent composers [have] devoted their energies to writing serious music for the concert band" (**220**.77), und es erinnert an die Metapher des entweder halb leeren oder halb gefüllten Glases, wenn demgegenüber Donald McLaurien 1987 betont: Karel Husas "attitude toward the wind band is shared by too few of today's significant composers" (**251**.31). Und wieviele Bläserwerke namhafter Komponisten sind bislang nahezu unbekannt (wie etwa die Suiten von Gustav Holst oder Rimskij-Korsakows Solokonzerte für Blasorchester)?

Es würde einer "gerechten" Beurteilung geblasener Musik hinderlich sein, wenn ihre Erforschung tendenziell aufgeteilt wird in eine der "seriösen" ("Bläsermusik") durch die traditionelle Musikwissenschaft und eine der "anderen" ("Blasmusik") durch die Blasmusikforschung. Bläsermusik ist zuweilen so "populär" wie Blasmusik "ernst". Und weder ist Kunst-Blasmusik bereits soweit aufgearbeitet, daß Blasmusikforschung hier nicht noch ein weites Feld vor sich hätte, noch sind Fragestellungen und Probleme der populären Blasmusik oder der Militärmusik für andere Zweige der Musikwissenschaft bedeutungslos.

Hinter der Ähnlichkeit des Titels der Dissertation von Gauldin ("History of Scoring for the Wind-Ensemble", 1958) und dem der 1990 erschienenen von Habla ("Besetzung und Instrumentation des Blasorchesters seit der Erfindung der Ventile [...]") stecken in Wirklichkeit Unterschiede, die deutlich machen, worauf es ankommt: Gauldin zieht nur Werke in Betracht, die nach allgemeiner Übereinkunft zu den bedeutendsten Kompositionen zählen (**133**.195), während Habla ausdrücklich keine Werke berücksichtigt, die "für die Musikgeschichte von Bedeutung sind [...], wenn sie nicht der allgemeinen Besetzung entsprechen" (**148**.10). Dies führt beispielsweise in dem einen Fall dazu, daß Gauldin zwar von beachtenswerten Kompositionen Ralph Vaughan Williams' spricht, diese aber ignoriert, weil sie für "band" seien (um sich sodann den Bläsersätzen dessen 8. Sinfonie zu widmen [**133**.166 ff.]), und im anderen, daß Habla von Militärblasorchestern abweichende Besetzungen in Werken von Toch und Křenek mit ihrer Unkenntnis begründet, ohne nach möglichen künstlerischen Gründen zu fragen (**148**.175 f.).

Die angedeutete "Bereichs"-Trennung innerhalb der Musikwissenschaft verhindert auf Dauer die Beantwortung von Fragen, die nur im Zusammenhang beantwortet werden können: Welchen Stellenwert hat "Kunst"-Blasmusik innerhalb der allgemeinen Geschichte geblasener Musik? Wie komplex und vielschichtig ist überhaupt das Verhältnis namhafter Komponisten zu geblasener Musik? Wie unterscheiden sich ihre Bläserkompositionen in Gattung, Besetzung und Faktur von "gängigen"? Wo findet sich Blas- bzw. Bläsermusik *in* anderer Musik? Mit welcher Absicht wird sie dort "eingesetzt" (Schlußszene aus dem 3. Akt von Mozarts "Don Giovanni", "Napoleons Schlacht" aus der "Háry-János-Suite" von Kodály usw.)? Wo und aus welchen Gründen schreiben auch bedeutendere Komponisten "populäre" Blasmusik? Wo ist überhaupt eine Trennungslinie zu ziehen zwischen "trivialer", "populärer", "konzertanter" und "Kunst"-Blasmusik?

Die vorangegangenen Bemerkungen bedeuten nicht, daß verbunden werden soll, was nicht zusammengehört, denn dies selbst kann zu schiefen Interpretationen führen, wenn es etwa heißt, "das Repertoire unserer Blasorchester" reiche "vom Marsch bis zum symphonischen Werk Arnold Schönbergs, von der Freiluft- und Bierzeltmusik bis zur avantgardistischen Interpretation der 'Pittsburg[h]-Ouvertüre' eines Krzysztof Penderecki" (**61**.8). Aber Blasmusik etwa als Kunstmusik zu begreifen setzt voraus, daß (vor allem auch begrifflich) differenziert wird. Und Differenzierung, Unterscheidung sowie Abgrenzung setzen nicht nur die Kenntnis dessen voraus, was abgegrenzt werden soll. Im zweifellos idealistischen Sinne müßte ein Blasmusikforscher den gesamten Bereich geblasener Musik im Blick haben (was Vorlieben und Forschungsschwerpunkte nicht ausschließt); aber nur so läßt sich tendenziell vermeiden, daß der eigene Schwerpunkt als "die" Blas- oder Bläsermusik schlechthin mißverstanden wird.

3. Schwerpunkte einer deutschsprachigen Blasmusikforschung

Legt man Suppans und Brixels Konzepte zugrunde, so kann bei der Blasmusikforschung nur *zum Teil* von der "Inauguration einer neuen wissenschaftlichen Disziplin" (**54**.70) gesprochen werden. Wenn Brixel als "wesentliche Teilgebiete" der Blasmusikforschung "etwa die antike Kriegs- und Prozessionsmusik, die mittelalterlichen Feld- und Repräsentationsmusiken, die Stadtpfeifereien, die Kuhlau-[Kuhlo!]Bewegung, die nationalen Militärmusikentwicklungen" (**50**.65) ansieht, dann bedeuten diese

Teilbereiche, wie oben dargelegt, nicht nur eine andere Gewichtung als diejenige Suppans, sondern es handelt sich zum großen Teil um solche Bereiche, die letzterer gerade deshalb nicht in den Mittelpunkt stellt, weil sie sowieso bereits Gegenstand der historischen Musikwissenschaft gewesen seien.

Die Befürchtung, das Kompositum "Blasmusikforschung" könne aufgrund seines ersten Nomens "Blasmusik" mißverständlich sein, spricht Brixel indirekt aus, wenn er von "der historischen Bläser- und [!] Blasmusikforschung" (**55**.156) schreibt. Wie sehr dieses Problem überhaupt mit einer Definition des Terminus "Blasmusik" zusammenhängt, macht Peter Ruhr deutlich, indem er sagt, er wolle "– wie verschiedentlich geschehen – Blasmusikforschung nicht bereits im 15. Jahrhundert beginnen lassen", sondern "bei der Wende vom 18. zum 19. Jahrhundert, also der Zeit der Französischen Revolution" (**307**.193). Grundsätzlich bestehen hier vier Möglichkeiten: Entweder (1) man faßt den Begriff "Blasmusik" so weit, daß er auch Bläsermusik impliziert, (2) man begreift das Nomen "Blasmusik" innerhalb des Terminus "Blasmusikforschung" als ein heuristisches, und zwar zur vereinfachenden Kennzeichnung eines Forschungsbereichs, der mehr enthält als sein Name, (3) man "meint" mit "Blasmusikforschung" in der Tat den Bereich, welcher ihn schwerpunktmäßig von der "Bläsermusik" abhebt, oder (4) man fügt dem Ausdruck "Blasmusikforschung" den der "Bläsermusikforschung" hinzu.

Entsprechend der 2. Möglichkeit soll Blasmusikforschung hier verstanden werden als Zweig der Musikwissenschaft, dessen Gegenstand *grundsätzlich* sämtliche Formen primär geblasener Musik und ihrer Instrumente darstellen. Anknüpfend an Brixels Darlegungen zählt hierzu vor allem die Geschichte geblasener Musik, ausgehend von den ersten standardisierten Bläser-Ensembles des späten Mittelalters und ihrer Musik bis zur Kunst-Blasmusik der Sinfonischen Blasorchester des 20. Jahrhunderts. Die jeweiligen Formen, Funktionen und Rezeptionsweisen geblasener Musik sind dabei mit den Methoden der allgemeinen Musikwissenschaft zu erforschen. Dies bedeutet auch, daß Blasmusikforschung nicht von vornherein nur der "historischen" oder "systematischen" Musikwissenschaft zugeordnet werden kann: Die Geschichte etwa des Bläserquintetts oder Untersuchungen zum Repertoire der Sinfonischen Blasorchester "[as] an autonomus art form" (**220**) dürften eher zur ersteren zählen, wohingegen Fragen zur populären bzw. Amateur-Blasmusik verstärkt musiksoziologischer, -pädagogischer und -psychologischer Methoden bedürfen. Der skizzierte Schwerpunkt umfaßt *nicht* Bereiche wie etwa die Verwendung von Blasinstrumenten bei den alten Griechen, Römern, Ägyptern usw.; Blasinstrumente im Solokonzert für Bläser und Streicher (Flöten-, Oboen-, Klarinetten-, Horn-, Trompeten- usw. Konzerte); generell die Bedeutung und Funktion von Blasinstrumenten in der nicht-blasmusikspezifischen Kammer- und Orchestermusik; Blasinstrumente bei den verschiedensten Völkern; der Jazz usw. Diese Bereiche sollen hier deshalb nicht als erklärte Gegenstände der Blasmusikforschung bezeichnet werden, weil dies längst die (musikalische) Altertumskunde, die historische Musikwissenschaft, die Musikethnologie, die Jazz-Forschung usw. für sich getan haben. (Dem dargelegten Ansatz entsprechend läßt Michael Votta in seinen Beiträgen "The Wind Music of W.A. Mozart" [397] Kammer- und Orchesterwerke, wie z. B. Mozarts Klarinetten- oder Hornkonzerte, unberücksichtigt.) Dies bedeutet auf der einen Seite, daß Suppans Schwerpunkt ausdrücklich nur als einer von vielen zu betrachten ist, denn die Militärmusik und (populäre bzw. Amateur-) Blas*orchester*musik stellen nur einen Ausschnitt innerhalb des hier skizzierten Rahmens dar. Die Blas- und auch Bläsermusik als *Kunst*-Musik dürften um keinen Deut weniger ernst genommen werden, will Blasmusikforschung sich nicht nur als Teil von Popularmusikforschung begreifen. Auf der anderen Seite kann aber auch der von Brixel beschriebene Bereich in seiner Gesamtheit nicht als Schwerpunkt begriffen werden. Blasmusikforschung wäre die halbe Musikwissenschaft, erklärte sie nur solche Bereiche nicht zu ihren Arbeitsfeldern, in denen kein Bläser spielt. Würde sie überall dort, wo es um Blasinstrumente geht, sich zuständig fühlen, büßte ihr eigenes Format an Profil ein. Tausende von Veröffentlichungen anderer Zweige der Musikwissenschaft wären "Blasmusikforschung".

Einen eigenen Bereich stellt die Instrumentenkunde dar. Untersuchungen zur Geschichte, Bauweise, Spieltechnik und Akustik der Blasinstrumente sind keine neu zu entdeckenden Bereiche der Blasmusikforschung. Doch ist nichts dagegen einzuwenden, solche Forschungen als relevantes Terrain der Blasmusikforschung anzuerkennen. Dafür spricht nicht nur, daß beispielsweise die Erforschung historischer Blasinstrumente das Verständnis für die jeweiligen Bläser-Ensembles und deren Musik vertiefen kann, sondern auch der Umstand, daß es auch in diesem Bereich einiges aufzuholen gab und gibt. Nagy schrieb 1985: "Bis in unser Jahrhundert hinein spielte die Erforschung der Blasinstrumente im Vergleich zur instrumentenkundlichen Beschäftigung mit den Tasten- und Streichinstrumenten nur eine sehr untergeordnete Rolle" (TIBIA 1985, H.2, 372). (Daß dies nicht nur für die Forschung galt, bezeugt Heinz Holliger, wenn er 1981 feststellt, Oboen und Fagotte seien "bis vor wenigen Jahren noch eine Art Stiefkinder des Orchesters" gewesen [Vorwort zu **206**].) Der amerikanische Forscher Marc J. Fasman betonte noch 1990 in seiner "Brass Bibliography": "The scholarly study of brass instruments is a relatively new endeavor" (**121**.XI), was Friedrich Körners bereits 1976 getroffener Aussage über die "von der wissenschaftlichen Instrumentenkunde stiefmütterlich" behandelte Erforschung der Blechblasinstrumente (**225**.232) entspricht. Und was spezielle historische Instrumente betrifft, so erscheint es etwa Anne Smith 1979 "merkwürdig, daß die Renaissance-Querflöte [...] sowohl von der musikwissenschaftlichen als auch von der praktischen Seite so vernachlässigt wurde" (**338**.12), wie auch Markus Spielmann noch 1987 beklagte: "Trotz der in den letzten Jahren sprunghaft angestiegenen Literatur zum Thema 'Zink' gibt es bis heute bedauerliche Lücken in unserem Wissen um die Geschichte dieses Instruments" (**343**.121). Hier kann und soll die Blasmusikforschung, auch wenn es nicht ihr zentralster Bereich ist, Forschungen auf dem Gebiet der Blasinstrumente voranbringen, wie es andere Zweige der Musikwissenschaft auch tun.

Wenn der hier dargelegte Ansatz, wissenschaftstheoretisch gesehen, grundsätzlich den Ausführungen Hubert Markls folgt (vgl. S. 8), so bedeutet dies keinesfalls, daß der Nutzen von Blasmusikforschung für "das Leben" im weitesten Sinne in Abrede gestellt werden soll. Aber eine von *vornherein* nur auf Veränderung der Bläserpraxis gerichtete Forschung ist mit den Intentionen des Verfassers nicht vereinbar: Erstens ist das populäre Blasmusikwesen nicht als *notwendigerweise* zentral zu betrachten; folglich sind Intentionen dieses Schwerpunktes nicht solche der Blasmusikforschung schlechthin. Zweitens tangiert die Frage des "Nutzens" der Blasmusikforschung überhaupt nicht nur den "populären" Bereich. Und drittens ist auf vielen Gebieten der geblasenen Musik eine Grundlagenforschung noch dermaßen vordringlich, daß überhaupt die Frage des Nutzens vielfach zu früh gestellt erscheint. Es wäre der Blasmusikforschung als einer im strengen

Sinne wissenschaftlichen, d. h. auch deskriptiv zu verfahrenden Disziplin der Musikwissenschaft hinderlich, würden Forschungen a priori daran gemessen, welchen Nutzen sie für die Praxis bieten (vgl. z. B. 55.156 ff.) (zumal es "den" Nutzen und "die" Praxis nicht gibt).

4. Zur US-amerikanischen Forschung

In seinem Grundsatzreferat zur Blasmusikforschung schreibt Suppan, der "musikalische Aufschwung des zivilen Blasmusikwesens, vor allem im Rahmen der Highschool- und Universitätsmusikausbildung und einer staatlich ungemein geförderten Freizeitkultur mit Hilfe von Sport und Musik" habe in den USA "auch zu einem Aufschwung der Forschung geführt" (**358**.14). Suppan nennt eine Gruppe von US-Forschern, welche der Meinung gewesen sei, "daß man vor zwanzig Jahren in den USA den Stand hatte, den wir heute hier haben" (14), und schließlich fordert er, man solle "den Forschungsbereich 'Blasmusik' nicht amerikanischen Fachkollegen überlassen (wie dies bereits in manchen Teilgebieten abendländischer Musikgeschichte, etwa der Musik des Mittelalters und der Renaissance zu verzeichnen ist)" (15).

Auch für die amerikanische Blasmusikforschung fehlt allerdings bislang eine ausführlichere Grundlegung als Zweig der Musikwissenschaft. Daraus resultiert die Schwierigkeit auseinanderzuhalten, welche Forschungen auf dem Gebiet der geblasenen Musik nach amerikanischem Selbstverständnis zur "Blasmusikforschung" gehören und welche innerhalb des hier skizzierten Rahmens dieser zuzurechnen wären.

Der amerikanische Terminus "band research" reduziert, wörtlich genommen, die Forschungen in etwa auf Bereiche, wie sie von Suppan als Schwerpunkte der deutschsprachigen Blasmusikforschung skizziert wurden. Auch das seit 1964 halbjährlich erscheinende "Journal of Band Research", das Fachorgan der "American Bandmasters Association" (vgl. S. 225 f.), bestätigt eindeutig den geschichtlichen Schwerpunkt auf dem 19. und 20. Jahrhundert, wobei der Geschichte von (militärischen wie auch zivilen) "Bands", Dirigenten, Komponisten, dem Musikleben einzelner Städte, Werkanalysen, instrumentenkundlichen und pädagogischen Themen besondere Aufmerksamkeit geschenkt wird. (Werkanalysen bzw. -besprechungen sind keineswegs auf "populäre" Musik beschränkt, wie Abhandlungen zu Bläser-Werken von Gossec, Grieg, Strawinsky, Holst, Ives, Penderecki u. v. a. zeigen.) Nur in Ausnahmefällen verzeichnet das Journal Studien zu Themen des 18. Jahrhunderts und früher, wie etwa Keith Polks Aufsatz über "Ensemble Instrumental Music in Flanders (1450/1550)" (**288**). Vor allem Arbeiten zur Geschichte der US-amerikanischen Militärmusik, z. B. die von Raoul F. Camus (**70**, vgl. auch dessen äußerst umfangreiche Sammlung "Early American Wind and Ceremonial Music, 1636–1836" [**72**]), legen innerhalb der "band research" besonderes Gewicht auf die Zeit vor dem 19. Jahrhundert.

Doch trotz des unterschiedlichen Forschungsstandes sind viele Probleme der amerikanischen "band research" der deutschsprachigen IGEB-Blasmusikforschung nicht unähnlich. 1972 fragte David Whitwell: "Why is the contemporary band not fully accepted as a cultural force in the nation?" (**406**.74), und Jon R. Piersol, Herausgeber des "Journal of Band Research", bekennt in seinem 1988 auf dem IGEB-Kongreß in Oberschützen/Österreich gehaltenen Vortrag (den er dem Verfasser dankenswerterweise zur Verfügung stellte) über "The Current State of Wind Band Research in the United States", letztere sei – im Vergleich zu anderen Bereichen musikwissenschaftlicher Forschung – nach wie vor ein Stiefkind (**284**.22). Kitchen (1980) schreibt zum "band image problem" selbstkritisch: "Perhaps, we tend to take the original band works by prominent composers for granted and don't promote them enough to counteract the prevailing status of bands being classified as 'second class'"; und er bedauert: "[...] Far too many intellectuals and musicologists avoid it's [der band] worthiness because of a prejudice that is a result of 'being down on something they are not up on'" (**220**.78). Ursachen dafür, daß der "band research" mit Vorbehalten begegnet wurde und wird, dürften auch in den USA darin zu suchen sein, daß sie und andere musikwissenschaftliche Arbeiten zur (vor allem älteren) Bläsermusik zum Teil als gegensätzliche Bereiche betrachtet werden. Gauldin beispielsweise beschäftigt sich 1958 ausdrücklich deshalb mit mehr kammermusikalischen Bläser-Kompositionen, weil bis dahin erschienene Studien zur geblasenen Musik sich vor allem der "military or 'concert' band" gewidmet hätten (**133**.V). Und seine Hoffnung, eine Grundlage für die Erforschung der *Bläser*musik gelegt zu haben (195), wurde von der amerikanischen Blasmusikforschung selbst erst relativ spät aufgegriffen, beispielsweise vom CBDNA-Journal, dem seit 1984 halbjährlich erscheinenden Organ der "College Band Directors National Association" (vgl. S. 225), in welchem verstärkt auch Werke für kleinere Bläserbesetzungen etwa von Mozart, Strauss, Milhaud und Varèse Beachtung finden.*

Unabhängig davon unterteilt Piersol die amerikanische Blasmusikforschung in drei Hauptbereiche: "(1) history of American bands; (2) repertoire and literature of American bands; and (3) other types of band research" (**284**.6). Dem unter (1) und (2) erklärten Schwerpunkt entspricht auch Piersols "Selected Bibliography", die er seinem genannten Aufsatz beifügt. Zahlreiche Studien zur Solo- und Ensemble-Bläsermusik läßt er mehr oder weniger unberücksichtigt. So wird verständlich, wenn das "Journal of Band Research" für ihn das erste in den USA ist, das sich zur Aufgabe gemacht habe, Forschungen über das Blasorchester ("wind band") und seiner Musik zu fördern und zu verbreiten (3). Nur vor diesem Hintergrund ist auch zu verstehen, wenn er sagt, daß bis 1956 in den USA nur eine einzige "band"-bezogene Dissertation erschienen sei, bis 1966 über ein halbes Dutzend, bis 1976 achtundzwanzig, aber im Jahre 1986 fast fünfzig (5). Legt man den oben für den deutschsprachigen Raum vorgeschlagenen Rahmen dessen, was "Blasmusikforschung" sein könnte, zugrunde, so sind für die 50er, 60er und 70er Jahre bedeutend mehr als die von Piersol genannte Anzahl von US-Dissertationen zu nennen (vor allem solche zur Bläsermusik). Daß diese schwerpunktmäßig nicht zum von Piersol umrissenen Rahmen der "band research" gehören, wird weiterhin deutlich, wenn er neben den zuerst genannten Punkten (1) und (2) – als der "traditional wind band research" (17) – unter dem dritten Punkt eine ungeheure Vielfalt an "band"-bezogenen Themen subsumiert, nämlich pädagogische, psychologische und mehr praktisch orientierte (17f.). Zu letzterem gehören Dirigieren, "band"-Instrumentation, die "marching band", Blasinstrumenten-Intonation, Musik-Perzeption und so verschiedenartige Themen wie "band director 'burnout'", "fund raising practices and music budgets"

---

* Der Verfasser dankt Herrn Prof. Dr. Wolfgang Suppan (Graz) für das großzügige Entgegenkommen bezüglich der Einsichtnahme einiger Hefte. Zu Suppans privatem Blasmusikarchiv vgl. Clarino 1990, H.2, 22f.

bis hin zu Problemen der Verwaltung einer "band library" mit Hilfe eines Computers (18). Und die große Anzahl der Dissertationen zu diesen Bereichen, so Piersol, sei verblüffend (gleichwohl er deutliche Qualitätsunterschiede konstatiert) (18). Einen Eindruck davon vermittelt Armin Suppans ca. 450 Titel umfassende Bibliographie "Blasmusik-Dissertationen in den USA" (**356**), eine Liste, die deutlich mache, "wie stark trotz mancher Klagen US-amerikanischer Fachkollegen die Blasmusikforschung an den Universitäten der USA verankert ist" (43). Doch ist zu bedenken, daß viele dieser Dissertationen nur am äußersten Rande der oben skizzierten Blasmusikforschung anzusiedeln wären, da es sich vielfach um pädagogische, z. T. sogar um medizinisch orientierte Arbeiten handelt. Und rechnet man noch zahlreiche Studien hinzu, die nach dem hier dargelegten Verständnis ohne weiteres als "Blasmusikforschung" zu betrachten wären (etwa zur Blasinstrumentenkunde, Bläsermusik), so kommt man insgesamt auf über 1000 Dissertationen und "Theses".

Die von Piersol dargelegten Zukunftsaussichten bleiben aber in dem von ihm umrissenen Rahmen: "We still await the definitive overall history of the band in America, and there is considerable room for research on individual bandmasters and band educators, on composers of wind band music, on band music of specific geographic areas and specific periods of American history, on the history of specific bands, on the music played by American bands, and on research collections of importance for the history of band music in America" (**284**.22). Die weitgehende Konzentration auf die USA erklärt Piersol mit den Sprachproblemen vieler amerikanischer Forscher (6), und so nennt er nur nebenbei Arbeiten, die europäische Themen einschließen, nämlich die Dissertationen von Polk 1968 (**287**), Piersol 1972 (**283**), Sandman 1974 (**311**), Daub 1985 (**88**) sowie aus dem Jahre 1986 die von Herbert (**164**), Bailey (**13**) und Roberts (**302**). Es entspricht dem von Piersol dargelegten Schwerpunkt, wenn er weitere wichtige Arbeiten ausklammert, wie etwa die Dissertationen von Bolen 1954 (**38**), Husted 1955 (**196**), Gauldin 1958 (**133**), Hedlund 1959 (**156**), Evenson 1960 (**116**), van Ess 1963 (**115**), Jacobs 1964 (**199**), Swanzy 1966 (**372**), Dudley 1968 (**98**), Kurtz 1971 (**230**), Steinquest 1971 (**347**), Thomas 1973 (**381**), Kaplan 1977 (**210**), Boyd 1981 (**41**). Sie alle haben zumeist europäische ältere *Bläser*musik zum Gegenstand, und wenn sie auch innerhalb der "band research" nur Randerscheinungen sind, so sollte ihnen entsprechend den Ansätzen des genannten CBDNA-Journals sowie vor dem Hintergrund des hier dargelegten Verständnisses von "Blasmusikforschung" ein überaus wichtiger Stellenwert zukommen. Die Chance zu erreichen, was Piersol sich für die "band research" der nächsten 20 Jahre wünscht, dürfte dadurch auch hierzulande nur größer werden: "[...] The subject of the wind band may finally begin to take its place among other music disciplines with a truly valid and significant body of scholarly research" (284.23).

B. "Blasmusik" und "Bläsermusik"

"Die Macht, die eingebürgerte Begriffe über unser Denken haben, läßt sich kaum überschätzen." (**137**.5)

"When the Tuxedo Brass Band played a hymn-medley, was it playing jazz, or was this church or military music?" (**315**.7)

    Grundsätzliche Studien zu den Begriffen "Blasmusik" und "Bläsermusik" sind bislang noch nicht erfolgt. Auch die Blasmusikforschung hat sich, von einigen mehr am Rande gemachten Definitionen abgesehen, dem Gegenstand, der ihrem Zweig namentlich Bedeutung verleiht, semantisch kaum gewidmet (vgl. **183**). Eine Folge davon ist, daß der Begriff "Blasmusik" in äußerst vielfältiger Weise benutzt wird, so daß nicht einmal Adornos oft zitierte Prämisse von der Bedeutung, die "im Trüben der Selbstverständlichkeit" (**1**.35) läge, hier zutrifft. Dabei scheint es in der Tendenz sehr leicht zu sein: "Blasmusik" ist die "Musik des Volkes", einfach, trivial, populär; "Bläsermusik" dagegen ist Musik für "Kenner", seriös und anspruchsvoll. Doch die Bedeutung eines Wortes "ist" die, welche ihm zugeschrieben wird. Wer aber schreibt unseren Begriffen welche Bedeutung zu? Welche herrscht vor? Und ist die vorherrschende gültig? Was zählen schließlich die "im Volk" verbreiteten Bedeutungen in der Wissenschaft?

    Wilhelm Seidel (1985) zufolge gehört zur "Grundlage der modernen musikalischen Terminologie" die Erkenntnis, "daß die Termini der Musik historisch sind und daß ihre Erforschung das musikgeschichtliche Wissen befördert" (**332**.100). Hinzu kommt gerade bei einem Terminus wie dem der "Blasmusik" die gesellschaftliche Dimension: Das einleitende Zitat von der "Macht eingebürgerter Begriffe" vermag einerseits zu erhellen, warum der Terminus "Blasmusik" aufgrund "des Volkes Bedeutung" in der Musikwissenschaft eher abschreckend gewirkt hat; es beleuchtet andererseits aber auch die Schwierigkeit, innerhalb der

Blasmusikforschung dem Begriff "Blasmusik" neue Bedeutungen zu verleihen, die über sie hinausgreifen (will man nicht vor der Macht etablierter Begriffe resignieren; und der Gedanke, "Blas"- und "Bläsermusik" einzig als *qualitativ* unterscheidende Termini zu verstehen, geht fehl: Manch populäre Bläsermusik wäre "Blasmusik" wie umgekehrt Werke Sinfonischer Blasmusik fortan "Bläsermusik" darstellten). Es mag naiv sein, in diesem Zusammenhang den "Einfluß der Musikwissenschaft auf die musikalische Terminologie" (118) in Rechnung zu stellen; aber inwieweit die methodisch notwendige Erklärung der Blasmusikforschung, daß es "die Blasmusik" nicht gibt, auch gesellschaftlich greift, ist ein Problem, dessen Lösung zunächst nicht Hauptintention für eine den Gegenständen angemessene Terminologie zu sein braucht.

1. "Blasmusik"

> Wo "Begrenzungsflächen nicht vorhanden sind (Freiluftmusik), werden sich andere Bedingungen ergeben als dort, wo dies der Fall ist. [...] Die Frage nach der Beschaffenheit des Musizierraumes ist keine rein raumakustische. Sie hat ihre soziologische Dimension" (**34**.251).

Läßt die Verwendung des Terminus "Blasmusik" in der Regel einen Bezug zur Blas*orchester*musik des 19. und 20. Jahrhundert erkennen, so wird er nicht selten bereits für frühere Zeiten in Anspruch genommen. Zugrunde liegt in solchen Fällen eine Definition, wie sie Karstädt bereits 1949 in der MGG gab: Blasmusik bedeute "ein Zusammenwirken von Blasinstr[umenten] in kleinen Gruppen bis zum vielst[immigen] Blasorch[ester]" (**214**.1906). Dem entsprechend beziehen etwa Walter Deutsch (**90**.19), Oskar Stollberg (**351** u. **352**) oder Wendelin Müller-Blattau (**264**.27) den Begriff "Blasmusik" bereits auf die geblasene Musik des Mittelalters und der Renaissance. Und wenn W. Seidel zu alten musikalischen Termini schreibt, diese seien an "ihrem historischen Ort [...] Teil eines mehr oder weniger geschlossenen Begriffssystems" (**332**.101) und würden daher, in modernen Texten gebraucht, von vielen Autoren durch Anführungszeichen als solche kenntlich gemacht ("Sie schreiben um sie herum" [102]), so findet sich hinsichtlich des Begriffes "Blasmusik" gelegentlich der umgekehrte Vorgang: ahnend, daß er eigentlich nicht so recht in die Zeit etwa des Mittelalters hineinpaßt, wird er mit Anführungszeichen versehen. Entsprechend bemerkt Kurt Birsak (allerdings das "landläufige" Verständnis bestärkend), eine "vom heutigen Stand der Blasmusik bezogene Begriffsbestimmung" lasse einen "bald im Stich, wenn man in die Vergangenheit steigt, denn im Nu entschwindet sowohl das gewohnte Instrumentarium als auch der gesellschaftliche Rahmen, in dem sich alles abspielt" (**31**.9). Der Übergang zum "modernen" Blasorchester vollzog sich erst in der ersten Hälfte des 19. Jahrhunderts. Trägt man dieser weit verbreiteten Bedeutung von "Blasmusik" als "Blas*orchester*musik ab dem 19. Jahrhundert" Rechnung, so ist doch inhaltlich noch kaum etwas gewonnen. (Daß der Terminus, ähnlich solchen wie "Militärmusik" und "Salonorchester", auch als *Besetzungs*-Bezeichnung verstanden wurde und wird, bleibt im folgenden zunächst unberücksichtigt.)

a) Zum Problem der "landläufigen" Bedeutung

Michael Nagy spricht in diesem Zusammenhang von einer "Begriffsfixierung, die [...] vor allem die Militärmusik bzw. das Musizieren in ähnlich organisierten Ensembles (z. B. Kapellen von öffentlichen Körperschaften) meint. Eine moderne Begriffsfixierung unseres massenmedialen Zeitalters bringt den Terminus 'Blasmusik' zumindest im deutschen Sprachgebrauch vorwiegend mit jener [...] mindergeschätzten Gattung in Verbindung, die unter dem Deckmantel 'Volksmusik' den Hintergrund von Frühschoppen und Kirtagen bildet" (**408a**.447). Auch ohne eine repräsentative Umfrage sei behauptet: Für die meisten Menschen des deutschsprachigen Raumes "ist" Blasmusik die dörfliche oder städtische Blaskapelle, Ernst Mosch und seine "Original Egerländer Musikanten", Marschmusik, Polkas, Walzer, Schützenfeste u. ä. (vgl. **383**.141 ff.). Auch Andreas Masel unterstreicht dies, indem er schreibt: "Stilbildend wurde ab den 1960er Jahren Ernst Mosch mit seinen 'Egerländer Musikanten'; für ein breites Publikum verbindet sich noch heute der Begriff Blasmusik in erster Linie mit dem 'böhmischen Sound'" (**248**.137). Selbst das Verständnis von Blasmusik-Funktionären beschränkt sich gelegentlich, wenn auch nicht ausschließlich auf die "Marsch-Polka-Walzer-Seligkeit dörflicher Blaskapellen oder auf den U-Musik-Sektor" (358.16), so doch auf "populäre" bzw. "amateurhafte" Musik im weitesten Sinne. Für Herbert Frei ist Blasmusik "eine von Amateuren, d. h. Nicht-Berufsmusikern praktizierte bläserische Musizierform in einem grösseren Verband" (**129**.31) und "*eine Musikausübung des Volkes für das Volk*" (34). Sie ist "nicht elitär", denn sie "lebt von der entsprechenden Breitenwirkung" (7). Fritz Thelen zufolge findet mit der Verwendung des Begriffes "Blasmusik" "automatisch eine Datierung [...] in die Zeit nach dem zweiten [sic!] Weltkrieg statt. Vorher nämlich gab es diese Bezeichnung nicht im Sinne der einheitlichen Benennung aller Liebhaber-Musikausübung mit Blasinstrumenten" (**380**.312). Und wenn Brixel schreibt, Amateurmusik sei "im Blasmusikbereich bisher Synonym für hoffnungslosen Konservativismus" (**53**.35), so klingt dies wie eine Deutung Willy Schneiders, der programmatisch konstatierte: "Natürlich verträgt Blasmusik nur ein ganz bestimmtes Maß von Dissonanz" (**321**.43).

Blasmusik als "Volksmusik", "volkstümliche Musik", "populäre Musik", als "Laienblasmusik", als "Amateur-Blasmusik" schlechthin, mit den vorherrschenden Gattungen Marsch, Walzer, Polka, mit sozialen Anlässen wie Kirchweih, Schützenfest, Umzüge, zuweilen abschätzig bezeichnet als "Kapellmeistermusik", "Musik der armen Leute" oder "Es-Dur-Musik" (**366**.16,54,47): Wer, so muß gefragt werden, schätzt diese Art von Musik gering und aus welchen Gründen? Noch ausstehende Untersuchungen auf breiterer Ebene darüber, wer wie über "Blasmusik" denkt, brächten Unterschiede zutage, die wichtig sind, denn die Rede von den "Vorurteilen" gegenüber "der" Blasmusik ist nicht so klar, wie es scheint.

Hans Konstanzer zufolge galt Blasmusik nach dem Zweiten Weltkrieg als "militaristische[s] Relikt einer wenig geschätzten Vergangenheit" (**226**.50) Noch 1968 schreibt Werner Honig in der "Neuen Zeitschrift für Musik", das "Gefühl der Abschätzigkeit, der Vorurteile, des 'Minderen'" sei "nicht nur auf die spezielle Militärmusik beschränkt, die Blasmusik teilt es mit ihr [...]" (**190**.229). Suppan hält Honig entgegen, solche Autoren durchschauten "weder die historische noch die gegenwärtige Aufgabe des Phänomens" (**358**.21). *Beiden* sei widersprochen: Weder gibt es "die" Blasmusik, noch handelt es sich bei ihr um "ein" Phänomen. Zu wenig wurde bislang auseinandergehalten, ob denn an

Negativurteilen über "die" Blasmusik nur schlecht ist, daß sie "Blasmusik" auf das landläufige Verständnis reduziert, oder ob man in gewisser Weise Negativurteile über die "landläufige" Blasmusik selbst auch *teilt*. So fragt Brixel bezüglich "der" Blasmusik: "Kann als subkulturell abqualifiziert werden, was im Laufe eines kontinuierlichen Entwicklungsprozesses sinfonische Dimensionen angenommen [...] hat?" (**54**.69 f.). Oder er bezeichnet es als "abwegig", die "gesamte Blasmusikproduktion des vergangenen Jahrhunderts [...] als trivial zu apostrophieren" (**50**.66). Es ist nicht klar, ob denn wirklich die *gesamte* Blasmusik als "subkulturell" oder "trivial" abqualifiziert wurde. *Wann* kann man jemandem, der unter "Blasmusik" nicht mehr versteht als das, was landläufig damit gemeint ist, vorhalten, er diskriminiere eine ganze Sparte? Und Brixel wäre entgegenzuhalten, daß es eben nicht "die" Blasmusik ist, welche sinfonische Dimensionen erreicht hat, sondern nur Teile von ihr. Dabei konstatiert er selbst, daß "seit der Mitte des vergangenen Jahrhunderts" die "Popularitätsbestrebungen der Blasmusik" ebendiese "in Mißkredit gebracht" hätten (**50**.61). Die Militärkapellen des 19. Jahrhunderts, so Brixel, verhalfen "der Blasmusik zu ungeahnter Blüte und Popularität", hatten "dadurch aber auch deren Dekadenzerscheinungen herbeigeführt [...]" (62). Und so schränkt er an anderer Stelle ein, daß "unser Jahrhundert [...] in ungerechtfertigter Verallgemeinerung bestimmter, für einen Teilbereich dieser Gattung zweifellos zutreffender Indizien den Bannfluch über die gesamte Blasmusik gesprochen" hat (**54**.70). Auch Suppan schreibt, zum Teil seien die kleineren Stadt- oder Dorfkapellen selbst schuld an Diffamierungen gewesen, weil nicht selten die Leiter als ehemalige Militärmusiker nun von "ihren" Kapellen das Spielen schwerer Bearbeitungen für Militärorchester verlangt hätten, womit diese aber überfordert gewesen seien (**358**.11). "Aus diesem Teufelskreis befreien konnte sich das zivile Blasmusikwesen erst durch die Schaffung einer bläser- und amateurgerechten Original-Blasmusikliteratur. Eine Entwicklung, die in den 20er Jahren [...] einsetzt" (**358**.12). (Doch noch auf die 60er Jahre bezogen kritisiert Suppan: "Die Originalkomposition für Blasorchester setzt sich zwar durch, aber sie wird damit zugleich zu einem kommerziell einträglichen Geschäft, dem Warenmarkt unterworfen – bar jeden künstlerischen Anspruches" [**366**.63].)

Es scheint, daß mit der Herausbildung "der" Blasmusik als Blasorchestermusik ab dem 19. Jahrhundert von vornherein jene

Fixierung sich anbahnte, welche sie quasi als eine bestimmte *Gattung* geblasener Musik von anderen abhob.

Friedhelm Brusniak teilt eine bezeichnende Stelle aus einem Aufsatz über "Die Weiterbildung eines Lehrers in musikalischer Beziehung" (1867) mit, in welcher der Verfasser warnt: "Vorzüglich möchte ich abrathen, sich der Blechmusik hinzugeben, weil [...] in Gesellschaft von solchen Musikern der Mann von besserer Bildung, von Anstand und guten Sitten nicht immer verweilen kann" (**63.**162). Wie lange mag sich dies gehalten haben, wenn noch 1975 Eberhardt Schweighofer schreibt, es bedeute "in der Gegenwart für eine Akademikerfamilie kein Tabu mehr, ihren Sohn [!] ein Blasinstrument erlernen und damit in der örtlichen Blasmusikkapelle mitwirken zu lassen" (**328.**209).

Das vorgenannte, weit verbreitete Verständnis von "Blasmusik" ist zunächst einmal zur Kenntnis zu nehmen, denn es ist historisch und gesellschaftlich bedingt. Historisch dadurch, daß (zunächst in Anlehnung an die Militärkapellen) im Zuge der Entwicklung des zivilen (Amateur-)Blasmusikwesens die dort zumeist gebotenen musikalischen Inhalte mit "Blasmusik" identifiziert wurden, gesellschaftlich dadurch, daß die so entstandene Bedeutung auch in den allgemeinen Sprachgebrauch überging. Die zitierten Klagen über das "landläufige" Verständnis von Blasmusik sind deshalb nicht minder zwiespältig als die wie auch immer geartete und etablierte Bedeutung selbst. Differenzierung tut not: Wer sich dagegen wehrt, daß "der" Blasmusik Schlechtes unterstellt wird, ist nicht überzeugender, wenn er das Gute "der" Blasmusik dagegensetzt.

Im weitesten Sinne ist die "landläufige" Bedeutung des Terminus Blasmusik mit Begriffen wie "Amateurmusik", "Volksmusik", "volkstümliche Musik", "populäre Musik", "Unterhaltungsmusik" u. ä. umrissen. Doch zu Recht weist Irmgard Keldany-Mohr darauf hin, daß die "Schwierigkeit, derartige Begriffe genau zu definieren, [...] darin begründet [liegt], daß sie zu reinen Stilbegriffen erstarrt sind, die nicht von ihrer genauen Wortbedeutung her zu erfassen sind" (**217.**13). Bewußte oder unbewußte Reduktionen "der" Blasmusik auf das ein oder andere mögen aufgrund der "Macht eingebürgerter Begriffe" verständlich sein; sie sind aber sowohl in ihren Generalisierungen falsch wie auch im einzelnen nicht unumstritten.

b) Blasmusik als "Volksmusik"

Brixel/Suppan schreiben, Blasmusik sei Volksmusik "nicht in dem Sinn, daß man unter Volk nur die seelisch-gesellschaftlichen Grundschichten verstehen dürfte, sondern als eine Bildungsschichten und Stände übergreifende Tonsprache" (**61**.136). Demgegenüber bezieht Irmgard Keldany-Mohr "Volk" im Zusammenhang mit "Volksmusik" "nicht auf die nationale Gesamtheit, sondern im Sinne von 'vulgus' auf die Unterschichten der Bevölkerung" (**217**.13). Volksmusik ist für sie demnach "eine Art von Musik, die an eine definierbare Trägerschicht gebunden ist, die sich in bestimmte erfaßbare Berufsstände [...] aufteilt und außerdem regional bestimmt ist" (13, vgl. auch **383**.10). Kurt Blaukopf machte darauf aufmerksam, daß bereits Johannes de Grocheos "musica vulgaris" (um 1300) sowohl mit "Volksmusik" als auch mit "volkstümliche Musik" übersetzt wurde (**34**.231). Und wenn im landläufigen Sprachgebrauch beide Begriffe kaum auseinandergehalten werden, so ist ihre Unterscheidung hier doch um so wichtiger.

Ein wichtiges Merkmal der Volksmusik ist "ihr Zusammenhang mit dem Leben derer, die sie machen" (**383**.11). Dem entsprechend, so Hartmut Braun, gehört zur Blasmusik als Volksmusik z. B. das weihnachtliche Turmblasen, Fasching, "das Wecken der Bürger am frühen Morgen des 1. Mai", das Spielen am Totensonntag mit Gang zum Friedhof usw. (**45**.108). Im Rahmen solcher "Brauchanlässe" ist Blasmusik als Volksmusik Teil von "Brauchtum" und "Volkstum" überhaupt – also "Bestandteil brauchtümlicher Überlieferungen des Jahreslaufes ebenso wie der Stationen des menschlichen Lebens" (**358**.19). Und Zaubek betont zu Recht: "Historisch gesehen war die Blasmusikpflege immer auch Musikpflege durch musikalische Laien, eingebettet in den Lebensrhythmus des Dorfes" (und im Gegensatz zu den von Suppan und Brixel zitierten Gründen sieht er *hierin* "Umstände, die bis heute Vorurteile gegenüber der Blasmusik hervorgerufen haben") (**415**.13). Erfolgt also die Klassifikation eines Teils der Blasmusik als Volksmusik berechtigterweise, so ist es doch falsch, sie *insgesamt* als "riesig große Volksmusikbewegung" (**321**.39) oder als "klingende Volkskultur" (**144**) zu bezeichnen.

Betrachtet die Volkskunde das musikalische Werk "vor allem in seiner Funktion innerhalb der Gemeinschaftskultur, die durch

Tradition geprägt und regional gebunden ist" (**217**.15), so können nur Beispiele wie die von H. Braun genannten als "Volksmusik" in des Wortes ursprünglicher Bedeutung anerkannt werden. Zu Recht betont Suppan, daß innerhalb des Gesamt-Repertoires der zivilen Blaskapellen "landschaftliche (Volksmusik-)Überlieferungen" kaum eine Rolle spielen, und er betrachtet den "Versuch der Volksmusikpflege, über die Blasmusikverlage Bearbeitungen aus den Volkstraditionen neu zu beleben", auch als gescheitert (**364**.28).

c) Blasmusik als "volkstümliche Musik"

"Volkstümliche Musik" ist nach Irmgard Keldany-Mohr "Musik, die Stilelemente der 'Volksmusik' aufnimmt"; die "Trägerschicht der 'volkstümlichen Musik' ist im Gegensatz zur Volksmusik diffus" (**217**.13). Monika Tibbe und Manfred Bonson betonen, volkstümliche Musik bezeichne im Gegensatz zur Volksmusik "Musik für das Volk" (**383**.51). Nimmt man Bezeichnungen der Massenmedien ernst, so gehören zur "volkstümlichen Blasmusik" Polkas, Ländler, Walzer, Märsche usw. Durch musikalische Analyse wäre zu eruieren, was an einem Stück volkstümlicher (etwa "burgenländischer" oder "Egerländer") Blasmusik denn "volkstümlich" ist, also auf "Volksmusik" verweist. Solche Analysen stehen aber noch weitgehend aus. Keineswegs ist solcherart Musik allein mit musikalischen Kriterien beizukommen, aber sie wären Voraussetzung für eine Einordnung, die sich im Rahmen von "Volksmusik", "volkstümlicher Musik" und durchaus auch musikalischem Kitsch bewegt.

Es scheint verständlich, daß vor allem unser massenmediales Zeitalter die Bedeutung der Begriffe "Volksmusik" und "volkstümliche Musik" nivelliert (vgl. **383**.141): Hierzu zählt nur am Rande die Publikation volkstümlicher Blasmusik als "Volksmusik". Bedeutender sind Rundfunksendungen wie "Blasmusik am Morgen", "Frohes Wochenende mit Blasmusik" oder "Volkstümliche Weisen", die Blasmusik auf "Volkstümliches" im weitesten Sinne reduzieren. Aber noch gewichtiger dürfte sein, daß im Zuge der gegenwärtigen "Hochkonjunktur" der volkstümlichen Welle etablierte TV-Sendungen wie "Musikantenstadl" oder "Hitparade der Volksmusik" Blasmusik als "Volksmusik" oder als "volkstümliche Musik" schlechthin präsentieren. Ob es sich um das eine oder das andere handelt, dürfte kaum von breitem

Interesse sein. Und sofern gerade *durch* solche Sendungen Volksmusik zu einer volkstümlichen Musik *wird,* scheint ein Punkt erreicht, der gänzlich andere denn musikalische Betrachtungsweisen verlangt. "Lebensgebundene Musik", schreibt Blaukopf, "bezieht die Markierung von Beginn und Ende sehr häufig nicht aus der musikalischen Struktur selbst, sondern aus der Logik des Ereignisses, mit dem sie verbunden ist, aus dem Kontext, in den sie gebettet erscheint" (**34**.350), und sie "muß sich auch nicht an dem uns gewohnten Begriff der Spieldauer orientieren. Jeder Versuch, solche Musik aus ihrem situativen Zusammenhang zu lösen und sie 'an sich' darzustellen (d.h. ohne Bezugnahme auf die nichtmusikalischen Elemente des Handlungsablaufs), verstößt gegen ihr Wesen" (350f.).

Es wäre eine lohnende Aufgabe, einmal im Detail herauszuarbeiten, wie in Sendungen nach Art des "Musikantenstadl" die "Logik des Ereignisses" zur Inszenierung selbst gehört. Anzustreben wäre, in Abwandlung des bekannten Buchtitels von Walter Benjamin, eine Theorie der "Volks- bzw. volkstümlichen Musik im Zeitalter ihrer audio-visuellen Reproduzierbarkeit" (vgl. auch **45**.110-113). Der im Fernsehen inszenierte Lebenszusammenhang dürfte mit Blaukopfs Überlegungen nur noch wenig gemein haben. Und obgleich Tibbe/Bonson schreiben, die Musik würde "pervertiert", da sie "nicht mehr in dem Sinne Kommunikation" sei, "in dem sie es ursprünglich war" (**383**.141), geben sie doch zu bedenken, daß es falsch wäre, wollte man "die Popularität, die Volkstümlichkeit [...] als bloß 'gemachte' abtun", denn die Musiker "knüpfen an verbreitete Formen des Musizierens an" (51).

Auch ist es üblich, die Musik solcher Sendungen separat auf Schallplatten anzubieten. H. Braun belegt die Medien als "Promotor" volkstümlicher Musik und stellt (E. Frahm zitierend) dazu fest, "daß die sogenannte 'volkstümliche Musik' die Hauptstütze der immer noch expandierenden bundesdeutschen Plattenindustrie ist"; zu den "kräftigsten Zugnummern" gehören u.a. "Ernst Mosch und seine Original Egerländer" (**45**.112, vgl. auch **383**.51-53). (Zu solcherart Kapellen schreibt Peter Schulze: "Das Attribut *original* ist so verlogen wie werbewirksam" [**326**.40].) Damit sei nicht grundsätzlich die Vermarktung von Blasmusik als "volkstümliche Musik" bzw. als "Volksmusik" verurteilt. Zu bedenken ist aber, daß "Lebensrealität" im Sinne der Volksmusik "durch eingeführte Klischees, unechtes Gehabe, imitierende Verfälschungen überwuchert wird. Maßgeblich sind in erster Linie der Profit, die Vermarktung, die Kommerzialisierung" (**45**.112).

Auch in Fremdenverkehrsgebieten, so Suppan, "benutzen Blaskapellen für die sogenannten 'Heimatabende' nicht [Noten-]Ausgaben, die auf authentische Quellen zurückgehen. Die Orchester sind zahlenmässig so angewachsen [...], dass die jeweils über die Massenmedien verbreiteten internationalen Musikmoden und erfolgreiche Vorbilder im Show-Geschäft nachgeahmt werden" (**364**.28).

d) Blasmusik als "Popularmusik" und als "populäre Musik"

Reinhard Flender und Hermann Rauhe (1989) bezeichnen "Popularmusik" als "eine spezifisch eigenständige Musikkultur auf der Grundlage industrieller Produktion und Distribution. Ihre sozialen und psychologischen Funktionen sind bestimmt durch die emotionalen und körperlichen Bedürfnisse, die in verstärktem Maße durch die rationalisierte Lebens- und Arbeitsform in der industrialisierten Gesellschaft erzeugt werden. Ihre Ästhetik wird bestimmt durch die Bedingungen und Möglichkeiten der Massenkommunikationsmittel, ihre Semantik erwächst aus den Topoi moderner Mythologien, ihre Struktur aus der Akkulturation von ethnischen [...] mit popularisierten oder trivialen europäischen Musiktraditionen. Unter dieser Definition läßt sich der Schlager gleichermaßen wie die Filmmusik, der Jazz wie die gesamte stilistische Breite der Rockmusik [...] einordnen" (**128**.17). Das "Wesen der Popularmusik" ist gekennzeichnet "durch ein meist kurzes Stück Musik, das eine *begehrte* Botschaft enthält. Von hierher leiten sich alle ihre weiteren Merkmale, wie Verkäuflichkeit, Massenkonsum, Marketing, ab" (7). Die industriellen Produktions- und Distributionsformen betonend, stellen Flender/Rauhe Popularmusik als "Industriekultur" dar: "Sie unterscheidet sich als solche grundlegend von allen ihr vorangehenden populären Musikgattungen wie Volkslied und Volkstanz, Kirchenlied, Militärmusik oder städtische Unterhaltungsmusik" (15).

Daß "Blasmusik" hier nicht genannt wird, mag einerseits Zeichen dafür sein, daß sie den Autoren zufolge nicht zur Popularmusik gehört; andererseits fühlt man sich an Suppans Bemerkung erinnert, wonach Blasmusik "selbst von der modischen Popularmusikforschung in Europa scheel betrachtet wird" (**366**.7). Denn auch nach Flenders/Rauhes Definition können bestimmte Bereiche der Blasmusik als "Popularmusik" angesehen werden.

Bereits oben wurde "volkstümliche Blasmusik" als bedeutsamer Wirtschaftsfaktor der öffentlichen Medien beschrieben. Und die "begehrte Botschaft" wäre insbesondere bei Hunderten von Walzern und Polkas *mit Gesang* ausfindig zu machen, deren Titel etwa lauten: "Sterne der Heimat", "Kannst du Knödel kochen?", "Bubu, du machst ja Sachen", "Mausi", "Tränen der Liebe", "Herzeleid" usw. Die darin enthaltenen "Schlüsselworte" bezeichnen "das Spektrum von Assoziationen, die beim Hörer ausgelöst werden sollen" (383.51). Der zuvor verlangten musikalischen Analyse volkstümlicher Blasmusik sind also unbedingt Analysen der Texte und ihrer Funktionen, wie sie für den Schlager bereits hinreichend erfolgten, hinzuzufügen. (Auch stehen Untersuchungen über soziale und [massen-]psychologische Wirkungen volkstümlicher Blasmusik [mit Gesang] noch weitgehend aus.) Es dürfte einer Überprüfung wert sein, was Flender/Rauhe für die Popularmusik insgesamt konstatieren, daß nämlich "die Entschlüsselung dieser Botschaft die zentrale Aufgabe der Popularmusikforschung" sei (**128**.7). Zu eruieren wäre, inwieweit Texte "volkstümlicher Blasmusik" als Popularmusik gezielt im Hinblick auf bestimmte Bedürfnisbefriedigungen "gemacht" werden (was die Analyse der musikalischen Struktur unter ähnlicher Fragestellung nicht ausschließt). Wurden bereits oben H. Brauns Hinweise auf "Klischees", "unechtes Gehabe" usw. genannt, so mag vor dem Hintergrund volkstümlicher Blasmusik *als Popularmusik* deutlich werden: "Der massenmediale Erfolg läßt keine andere Alternative mehr zu als die Klischeebildung [...]. Die Popularisierung jeder volkstümlich gearteten Musik bedeutet gleichzeitig ihre Auflösung. Das Prinzip der quantitativ unbegrenzten maschinellen Reproduktion eines Musikstücks bedeutet einen Raubbau kreativer Kräfte, der irreversibel ist" (**128**.154 u. 158). Und wenn auch etwa Borovičkas "Löffel-Polka" in Konzerten und damit jeweils in Nuancen anders gespielt wird, so mag doch an Ernst Moschs millionenfache Vermarktung dieses Stückes exemplarisch deutlich werden, daß selbst Teile volkstümlicher Blasmusik zu einer Art "Übertragungsmusik" geworden sind: "Sie kennt keinen Unterschied von Original und Reproduktion, denn die tausendfache Simultanreproduktion in den Lautsprechern ist das Original" (57). Auch Tibbe/Bonson weisen auf den Widerspruch zwischen volkstümlicher Musik und ihrer "technisch perfekte[n] und genormte[n] Herstellungsweise" hin: "Handwerklich solide und exakt, mit sehr viel Gefühl und/oder Schwung" (**383**.51).

Es hieße, die Bedeutung von Blasmusik als populärer Musik zu unterschätzen, beließe man es bei den bisherigen Ausführungen. Methodisch-begrifflich wäre entweder der Terminus "Popularmusik" weiter zu fassen (Flenders/Rauhes Reduzierung auf die industriellen Produktions- und Distributionsformen also aufzuheben), oder man stellte ihm in einem umfassenderen Sinne die "populäre Musik" (im Sinne Keldany-Mohrs "Populärmusik") gegenüber. Sie bezieht sich weniger auf massenmediale Verbreitungsformen, sondern auf das Repertoire. Keldany-Mohr zufolge heißt "populär": "volkstümlich, volksmäßig, volksfreundlich, beliebt, gemeinverständlich" (**217**.25). Populäre Gattungen der Blasmusik wären also vor allem Märsche, Polkas, Walzer, Potpourris, Lieder, Tänze, Charakterstücke u.a. Sind dies die seit dem 19. Jahrhundert historisch "gewachsenen" Gattungen populärer (Blas-)Musik, so kommen im 20. Jahrhundert das Medley (z.B. aus Filmmusiken), die Suite, das "Konzertstück" usw. hinzu. Es würde den Rahmen dieses Buches sprengen, wollte man im einzelnen diskutieren, was noch als "populäre" Blasmusik bezeichnet werden kann und was nicht mehr: "Beliebtes" gehört allemal dazu, nur "Gemeinverständliches" mag darunter fallen. In seinem Buch "Komponieren für Amateure" scheint Suppan insgesamt die Blasorchesterwerke des Komponisten Ernest Majo zur populären Blasmusik zu zählen, schreibt er doch, wenn auch provokativ, es sei ein Buch über "niedere" Musik, ein Buch "über eine Gattung der Popularmusik" (**366**.7, wobei er den Terminus "Popularmusik" nicht im Sinne Flenders/Rauhes gebraucht).

Merkmale der Trivialmusik (an welche die "niedere" erinnert), wie Potpourri-Anlage, Stilpluralismus, Effekthäufung, Klischeeverbundenheit, Stereotypie und Simplizität (vgl. **324**.252), lassen sich unschwer in populärer Blasmusik nachweisen. Wichtig ist aber auch die Form der Rezeption. Wenn Carl Dahlhaus schreibt, man könne "Trivialmusik geradezu dadurch definieren, daß sie zu trivialem oder trivialisierendem Hören einlädt" (**82**.263), dann wäre zu prüfen, inwieweit auch Blasmusik dem entgegenkommt. Kompositionstechnische Voraussetzung wäre eine Einfachheit, "die eine mühelose Rezeption gestattet, aber nicht einen Grad von Stereotypie erreicht, bei dem sich niemand mehr herausgefordert fühlt, überhaupt noch zuzuhören" (264).

Von Bedeutung ist dieser Aspekt im Zusammenhang mit durch "Blasmusik" populär *gewordenen* Musikwerken. Das Repertoire von Blaskapellen bestand und besteht zu einem wesentlichen Teil aus Bearbeitungen bzw. Transkriptionen "ernster Musik" (Opern, Sinfonien usw.). Hier stellt sich für Stefan Evers – in einer Rezension von Mechthild von Schoenebecks Buch "Was macht Musik populär? [...]" (1987) – die Frage, "ob eine Trennung in populäre Musik (als Unterhaltungsmusik) und ernste Musik (die populär ist) für die vergangenen Jahrhunderte überhaupt zulässig ist" (Mf 1990, H. 2, 182). Das Kernproblem scheint in einer *Bewertung* der zahlreichen Transkriptionen für Blasorchester zu liegen, und zwar hinsichtlich der *Qualität* wie auch der *Verbreitung*. Die Popularisierung "ernster" Musik durch die Militärkapellen erfolgte im 19. Jahrhundert in Form von Bearbeitungen direkt, unmittelbar, "live". Wenn auch zuweilen davon gesprochen wird, daß dies eine Funktion ähnlich denjenigen der Tonträger des 20. Jahrhunderts gewesen sei, so sind doch derartige Aufführungen heutzutage nicht etwa überflüssig geworden, weil durch die audio-visuellen Medien "originale" Musik jedermann zugänglich geworden wäre. Vielmehr nimmt die Verbreitung von Bearbeitungen "ernster" Musik durch Blasorchester (also als Transkription) auch heute noch einen breiten Raum ein. Und es mag den ursprünglichen Gedanken des 19. Jahrhunderts ad absurdum führen, wenn gerade solche Bearbeitungen nicht mehr nur "live", sondern durch Radio und Schallplatte verbreitet werden, so daß es kaum mehr darum geht, "ernste Musik" populär zu machen, sondern deren Bearbeitung. Was ursprünglich Mittel zum Zweck schien, hat sich in gewisser Weise verselbständigt. Dies zeigt, daß der Bearbeitung als solcher ein *anderer* Stellenwert zukommt als, im weitesten Sinne, "Ersatz" für das Original zu sein. Ob aber solche Bearbeitungen "populäre Blasmusik" sind, ist also weder an sich noch im Vergleich des 19. Jahrhunderts mit unserer Zeit von vornherein leicht zu beantworten.

e) Blasmusik als "Unterhaltungs-", "Gebrauchs-", "Militär-" und "funktionale Musik"

Die in dem Terminus "Unterhaltungsmusik" steckende *Funktion* deckt sich "in keiner Weise mit dem, was landläufig mit dem Begriff 'Unterhaltungsmusik' assoziiert wird" (**217**.13). In der Konsequenz definiert Keldany-Mohr den Begriff von der Rezeptionsweise her: Unterhaltungsmusik baue auf "die volkstümliche

Rezeption" auf, welche "generell in allen Schichten relevant ist"; folglich sei "das Phänomen der Unterhaltungsmusik nicht an eine bestimmte Schicht gebunden" (12). Merkmale dieser Rezeptionsweise sind u. a. (11): 1. *"Orientierung am Stofflichen"*: Ein Musikstück wird in seinem "Gefühlsinhalt", seinen "virtuosen Passagen", seinen "Umweltsnachahmungen, wie Vogelstimmen, Kuhglocken", rezipiert. 2. *"subjektive Funktionalisierung"*: "Der emotionale Gehalt einer Komposition wird [...] als Untermalung der eigenen Stimmung aufgenommen [...]. Musik im Dienste der Unterhaltung, der Entspannung, Musik als Betonung des Gemeinschaftsgefühls [...]". 3. *"spontane Aufnahme"*: Rezeption "ohne intellektuellen Einsatz". "Alles Dargebotene wird emotional vom Inhalt her und ohne künstlerische Abstraktion rezipiert". Es dürfte nicht schwer erkennbar sein, daß mancherlei volkstümliche, populäre und triviale Blasmusik in diesem Sinne auch "Unterhaltungsmusik" ist.

Daß im Zuge einer unheilvollen Trennung von U-["Unterhaltungs"-] und E-["Ernste"] Musik nicht "die" Blasmusik schlechthin dem U-Bereich zuzuordnen ist, berücksichtigt auch die GEMA, bei der seit einigen Jahren Musik für Blasorchester nicht mehr grundsätzlich der U-Musik zugerechnet wird, "sondern der Einstufungsausschuß entscheidet anhand der Partituren über die Zugehörigkeit zur E- oder zur U-Musik" (**366**.98).

Der Terminus "Gebrauchsmusik" wurde im 20. Jahrhundert "für pädagogische Musikliteratur benutzt [...], ehe er auf die Unterhaltungs-, Tanz- und Filmmusik überging" (**25**.180). Heute bezeichnet Blasmusik als Gebrauchsmusik vor allem deren Funktion im Hinblick auf nicht-musikalische Kontexte: Als Tanzmusik wie auch als Marschmusik wird diese Musik "gebraucht" zur Unterstützung gesellschaftlicher, sozialer oder politischer Funktionen. Mit diesen Gattungen beschränkt sich "Blasmusik" aber keineswegs auf "Gebrauchsmusik" (wie umgekehrt auch "Militärmusik" nicht vornherein nur funktionale Musik bedeutet). Im engeren Sinne dürfte auch die Blasmusik als Volksmusik dazu gehören. Heinrich Besselers Terminus "Umgangsmusik", den er von der "Darbietungsmusik" abgrenzte (vgl. **95**.6 f.), umschreibt am weitesten die Funktionen von Blasmusik als Gebrauchsmusik. Sie ist, so Hanspeter Bennwitz, "bewusst für den Verbrauch bestimmt, [...] sie ist nichts Endgültiges, das keiner Änderung unterzogen werden darf" (**25**.179 f., vgl. auch S. 215; zu Kurt

Weills Idee der "*Ver*brauchsmusik" vgl. Hinton 1989 [**175**.82 ff. u. 228 ff.]). (Auf das Problem der *Verwendung* auch nichtspezifischer Umgangs- bzw. Gebrauchsmusik für verschiedenste Zwecke sei hier nur hingewiesen.)

Die Bedeutung des Terminus "Militärmusik" ist, sieht man von ihrer Verwendung im Rahmen des truppendienstlichen Zeremoniells ab, keineswegs so klar, wie sie scheint. Ist "Militärmusik" die von einer Militärkapelle gespielte Musik? Bezeichnet sie beim Militär verwendete musikalische Gattungen? Bedeutet sie eine Besetzungsbezeichnung? Alles trifft zu und doch nichts ausschließlich. Hier sei nur grundsätzlich festgestellt, daß Brixel zwar die Militärmusik des 19. Jahrhunderts als Blasmusik "schlechthin" bezeichnet (**59**.187), Suppan aber konstatiert: "Militärmusik ist [...] nicht grundsätzlich Blasmusik" (**365**.122), denn die Militärkapellen spielten sowohl in Streicher- als auch in Bläserbesetzung. Sofern aber letztere dominierte, wäre Militärmusik *grundsätzlich* gesehen eben doch Blasmusik. Bereits Karstädt begriff seine oben zitierte MGG-Definition von Blasmusik "als Abgrenzung zur reinen Streichermusik" (**214**.1906). Allerdings bedarf noch der Diskussion, inwieweit die Streicherbesetzung der Militärkapellen überhaupt als "Militärmusik" angesehen wurde. So berichtet Mahling, daß laut einer Anzeige der Saarbrücker Zeitung aus dem Jahre 1890 der Dirigent einer Militärkapelle "auf Wunsch vieler Musikfreunde abwechselnd Streich- und [!] Militärmusik machen" werde (**240**.112).

f) "Amateur-Blasmusik" und "professionelle Blasmusik"

Die Nähe der "Amateur-Blasmusik" zur "Popularmusik" erscheint vielfach dermaßen zwingend, daß verwischt wird, was an fundamentalen Unterschieden besteht. Zu berücksichtigen ist zunächst, daß bereits "Popularmusik" zuweilen auf die Interpreten abzielt. So spricht Walter Biber beispielsweise von "volksmäßige[r] Blasmusikausübung" ("fälschlich Volksmusik genannt") (**30**.141). Ähnliches meint der Begriff "Amateur-Blasmusik" oder auch (seltener) "Laienblasmusik" (z. B. **248**.136). Was ein "musikalischer Laie" ist, dürfte kaum eindeutig zu klären sein. (H. Braun benutzt den Ausdruck "instrumentale Laienmusik im Rahmen der musikalischen Volkskunde", wobei aber an "erster Stelle" die Blasmusik stehe [**45**.107].) "Amateur-Blasmusik" drückt scheinbar am genauesten aus, was gemeint ist: Blasmusik, die in der Regel von nichtprofessionellen Musikern ausgeführt wird. Weder muß aber von Amateuren *ausgeführte* Blasmusik von vornherein "populäre Musik" sein, noch besteht das Repertoire professioneller Blasorchester durchweg aus "unpopulärer" Musik. Der häufig anzutreffende Gegensatz zwischen "Amateur-Blasmusik" und "professioneller Blasmusik" (vgl. z. B. **30.**142) ist vor allem unter musiksoziologischen und -pädagogischen Gesichtspunkten brauchbar, nicht aber als Terminus, der sich spezifisch auf Musik bezöge. Wenn Amateur-Blasmusik solche Blasmusik meint, die von Amateurkapellen gespielt werden *kann* (eingeordnet in verschiedene Schwierigkeitsgrade), so ist dies bereits eine pädagogische Dimension (Suppan betont: "Der pädagogische Aspekt steht im Vordergrund" [**366**.98].) Ist damit (auch) Musik gemeint, die von Amateur-Blasorchestern gespielt *wird* (z. B. in Konzerten oder bei anderen gesellschaftlichen oder sozialen Anlässen), so wäre analog "professionelle Blasmusik" solche professioneller Blasorchester. Aber unabhängig davon, wie gut oder schlecht das Niveau von Amateur- und professionellen Blasorchestern auch sein mag: Außerhalb pädagogisch motivierter Überlegungen ist eine solche Vermischung von "Ausführenden" und "Musik" zur Charakterisierung von Arten der Blasmusik wenig gewinnbringend: Eine solche Klassifikation von *Musik* entbehrt jeder Logik und ist auch gar nicht aufrechtzuerhalten. Niemand wird einem Jugend-Sinfonieorchester "Amateur-Klassik" unterstellen, und es ist kaum ein Sinn darin zu sehen, beispielsweise "Amateur-Blasorchesterwerke" und "Kunst-Blasorchesterwerke" voneinander abzugrenzen (**30.**142). Und wenn ein professionelles Blasorchester "Leichtes" und "Populäres" spielt: führt es dann "Amateur-Blasmusik" auf? (Daß der Terminus auf die Art der Interpretation von Blasmusik zielt, ist – ohne daß dies von vornherein negativ gemeint sei – möglich, trifft aber nicht den Sinn derer, die ihn verwenden.) Die Vermischung musikalischer und soziologischer Dimensionen des Begriffs "Amateurblasmusik" bringt zuweilen Termini wie etwa "amateurspezifische symphonische Blasmusik" (**366.**75) hervor. Unabhängig davon, daß auch leistungsfähige Amateur-Blasorchester zuweilen Kunst-Blasmusik spielen können, sollte man doch besser von *einfacher(er)* sinfonischer Blasmusik sprechen, denn kaum wird man der "amateurhaften symphonischen" eine "populäre professionelle" Blasmusik gegenüberstellen. (Mag "Amateur-Blasmusik" unter musikalischen und pädagogischen Gesichtspunkten "Leichte(re)s" im weitesten Sinne bedeuten, so wird der Terminus in dieser Schrift auf die Interpreten bzw. auf entsprechende Bläser-Formationen bezogen.)

g) Konzertante, Sinfonische und Kunst-Blasmusik

Der "konzertmäßigen" Blasmusik Bibers (**30.**141) steht H. Brauns Blasmusik als "Kunstmusik" gegenüber (**45.**108). Für Brixel/Suppan ist Blasmusik auch Kunstmusik, "weil alle Strukturen und Aussagen sich darin artikulieren lassen, die hohem Kulturbewußtsein und hoher Kulturverantwortung entsprechen" (**61.**136).

Mit der Diskussion von Konzert- und Kunst-Musik ist ein Terrain betreten, dessen Problematik im Rahmen dieser Schrift kaum beleuchtet werden kann. Der Begriff "konzertmäßige Blasmusik" scheint Qualitatives und Funktionales zu vermischen. Während Biber von der "konzertmäßigen Blasmusik*ausübung*" spricht (**30.**142, Hervorhebung vom Verf.), ist der Terminus "konzertante Blasmusik" durchaus etabliert. Zwar zielt auch Biber auf den Sachverhalt, "die künstlerische Eigenständigkeit einer Musiziergattung unter Beweis zu stellen. Blasmusik wird um der Blasmusik willen dargeboten. Perfekte Ausführung ist oberstes Gebot" (142), doch bedarf es dazu nicht notwendigerweise konzertanter Blasmusik oder Kunstmusik. Die Mannigfaltigkeit dessen, was in Blasorchester-Konzerten "geboten" wird, ist ebenso vielfältig und abhängig von Orchester und Rezipient wie auch umstritten. Und sofern man hier zu Besselers Terminus der "Darbietungsmusik" (im Gegensatz zur "Umgangsmusik") gelangt, so wies bereits Bernhard Dopheide darauf hin, daß Darbietungsmusik "nicht gleichzusetzen" ist mit Kunstmusik (**95.**6). Wo aber von der Komposition her die Grenze zu ziehen ist zwischen einer nicht nur im Konzert *dargebotenen* Musik (auch Märsche finden sich vorzüglich in Blasorchesterkonzerten), sondern auch einer qualitativ hochwertigen "Konzert"-Blasmusik und dem Beginn von "Kunst-Musik", dürfte nicht selten umstritten bleiben. (Ist der vom Blasorchester dargebotene Satz einer Beethoven-Sinfonie noch Kunstmusik?)

Der in den letzten Jahren zunehmend in Gebrauch geratene

Begriff "Sinfonische Blasmusik" mag seine Entstehung mehr dem schlechten Image "der" Blasmusik verdanken, anstatt daß eine neu entstandene "Sinfonische Blasmusik" ihn hervorgebracht hätte. Suppan weist den Begriff erstmals für das Jahr 1932 nach. Er wird hier von Theo Rüdiger, einem ehemaligen Mitglied der Weimarer Hofkapelle, für neue Blasorchester-Originalwerke verwendet (Ouvertüren, ein "Sinfonisches Präludium" u. a.). Gleichzeitig aber betont Rüdiger, auch Bearbeitungen etwa von Liszts Sinfonischen Dichtungen, Bruckners Sinfonien usw. für Blasorchester seien "in ihrer Art geradezu geschaffen, in die Liste 'Sinfonische Blasmusik' aufgenommen zu werden" (zit.n. 366.28). Daß man heute weitgehend diese Bedeutung teilt, heißt aber, daß es "Sinfonische Blasmusik" bereits seit der ersten Hälfte des 19. Jahrhunderts gibt, seitdem also Militärorchester durch entsprechende Bearbeitungen "sinfonische Musik" populär machten. Sicherlich raubt die Popularität eines Werkes nicht dessen sinfonischen Charakter; daß dies aber auch für den Akt der Bearbeitung gilt, ist zunächst nur eine Behauptung. (Und m. E. ist bislang auch noch niemand auf die Idee gekommen, Bearbeitungen des späten 18. und frühen 19. Jahrhunderts für "Harmoniemusik" als "Sinfonische Bläsermusik" zu bezeichnen, nur weil die Vorlagen z. T. sinfonischer Natur waren.) Damit sei die Frage verdeutlicht, ob nicht ein solcher Gebrauch des Begriffes "Sinfonische Blasmusik" auch zu tun hat mit dem Scheitern, die Bedeutung des Wortes "Blasmusik" auf breiterer Ebene zu verändern: Als ob quasi das Adjektiv "sinfonisch" Qualität verspricht, die man "der" Blasmusik allein nicht mehr zutraut.

Dagegen könnte man gerade in einem Gebrauch des Terminus "Sinfonische Blasmusik", wie er oben kritisiert wurde, eine Abwertung solcher Blasmusik sehen, die diesen Namen wirklich verdient: Originalwerke wie etwa Stephan Jaeggis "Titanic", Gustav Holsts Suiten "for Military Band", Robert R. Bennetts "Symphonic Songs", Darius Milhauds "Suite française", Vittorio Gianninis "Symphony No. 3 for Band" u. v. a., Musik also, deren "sinfonischer" Charakter in der Komposition *und Instrumentation* von vornherein angelegt ist. Dies zu betonen ist wichtig, weil längst nicht alle originalen Blasorchesterkompositionen sinfonischen Charakter haben (wobei hier natürlich nicht Gebrauchsgattungen wie Märsche gemeint sind, sondern durchaus qualitativ hochwertige Konzert-Blasmusik). Nicht jede Kunstmusik ist "sinfonische Musik", und auch Blasorchester-Kunstwerke bedürfen einer differenzierteren Terminologie, die ihrem Kunstcharakter gerecht wird, ohne ihn durch die Verwendung des Einheits-Terminus "Sinfonische Blasmusik" zu nivellieren: Die Bearbeitung eines Sinfonie-Satzes von Anton Bruckner, eine solche von Musik aus Tschaikowskys "Schwanensee", Rimskij-Korsakows Original-Konzert für Posaune und Blasorchester, Edward Elgars Bearbeitungen seiner "Pomp and Circumstance"-Märsche und Pendereckis "Pittsburgh Ouverture" gleichermaßen als "Sinfonische Blasmusik" zu apostrophieren, verwischt Differenzierungen, die kunstvolle Blasmusik verdient hätte. Warum der Begriff "Kunst-Blasmusik" nicht bereits in den Sprachgebrauch überging, mag, neben sicherlich wichtigeren Gründen, auch daran liegen, daß er "künstlich" klingt. Hilfreich wäre er allemal. Originale Blasorchestermusik als Kunstmusik ist ein zu neues Terrain des 20. Jahrhunderts, als daß man sie mit dem der (spät-)romantischen Tradition entlehnten Begriff "sinfonisch" insgesamt fassen könnte. "Sinfonische Blasmusik" mag zutreffen auf oben genannte Beispiele, nicht aber für solche Werke, wie sie etwa Eugen Brixel in seiner Studie "Blasmusik und Avantgarde" analysiert ("avantgardistische Blasmusik") (53). "Sinfonische Blasmusik" wäre also nur ein Teil von "Kunst-Blasmusik". Beide setzten Originalwerke voraus. Der Kategorie der konzertanten Blasmusik wären Bearbeitungen "klassischer" Werke ebenso zuzuführen wie anspruchsvollere Originalwerke, die den Namen "Kunstmusik" nicht verdienen. Tendenziell wehrt sich Kunst-Blasmusik gegen Bearbeitungen und Um-Instrumentierungen; ihre Einmaligkeit ist Teil ihres Kunstcharakters.

Analytische Studien stehen hierzulande aber noch weitgehend aus, während sich in den USA zahlreiche Arbeiten diesem Thema widmen. Hervorgehoben sei etwa Acton E. Ostlings Dissertation "An Evaluation of Compositions for Wind Band According to Specific Criteria of Serious Artistic Merit" (1978, **275**), in welcher der Autor aus etwa 1500 Originalkompositionen für Blasorchester 314 eruierte, die seine Kriterien für "Kunst"-Blasmusik erfüllten. (Noch 1987 bezeichnet McLaurien Ostlings Arbeit als "one of the most extensive evaluative studies of music for the wind band" [**251**.30].) Natürlich wäre es vermessen, einen unumstrittenen Kanon der "Kunst-Blasmusik" anzustreben. Aber will man nicht in naiv anmutende Hoffnungen verfallen ("Fielen die Klischees ab, wäre eine neue Epoche der Blasmusik eröffnet" [**75**.242]), bedeuten obige Gedanken dem Autor eine Möglichkeit, Kunst-Blasmusik zu größerer Bedeutung zu verhelfen.

h) Zusammenfassung, Definitionsversuche, Konsequenzen

Die bisher erörterten Sparten von "Blasmusik" sind keinesfalls nur alternativ zu verstchen. Die Nähe der volkstümlichen Musik zur populären Musik ist ebenso evident wie die partielle Identität von Volksmusik und Gebrauchsmusik; und auch funktionale Blasmusik, insbesondere Märsche, fungieren als Unterhaltungsmusik. Indessen hat das mehr intuitive denn dezidiert analytisch ausgeprägte Bewußtsein für die Tatsache, daß es "die" Blasmusik nicht gibt, zu einer Vielzahl weiterer Termini geführt, wie z. B. *originale, neue, kirchliche, arteigene, ernste arteigene, charakteristische, arteigene symphonische, schichtenspezifische, situationsspezifische, amateurspezifische, konzertante sinfonische, vereinsmäßige* Blasmusik. "Originale Blasmusik" ist als Gegensatz zu den vielen Bearbeitungen und Transkriptionen zu verstehen. Sofern "Neue Blasmusik" als Eigenname zu verstehen ist, dürfte dieser Terminus tendenziell dem etablieren Ausdruck "Neue Musik" entsprechen und somit im weitesten Sinne (Kunst-)Musik des 20. Jahrhunderts bezeichnen. "Kirchliche Blasmusik" (oder auch "weihnachtliche Blasmusik") zielt auf religiöse *Funktionen* (und bedeutet in der Praxis eher "Bläsermusik"), "vereinsmäßige Blasmusik" auf die *Spieler,* "schichtenspezifische Blasmusik" auf die *Rezipienten.* Die Vielfalt der anderen Begriffe bedeutet indessen mehr der zweifelhafte Versuch, verschiedenste "Blasmusiken" begrifflich zu fassen denn sinnvolle Klassifikationen. Sicherlich stellt die Vielfalt der Blasmusik selbst wie auch die der Formationen, von denen sie gespielt wird, keine einfache Aufgabe hinsichtlich ihrer Klassifikation dar; aber gerade hier müßte sich Blasmusikforschung in Zukunft darauf besinnen, eine Terminologie zu entwickeln, die methodisch ein Rüstzeug anbietet zur Charakterisierung jener Blasmusik, die eindeutig gemeint ist, wobei auch auf die Unterscheidung musikalischer, pädagogischer und soziologischer Dimensionen besonders zu achten wäre, denn nicht immer handelt es sich nur um musikalische Gattungen, sondern auch um Aufführungs- bzw. Lebensbereiche von Musik (vgl. **47.**52).

Zu Recht bemerkt Brixel, daß "Blasmusik" "zu breitgefächert

und vielschichtig ist, um in einer konzisen Definition erfaßt werden zu können" (54.70). Und unbefangene Ausdrücke wie "Blasorchestermusik" oder "Blasorchesterkomposition" sind mehr Sammelbegriffe einer wie immer auch gearteten Musik für Blasorchester. Zuweilen finden sich Definitionsversuche, die (über landläufige Charakterisierungen, wie sie oben dargelegt wurden, hinausgehend) relativ nüchtern von der Besetzung des Blasorchesters ihren Ausgangspunkt nehmen: Für Suppan bezeichnet "Blasmusik" "alle jene aus Holz- und Blechblasinstrumenten gebildeten Ensembles, die in verschiedenen Besetzungen, zumeist von der Militärmusik oder vom geistlichen Musizieren beeinflußt, vor allem seit der ersten Hälfte des 19. Jahrhunderts in Stadt und Land, zusammengesetzt aus professionellen, halbprofessionellen oder Amateurmusikern in Erscheinung traten und treten" (357.20). Danach spielen "Brass-Bands" aber keine "Blasmusik". Masel zufolge ist Blasmusik "ein vollständiger Orchestersatz [...], bei dem sämtliche Stimmen mit Blasinstrumenten ausgeführt werden" (248.10). Blasmusik bedeutet aber nicht immer ein "vollständiger Orchestersatz", und nicht "sämtliche Stimmen" werden von Blasinstrumenten ausgeführt: erinnert sei an die große Bedeutung des Schlagwerks, an den Kontrabaß des Sinfonischen Blasorchesters oder auch an die gelegentliche Verwendung elektrisch verstärkter Instrumente (E- und Baßgitarre, Keyboard, Orgel, Synthesizer). Charakterisieren solche Definitionen das Blas*orchester* und weichen der *Musik* eher aus, so finden sich unzulässige Generalisierungen vor allem im Hinblick auf letztere. Schreibt Brixel 1975 nur von geblasener Musik "als autonome symphonische oder funktionale Gebrauchsmusik" (50.66), so bemerkt er 1980 differenzierter: "Blasmusik schließt funktionale Musik ebenso ein wie absolute, widmet sich der Traditionspflege ebenso wie der Avantgarde, reicht von der Trivialmusik bis in die Gefilde der Symphonik und umfaßt den weitläufigen Bereich der Amateurmusik ebenso wie den -zugegeben exklusiveren – professioneller Blasmusik" (54.70). Aber sofern man sich der Differenziertheit "der" Blasmusik bewußt ist, wäre es wünschenswert, diesen Umstand nicht nur definitorisch darzulegen, sondern ihm generell gerecht zu werden. So wünscht sich Brixel beispielsweise eine vorurteilsfreie Rezeption "dieser [!] Musiksparte" (55.160). "Die" häufig zitierte Sparte "Blasmusik" gibt es genausowenig wie "die" Blasmusik als "eine" Gattung. Bezeichnet Brixel den Bereich "professioneller Blasmusik" als "exklusiver", so ist nach Konstanzer "die" Blasmusik schlechthin "keine 'Exklusivmusik'" (**226**.50). Ruhr meint, Adornos Gedanken zur "leichten Musik" ließen sich "unschwer auf die [!] Blasmusik übertragen" (**306**.100). Birsak schreibt, die "Blasmusik der jüngeren Zeit" lasse sich "vom Musikalischen her allein nicht definieren [...]. Der an der [!] Blasmusik beteiligte Personenkreis samt seiner Motivation ist zumindest noch in die Betrachtung einzubringen, will man nicht von leeren musikalische Formen reden" (**31**.9). Gerade für Kunst-Blasmusik des 20. Jahrhunderts dürfte dies nicht zutreffen. Geht für jene Autoren, welche bereits von der "Blasmusik" des 16. und 17. Jahrhunderts sprachen, diese mit dem Barock erst einmal zu Ende (vgl. **367**.204), und bedeutet Ruhr die Mitte des 19. Jahrhunderts die "frühe Zeit der Blasmusik" (**306**.127), während für ihn um 1950 ihr "Heute" beginnt (222), so bleibt für die Zukunft zu hoffen, daß durch eine klare und kontrollierte Terminologie entfällt, was man sich bislang häufig erst bewußt machen muß: von welcher Blasmusik denn eigentlich die Rede ist und für welche zutrifft, was gesagt wird.

Wie wichtig dies ist, erweist sich insbesondere an Überlegungen zu einer Ästhetik "der" Blasmusik (z. B. **366**.90 ff.). Eine solche kann es nicht geben: Obgleich eine Polka und etwa Schönbergs op. 43a gemeinsam unter "Blasmusik" zu fassen sein mögen, haben sie doch weit weniger miteinander zu tun als beide Stücke für sich mit nichtblasmusikspezifischen Bereichen: der populären Musik hier und der Kunstmusik dort.

2. "Bläsermusik"

Die Kürze der folgenden Bemerkungen zur Bläsermusik bedeutet durchaus nicht ihre Geringschätzung als Gegenstand der Blasmusikforschung, sondern erklärt sich aus dem Umstand, daß weder die Bedeutung noch die Verwendung des Terminus "Bläsermusik" dermaßen vielschichtig und komplex ist wie bei der "Blasmusik". Dies tangiert bereits ihr Wesen: Als Blasmusik für Soloinstrumente bis hin zu kleineren Besetzungen war sie bis zum Beginn des 19. Jahrhunderts zwar keinesfalls ausschließlich Kunst- oder Darbietungsmusik; auch sie hatte, angefangen von der "alta capella" des 15. Jahrhunderts bis zu heutigen "Posaunenchören", vielfältige gesellschaftliche Funktionen zu erfüllen. Aber im Zeitalter der Riesenorchester und Massenkonzerte des 19. Jahrhunderts büßte sie an funktionalen Aufgaben ein. (Und es mag kein Zufall sein, daß auch vor diesem Hintergrund sich das "Bläserquintett" in der ersten Hälfte des 19. Jahrhunderts als Kunstmusik etablierte.)

Machte Birsak 1983 darauf aufmerksam, daß "alle Arbeiten zur Blasmusik [...] Unsicherheiten in ihrer Unterscheidung gegenüber der Bläsermusik" erkennen ließen (**31.**9), so wäre zu ergänzen, daß selbst in der Musikwissenschaft weder dieser Unterschied noch die Bedeutung des Terminus "Bläsermusik" an sich klar sind. Der etablierte Gebrauch des Wortes "Bläsermusik" scheint indessen nicht nur sachlich motiviert, sondern auch eine Prestige-Frage zu sein. (Es ließen sich viele Beispiele dafür anführen, daß von "Bläsermusik" die Rede und Blasmusik gemeint ist. Und man könnte hier ähnliche Intentionen vermuten wie bei der "Sinfonischen Blasmusik": daß man dem schlechten Image "der" Blasmusik nicht nur durch das Adjektiv "sinfonisch" entgegenzutreten trachtet, sondern auch dadurch, daß man ihn kurzerhand durch "Bläsermusik" ersetzt.) Ohne daß von vornherein unbestreitbar wäre, was die "Bläsermusik" von "Blasmusik" unterscheidet, ist die gängige Verwendung des ersten Begriffs innerhalb der Musikwissenschaft doch auch Qualitätsmerkmal für den Gegenstand: Eine Musikwissenschaft, die mit "Blasmusik" lange Zeit nichts zu tun hatte, wird Gründe haben, "Bläsermusik" zu akzeptieren (auch wenn sie nicht zu ihren Schwerpunkten zählte). Dabei erlangte "Bläsermusik" vor allem dadurch größere Bedeutung, daß unter ihr nicht nur "Musik für Bläser" verstanden wurde und wird (von solistischer Literatur über Bläser-Duette, -Trios usw. bis hin zur Musik für größere Bläserensembles), sondern auch sämtliche gemischtbesetzte Musik, in denen Blasinstrumente solistisch hervortreten: Sonaten für Flöte und Cembalo ebenso wie Quartette für Oboe und Streicher; Konzerte für ein bzw. zwei Trompeten und Streichorchester ebenso wie Kammermusik für diverse Blasinstrumente und Klavier usw. Diese etablierte Auffassung von "Bläsermusik" bestätigt sich sowohl in der Präsentation älterer Bläsermusik auf Tonträgern (Mozarts Hornkonzerte etwa als "Bläsermusik der Klassik") als auch beispielsweise durch die Zeitschrift "TIBIA", ein "Magazin für Freunde alter und neuer Bläsermusik", das keineswegs nur "reine" Bläsermusik zum Gegenstand hat. Ein solches Verständnis ist wesentlich weiter gefaßt als dasjenige, welches als Schwerpunkt einer Blasmusikforschung umrissen wurde (vgl. S. 19 f.).

Aber selbst bei ausschließlich geblasener Musik wird der Terminus "Bläsermusik" nicht einheitlich gebraucht. Wo Deutsch von der "Blasmusik im Mittelalter" schreibt (vgl. S. 28), gebraucht Brixel den Ausdruck "mittelalterliche Bläsermusik" (**57.**10). Für letzteren charakterisiert "Bläsermusik" "vorwiegend eine meist kammermusikalische Spezies bläserischen Musizierens" (**50.**60). Entsprechend finden sich häufig auch Ausdrücke wie "Bläserkammermusik" oder "Kammermusik für Bläser". Nach Birsak dagegen hilft die "Vorstellung von der Blasmusik als Brauchtum [...] zur Unterscheidung von Bläsermusik schlechthin" (**31.**9). Diese Auffassung wäre nur schlüssig, wenn man unter "Blasmusik" ausschließlich "Volksmusik" versteht und sämtliche andere Blasmusik als "Bläsermusik" betrachtet. Dies meint Birsak aber offensichtlich nicht (vgl. S. 29). Darüber hinaus wäre eine solche Abgrenzung problematisch, weil selbst "Bläsermusik" im Rahmen von Brauchtum anzutreffen ist ("Posaunenchöre", weihnachtliches Musizieren kleinerer Bläsergruppen usw.). Dagegen kann man Brixel zustimmen: "Bläsermusik" als Teil jener geblasenen Musik mit kleinerer Besetzung: Solomusik, Duos, Trios, Quartette, Quintette, Sextette, Septette, Oktette... (Der Übergang von der "Bläsermusik" zur "Blasmusik" ist dabei genauso wenig an einer exakten Zahl dingfest zu machen wie derjenige vom "Ensemble" zum "Orchester".) Dies bedeutet nicht, daß der Unterschied zwischen der Blas- und Bläsermusik *nur* in der Besetzungsgröße läge. "Die" Bläsermusik schlechthin gibt es genauso wenig wie "die" Blasmusik: Ihre Vielfältigkeit zu entdecken, zu sichten, zu ordnen und begrifflich angemessen zu beschreiben, bleibt Aufgabe zukünftiger Forschung. Zu voreilig wäre beispielsweise eine Zuordnung von Bläsermusik zu "alter" Musik (wie dies Schallplatten-Hüllen leicht suggerieren), und ebenso falsch wäre es, nur der Bläsermusik Kunst-Charakter zuzusprechen. Natürlich mag man dazu neigen, "Bläsermusik" als "alte" Musik zu apostrophieren, weil größere Besetzungen vor allem erst im 19. Jahrhundert entstanden. Aber dies täuscht leicht sowohl darüber hinweg, mit welch großer Anzahl an Bläsern gelegentlich bereits im 17. oder 18. Jahrhundert musiziert wurde, als auch darüber, welche Traditionen etwa der Bläserkammermusik auch im 19. und vor allem 20. Jahrhundert noch bestanden und bestehen. Oder mag "Bläsermusik" im Gegensatz zur "Blasmusik" auf den ersten Blick vorwiegend Kunstmusik bedeuten, so sei hier nur die Harmoniemusik des 18. Jahrhunderts genannt, deren "populärer" Anteil ihr größter ist. Und sehr so auch heute von Bläserensembles gespielte Musik "Kunstmusik" ist, so wenig darf dies darüber hinwegtäuschen, wie die vor allem von Brass-Ensembles ("London Brass", "German Brass", "Canadian Brass" usw.) in den letzten Jahren interpretierte populäre Musik (etwa Musical- oder Beatles-Evergreens) oder populär *gemachte* Musik ("Bach 300") zu einer regelrechten Modeerscheinung geworden ist.

Bedarf es abschließend noch eines Oberbegriffes, der die Blas- und Bläsermusik zusammenfaßt? Brixel subsumiert beide unter "geblasene Musik" (50.60). Dies ist plausibel, und auch hier wurde dieser Ausdruck bereits des öfteren benutzt. Allerdings handelt es sich nicht gerade um eine besonders gelungene Wortschöpfung. Man mag sich hier und da mit ihm helfen; eine etablierte Verwendung als gängigen Oberbegriff sollte ihm aber nicht zukommen (der Ausdruck "gestrichene Musik" läßt vielleicht deutlicher werden, was gemeint ist). Man kann mit "Blas"- und "Bläsermusik" gut zurecht kommen. Muß es aber unbedingt *ein* zusammenfassender Oberbegriff sein, dann sollte man "Blasmusik", die die "Bläsermusik" als einen Teil von sich begriffe, vorziehen, denn auch der Terminus "Streichmusik" ist üblich. ("Bläsermusik", welche umgekehrt "Blasmusik" einschlösse, bedeutete zwar keinen so vielfach negativ besetzten Terminus als Oberbegriff, dürfte aber nicht weniger umstritten sein.) Ansonsten mag man, abgesehen von der "geblasenen Musik", auch sprechen von der "Musik für Bläser" oder von der "Musik für Blasinstrumente".

C. Bläser-Formationen

Was William J. Schafer über den Ausdruck "Band" und seine Varianten schreibt: "Problems in semantics arise [...] since over the years commentators and musicians have multipled and confused terminology. More recently, musicologists and cultural historians have compounded the confusion" (**315**.9), gilt zum Teil auch für den deutschsprachigen Raum. Indessen können hier nur grundsätzliche Ausführungen zu den wichtigsten Bläser-Formationen erfolgen. Zu vielfältig sind heutige Kombinationen von Blasinstrumenten, als daß sie auch nur genannt werden könnten: vom Tuba-Ensemble über Posaunen-, Saxophon-, Flöten- u. a. Ensembles bis zum "Clarinet-Choir", einer US-amerikanischen Klarinetten-Formation von bis zu 46 Klarinetten unterschiedlichster Größe und Stimmung (vgl. **157**), die auch hierzulande inzwischen anzutreffen ist. So wie es Solo-Literatur für jedes *einzelne* Blasinstrument gibt, so dürfte kaum eine Kombinationen gemischter Blasinstrumente denkbar sein, die nicht auch irgendwo existiert. Sind historische Ensembles Gegenstand des II.Teils, so müssen im folgenden auch wichtige nicht deutsch- oder englischsprachige Termini (wie etwa Formen der italienischen "Banda" oder der französischen "Musique") unberücksichtigt bleiben. Generell ist zu bedenken, daß Formationsbezeichnungen keineswegs nur Besetzungsmäßiges enthalten ("Blechbläser-Ensemble"), sondern auch Historisches ("alta capella"), Gattungsmäßiges ("Bläserquintett"), Funktionales ("Marching Band"), Politisches ("Linksradikales Blasorchester"), Soziales ("Dorfkapelle"), Pädagogisches ("School Band"), Stilistisches ("Jazz Band") oder auch etwas, das den künstlerischen Anspruch betont ("Sinfonisches Blasorchester"). Unabhängig von ihren (auch national unterschiedlichen) Bezeichnungen stellen Formen des Blasorchesters, des Bläser-Ensembles, der Brass-Band und der Blechbläser-(Brass-)Ensembles die vier Hauptkategorien für die Interpretation geblasener Musik dar.

1. "Kapelle" und "Orchester"

Sieht man von Formationen mit dem Suffix -korps ab, welche vor allem bei öffentlichen Körperschaften anzutreffen sind (Polizeimusikkorps, Heeresmusikkorps), so sind die zwei wichtigsten des deutschsprachigen Raumes – mit Ausnahme der Schweiz – die Blas*kapelle* und das Blas*orchester*. In der Musikgeschichte bezeichnet "Kapelle" unter anderem "eine Körperschaft von Musikern, die ein weltl[icher] oder geistl[icher] Fürst, ein Adliger oder auch eine Kirche unterhielten" (**304**.657). Umgangssprachlich bedeutet Martin Ruhnke zufolge das Wort "Kapelle", abgesehen von seiner kirchlichen Bedeutung, "ein Blasorch[ester] oder ein Tanzensemble, d. h. eine Körperschaft von Musikern" (657). Im Gegensatz zum "Blas*orchester*" scheint "Blas*kapelle*" mehr auf den volkstümlichen Bereich zu verweisen. Schweighofer etwa untersucht "Blasmusikkapellen" (**328**.12) – an anderer Stelle (24) spricht er von "Dorf-Blasmusik-Kapellen" – Blank schreibt vom "Blasmusikverein" (**33**.194), Siebold von der "Volksblaskapelle" (**335**.19). Bei seiner Unterscheidung von (1) "Kapellen abgelegener ländlicher Gemeinden", (2) "Kapellen ländlicher Gemeinden" und (3) "Kapellen städtischer Gemeinden" (**306**.227 ff.) wendet Ruhr das schlichte Wort "Musik" auf den ersten Typ an, "da sich Spiel und Repertoire [...] noch vorwiegend an gebrauchsmusikalischen Aspekten ausrichten" (227). Für Grieshofer ist die Blaskapelle auf dem Lande schlicht die "Dorfkapelle" (**144**.146). Karstädt spricht vom "Blasmusikkorps volkstümlicher Besetzung" (**215**.215). Und Deutsch bezeichnet schließlich die "Big-Band als zeitgemäße Neuform der Musikapelle" (**90**.143). Der Terminus "Amateur-Blaskapelle" ist indessen ein Sammelbegriff für die Vielzahl ländlicher und städtischer Kapellen, deren Mitwirkende zumeist aus nichtprofessionellen Musikern bestehen.

Umbenennungen von "Blaskapelle" in "Blasorchester" sind dem Verfasser bekannt, und es scheint, als vollziehe sich hier aus Prestige-Gründen eine Entwicklung, die sich musikgeschichtlich über Jahrhunderte erstreckte. *"Von der 'Kapelle' zum Orchester"* lautet ein Abschnitt in Ruhnkes Aufsatz über die "Kapelle": Die Instrumentisten, ursprünglich nur Stütze des Gesangs, waren im 17. und 18. Jahrhundert "zu einem selbständigen Klangkörper geworden, der sich zum modernen Orch[ester] entwickelte" (**304**.667). Den genannten Umbenennungen entspricht, wenn

Masel schreibt, daß man in den 50er Jahren unseres Jahrhunderts Blaskapellen noch gern als "Volksmusik-Kapelle" bezeichnete (**248**.138, vgl. auch S. 206). Auch Brixel konstatiert einen Wandel von der "Blaskapelle" zum "Blasorchester", doch macht er ihn von der Anzahl der Spieler abhängig: Nachdem zuvor im 19. Jahrhundert die Spielstärke 14–16 Mann betrage habe, setzte nach dem Ersten Weltkrieg ein Aufschwung des vereinsmäßigen Blasmusikwesens ein. "Somit findet der Wandel von der Blaskapelle zum Blasorchester erst in den zwanziger Jahren unseres Jahrhunderts statt" (**57**.108). (Allerdings: Die – um ein Beispiel zu nennen – "Lesachtaler *Bauern*kapelle [!] St. Lorenzen" aus Kärnten übertrifft mit ihren 50 Spielern auch qualitativ manches Amateur-Blas*orchester*.) Hablas etwas verlegen anmutende Überschrift "Besetzung von Amateurblaskapellen/-orchestern" (**148**.65) scheint indessen deutlich zu machen, daß innerhalb der Blasmusikforschung beide Begriffe kaum eindeutig gebraucht werden.

Von einem "Orchester" spricht man, "wenn mehrere Stimmen, vor allem die Streicher, chorisch besetzt sind oder wenn ein Ensemble eine große Anzahl von Spielern umfaßt", wobei die Grenzen "allerdings fließend" sind (RML, 672). Von daher wäre der Terminus "Blasorchester" für Bläser-Formationen bis zum Ende des 18. Jahrhunderts zu eliminieren. (Karstädt etwa verwendet ihn bereits für Bläser-Ensembles des 17. Jahrhunderts [**214**.1908].) Und was die "Blas*kapelle*" betrifft, so mag es historisch betrachtet legitim sein, ältere Ensembles damit zu erfassen, doch wäre m. E. "*Bläser*-Kapelle" bzw. "*Bläser*-Ensemble" angemessener: Angesichts umgangssprachlicher (aber nicht unbedingt wertend gemeinter) Assoziationen an "Blaskapelle" sollte man zu diesen Alternativen greifen.

Die grundsätzliche Gegenüberstellung von "Blasorchester" im Gegensatz zum "Orchester" (z. B. **148**.VIII) erscheint wenig plausibel, denn genauso unlogisch wäre es, der "Blasmusik" die "Musik" gegenüberzustellen. Eine begriffliche Dichotomie wie in der englischen Sprache ("band" versus "orchestra") steht hierzulande nicht zur Verfügung. Sinnvollerweise unterscheiden etwa Ahrens (**3**) und H. Braun (**45**) das Blasorchester nicht vom "Orchester", sondern vom "Kulturorchester".

Die Entstehung des Blas*orchesters* wird häufig mit der Zeit der Französischen Revolution in Verbindung gebracht, weil hier erstmals wesentlich größere Besetzungen für Massen-Aufführungen verwendet worden seien. Biber schreibt etwa: "Unter Napoleon entsteht aus der Bande turque durch weiteren Zuzug von Blasinstrumenten, vor allem aber durch die mehrfache, chorische Besetzung der Klarinetten, das eigentliche *Blasorchester*" (**30**.135). Wie Suppan die "Geburt des modernen Blasorchesters aus dem Geist der französischen Revolution" (**365**.121) heraus versteht, so bemerkt auch Whitwell in diesem Zusammenhang: "The modern band was born" (**407a**.221). Was jeweils gemeint ist, kann aber allenfalls als der *Beginn* einer Entwicklung zum "modernen Blasorchester" angesehen werden, denn es dauerte noch etwa ein halbes Jahrhundert, bis sich wirklich ein solcher Klangkörper herausbildete, der heutigen, vor allem auch in der Klangbalance, ähnlich ist. Zu Recht bemerkt Schafer: "The development of the modern wind band often parallels the growth of instrumental technology and the perfection of modern wind instruments" (**315**.2).

Gelegentlich wird das Blasorchester durch die Abgrenzung vom Sinfonieorchester näher erklärt. Suppan vertrat die These: "Das Blasorchester entstand als Ersatzlösung, als ein 'Orchester ohne Streicher', und die äußeren Auftrittsbedingungen nur ließen zu dieser Ersatzlösung greifen" (**365**.122). Spricht er von Weills op. 12 als vom Konzert "für Violine und Blasorch[ester]" (**368**.368), so Christoff vom "Konzert für Violine, Bläser und Schlagzeug", welches "offensichtlich für die Bläser des Symphonieorchesters geschrieben" sei und "demnach nicht vergleichbar unserer Blasorchesterpartitur" ist (**75**.243). Es geht hierbei um die Frage, ob man durch Wegnahme der Streicher eines Sinfonieorchesters ein "Blasorchester" erhält. Auch wenn Herbert von Karajan Militärmärsche mit dem "Blasorchester der Berliner Philharmoniker" einspielte (DG 64434), so ist diese Frage doch zu verneinen. Es ist durchaus nicht unüblich, daß sich unterschiedliche Bläser-Formationen aus den Spielern eines Sinfonieorchesters bilden. Dies mögen im einzelnen homogene bzw. standardisierte Ensembles sein (Bläserquintett, Blechbläser-Ensemble usw.), doch ohne Hinzufügung anderer, dem Sinfonieorchester fremder Instrumente (z. B. Flügelhörner, Kornette, Tenorhörner, Baritons) wird kaum ein (chorisch besetztes) Blasorchester entstehen.

Wie wenig allein die Fortnahme der Streicher ein homogenes Bläser-Ensemble oder gar "Blasorchester" ergibt, zeigte – wenn auch aus anderer Perspektive – Igor Strawinsky, der sich nach der Uraufführung seiner

"Symphonies d'Instruments à vent" (1920) darüber beschwerte, daß der Dirigent einen viel zu großen Abstand zu den Bläsern gehabt habe, bedingt dadurch, daß die Streicher des Orchesters nach Beendigung des vorangegangenen Stückes einfach aufgestanden seien, ohne daß die Bläser sich umgesetzt hätten (vgl. **133**.143).

Suppans Begründung für die These vom Blasorchester als "Ersatzlösung", nämlich sein Hinweis auf einen Marsch Eduard von Lannoys (für "großes Orchester ohne Streicher" [**365**.123]) kann also kaum überzeugen. Würde man ihm folgen, bedeutete dies eine *doppelte* Ersatzlösung: Ein "Ersatzorchester" mit einer "Ersatzmusik" für das Volk. Wie aber im historischen Teil noch deutlich wird, war von Anfang an mit den Konzerten für Blas-Ensembles, deren Tradition ins 18. Jahrhundert zurückreicht, eine gewisse Aura geschaffen, die sich zwar im Laufe des 19. Jahrhunderts veränderte, aber Teil eines öffentlichen Musiklebens war, an dem viele Menschen teilhatten und erst gar nicht das Gefühl eines "Ersatzes" aufkommen ließ. Auch die Entstehung "des" Blasorchesters kann es, streng genommen, nicht geben, denn "das" Blasorchester gab es weder früher noch heute. (Allein die Größe von in der Regel über 10 bis nicht selten über 50 Spielern mag dies verdeutlichen.) Vielmehr ist die Frage nach bestimmten Bläserformationen zu stellen, die sich vor allem nach der Erfindung der Ventile in den 20er Jahren des 19. Jahrhunderts bis zur Jahrhundertmitte zunehmend "moderneren" Formen annäherten – von nationalen Varianten ganz zu schweigen. Entsprechend gab es längst nicht die Ausschließlichkeit des *Begriffs* Blasorchester. Habla machte darauf aufmerksam, daß beispielsweise in der dritten Ausgabe der deutschen Übersetzung von Berlioz' Instrumentationslehre (1881) die Begriffe "Blasinstrument-Orchester", "Harmoniemusik-Orchester" sowie "Militärmusik" parallel gebraucht werden (**148**.8). Auch zu Anfang des 20. Jahrhunderts werden etwa die Termini "Blasorchester", "Militärmusik", "Infanterie-Regimentsmusik" u. a. zum Teil synonym verwendet. Nach dem Ersten Weltkrieg aber scheint sich das Wort "Blasorchester" (wenn auch nicht als alleiniger Begriff) mehr und mehr durchgesetzt zu haben: Paul Hindemith schrieb 1926 eine "Konzertmusik für Blasorchester", und Ernst Tochs "Spiel für Militär-Orchester" (1926) wurde in der gedruckten Partitur in "Spiel für Blas-Orchester" umbenannt (9). Wie auf S. 233 ff. erläutert ist, bedürfen aber zahlreiche Kompositionen namhafter Komponisten des frühen 20. Jahrhunderts einer vorsichtigen Interpretation als

"Blasorchestermusik". So sagt Habla beispielsweise über Kurt Weills "Konzertmusik für Violine und Blasorchester", der Titel sei "irreführend" (10), und, so Suppan, im Sinne von "Bläserkammerorchester" (**366**.25) gemeint. Auch andere Beispiele (vgl. S. 215 f.) möchten davor warnen, Unkenntnis oder Unfähigkeit in Rechnung zu stellen, noch bevor die Frage einer bewußten künstlerischen Absicht auch nur gestellt ist.

Seit einigen Jahren gerät der Terminus "Sinfonisches Blasorchester" zunehmend in Gebrauch, offensichtlich ein deutsches Pendant zum englischsprachigen Ausdruck "Symphonic Wind Band". Dabei ist keineswegs klar, was diese Formation von anderen Blasorchestern unterscheidet. Daß der Unterschied offensichtlich nicht (nur) in der Besetzung zu suchen ist, läßt auch Suppan erkennen, wenn er in seinem Aufsatz "Anton Bruckner und das Blasorchester" schreibt, viele Zeitgenossen eines Bruckner, Wagner oder Brahms hätten "mit einer Sonderentwicklung des Orchesters im 19. Jahrhundert geliebäugelt: mit dem symphonischen Blasorchester. Die Rede ist von jenen leistungsfähigen Militärblasorchestern, die mit der Vervollkommnung älterer und der Entwicklung neuer Holz- und Blechblasinstrumente entstehen konnten [...]" (**362**.189). Entsprechend verwendet Suppan den Begriff "Sinfonisches Blasorchester" etwa dort, wo ein Blasorchester Bearbeitungen Bruckner'scher Werke spielt. Dieser Usus, ein Bearbeitungen "klassischer Musik" spielendes Blasorchester als ein "sinfonisches" zu bezeichnen, ist weit verbreitet. Bereits 1949 bezeichnet Karstädt die von Suppan gemeinten Militärmusikkorps des 19. Jahrhunderts – wenn auch in Anführungszeichen und mehr in Anspielung auf ihre Funktion im damaligen Musikleben – als "blasende Sinfonieorch[ester]" (**214**.1916). Das bedeutet aber, daß es das "Sinfonische Blasorchester" bereits seit über einhundert Jahren gibt und nur der Gebrauch dieses Namens neu ist. Dies entspricht dem Umgang mit dem bereits oben dargelegten Begriff "Sinfonische Blasmusik", und hier wie dort scheint die Verwendung auch eine Prestige-Frage zu sein (vgl. **183**.20). So betrachtet auch Christoff den Begriff "als nicht sehr glücklich", denn "mit dem Adjektiv 'symphonisch', das vornehm klingen soll, wecken wir falsche Vorstellungen" (**75**.238). Von daher möchte er den Ausdruck "Sinfonisches Blasorchester" ganz fallen lassen und ihn etwa durch "großes Konzert-Blasorchester" ersetzen (238). Indessen mag es nicht darum gehen, den Terminus "Sinfonisches Blasorchester" gänzlich zu tilgen, sondern ihm eine sinnvolle Bedeutung zu verleihen. Man muß sich vor Augen halten, welche Begriffe bereits zur gesteigerten Anerkennung des Blasorchesters verwendet wurden: Suppan zufolge wurde durch die Veränderung der Funktion in Richtung "Konzert" "das Militärorchester zum Blasorchester" (**366**.23). Obgleich bereits die Unterschiede zwischen "Kapelle" und "Orchester" mehr die Funktion "Darbietung" bei letzterem unterstrichen (vgl. auch Brixels genannte Entwicklung von der Blas*kapelle* zum Blas*orchester*), wurde es kaum möglich, das Blasorchester als von außermusikalischen Funktionen frei betrachten zu können, was den Ausdruck "Konzert-Blasorchester" hervorbrachte. Daß dieser offensichtlich immer noch nicht ausreiche, erklärt den Gebrauch des Terminus "Sinfonisches Blasorchester", und dies auch bei Orchestern, die sich weder von einer Militärkapelle, einem "Blasorchester" noch von einem "Konzertblasorchester" unterschieden. In Abgrenzung dazu soll hier der Ausdruck verwendet werden für ein Blasorchester, das 1. in seiner Besetzung über diejenige der meisten Amateur-Blaskapellen hinausgeht (Einbezug von Flöten, Oboen und Fagotten wie auch etwa des Kontrabasses [vgl. **60**.246 u. **362**.204]), bei dem 2. die Konzert-Darbietung zu seinem Wesen gehört und 3. die Interpretation von Gattungen der funktionalen Musik die Ausnahme bildet zugunsten des Repertoires "sinfonischer" Musik, und zwar mit dem Schwerpunkt auf originaler (sinfonischer bzw. Kunst-) Blasmusik neben entsprechenden Bearbeitungen. Das Adjektiv "sinfonisch" ist zu sehr an Kunstmusik gebunden, als daß jedes Blasorchester, welches vielleicht einmal eine Bearbeitung von Donizettis Ouvertüre zu "Don Pasquale" spielt, gleich als "Sinfonisches Blasorchester" bezeichnet zu werden verdient. Wenn schon nicht "Blaskapelle", und wenn nicht einmal "Blasorchester", so mag in Fällen, in denen die "Darbietung" im Vordergrund steht, "Konzertblasorchester" reichen. Beispiele für Sinfonische Blasorchester wären etwa das "Tokyo Kosei Wind Orchestra" (vgl. **293**), die "Cleveland Symphonic Winds" oder das "Eastman Wind Ensemble", hierzulande auch einzelne überregionale Formationen wie das Landesblasorchester Baden-Württemberg (Ltg. Harry D. Bath) und das Jugendblasorchester Nordrhein-Westfalen (Ltg. R. Rogg). Hervorzuheben sind auch die Bemühungen S. Seidls mit der "Militärmusik Kärnten" sowie N. Nozys mit der "Musique des Guides" aus Belgien. Daß generell "Sinfonische Blasorchester" (aus welchen Gründen auch immer) nicht sehr zahlreich sind, mag man bedauern (wie auch Wolfgang Schmidt-Brunner den Mangel "an leistungsfähigen Blasorchester[n]" insgesamt beklagt [**318**.236]), sollte aber doch den Kunst-Anspruch von Teilen der Blasmusik, welcher durch die gängige inflationäre Verwendung des Begriffs eher in Frage gestellt wird, unterstreichen.

2. "Band"

Die Bedeutungen des zentralen Begriffs "band" sind sowohl einem historischen Wandel unterlegen wie auch in den USA und England nicht eindeutig definiert. "The British term 'military band' [...] means a band of reeds, brasses and percussion instruments, as distinguished from brass and percussion only, which constitute a *brass band* in the strict sense. [...] The term 'military band' is [...] confusing to Americans; in Europe, most *military bands* actually are units of the military, while in the United States, most *military bands* are civilian [...]. Thus, most Americans have simply said 'band' (or 'brass band' in the colloquial sense)" (**110**.15). Mit "colloquial sense" meint Jonathan Elkus, daß die Begriffe "brass band" und "military band" oft unterschiedslos gebraucht werden. "Strictly speaking, 'brass band' means a fairly standardized complement of brasses and drums; colloquially, a band whose prevailing sound is brasses and drums; figuratively, any music which resembles or evokes band music" (15). Der andersartige Bedeutungsschwerpunkt von "band" im englischen und amerikanischen Sprachgebrauch beruht auch darauf, daß die englische Brass-Band-Bewegung eine von Amateuren ist (**271**.117). Wurde in den USA die "band" als "military band" assoziiert, so bedeutete "band" (ohne nähere Bestimmung) im Englischen ein Wort "for any orchestra", während Amerikaner den Begriff "orchestra" zumeist mit "opera house" in Verbindung brachten, womit in der Regel Provinz-Theater gemeint waren (**110**.18). (Dem entsprechen Notenverlagsangaben wie "Full Military Band" in England und lediglich "Full Band" in den USA.)

Zur US-amerikanischen "Band", Raoul F. Camus zufolge gemeinhin verstanden als eine Vereinigung von Holz-, Blech- und Schlaginstrumenten, gehören die "concert band", die "marching band", die "military band", die "circus band" und die "symphonic band" (**71**.127). Historische Begriffe wie etwa die "Cornet band" verweisen auf Entwicklungen im 19. Jahrhundert: Nach

Ablösung des "bugle horn" (Bügelhorn) durch die Kornette und Saxhörner änderten viele Kapellen ihre Namen von "Bugle Band" in "Cornet Band", um der Bedeutung ihrer neuen Instrumente Rechnung zu tragen (**315**.4). Auch der Name "Saxhorn Band" war gebräuchlich; beide wurden z. T. auch einfach "brass band" (**71**.129) oder – weil es sich zumeist um Militärkapellen handelte – "Military Brass Band" (**271**.125) genannt. (Der amerikanische Komponist Charles Ives beispielsweise sprach gewöhnlich von "brass bands" oder "cornet bands" [**110**.13].) Mit den "brass bands" im New Orleans des späten 19. Jahrhunderts und der Herausbildung des ersten Jazz-Stils tauchten noch Begriffe wie "Negro brass band" oder "street band" auf (**315**.13,9). Ende des 19. Jahrhunderts schließlich meinte "brass band" ein gemischtes Ensemble aus Holz-, Blech- und Schlaginstrumenten (6). Dies erklärt die Entstehung des Terminus "all brass band" zur Kennzeichnung der "reinen" Brass-Bands (vgl. **71**.129). (Demgegenüber wird in England für Formationen, deren "brass" durch Holzblasinstrumente ergänzt ist, der Ausdruck "Brass and Reed Band" gebraucht [**411**.109].) Insgesamt zeigt sich, wie Camus herausstellt, daß viele Begriffe sehr frei benutzt wurden (**71**.129), woraus Schafer – bezogen auf "Brass Bands & New Orleans Jazz" (**315**) – die Konsequenz zieht: "Rather than become entangled in pedantries, I have accepted this historical looseness" (9).

Weil, historisch gesehen, in den USA die Begriffe "brass band", "military band" und "marching band" unterschiedslos mit Formationen assoziiert wurden, die hauptsächlich *Märsche* spielten (**315**.9), entstand bereits gegen Ende des 19. Jahrhunderts der Terminus "Concert Band", welcher von vornherein auch eine größere Anzahl von *Holz*bläsern implizierte (6). Er unterstreicht funktional die "Darbietung" und wäre etwa mit unserem Begriff "Konzertblasorchester" zu übersetzen. Den jüngeren Gebrauch des Ausdrucks "Wind Ensemble" betont Schafer, und er versteht darunter "an instrumental group composed of brass instruments, woodwinds, and percussion" (2). Die "Symphonic Band" ist Camus zufolge auch bekannt als "symphonic wind ensemble, symphony of winds, or wind orchestra" (**71**.127). Es ist kaum auszumachen, worin sich die genannten Ausdrücke, denen noch etwa die "Symphonic Winds" oder das "Wind Symphony Orchestra" hinzuzufügen wäre, unterscheiden. Camus führt die "Symphonic Band" additiv der "Concert Band" hinzu, Kitchen gebraucht den letzten Begriff synonym mit "Symphonic Wind Band" (**220**.77).

Entsprechend betont McLaurien (1987): "[...] there is no universal consensus for the appropriate title for a large ensemble of wind and percussion instruments" (**251**.31). Einigkeit besteht allenfalls darin, daß sich die in diesem Absatz aufgeführten Bezeichnungen von der "Marching Band" abheben: "While the growth of the symphonic band was due in large part to band contests, marching bands benefited principally from the popularity of intercollegiate football" (**71**.135). Trotzdem beklagt Kitchen, daß die zeitgenössische "symphonic wind band" zwar eine autonome Kunstform darstelle, ihr aber doch die Anerkennung als solche fehle und sie deshalb noch energischer gefördert werden müsse (**220**.79).

Verweisen die bisher genannten englischsprachigen Formationen auch geographisch auf die USA und England, so ist zumindest die aus Blech- und Schlaginstrumenten bestehende "Brass-Band" zwar kaum in Deutschland, doch umso mehr in den Niederlanden, den skandinavischen Ländern und insbesondere in der Schweiz verbreitet – wo sie sich neben der "Harmonie" (Blasorchester) und den "Fanfares mixtes" (quasi Brass-Band plus Saxophon-Satz) behauptet –, allerdings mit dem Unterschied, daß in diesen Ländern die englische Standardisierung der Besetzung von 25 Blechblasinstrumenten plus Schlagwerk (vgl. S. 198) kaum anzutreffen ist.

3. "Ensemble"

Im deutschen Sprachgebrauch bezieht sich "Ensemble" auf *kleinere* Formationen. Auch Gauldin schlug bereits 1958 den Ausdruck "Symphonic Wind Ensemble" vor zur Bezeichnung von Bläsergruppen, deren "instrumentation usually consisted of the full wind section of an orchestra *with no doubled parts*" (**133**.125, Hervorhebung v. Verf.). Zur Begründung schreibt er (bezogen auf den Anfang des 20. Jahrhunderts): "[...] with revival of the wind chamber groups, a medium evolved which could not longer be classified in the 'chamber' category, and yet could not be correctly associated with the military or 'concert' band" (125, vgl. auch S. 234 f.). "Wind *Ensemble*" bezeichnet in den USA heute auch größere Blasorchester ("Eastman Wind Ensemble") genauso wie "Symphonic Wind Band" u. ä. Dem stehen auf der anderen Seite Abgrenzungen des "Wind Ensemble" (als kleinere Formation) von der "Wind Band" gegenüber: Miller (1988) etwa schreibt über "The Wind Ensemble and [!] Band Compositions of Darius Milhaud" **(256)**, oder die in England erscheinende Zeitschrift "Winds" nennt sich "Journal of the British Association of Symphonic Bands and [!] Wind Ensembles". Wo sich in den USA aber Probleme mit dem Begriff "Ensemble" ergeben, greift man u. a. auf die Bezeichnung "Chamber Winds", die als solche etwa an der University of Michigan *neben* dem "Wind Ensemble" existieren, zurück **(71.135)**.

Gleich dem Terminus "Brass-Band" ist auch das "Brass-Ensemble" in den deutschsprachigen Ländern kein Fremdwort. Die Zahl der sich so nennenden Blechbläser-Ensembles ist in den letzten Jahren sprunghaft gestiegen. Scheint der wesentlichste Unterschied zwischen der "Brass-*Band*" und dem "Brass-*Ensemble*" in der Quantität der Besetzung zu liegen, so greift dies doch zu kurz. Weder ist ein Blechblas-Ensemble eine "kleine Brass-Band", noch sind größere Blechblas-Ensembles Brass-Bands, selbst wenn sie zahlenmäßig an sie heranreichen: "Brass ensembles range in sizes from a quarter, for which there are numerous examples, to Riegger's Music for Brass Choir, which requires twenty six brass players and two percussionists. [...] Thus, a brass ensemble may consist of only four performers, or it may be a group of thirty or more. But even a large group [...] is quite a different phenomenon from the brass band; and the music written for these two types of organizations is very dissimilar. The contemporary american brass ensemble is composed of trumpets (or cornets), horns, trombones, baritones, tubas, tympani, and other percussion. In actual practice, about half of the literature requires groups consisting of only trumpets, horn, and trombones. It should be noted that, of these instruments, only the trombones appear in the usual brass band" **(196**.318 f.**)**. Diese Bemerkungen aus Benjamin Husteds 1955 erschienener Dissertation über "The Brass Ensemble: Its History and Music" sind noch heute gültig.

Ähnlich argumentiert Donald H. van Ess in seiner Studie "The Stylistic Evolution of the English Brass Ensemble" (1963), für den das 19. Jahrhundert bereits ein "Revival of English Brass Music" ist **(115**.151–178**)**, und der, unter Auslassung des 18. Jahrhunderts, sehr ausführlich die Entwicklung von (englischen) Blechbläser-Ensembles vom Mittelalter bis ins 20. Jahrhundert darstellt.

Aus der von Husted genannten Vielfalt der Brass-Ensemble-Besetzungen (Posaunen-Quartette, -Trios usw.) sei hier das Blechbläserquintett (2 Tp, Hr, Pos, Tuba) sowie das Trompeten-Ensemble hervorgehoben. Ist ersteres eine Erscheinung des 20. Jahrhunderts, die quasi mit hundertjähriger "Verspätung" die Tradition des (gemischten) Bläser-Quintetts aufgreift (vgl. ausf. Tunnell 1982, **389**), so meint letzteres zunächst einmal die historische Musik der Trompeter- und Paukerkorps des 17. und 18. Jahrhunderts. Und schrieb Edward Tarr noch 1978 (**375**.88), diese Musik fände "immer mehr Interesse" (zum Teil auf historischen Instrumenten interpretiert), so macht Jon W. Burgess in seiner 1988 erschienenen Dissertation "An Annotated Bibliography of Trumpet Ensemble Music (For Five or More Trumpets)" deutlich: "[...] it is only in the past decade there has been an increased effort to compose and arrange for the trumpet ensemble" (**67**.1). Sieht man von der "Fanfare" ab, welche im 20. Jahrhunderts zum Teil von namhaften Komponisten mehr oder weniger kunstvoll für Trompeten komponiert wurden (Verzeichnis und Analysen in **196**.419–439), so wurde für Burgess das Trompeten-Ensemble durch neuere und neueste Kompositionen zu einer "serious form of chamber music for the trumpet performer" (**67**.1). Insgesamt spricht er von einer inzwischen beachtlichen Anzahl originaler Kompositionen, Bearbeitungen und Neuausgaben alter Musik für Trompeten-Ensembles (1). Und unter den in seinem Verzeichnis aufgeführten 148 Werken bzw. Ausgaben von Musik für 5 bis 24 Trompeten befinden sich immerhin 124, die ab 1974 komponiert worden sind.

Innerhalb der gemischten Holz- und Blechblas-Ensembles ist die Vielfalt nicht minder groß. Eine bald 200-jährige Tradition hat das Quintett, bestehend aus Fl, Ob, Kl, Hr und Fg (vgl. S. 165 ff.). An dieser Stelle sei nur noch auf die begriffliche Vermischung von Gattung und Besetzung etwa des Quintetts oder Oktetts hingewiesen, die dadurch entstand, daß sich die Besetzung auf die Musik übertrug: Nicht jede *Musik*, die ein Bläserquintett spielt, ist (gattungsmäßig) ein "Bläserquintett". Und wenn im 18. Jahrhundert das Bläser-Oktett auch ein solches spielte, so führte es nicht nur vorwiegend andere Gattungen auf, sondern letztere wurden z. T. wiederum als "Oktett" bezeichnet, nur weil ein "Oktett" sie spielte.

D. Blasmusik und Ideologie

Von Anfang an war geblasene Musik immer auch an Ideen und Zwecke gebunden. Dazu zählt nicht nur – im engeren Sinne – funktionale Musik wie etwa Signalmusik von Hörnern und Trompeten, Turmmusiken, Marschmusik usw., sondern auch die Verwendung geblasener Musik im Dienste von Herrschern, Ideen und Weltanschauungen. Es liegt im Wesen geblasener Musik, daß sie als "laute" Musik bereits eine rein akustische Macht besaß, die ihre Verwendung für außermusikalische Zwecke geradezu anbot. (Nicht von ungefähr entstanden Metaphern wie "jemandem den Marsch blasen", "die Flötentöne beibringen", "etwas hinausposaunen", "mit Pauken und Trompeten" usw.) Indessen ist die Rolle, welche Blas- und Bläsermusik zu verschiedenen Zeiten "gespielt" hat, immer auch die, welche ihr zugeschrieben wurde. Und diese Zu-Schreibung klärt gleichermaßen auf über die Musik wie über den Verfasser und seine Zeit. (Auf das Problem, inwieweit Teile der geblasenen Musik selbst etwa "politische Musik" *sind* oder politisiert *werden*, kann hier nur hingewiesen werden.) Dokumente über die Aufgaben, den Sinn und die Bedeutung geblasener Musik sind deshalb nicht nur Sekundärquellen, aus denen etwas über die Musik zu erfahren wäre, sondern sie gehören in einem umfassenden Verständnis zur Geschichte geblasener Musik selbst. Und Blasmusikforschung als eine historische Wissenschaft darf die Auseinandersetzungen mit jenen Ideologien, welche in Schriften zur Blas- und Bläsermusik enthalten sind, nicht scheuen. Im Gegenteil: Wer nicht verleugnet, daß Blasmusik dem Menschen dienen kann, sollte auch wissen, was anzurichten sie imstande ist.

1. Herrscher und Blas- bzw. Bläsermusik

"Man wird nicht leicht eine solenne Begebenheit in der Kirche und im Staat feyerlich begehen, dabey sich nicht Trompeten und Pauken hören lassen." (Hiller 1768, zit.n. **373**.6)

Kein anderes Instrument dürfte jemals ähnlich starke soziale und politische Bedeutung gehabt haben wie die Trompete: "In ihrer Signal- und Fanfarenfunktion wird die Trompete gleichsam zum klingenden Symbol für staatliche oder weltliche Souveränität. [...] Was Wunder also, wenn die Trompete – und im weiteren auch der Stand der Trompeter – von alters her als Ausdruck besonderer Autorität und hoher hierarchischer Machtkonzentration galt. Als klingende Heraldik war das Trompetenspiel Jahrhunderte hindurch Synonym für feudale Repräsentation und ein exklusives Vorrecht der Obrigkeit" (**57**.32). Johann Ernst Altenburg schrieb noch 1795, zu einer Zeit also, in welcher der einst exklusive Stand der Hoftrompeter und Heerpauker längst im Verschwinden begriffen war: Hält ein Fürst "nicht wenigstens ein Chor Trompeter und Paukker; so scheinet [...] an der Vollkommenheit seines Hofstaats etwas zu fehlen" (**8**.26).

Im 18. Jahrhundert waren es vor allem auch die Hautboisten-Ensembles, die nicht nur im Rahmen "adeliger Lustbarkeiten" (**57**.40–42), sondern ebenfalls als Repräsentationsmittel von Herrschenden fungierten. Die Größe der Harmoniemusiken des 18. Jahrhunderts lief parallel dem "Wetteifer der europäischen Fürsten, die größte, stärkste und auch repräsentativste Armee zu besitzen" (**30**.135). Sehr anschaulich belegt etwa Hannes Stekl die Bedeutung der "Harmoniemusik und 'türkische[n] Banda' des Fürstenhauses Liechtenstein" (**348**). Sie war so groß, daß dort stets "der Repräsentationszwang über ökonomische Erwägungen [siegte]" (167). (Der Fürst äußerte sogar: "[...] ich würde zu Wien gar keine besondere Harmonie halten, wenn ich nicht dadurch der Fürstin willfahren wollte, die darauf beharrt" [167].) Mit der Vergrößerung der Militärkapellen zu Beginn des 19. Jahrhunderts wurden diese erhoben "zu Insignien der Macht, gleichsam zur Visitenkarte des jeweiligen Regimentes" (**3**.82). (Und noch heute sollen Amateur-Blaskapellen repräsentieren, wenn auch nur als "Visitenkarte des Ortes" [**357**.26].)

Nicht selten galt die Vorliebe von Herrschenden für geblasene Musik auch dieser selbst. König August II. ("der Starke") von Sachsen ordnete 1729 an, daß "ein jedes [Regiment] seinen zeither geführten March mit allen Stimmen ohngesäumt [...] einschicken möge" (vgl. **180**). Friedrich der Große, selbst Flötenspieler, komponierte Militärmärsche (vgl. **182**.469 ff.). Der Landgraf Ludwig IX. von Hessen-Darmstadt schien an einer geradezu krankhaften Sammlerwut in bezug auf Militärmärsche zu leiden (749 ff.), so daß der Zeitgenosse J.H. Merck spottete: "Zwey Capellmeister sind mit ihren Untergebenen angehalten, von Morgens 8 biß Nachmittags 4 Uhr, wenn die Bettpfanne gebracht wird, da zu seyn, um die Märsche in Noten zu sezen, die der Landgraf componirt" (**143**.68). In ihrer Studie "Music at the Court of George II (R. 1727–1760)" (1985) belegt Peggy E. Daub sehr detailliert die Vorliebe Georgs II. von England für die Bläser- bzw. Militärmusik: "The importance of martial music in George II.'s everyday life" (**88**.236) findet seine Entsprechung etwa in der kostspieligen Kleidung, mit der er seine Militärmusiker ausstattete (237). Selbst in G.F. Händels "Feuerwerks"-Musik sollten soviel "kriegerische" Instrumente wie möglich eingesetzt werden: Als der Komponist beauftragt wurde, dieses Werk für die Friedensfeierlichkeiten des Jahres 1749 zu komponieren, empfahl der Herzog von Montague: "If the thing war [was!] to be in such a manner as certainly to please the King, it ought to consist of no kind of instrument but martial instruments. Any other I am sure will put him out of humour, therefore I am shure it behoves Hendel to have as many trumpets, and other martial instruments, as possible [...]" (zit.n. **88**.251). Herrschende konnten es sich leisten, Einfluß zu nehmen auf die Musik selbst. Jon R. Piersol weist etwa darauf hin, daß Prinz Kraft Ernst von Oettingen-Wallerstein nachdrücklich originale Harmoniemusik-Werke "seiner" Komponisten bevorzugte und z. B. entsprechende Opern-Arrangements ablehnte (**283**.258).

Wie sehr der Hofkomponist Ignaz von Beecke darauf bedacht war, es Kraft Ernst recht zu machen, bezeugt ein Brief aus dem Jahre 1790, den Friedrich Munter 1921 (**265**.16) mitteilt: "Monsieur Ehrenfried [...] a mis toute la musique de Righini au musique d'harmonie. Il m'a offert toute cette parthie pour votre Altesse. J'ai presque de srocupules [scrupules!] de l'accepter, parce qu'il m'a paru, qu'elle n'aime pas ce genre de musique à table. Elle préfère les grandes parthies avec des passages et des menuets [...]. Cependant comme c'est de la musique de Righini j'ai accepté ces parthies pour votre Altesse [...]."

Auch auf die *Verwendung* des Repertoires nahmen Herrschende stets Einfluß. So wie im Jahre 1833 König Friedrich Wilhelm III. per Erlaß verfügte, es sei sein "Wille, daß bei feierlichen Veranlassungen, grossen Paraden und Revuen, und besonders, wenn ich denselben beiwohne, keine anderen Märsche [als die 'Königlich Preußischen'] gespielt werden" (vgl. **182**.761), so ist bekannt, daß Hitlers Lieblingsmarsch (der "Badenweiler"), nur in Anwesenheit des Diktators gespielt werden durfte.

Von jeher auch wurden Regierende und "ranghohe" Personen durch Blasmusik gehuldigt. Dies ist heute nicht nur durch die Aufgaben der Militärmusik gegeben (Staatsempfänge, Großer Zapfenstreich); auch "im Kleinen" wird diese Tradition fortgeführt, wenn etwa auf Schützenfesten oder am österreichischen "Tag der Blasmusik" von den Amateur-Blaskapellen "den Honoratioren ein Ständchen dargebracht" wird (**144**.153).

2. *Blasmusik und Militarismus*

> "Oboen, Clarinetten und Waldhörner geben den Zurüstungen des Krieges die Gestalt eines veranstalteten Festes, und verwandeln die Wuth der Schlacht in eine Art von Lustbarkeit" (Hiller 1781, zit.n. **316**.110).

Daß "Blasmusik" noch heute mit Militarismus, Konservatismus und der politisch "Rechten" in Verbindung gebracht wird, hat seine Ursachen im nationalistisch-vaterländischen Klima des 19. Jahrhunderts und seiner Militärmusik. Ob und inwieweit heutige Einschätzungen "richtig" oder "falsch" sind, ist indessen keine rein musikalisch zu beantwortende Frage.

Der Verfasser berichtete 1988 eingehend über die zunehmende patriotisch-militaristische Ideologisierung der Militärmusik im 19. Jahrhundert am Beispiel des Militärmarsches (**182**.673 ff.) So zog selbst Eduard Hanslick (1870) energisch gegen sogenannte "Opernmärsche" (Militärmärsche nach Themen aus Opern) zu Felde: Er sieht "die Gefahr, daß diese militärische Musik ganz aus der Sphäre kräftigen Ernstes herausgedrängt werde" und fordert, "der Marsch soll unter allen Umständen **bewaffnete** Musik bleiben" (**153**.54). Und Georg Thouret (1888) betont die nationale Komponente: Der Marsch soll "die Erinnerungen an die Großthaten des preußischen Heeres wachrufen und immer von neuem beleben" sowie "vor allem auch die kriegerischen Gefühle wecken und begeistern" (**382**.957). Und für Louis Köhler sind 1880 das "Beste und darum erwünschteste" die "Originalmärsche aus dem echten vollen Soldaten-Musikgefühle heraus, das, wenn es wirklich 'voll' ist, [...] auch Vaterlandsliebe, Muth und Liebe zum Stande enthält – ein Gefühls-Ensemble, aus dem das Soldatenleben, als eine glückliche Welt heraus zu ahnen ist, in welcher zu leben ein Jeder sich wünschen möchte" (**224**.202). Solch quasi ideologische Normen wirkten bis in die Komposition hinein: Freier gestaltete, ältere Märsche wurden "auf Biegen und Brechen" der sich etablierten kompositorischen Norm von Märschen angepaßt (vgl. **182**.647 ff.). Aussagekräftig für die ideologische Durchdringung geblasener Musik sind auch ihre *Titel*. Hießen Märsche des 19. Jahrhunderts bis ins III. Reich hinein z. B. "Preußens Gloria", "Kriegers Lust", "Mit Bomben und Granaten" usw. (682 f.), so solche nach 1945 etwa "Hallo Partner". Eine "Ent-Militarisierung" von Märschen schien vor allem durch veränderte Titel möglich.

Nationalistisch-patriotische Gesinnung zeigt sich aber nicht nur beim Marsch. "Die Regimentsbanden sind wahre musikalische Missionäre", welche "das fröhliche Evangelium der Kunst predigen", schrieb E. Hanslick, und er lobt die "friedlichen Eroberungen, welche unsere Armee mit dem Clarinett macht, statt mit dem Bajonett" (**153**.53). (Diese Verbindung zur Religion entspricht umgekehrt dem Umstand, daß man Johannes Kuhlo, der die 1843 von seinem Vater initiierte Bewegung kirchlicher "Posaunenchöre" fortführte, als "Posaunen*general*" bezeichnete [**106**.58].) Die Durchsicht einschlägiger Konzertprogramme des 19. und beginnenden 20. Jahrhunderts zeigt eine breite Palette an national-patriotischen Musikwerken, etwa "Deutschlands Erinnerungen an die Kriegsjahre 1870/71 Großes milit. Potpourri mit Schlachtmusik" (vgl. **240**.123). Wie E. Brixel (**51**) beleuchtet auch Karin Schulin etwa die beliebten Schlachtengemälde "als Ausdruck patriotischer Gesinnung" (**324**.254 f.). Keldany-Mohr betont bezüglich der Militärkonzerte die "*erhebende* Stimmung, in der auch das Nationalgefühl angesprochen wurde", und nicht nur "die Massenkonzerte [...] oder die Produktionen, in denen Schlachtenmusiken zur Aufführung kamen, sondern auch die Konzerte, in denen die Musiker in ihren Paradeuniformen auftraten[,] gaben diesen Musikproduktionen ihren speziellen Stimmungswert" (**217**.90). Die genannten "Massenkonzerte", an denen Hans von Bülow 1858 "die imposante Gewalt der Massenwirkungen" bewunderte (**64**.5), fanden bereits in den 30er Jahren des 19. Jahrhunderts statt. (Und Berlioz' Äußerung: "Es sind nicht Regimentsmusiker, sondern Regimenter von Musikern" [vgl. **3**.91] bringt bereits sprachspielerisch jene Verbindung von Musik und Militär zum Ausdruck, wie sie noch heute anzutreffen ist: Die Frage, ob der angebliche Ausspruch eines russischen Feldmarschalls aus dem Jahre 1799: "Die Musik verdoppelt, verdreifacht die Armee" wahr ist oder nicht, verblaßt vor dem Hintergrund der Frage, mit welcher Absicht er noch 1989 unkritisch zitiert wird [**129**.95, auch **329**.12].) In München beispielsweise fand 1854 ein "militärisches Monsterkonzert" mit ca. 200 Musikern statt, 1855 hatte ein solches fünf- bis sechstausend Zuhörer (**217**.78). (Auch heute sind Massenaufzüge vor allem von Amateur-Blaskapellen keine Seltenheit, und der Ausdruck "Monsterkonzert" hat sich entsprechend erhalten.) Indessen wurde bereits im 19. Jahrhundert Kritik an den Massenkonzerten laut: "[...] zu bemerken ist, daß keine Kanonen mitspielten" (NZfM 1849; zit.n. **190**.229). Und wenn Werner Honig 1968 die heutigen Massenaufzüge kritisiert mit dem Hinweis: "Steigerung der Lautstärke ist keine Erhöhung der Klangqualität" (**190**.229), so geht dies am Wesentlichen vorbei: Die Massenkonzerte sind nicht isoliert, sondern vor dem Hintergrund des politisch-kulturellen Geistes zu betrachten. Dies gilt auch für die "normalen" Militärkonzerte des 19. und frühen 20. Jahrhunderts. Joseph Eckhardt zufolge wandte sich die "Schicht des 'großen Publikums' [...] mit ständig wachsendem Interesse der Militärmusik zu, ohne dabei besonders von ästhetischen Überzeugungen geführt worden zu sein: sie sah in den Konzerten der uniformierten Musiker ein gesellschaftliches Ereignis, das ihr die Möglichkeit zur Selbstdarstellung bot" (**101**.71).

Bereits im Jahre 1909 kritisierte Hermann Eichborn in seinem Buch "Militarismus und Musik": "[...] das Publikum ist dümmer geworden, die Zahl jener kritischen Musikhörer von damals hat sich vermindert und vor allem eine früher nicht gekannte Ehrfurcht vor der Uniform eingestellt, die ein vorurteilsfreies Beurteilen der militärmusikalischen Leistungen hindert, ja soweit geht, die in Militäruniform produzierte Musik a priori höher einzuschätzen. [...] Vor dem Militarismus verstummt die Kritik" (**108**.20 f.). Rudolf Wasserfuhr (1905) berichtet von einer Protestversammlung ziviler Musikverbände gegen die Konkurrenz der Militärmusiker. Dort sei gesagt worden, "die Bevölkerung und besonders die weibliche habe an der Uniform einen Narren gefressen und deshalb renne sie in die Militärkonzerte. [...] Es komme ihm dies Verlangen nach der Uniform so vor, wie das Vergnügen junger Leute in Animierkneipen zu verkehren, wie sie auch nicht des Bieres wegen hingingen, sondern, um sich an dem Anblick halbnackter Kellnerinnen zu erfreuen" (**401**.50). Ein Zivilmusiker kritisiert im Jahre 1904 "die einseitige, rückhaltlose Bevorzugung der Militärmusik durch das grosse Publikum" (zit.n. **101**.71). Und am 23. März 1905 sagte ein Abgeordneter im deutschen Reichstag: "Generalmajor v. Schmidt schreibt, daß die Militärkonzerte immer mehr in den Vordergrund treten, das Interesse des Dienstes trete dagegen zurück; er verlangt nicht Militärkapellen, sondern Kapellen für das Militär" (vgl. **401**.45). Vor allem die Antwort des deutschen Kriegsministers, von Einem, sowie Zwischenrufe sozialdemokratischer Abgeordneter zeigen, auf welcher Seite tendenziell die Musik in der Tat stand: "Meine Herren, es ist davon gesprochen worden, daß das Musikkorps [...] bei der Feier eines patriotischen Klubs [...] erschienen wäre. (Zuruf links.) Ja meine Herren, ob es nun ein Kegelklub oder etwas anderes gewesen ist, darauf kommt es doch nicht so sehr an. Das werden Sie schließlich dem kommandierenden General und den Truppenkommandeuren nicht verargen können, daß sie ihre Musikkorps **lieber patriotischen Vereinigungen** als unpatriotischen und sogar sozialdemokratischen geben. (Zuruf links: Wir wollen sie garnicht! und Unruhe. Glocke des Präsidenten.) Ich will Ihnen einmal etwas sagen, verehrter Herr Abgeordneter: **Sie bekommen [s]ie auch garnicht**" (46). Dieses historische Zitat mag es verständlicher erscheinen lassen, wenn P. Schulze 1978 bemerkt: "Die Tatsache, daß in keiner der mir bekannten Darstellungen der Militärmusikgeschichte demokratische Erhebungen, wie z. B. die von 1848, auch nur mit einem Wort erwähnt werden, zeigt deutlich, auf welcher Seite diese Musikpraxis steht. [...] Demokratischer Widerstand wurde von der Reaktion immer eher mit einem weiteren Ausbau der Militärmusik beantwortet" (**326**.17). Sicherlich dürfte zu pauschal und einseitig sein, daraus zu folgern: "Hauptaufgabe der Militärkapellen wurde es [im 19. Jahrhundert], Reklame für den Militarismus zu machen" (12), doch ist zu berücksichtigen, daß derartige Klassifizierungen bereits um die Jahrhundertwende Gegenstand heftiger (parteipolitischer) Auseinandersetzungen waren.

3. Zivile (Amateur-)Blasmusik

Das Aufkommen der zivilen Blasmusik im 19. Jahrhundert war "im deutschsprachigen Raum vor allem mit der Militärmusik verbunden" (**365**.122). Die Vorbildfunktion der Militärkapellen ist bereits vielfach beschrieben worden (z. B. **366**.13–15). E. Schneider betont, im zivilen Blasmusikwesen sei "von den Anfängen an ein maßgeblicher Einfluß militärischer Vorbilder spürbar" (**320**.160). (Dabei beschränkte sich dieser Einfluß nicht nur auf dörfliche oder städtische Blaskapellen, sondern, wie u. a. Mahling darlegte, auch auf Werkskapellen, die etwa in Saarbrücken der Werksfeuerwehr angeschlossen und also nach militärischem Muster organisiert waren [**240**.117].) Was aber bedeutet "von den Anfängen an"? Suppan überschreibt den Abschnitt eines Aufsatzes: "Die erste Hälfte des 19. Jahrhunderts: Militärkapellen als Vorbilder" (**365**.122), Habla zufolge dienten "ab der Mitte des 19. Jahrhunderts die Militärblasorchester [...] als Vorbild für die Amateurkapellen" (**148**.83). Ruhr beschreibt die "gänzliche Militarisierung des Blasmusikwesens" nach 1870/71 (**306**.174) und betont "eine durch den Krieg von 1870/71 bedingte patriotische Liebe zu allem Militärischen, die in dem Wunsch nach Uniformierung der Kapelle ihren Ausdruck findet" (**307**.199). In Baden hatten sich bis zum Beginn des 20. Jahrhunderts zivile Blaskapellen zunächst einer "Muttergesellschaft" angeschlossen (Bürgerwehr, Feuerwehr, Schützenverein), und erst nach dem Ersten Weltkrieg emanzipierten sich diese als Verein mit eigenen Statuten, so daß "viele Züge des heutigen Blasmusikwesens aus der Übernahme militärischer Elemente von eben jenen Militärtrupps und -vereine[n] – z. B. Uniformierung, Marschschritt – " (**306**.40) herrühren (vgl. ausf. S. 201 ff.). Auch die Blasorchesterkomposition blieb bis "in die dreißiger Jahre unseres Jahrhunderts [...] eine Domäne der militärmusikalischen Ausbildungsstätten" (**358**.17). (Der Militärmarsch als "Spezialität der Blaskapellen" [**226**.93] verrät bereits in der Gattungsbezeichnung seine Herkunft; zur Quantität der Märsche vgl. die Bibliographien von Armin Suppan 1982/1990 [**355**].)

Nach allem mag es verwundern, wenn Deutsch schreibt, "daß die Entwicklung der Blasmusik nicht das Ergebnis politischer Kräfte ist, sondern daß ihr Werdegang sich nach den Gesetzen der Musik und nach den Möglichkeiten der Instrumente richtet, nicht aber nach den Geboten der Herrschenden" (**90**.107). Dabei berichtet er selbst etwa aus dem Österreich des späten 19. Jahrhunderts: "In den Jahrzehnten vor der Jahrhundertwende lieferte industrielle Kinderarbeit vor allem in kinderreichen Weberfamilien [...] eine wirtschaftliche Zubuße. Als das Aufkommen der Maschinenweberei die Heimarbeit und damit auch diese billige Heimhilfe verdrängte, herrschte hier drückende Armut. Um sie abzuwenden oder zu lindern, gründete der Schulleiter [...] eine Knabenkapelle. Mit ihr unternahm er Konzertreisen, um mit dem verdienten Geld den Unterhalt der Kinder bestreiten zu können", und für Deutsch stellen solche Beispiele von früheren Knabenkapellen "Gründungen aus Notsituationen dar" (127). Auch berichtet er davon, daß zur Zeit des Großdeutschen Reiches alle "politisch orientierten Blaskapellen aufgelöst worden" seien (107). Brixel beschreibt die "Gründung von Krieger- und Veteranenvereinen, deren Aktivitäten auch ihren Niederschlag im Bereich des Blasmusikwesens finden sollten. Hauptsächlich der Pflege soldatischer Tradition und patriotischer Ideale verschrieben, sahen die Mitglieder derartiger Vereine in der örtlichen Blasmusikkapelle eine nostalgische Reminiszenz an die einstige Regimentsmusik" (**57**.99). E. Schneider nennt einige Beispiele dafür, daß im 19. Jahrhundert aus politischen Gründen entweder eine Blaskapelle sich in zwei Lager teilte, was schließlich zur Bildung zweier Musikkapellen führte, oder daß aus politischen Gründen eine zweite Kapelle gegründet wurde (**320**.167). Mahling teilt mit: "In dem politischen Ringen um das Saargebiet wurden die Blaskapellen zu einem nicht zu unterschätzenden Mittel der Agitation für den Anschluß an Deutschland" (**240**.125). Ruhr berichtet im Zusammenhang mit der Badischen Revolution (1851), zum Teil hätten die Blaskapellen "mit den (aufständischen) Bürgerwehren gemeinsame Sache gemacht und der Revolution nicht in dem Maß ablehnend gegenübergestanden, wie sich das der Staat gewünscht hätte" (**307**.198). Auf welche Weise schließlich im Dritten Reich Blasmusik radikal in den Dienst der NS-Ideologie gestellt wurde (vgl. S. 206 f.), bedarf immer noch der Aufarbeitung.

Die bislang beschriebene "Vergangenheit" der deutschen Amateur-Blasmusik und Militärmusik, insbesondere die des Dritten Reiches, wirkt bis auf den heutigen Tag nach. Bereits unmittelbar nach dem Ende des Zweiten Weltkrieges wurden Blaskapellen z. T. von den Alliierten verboten, weil diese als zum Militarismus gehörig betrachtet wurden (**306**.221). Fred K. Prieberg, der die "'volksbildende' Mission" der Blasmusik im Dritten Reich her-

Zivile (Amateur-)Blasmusik

vorhebt ("Jenen 'Geist' der Kameradschaft, jenes Gefühl individueller Unterordnung unter kollektiven Elan"), behauptet: "Dieses fragwürdige Image wird an der Blasmusik wohl haften bleiben" (**291**.202). Das Bemühen, nach 1945 die nationalistisch-ideologische Vergangenheit aufzuarbeiten, entspringt vielleicht weniger der Einsicht in die Notwendigkeit, dies zu tun, als vielmehr einem Unbehagen daran, daß "Blasmusik" mit "Vor"-Urteilen behaftet ist. Indessen existiert bis auf den heutigen Tag zahlreiche Literatur, die nach wie vor Blasmusik in einer Weise ideologisiert, daß – in Abwandlung eines Satzes von Adorno zu Schlagern – kaum mehr zu trennen ist, ob die Amateur-Blasmusik selbst noch ideologisch behaftet ist oder nur dank einer Zuschreibung, die so tut, als könne dies nicht anders sein. Kaum ist diese Literatur als "Blasmusikforschung" anzusehen (auch wenn sie gelegentlich als solche zitiert wird). Amateur-Blasmusik als relativ weit verbreitetes Phänomen bewirkt auch, daß sich auf diesem Gebiet weitaus mehr Menschen für kompetent halten als in anderen Bereichen der Musik. Und das Bestreben, Dinge geradezu philosophisch zu "erhöhen", findet hier ein fruchtbares Feld.

Dazu zählt beispielsweise der 1966 erschienene Tagungsbericht (**345**) der "Kommission zur Erforschung des Blasmusikwesens" (welche 1974 zur Gründung der IGEB führte). Darin heißt es z. B.: "Was aber unser zivilisatorisches Leben und was vor allem unsere Jugend angeht, so ist dem, was nach 1945 vorwiegend aus Amerika auf uns zugekommen ist, mit dem Wort Überfremdung allein nicht Genüge getan. [...] Wir kennen jedoch innerhalb der Gemeinschaft unseren Platz und werden auf ihm stehenbleiben" (**379**.8). Auch wendet man sich gegen die "U-Musik mit ihren verdummenden, musikalisch zumeist völlig wertlosen Produkten" (**189**.32). "[...] speziell in Sachen Jugend- und Blasmusik [...] kennt man wie nirgendwo anders den Nutzen der Ordnung" (**379**.11). Ziel der Blasmusikverbände solle sein: "Mitarbeit an der Erhaltung des musikalischen Urbodens im Volk, auf dem Verständnis für und Ehrfurcht vor großer Musikkultur wächst" (13). Man wendet sich gegen die "gesellschaftsfeindliche Betrachtungsweise mancher Pädagogen" (**335**.15), und "höchstes Lob" habe man "dann verdient, wenn es von uns heißt: die Blaskapelle hat mit dazu beigetragen, eine Landschaft, eine Stadt, das Dorf zur Heimat werden zu lassen" (**357**.30). Man sieht in der Blasmusik "eine unerhört günstige Gelegenheit, [...] das breite Publikum der Blaskapellen umzuerziehen" (**321**.39). Gepriesen wird die

Blas- und Militärmusik "zum Wohle unseres Vaterlandes" (**178.**51).

Wenn auch solche Töne in ihrer Deutlichkeit heutzutage etwas gemäßigter ausfallen, so sind ideologisierende Tendenzen in entsprechendem Schrifttum nach wie vor gängig, und sei es nur dadurch, daß man Blasmusik zum Unpolitischen schlechthin stilisiert. "Die Blaskapelle avanciert [...] zum musikalischen Wahrzeichen, das über den Parteien steht. Die 'Dorfkapelle' kennt [...] keine parteipolitischen Bindungen. [...] Wie der Kirchturm ist die Blasmusik für alle da" (**144.**146). Man wehrt sich dagegen, daß eine marschierende Kapelle immer noch als "Kriegsrelikt" bezeichnet wird, nennt Blasmusik "eine überaus moderne und attraktive Art der Freizeitgestaltung" und fordert angesichts der Blasmusik als ein möglicher "Gesundbrunnen" für die Menschen allen Ernstes: "Vielleicht wäre es eine lohnende Aufgabe für eine Doktorarbeit, einmal den Zusammenhang zwischen Blasmusik und Gesundheit – oder auch Kriminalität – herauszustellen" (**219.**157).

13 Jahre später (1979) ist im "Großen Tiroler Blasmusikbuch" zu lesen, die "hohe Musik" sei "eine elitäre Kunst, die den gebildeten Zuhörer voraussetzt", das "wesentliche Kennzeichen der Blasmusik" aber sei "der große Kreis des Publikums" (**102.**9). Hier werde ein weiteres "wesentliches Element der Blasmusik" deutlich: "die gemeinschaftsbildende Kraft": "Die Blasmusik lebt [...] von der Gemeinschaftsleistung", und sie hat etwas vorzuweisen, "das die hohe Musik nicht bietet. Es ist die Farbigkeit der Tracht, die Einheitlichkeit der Uniformierung, der golden blinkende Glanz der Messingblasinstrumente und nicht zuletzt der Marschtritt der aufziehenden Kapelle" (10). Blasmusik ist "ein optimistisches Element im Gemeinschaftsleben des Volkes" und "keine Weltanschauung, sondern nur die anspruchslose Absicht, Freude zu verbreiten" (10). Das Spielen der Blasmusiker sei "unkomplizierter Ausdruck eines Heimatbewußtseins, der die Kritik und auch den Neid der vielen geistig Heimatlosen hervorruft", und es zeige "den Gemeinschaftssinn als freiwillige Leistung" (10). Trotz solcher Gedanken begreifen die Autoren ihr Buch als "eine sachliche Argumentation für die Berechtigung der Blasmusikkapellen" (10).

Wiederum 10 Jahre später (1989) gehen von der (schweizerischen) Blasmusik "Werte und Wirkungen aus, die [...] unersetzlich und unentbehrlich sind", und wichtig sei die "fortwährende Erhaltung dieser Werte" (**129.**46). Dazu gehören u. a. das "Erlebnis der Gemeinschaft", "Charakterschulung" und "Anpassungsfähigkeit" (35). Das bedeutet auch, sich im Verein "einer Idee unterzuordnen" (48), denn die Blasmusik hat "Verpflichtungen der Allgemeinheit gegenüber", sie muß "ihren Auftrag [...] erfüllen" (53), und es gehe um die "Verfügbarkeit der Blasmusik" (34). Die Menschen in Dorf, Stadt und Land stellen eine "Schicksalsgemeinschaft" dar: "An diesen Menschen soll und muss sich die Blasmusik orientieren, [...] den Erwartungshaltungen [...] verantwortungsbewußt entgegenkommen" (45), denn Blasmusik "ist eine Musizierform, die sich nur in der Gemeinschaft von Menschen entfalten kann" (10). Der Autor warnt: "Gibt die Blasmusik [...] die Suche nach der Übereinstimmung mit dem Publikum auf, setzt sie sich über die Gemeinschaft hinweg, dann läuft sie Gefahr, sich zu isolieren" (45). Und erst mit einem Seitenhieb auf englische Brass-Bands wird das eigene "Ideal", dem 80 000 schweizerische Blasmusiker "huldigen" (9), deutlich: Das zum Teil außerordentlich hohe musikalische Niveau englischer Brass-Bands ignorierend kritisiert der Autor: "vom Dienst an der Öffentlichkeit keine Spur" (34).

Und wenn Erziehung "zu hoher Einsatzbereitschaft", "zu Sauberkeit und Ordnung", "Disziplin, Beharrlichkeit, Zielstrebigkeit, Mut, Ausdauer" wesentliche Ziele sind, die Johannes Fritzsche in seiner 1970 in Halle erschienenen Dissertation "Die Bedeutung der Pionier- und Jugendblasorchester in der DDR für die musikalische Bildung und Erziehung" nennt (**131**.20, 30, 33), so wird deutlich, wie sehr Amateur-Blasmusik auch von der politisch "anderen" Seite ideologisiert werden kann.

Die Tatsache, daß Hunderttausende junger Menschen in Amateur-Blasorchestern spielen, rief von Anfang an auch pädagogisch-ideologische Programmatiken auf den Plan (von denen einige bereits deutlich wurden). Günter Pichler verweist 1984 auf die "gemeinsame Geschichte von Jugend und Blasmusik" und schreibt dazu, Verantwortliche hätten erkannt, "daß die Zukunft der Blasmusik nur in einer gezielten Heranziehung der Jugend liegen konnte" (**281**.142). Auch in Blasmusik-Festschriften oder Politiker-Reden finden sich entsprechende Hinweise: 1970 heißt es beispielsweise, es gebe "kein besseres Mittel [als die Blasmusik] gegen die Abwege der Jugend [...]. Schundliteratur, schlechter Jazz, übertriebener Sport und Rekordwahnsinn sind Erscheinungen, die deprimierend auf die Jugend wirken müssen" (zit.n. **306**.332). Oder ein Politiker dankte 1968 "der Blasmusik" dafür, "daß sie auch unsere Jugend noch gefangen hält in einer guten, großen und gemeinsamen Tradition" (332).

Ruhr, der 1982 zahlreiche Blasmusik-Festschriften und Politikerreden zur Blasmusik im Hinblick auf ihre "Ideologiehaftigkeit" auswertete, schreibt, es sei auffallend, daß sich die Inhalte der Quellen "in Aussage und Sprachstil auffallend ähneln" (**306.315**). Blasmusik werde darin gepriesen als ein Mittel gegen "die Hektik der Zeit", "die Technik", "den Materialismus der Zeit" und gegen "die Vermassung" (317). "Um diese Begriffe kreist das Denken von Festschriftenverfassern, Schreibern über die Blasmusik, von Politikern und Vorständen – allesamt Personen, die sich an den Blasmusiker wenden" (317). Die Politiker sind für Ruhr solche "konservativen Couleurs", welche versuchten, "Einfluß auf die Bewußtseinsbildung der (blasmusizierenden) Bevölkerung zu nehmen" (327).

Man fühlt sich mit einem Teil der zitierten Äußerungen an Adorno erinnert, der zu den Reden "offizielle[r] Männer" bei "musikalischen Festivals und ähnlichen Anlässen" schrieb: "Etwas Wohliges geht von ihnen aus [...]. Nichts sei so schlimm, bekunden derlei Ausbrüche von Brüderlichkeit, als daß nicht doch ein allgemein Menschliches darin erblühe, während die feiertägliche Humanität den politischen und gesellschaftlichen Alltag nicht im leisesten behindert" (**1.185**). Recht pointiert wirft dieses Zitat Licht darauf, daß hochtrabendes Gerede als Idealisierung der Blasmusik sich selbst genügt, letztlich auf fortwährende Bestätigung des Status quo aus ist. Angesichts der Tatsache, daß es vielen Schreibern und Rednern um die Erfüllung eines "gesellschaftlichen Auftrags" oder um die Erhaltung "großer Traditionen", um "kulturelle Identität" und "Werte" geht (was allemal eine Politisierung einer im gleichen Atemzug als unpolitisch dargestellten Musik bedeutet), mag es bezeichnend sein, daß nirgendwo der Gedanke auftaucht, heutige Amateur-Blasmusik könnte oder sollte gesellschaftliche Praxis auch *verändern*. Zu erinnern ist in diesem Zusammenhang an K. Blaukopf: "Der Begriff der kulturellen Identität [...] ist in den letzten zwanzig Jahren zu einem Modebegriff geworden. Allmählich, so scheint es, besinnt man sich darauf, daß dieser Begriff einer näheren Bestimmung bedarf und daß nicht alles, was diese Identität ausmacht, auch bewahrenswert sein muß" (**34.353**).

4. Zur Kritik an der Militär- und Amateur-Blasmusik

Die Redaktion der Zeitschrift "Anschläge" schrieb 1978 (H. 4, 4): "Die ablehnende Haltung vieler Linker gegenüber Blasmusik ist durchaus verständlich." Gemeint ist damit "das vereinsmäßig organisierte Blasmusikwesen". Peter Schulze konkretisiert in der gleichen Zeitschrift, daß sich nach dem Dritten Reich "nicht viel geändert hat, was die organisierte Blasmusik angeht" (326.36), und er macht den Verbandsfunktionären zum Vorwurf, daß es ihnen "keineswegs nur um die Vermittlung von Musik geht" (37). Ruhr meinte 1982: "Das Verhältnis linker, auch pazifistischer Kreise zur Blasmusik ist geprägt durch den latenten Vorwurf, diese sei 'Turmmusik für die Faschisten'; den Musikern wird ein zumindest konservatives, wenn nicht gar faschistoides Bewußtsein nachgesagt. Seinen Ausgang nimmt dieses Mißtrauen an der Rolle, die den Musiken der Volkskulturlandschaft des NS-Staates zugedacht war" (306.313). (Ruhr ist hier unredlich, weil das Zitat der "Turmmusik für die Faschisten" im Original [326.34] ausdrücklich auf das Dritte Reich bezogen ist.) Er bemängelt des weiteren, daß "in linken Kreisen" angeblich "Blasmusik = Marschmusik = Braunton" gleichgesetzt wird (315). Indessen kann man weder Ruhrs eigener Kritik am Amateur-Blasmusikwesen vorbehaltlos zustimmen, noch wird ersichtlich, worauf er überhaupt hinaus will. In einer Dissertation den Schreiber einer Blasmusik-Festschrift polemisch als "Homunkulus aus der Ideologieretorte" (319) zu betiteln, läßt an Ruhrs Seriosität selbst zweifeln. Aufgrund der "Ideologiehaftigkeit" des Amateur-Blasmusikwesens zieht er den Schluß: "[...] die Blasmusiktätigkeit gerinnt zur Schule der Nation" (327). Ruhr möchte durch die Analyse von Festschriften "zeigen, daß die Ideologie, die vermittelt wird, stets auch schon bei der Bevölkerung vorhanden ist und von Zeit zu Zeit lediglich 'aufgefrischt' werden muß" (329). Dies scheint ihm in einer Weise Angst zu bereiten, daß er wie zur eigenen Beruhigung feststellt: "Wir haben (noch) keinen Faschismus" (326). Die Tatsache, daß eine große Anzahl der Schriften über das Amateur-Blasmusikwesen mit einer Ideologie befrachtet ist, die z. T. sogar bereits vom Sprachgebrauch her eine gewisse Nähe zur Sprache des Nationalsozialismus zeigt, bedeutet aber keinesfalls, daß man mit solcher Kritik wie der von Ruhr oder Schulze dem Thema "Amateur-Blasmusikwesen" bereits gerecht geworden ist. Gleichwohl eine konservative Ausrichtung kaum zu bestreiten ist, stellt es sich in seiner Gesamtheit doch als zu vielfältig dar, als daß es mit *einem* Urteil zu erfassen wäre. Wenig bekannt dürfte sein, daß vereinzelt auch von *praktischer* Seite der "landläufigen" Blasmusik eine direkt politisch orientierte entgegengesetzt wird. Hierzu zählt beispielsweise die linke "Freiburger Blaskapelle", über die der Tubaspieler unter dem Titel "Hoch die rote Blaskapelle?" einen Erfahrungsbericht schrieb (**177**). Ein weiteres Beispiel ist das Frankfurter "Sogenannte linksradikale Blasorchester". "Aus unterschiedlichen Richtungen und Erfahrungen kommen diese Gruppen auch zu unterschiedlichen Ergebnissen: gemeinsam ist ihnen zumindest die Distanz zur organisierten Vereinsblasmusik und der vitale, ungedrillte und hörbare Spaß, den sie an ihrer Musik haben" (Anschläge 1978, H.4, 4). Im Vordergrund steht weniger künstlerisch bzw. ästhetisch schönes Spiel, als vielmehr der Zusammenhang von Repertoire und politischer Arbeit. Entsprechend konzentrierte sich die "Freiburger Blaskapelle" auf Bearbeitungen von Liedern oder "linken" Märschen (vgl. **177**). Unabhängig davon, wie man unter musikalischen oder politischen Aspekten zu solcher Blasmusik steht, ist doch zu bedenken: Während in Statuten von vereinsmäßigen Amateur-Blaskapellen immer wieder betont wird: "Der Verein hat keinerlei politische Bindung" (**328**.25), und während trotz aller Ideologie immer wieder das "Unpolitische" der organisierten Amateur-Blaskapellen herausgestellt wird (s.o.), tatsächliche politische Zusammenhänge aber dadurch eher verschleiert werden, bekennen sich "politische" Blaskapellen deutlich dazu, Blasmusik auch in den Dienst einer (nicht "von oben verordneten") politischen Sache zu stellen.

5. *Blasmusikforschung und Ideologie*

Gleichwohl die Ideologie-Problematik von der Blasmusikforschung nicht ignoriert werden darf, wird doch zuweilen relativ unkritisch damit umgegangen. Ausführungen zur Blasmusik des Dritten Reiches etwa finden sich nur selten, bzw. man begnügt sich mit Feststellungen wie "von den politischen Ereignissen überschattet" (**261**.123). (Relativ ausführlich geht aber beispielsweise Andreas Masel [1989, **248**.125 ff.] darauf ein.)

Suppan zufolge sind mit den Büchern von Degele 1937 (**89**), Panoff 1938 (**279**) und Toeche-Mittler 1966, 1971 und 1975 (**384**) "wichtige Stationen der preußischen Militärmusikentwicklung aufgezeigt" (**358**.12). Zu ergänzen wäre m. E. wenigstens, daß die Arbeiten von Degele und Panoff in hohem Maße von nationalsozialistischer Ideologie durchdrungen sind, und daß die Arbeiten von Toeche-Mittler nicht nur keine wissenschaftlichen Arbeiten, sondern zum Teil ebenfalls von einem unangenehm militaristischen Unterton geprägt sind, so daß immerhin in der Zeitschrift "TIBIA" (1982, H. 1, 57) über den Autor gesagt wird, er habe offensichtlich seine "engstirnige Kommiß-Vergangenheit" nicht vergessen, und sein Buch "Musikmeister Ahlers. Ein Zeitbild unserer Militärmusik 1901–1945" (**385**) gerate "in die Nähe der Nationalzeitung".

Im Vorwort seines Buches "Besetzung und Instrumentation des Blasorchesters [...]" (1990) schreibt Habla, er berücksichtige "nur die rein musikalischen Aspekte der Instrumentation und Besetzung" (**148**.VIII). Man kann darüber streiten, ob dies bei der Militärmusik überhaupt sinnvoll ist. Spätestens aber, wo es um das Dritte Reich geht, wird ein solcher Ansatz unzureichend. Feststellungen wie: "In der Mitte der 1930er Jahre nahm die Bedeutung der Militärblasorchester und vor allem auch der Amateurorchester wieder zu[,] und man beschäftigte sich wieder intensiver mit der Literatur für Blasorchester" (430), 1935 sei das "Jahr des Aufbaus der deutschen Luftwaffenblasorchester" (312), Stimmen für Saxophone (1935 in die Musikkorps der deutschen Luftwaffe eingeführt) seien nach 1938 "verstärkt" auch in Österreich gedruckt worden (217) usw. – solche Feststellungen sind keineswegs rein musikalisch zu erklären, und sie bleiben wenig aussagekräftig, wenn nicht in allen genannten Beispielen nach dem "warum" und "wozu" gefragt wird. Was ist damit gewonnen, wenn bei Stücken wie "Unsere Siegeshelden" und "Unter der Siegesfahne" lediglich der "Druck von vier Stimmen für Trompeten in B neben drei Stimmen für Es-Trompeten" für "erwähnenswert" gehalten wird (76), ohne, wenn schon Titel nirgends eine Rolle spielen, wenigstens auf die Bedeutung der Es-Trompeten für die NS-Ideologie einzugehen (Heraldik, Fanfaren etc.). Wird an keiner Stelle die NS-Ideologie auch nur genannt, so interessiert selbst das Schrifttum des Dritten Reiches nur unter musikalischen Gesichtspunkten (z. B. 312f., 430). Dabei reicht ein Blick in die Bücher von Heister/Klein (**158**), Prieberg (**291**) und Wulf (**412**), um zu erfahren, welch immense Bedeutung Blas- und Militärmusik für die Durchsetzung der nationalsozialistischen Ideologie hatten. (Georg Kandler bezeichnet 1940 gar die Militärmusik als eine der "Wegbereiterinnen des Dritten Reiches" [vgl. **202**.51]!) Doch selbst Prieberg wird in ein falsches Licht gestellt: "Nach Prieberg", so Habla, "war neben der Einführung des Saxophons auch die Heranziehung von Komponisten, die originale Blasorchesterwerke schrieben, für die Luftwaffenorchester von großer Bedeutung" (**148**.178). Priebergs Zitat steht aber in dem Zusammenhang, daß "arteigene Fliegermusik" gebraucht wurde, dazu ein "Reichsfliegerorchester, das die Volksmassen für die 'nationale Flugidee' begeistern sollte" (**291**.158). Und die *Aufträge* zur Komposition neuer "Fliegermusik" kamen vom Reichsluftfahrtministerium (vgl. **202**.57)!

Brixel versucht von Richard Wagners Bedeutung für die Militärmusik zu überzeugen, indem er quasi als "Beweis" den Schluß seines Aufsatzes kommentarlos einem Zitat von Degele (1937) überläßt, der aus eindeutig nationalsozialistisch-ideologisch motivierten Gründen Wagners "Wesensverwandschaft" mit der Militärmusik preist (**59**.187). Suppan berichtet im Zusammenhang mit Blasorchesterfassungen Brucknerscher Werke in den späteren 30er Jahren von den "leistungsfähigen Musikkapellen der deutschen Wehrmacht" (**362**.195), ohne aber einen Bezug herzustellen zu der inzwischen recht gut dokumentierten Bedeutung Bruckners für die NS-Ideologie. Oder er zitiert aus dem 1936 erschienenen Artikel "Blasorchester im Aufbruch" (**235**), um lediglich eine neue, rein musikalische Richtung der Blasmusik zu verdeutlichen (**366**.28), wie auch etwa Panoffs (1938) Satz: "Man will eine arteigene, sinfonisch gehaltene, ansprechende und vom Geist unserer Zeit [!] getragene Originalmusik für Blasorchester schaffen" (**279**.223) ohne Bezug zur NS-Ideologie zitiert wird (**366**.39). Bläserkompositionen der Reihe "Frisch geblasen" (1937–1941) – herausgegeben vom Reichsverband für Volksmusik in der Reichsmusikkammer – werden nur mit den Worten kommentiert, sie zeigten "das spezifisch 'jugendbewegte' Ineinandergreifen neubearbeiteter Alter Musik mit neugeschaffener Musik [...] im Stil von volkstümlich übertitelter Alter Musik" (34).

"Alter Stil" war nicht ohne Grund ein Stil des Dritten Reiches; und die "*Neue[n] Marschmusiken* im alten Stil" beispielsweise (für 2 Fl, 2 Hr, Fg und Rührtrommel) legen Manuel Gervink zufolge zu Recht "beredtes Zeugnis ab von dem neuen Wind" (Mf 1990, H.3, 287). Selbst Klarinetten-*Duette* wurden ausdrücklich komponiert "im Militärischen Stil" (**403**.106).

Einer möglichen Kritik wie der vorliegenden tritt Suppan nur dadurch entgegen, daß er in einer Fußnote bemerkt, es sei "nicht gerecht und würde der historischen Wahrheit widersprechen", wenn die von ihm sogenannte "jugendbewegte" Richtung der Blasmusik-Komposition "allein als Bestandteil nationalsozialistischer Agitation mit Hilfe von Musik interpretiert würde" (**366**.49). Erfreulich wäre es allerdings, wenn diese Richtung zumindest *auch* in diesem Sinne reflektiert würde (vgl. S. 218 f.). Abschließend sei hier auch die gelegentlich zitierte, seit 1978 erscheinende "Schriftenreihe des Arbeitskreises Militärmusik in der deutschen Gesellschaft für Heereskunde" genannt, deren "Mitteilungsblätter" zuweilen brauchbare Informationen von "Insidern" der Militärmusik enthalten, die aber nicht nur wissenschaftlichen Ansprüchen keinesfalls genügen, sondern gelegentlich mit einer Ideologie behaftet sind, die erschrecken läßt; so wenn es z. B. noch 1991 (H. 1, 50) heißt, Militärmärsche "dienten und dienen immer nur dem einzigen Zweck: dem militärischen", und sie "tragen auch heute noch [...] ihren Teil zur Wehrhaftmachung eines Volkes bei".

6. Konsequenzen

Blasmusikforschung darf sich der Ideologiehaftigkeit von großen Teilen des (Amateur-)Blasmusikwesens nicht verschließen. Zu warnen ist sowohl vor einem Ignorieren wie auch vor einer unkritischen Übernahme ideologischer Sichtweisen. Einseitig idealistische Interpretationen konservativer Ausrichtung sollten ebenso vermieden werden wie pauschalisierende Militarismusvorwürfe. Das Amateur-Blasmusikwesen verlangt angesichts seiner Vielfältigkeit nach differenzierten Betrachtungsweisen. Hier sind in Zukunft die Musiksoziologie, Musikpsychologie und vor allem die Musikpädagogik angesprochen, um zu einer realistischen Bewertung im Hinblick auf klar definierte Fragestellungen (pädagogische, soziale, politische) zu gelangen. Zu fragen wäre beispielsweise, was an idealistisch-ideologischen Sichtweisen mit der Wirklichkeit übereinstimmt: Wie sehen und empfinden Kapellen und Spieler sich selbst, ihren Verein, ihr Repertoire, ihre Auftritte? Welche Bedeutung haben für die Betroffenen selbst jene Relikte, die aus der Zeit der Anlehnung an die Militärkapellen stammen? So ist beispielsweise die Tatsache, daß Hunderttausende junger Menschen in den Kapellen eine Uniform tragen, weder von vornherein als "militaristisch" abzuqualifizieren noch dürfte sie unproblematisch sein. (Ruhr berichtet beispielsweise, daß in Baden eine Uniform zuweilen Voraussetzung dafür ist, "will man auf auswärtige Feste eingeladen werden" [**306.**172].) Auch im Aufgabenbereich von Blaskapellen gibt es solche, die durchaus ihre Nähe zum Militärischen bereits sprachlich ausdrücken: Eine Blaskapelle, so ist oft zu lesen, "spielt auf", "rückt aus", ist "einsatzbereit" oder "einsetzbar", "tritt an". ("Ausrückungen" sind für Schweighofer "Spielanlässe" [**328.**79], für Grieshofer "Pflichten" [**144.**154].) Die Statuten von Vereinen und solche der Verbände wären kritisch zu untersuchen. Inwieweit stellen sie pädagogische Intentionen dar, inwieweit *wirken* sie pädagogisch und politisch (von Vorschriften über die Tracht bis hin zu "Bestimmungen über die Verleihung von Auszeichnungen" [**328.**18]). Auch wäre zu beantworten, inwieweit Blaskapellen, abseits aller Statuten und Programmatiken, Vehikel sind für außermusikalische Dinge, und sei es gegen Bezahlung (für Parteien, Unternehmen der Wirtschaft usw.). Ausgehend von der These: "Wer von der Blasmusik profitiert, ist auch bereit, sie zu unterstützen", greift Ruhr "aus der Menge der Nutznießer" drei heraus, um an ihnen "aufzuzeigen, daß ihr Engagement für die Musik so selbstlos, wie stets behauptet, nicht ist": die Gemeinde, die Wirtsleute und "die Kirche resp. de[r] Pfarrer" (**306.**134). (Bereits für die Jahrhundertwende konstatiert Eckhardt die "weit verbreitete Gepflogenheit der Gastwirte, Militärkapellen als publikumswirksame Werbekraft zu engagieren" [**101.**71].) Welche tatsächliche Bedeutung hat die Tracht? Vor allem in süddeutschen und österreichischen Blaskapellen herrscht sie statt einer Uniform vor. Orientierten sich beispielsweise die oberösterreichischen Blaskapellen zunächst an den Militäruniformen, so begann nach 1950 "der Siegeszug der Tracht" (**144.**155). Inwieweit ist sie "Hinwendung zu einer sinnvollen, d.h. wesensechten Gemeinschaftskleidung" (156) und "sichtbare Vertretung des Begriffes Heimat" (**90.**132), inwieweit darf sie "nicht unkritisch gesehen werden" (**414.**180)? So hebt Ruhr z. B. hervor: "Die heutigen (Trachten-)Kapellen sind, vor allem in Fremdenverkehrsorten, zu einem nicht unerheblichen Wirtschaftsfaktor geworden, deren Spiel 'Heimat' suggeriert [...]" (**306.**120).

Für die Musikpädagogik relevante Fragen wären auch solche nach der Bildungs-Funktion von Amateur-Blasorchestern. Inwieweit finden Spieler durch sie "einen Zugang zu unseren großen Meistern" (**226.**74), inwieweit vermittelt das Musizieren "Bildungswerte, die durch das Anhören noch so perfekter Aufführungen nicht ersetzt werden können" (**281.**142), inwieweit sind dies eher *Erfahrungs*werte? Tatsächliche Bildungs- wie auch Sozialisationsfunktionen durch Amateur-Blasorchester wären ebenso zu erforschen wie "Konflikte" im weitesten Sinne, z. B.: Konkurrenzdenken unter Spielern; Probleme im Hinblick auf die Kapelle als gemeinschaftsfördernde und musikalische Gruppe; Generationenkonflikte; Einfluß des Dirigenten auf das Repertoire wie auch auf die Erziehung junger Spieler; die soziale Rolle von *Mädchen* in überwiegend aus Jungen und Männern bestehenden Blaskapellen (**184**; zur Sozialgeschichte verschiedener Blasinstrumente als den "unweiblichen" vgl. Freia Hoffmann 1991 [**185.**208 ff.]); ja sogar: welche Bedeutung hat der Alkoholkonsum von Kindern und Jugendlichen in Amateur-Blaskapellen? Inwieweit findet eine Identifikation mit der Uniform statt, mit dem Repertoire, mit den Spielanlässen, mit der Kapelle als sozialer Gruppe; wie stehen die Spieler *tatsächlich* zu Programmatiken, wie sie oben zitiert wurden; womit und wie stark findet dabei Identifikation statt?

Angesichts der Verbreitung des Amateur-Blasmusikwesens ist kaum verständlich, daß sich die Musikpädagogik bislang nicht in nennenswerter Weise damit beschäftigt hat. Und so ist es kein Zufall, daß dieses Kapitel mit Fragen an sie endet. Im Hinblick auf Hunderttausende von Kindern und Jugendlichen in den Amateur-Blaskapellen kann von ihr erwartet werden, daß sie offener ist für zukünftige Entwicklungen. Ruhrs Behauptung, das Amateur-Blasmusikwesen müsse "noch weiter entmilitarisiert" (**306.**336 f.) werden, verlangt Antworten der Musikpädagogik. Und angesichts der oben aus einer musikpädagogischen (!) Dissertation zitierten, "sozialistisch" ausgerichteten Amateur-Blasmusik der ehemaligen DDR wird um so deutlicher, wie nötig eine *generelle* Entideologisierung auch durch Beiträge einer gesamtdeutschen Musikpädagogik ist.

II. HISTORISCHER TEIL

A. Bläsermusik vom Spätmittelalter bis um 1700

Kennzeichnen die Entwicklung der Notenschrift und die Aufzeichnung vokaler Musik in den Klöstern des Mittelalters kunstmusikalische Entwicklungen, so ist die Erforschung der Instrumental- und damit auch der Bläsermusik des Mittelalters und der Renaissance vor allem auf Sekundärquellen (Gegenstände, Text- und Bildzeugnisse) angewiesen. Handelt es sich also kaum um "Kunstmusik", so repräsentiert geblasene Musik des Mittelalters und der Renaissance in den unterschiedlichsten Formen – von den Hoftrompetern über die Stadtpfeifer bis hin zu den "fahrenden Musikanten" und "Bierfiedlern" – doch das "blühende europäische Bläserwesen vom Mittelalter bis zum Barock" (**106**.55).

Zu den vielfältigen Forschungsproblemen gehört zunächst vor allem das Instrumentarium. Keith Polk, der sich seit 1968 u. a. mit "Flemisch Wind Bands in the Late Middle Ages" beschäftigte, schreibt bezeichnenderweise: "Tromper, piper, ménéstrel, wachter, scalmeyer; these are some of the names that could be applied to players of the same wind instrument [...]. Trompe, trompette, buisine, clairon, cor sarrazionois; all are names for what was probably the same instrument" (**287**.6). "Piper" bedeutete in Flandern beispielsweise gewöhnlich "Schalmeyer" (10), und in der Schweiz meinte "pfyfer" in der Regel "Bläser" (**30**.129). Detlef Altenburg betont, daß in Deutschland generell die Spieler von Blasinstrumenten als "Pfeifer" bezeichnet wurden, und zwar "gleichgültig, ob es sich um Schalmei, Trompete, Horn oder Flöte handelte" (**7**.22) Die "Busine" beispielsweise war Herbert Heyde zufolge um 1240 noch kein einheitlicher Formtyp, woraus zahlreiche Begriffsverwirrungen resultieren (**165**.32-36). (Die "Bucina" [dt. "Busine"] ist *nicht* mit der römischen "Bucina" zu verwechseln [**65 a**.80].) Und er stellt fest, "daß das Mittelalter keine Hörner oder Trompeten als Typen im modernen Sinne besaß"

(**165**.3). Mit Bezug auf Edward Buhle (1903, **65**) weist E. Mende noch 1979 auf die Unbestimmtheit der zur Horngruppe gehörenden Instrumente Bucina, Tuba, Lituus und Cornu hin (**65 a**.77). "Phife", "Swegel" und "floite" "konnten jegliches Pfeifeninstrument bezeichnen" (**90**.25). Erich Stockmann belegt, daß für die zur Trommel gehörige Pfeife im 16. Jahrhundert die Begriffe "schwegel", "zwerchpfeiff", "schweitzerpfeiff", "feldpfeiff", "querpfeife" und "soldatenpfeife" gebräuchlich waren (**350**.111). Nicht einmal die Schalmei war ein bestimmtes Instrument, sondern sie "charakterisiert einen Instrumententypus" (**206**.31). Hinzu kommen Vielfältigkeiten der Schreibweise: In Italien findet sich oft die "Vertauschung" der Konsonanten "b" und "p": "bifari" (statt "pifari") und "trombette" (statt "trompette") (**164**.30). Und zu Beginn des 17. Jahrhunderts ist der Gebrauch der Termini auch personengebunden: Wie Anne Smith zeigte, bedeutet bei Monteverdi (1610) die "Fifara" die Querflöte, die "Pifara" aber die Schalmei (**338**.38).

Die vorangegangenen Ausführungen mögen ausreichen, einen kleinen Einblick in die Komplexität der Erforschung des reichhaltigen Instrumentariums zu vermitteln. Weitere Bemerkungen zu einzelnen Instrumenten, die für die (reine) Bläsermusik des angegebenen Zeitraums von Bedeutung sind, erfolgen im Zusammenhang mit jenen Ensembles, deren Teil sie sind.

Bekannt ist die mittelalterliche Einteilung in die "laute" ("hout") und "leise" bzw. "stille" ("bas") Musik, die auch mit ihrem "Aktionsraum" (z. B. Bläser auf der Empore) verbunden ist (vgl. **124**.63). Wenn Walter Salmen zur ersten schreibt, sie "betörte und erregte [...] die Menschen in vielerlei Funktion" (**309**.43), so ist verständlich, daß etwa die Blockflöte nicht zu ihr gehörte. (Entsprechend ist dieses Instrument im 16. Jahrhundert eher für den Verbund mit Streichern geeignet gewesen [**234**.250, vgl. auch **413**].) Innerhalb der "lauten" Musik sind spätestens seit dem 15. Jahrhundert spezifische Instrumentenkombinationen anzutreffen (vgl. **287**.6). Im Gefolge der Kreuzzüge entstanden zunächst im 12. bis 14. Jahrhundert "zahlreiche bunt gemischte Instrumental-Ensembles, die sich aber jeder Typisierung entziehen" (**30**.128). So bestätigt beispielsweise James W. Herbert, die Ensembles im Italien des 13. Jahrhunderts seien in der Regel "unorganized" (**164**.27) gewesen, und mit Bezug auf militärische Bläserensembles betont er: "The first use of the wind band in Italy in a 'modern' military sense [...] was actually during the late Renaissance" (31 f.). Obgleich für das Hochmittelalter keine musikalischen Dokumente existieren (**287**.69), gab es doch zahlreiche Diskussionen um die sogenannte "reisenote", die Ulrich von Liechtenstein im "Frauendienst" (1255) beschreibt: "mîn busûnare die bliesen dô / mit kunst ein reisenot vil hô" (vgl. ausf. **182**.25 ff.). Charakterisierungen der "reisenote" als "früheste musikalische Emanation des Marschprinzipes" bzw. als "kriegerische Marschweise" (**353**.5), als "frische, rhythmisch prägnante Weise" (**279**.14), ja sogar als "Marsch" (**65**.30) stehen solche gegenüber, wie sie etwa Herbert Heyde vertritt: "Es ist schwer vorstellbar, daß die busunen mit ihren drei oder vier Tönen [...] wohl eine Art Marsch blasen konnten [...]. Da die Busune kein einheitlicher Instrumententyp war [...], fällt es schwer, über die Ausführungsart der reisenote etwas auszusagen" (**165**.112). (Das Alter eines "Marsches", den Georg Kastner 1848 mitteilt [**216**.137] und der angeblich aus dem 14. Jahrhundert stammen soll, konnte der Verfasser widerlegen [**182**.29 f.].)

1. Die "alta capella"

Den durch die Kreuzzüge und somit durch orientalischen Einfluß seit der Mitte des 13. Jahrhunderts entstandenen Trompeten- und Schalmei-Gruppierungen (vgl. **182**.20–23), folgte im 15. Jahrhundert ein Ensemble, dessen herausragende Bedeutung für das Musikleben des 15. Jahrhunderts Lorenz Welker als "Gemeinplatz" bezeichnet (**404**.119): die "alta capella". (In ihr sieht Karstädt die "Anfänge" der "Blasmusik" [**214**.1906].) Nach Heinrich Besseler, der den Begriff "alta capella" bzw. "Bläseralta" in Anlehnung an Tinctoris (1487) prägte (vgl. ausf. **404**.119–123), besteht dieses Ensemble "aus Schalmei, Bomhart und Posaune"; die um 1430 am burgundischen Hof erscheinende Alta-Tanzkapelle weise aber statt der Posaune die S-Trompete auf (**28**.378). Um 1450 ist das Alta-Ensemble in Florenz nachweisbar als Aufzugsmusik auf dem Bild der Adimari-Hochzeit mit 3 Schalmeien und Posaune (Besseler). (Welker sieht in letzterer "noch" die Zugtrompete [**404**.135 f.].) Um 1516 erscheint es schließlich auch als Reiterkapelle im berühmten "Triumphzug Kaiser Maximilians I." mit 5 Schalmeien (Bomharten) und 5 Posaunen, betitelt als "Burgundisch pfeiffer" (vgl. **84**.286). Aus dem 16. Jahrhundert zeigt das Bild einer Gruppe von vier Grazer Stadtpfeifern Zugtrompete, Schalmei und 2 Bomharte. Dies ist für V. Ravizza 1970 (**296**.53) wie auch für H. Federhofer 1976 die "sogenannte erweiterte 4stimmige Bläser-Alta" (**122**.67).

Steht fest, "daß wir es bei der 'alta' meistens mit zwei Typen von Rohrblattinstrumenten verschiedener Größe zu tun haben", nämlich (Diskant-)Schalmei und (Alt-)Pommer (**298**.22), so haben viele, zum Teil sich nur scheinbar widersprechende Angaben zur Trompete oder Posaune ihre Ursache in einem Problem, das mit der Geschichte dieser Instrumente im 15. Jahrhundert zusammenhängt und das Robert M. Gifford als die "slide-trumpet controversy" bezeichnet (**135**.25):

Unabhängig von Entstehungskontroversen zur Trompete (vgl. **165**a.75 u. BB 1978, H. 21, 83) ist gesichert, daß die gerade Trompete ("Busine") zunächst nur im Heerwesen, bei Turnieren und im höfischen Zeremoniell, nach 1400 auch in städtischen Diensten gebraucht wurde. Um 1400 entstand aus der geraden die bügel- bzw. S-förmige Trompete, die sich schließlich "von etwa 1500 an allgemein durchgesetzt" hat (**373**.41). Am burgundischen Hof "trompette de guerre" ("Kriegstrompete") genannt, wurde sie das Instrument der Hof- und Feldtrompeter. Die *Zug*-Trompete, als "trompette des ménestrels" ("Spielmannstrompete"), fand dagegen Eingang in das Alta-Ensemble. Diese Zugtrompete, deren Entstehung Heyde mit dem ab 1350 in das freie Musizieren eindringenden Kontrapunkt in Verbindung bringt (**165**.166f.), war ihm zufolge viel verbreiteter, als man lange annahm (61–64). Fand nach Edward Tarr die Zugtrompete insgesamt nur "beschränkte Verwendung als Baßinstrument in der sogenannten Alta-Kapelle" (**373**.57), so gewann sie Detlef Altenburg zufolge darin "eine zentrale Funktion" (**6**.47), und er weist an anderer Stelle auf die Bedeutung der Trompete innerhalb der "alta capella" bei Tischmusiken hin (**5**.106).

Gegen Ende des 15. Jahrhunderts entstand aus der Zugtrompete die Posaune. Ravizza zufolge erreicht erstere um 1460 einen Höhepunkt "und geht in den 80er-Jahren in die Posaune über" (**296**.24). Daniel Heartz und Edmund A. Bowles deuten nun die "trompette des ménestrels" als Zugtrompete, während etwa Besseler und Polk darin bereits die Posaune sehen (vgl. **135**.25f.). Verwirrung stiftete hier z. B. der aus dem Jahre 1468 überlieferte Begriff "trompette saicquebutte", der einerseits "Trompete", andererseits aber auch die spätere Bezeichnung für die Posaune (engl. "sackbut") enthält. Auf dem Bild der von Federhofer genannten Grazer Stadtpfeifer (s. o.) ist die Zugtrompete als "busaune" bezeichnet. Bereits 1965 schrieb Heyde: "Vor der Erfindung des Doppelzuges war pusaune zweifellos auch eine Bezeichnung der Zugtrompete" (**165**.35). (Er belegt die Bedeutung von "pusun" als Zugtrompete bereits für das Jahr 1413 [36].) Zur Begründung schreibt D. Altenburg 1973: "Die Zugtrompete wurde offenbar insofern nicht als Trompete betrachtet, als sie durch den Zugmechanismus eher der Familie der Posaunen als der der Trompeten zugerechnet werden kann" (**5**.252). Auch anhand des Bildmaterials ist es, so Welker, nicht immer leicht zu entscheiden, "ob wir es noch mit einer Zugtrompete, oder schon mit einer Posaune zu tun haben" (**404**.135). Das Bildmaterial zeigt jeweils ein Blechblasinstrument, "das eine bunte Vielfalt von Formen aufweist, aber offensichtlich eine Vorform der heutigen Posaune darstellt" (124). Insgesamt wurde aber "offensichtlich eine Trompete verwendet, die mit einem beweglichen Mundrohr ausgestattet war und welche für mehr als hundert Jahre den Erfordernissen der 'alta capella' genügte" (132, Belege ebda.). David Whitwell betont: "[...] there must have been little distinction at this time between the late slide-trumpet and the early sackbut. [...] many writers incorrectly translate 'tromper', found in sixteenth-century Flemish literature, as trumpet, when a more specific definition should read 'slide-trumpet', and perhaps at times even the trombone" (**408**/6.VI). Bezogen auf die "slide-trumpet controversy" ist Gifford insgesamt der Meinung, keine der Theorien sei notwendigerweise wahr oder falsch: "It seems plausible that various types of instruments were undergoing experimentation and that several of these, such as the long, moveable trumpet, the trumpet with an actual slide, and even the small discant trombone, were developed either simultaneously or grew out of various combinations of each other" (**135**.26).

Zur Entwicklung der "alta capella" im 15. Jahrhundert stellt Welker fest, "daß in der Regel, vor allem bei Bildwerken der ersten zwei Drittel des Jahrhunderts, drei Instrumentalisten spielen. Selbst wenn vier Musiker abgebildet sind [...], sind nur drei beschäftigt" (**404**.141). Und auch wenn insgesamt drei verschiedene Kombinationen anzutreffen sind, nämlich Schalmei, Pommer und Trompete, zwei Pommern und Trompete sowie Schalmei, Pommer und Trompete, "scheint letztere doch eine Art Standardbesetzung gewesen zu sein" (141). Erst "gegen Ende des

Jahrhunderts wird das Ensemble zur Vierköpfigkeit ausgebaut [...]. In der Folge [...] erscheinen dann tiefere Pommern [...] und schließlich auch die Posaune in ihrer heutigen Gestalt" (142; Welker bringt im weiteren die Besetzung mit der Stimmenverteilung der Vokalpolyphonie in Verbindung). Allerdings dürften in der Praxis auch andere Kombinationen eine nicht geringe Rolle gespielt haben: "[...] there were no doubt often occasions when instrumentation was a result of nothing more than the availability of certain musicians and their instruments" (**135**.26). (Und aufgrund einer aus drei Schalmeien bestehenden Bläser-Alta schreibt Ravizza, daß, vom Trompeten-Ensemble abgesehen, "die *Bläseralta das früheste chorische Ensemble* unserer Zeit" sei [**296**.71]. Eine Liste mit 190 "loud consorts", ermittelt anhand von Bildwerken des 15. Jahrhunderts, bietet Bowles 1977 [**39**]; vgl. ergänzend auch Tröster 1992 [**424**].)

Zu den Aufgaben des Alta-Ensembles gehörten u. a. Tisch- bzw. Tafelmusiken, Prozessionen, Umzüge, Tanzmusik usw.; es spielte "überall, wo Prunk und Festlichkeit an den Tag gelegt werden sollte" (**404**.149). Reichhaltigkeit des Repertoires scheint Welker "unumgänglich für die vielfältigen und verschiedenartigen Aufgaben des Ensembles" (150). Die Musik selbst wurde zum großen Teil improvisiert. Welker bezeichnet es aber als "weit verbreitetes Vorurteil", daß Improvisationen Folge eines Mangels bedeuten, nur weil "dem Instrumentalmusiker des Spätmittelalters durch Unkenntnis der Notenschrift der Zugang zu komponierter Musik verwehrt gewesen sei" (149). Tarr zufolge spielte in der Bläser-Alta die Trompete "stets die tiefe Stimme", also den Baß-Part (**373**.29). Heyde versuchte, das Zusammenspiel einer Bläser-Alta, bestehend aus 2 Pommern und Trompete, zu rekonstruieren. Danach konnten die von den Pommern geblasenen Melodien mit nur 2 Trompetentönen bordunartig unterlegt werden (**165**.162f., vgl. auch **373**.30). Bei der Interpretation des einzigen "Alta" betitelten, textlosen Mensuralmusik-Satzes (Ende des 15. Jahrhunderts) des spanischen Komponisten Francisco de la Torre kam Besseler zu dem Ergebnis (unter Annahme einer Besetzung von Schalmei, Bomhart und Posaune), daß die zugrundeliegende Tanzmelodie "nach Art eines c. f. im Tenor gespielt [wurde]. Sie erklang also in verhältnismäßig langen Notenwerten auf dem Bomhart, während die übrigen St[immen] dazu diskantierten" (**28**.379, NB ebda.). Im Gegensatz zu den Deutungen Besselers, Heydes und Tarrs ist für D. Altenburg angesichts der Tatsache, daß das Repertoire der "Alta"-Musiker "bislang noch nicht hinreichend untersucht" ist, "die Frage, ob die Trompete als Naturtoninstrument innerhalb des Ensembles nur die Bordun-Stimme, oder ob sie als Zuginstrument die Improvisationsvorlage übernahm, noch nicht endgültig geklärt" (**6**.47). Da, so Welker, die Improvisation im 15. Jahrhundert "eine hochentwickelte Fähigkeit im Umgang mit vorgefundenem Material" gewesen sein muß, möchte er diese Praxis nicht, wie etwa Polk oder Besseler, auf die Cantus-firmus-Improvisation beschränken (**404**.150). Man könne "annehmen, daß sich die Musikpraxis der 'alta capella' von 'wörtlicher' Wiedergabe bekannter Chansons und Motetten, über Bearbeitungen davon, Ergänzung und Austausch einzelner Stimmen, reiche Diminutionen, bis hin zu freier Improvisation über Tenores bekannter Chansons und über nur einstimmig vorgefundene Musik, erstreckte. Zu letzterer wären ein Großteil der 'basse danse'-Melodien, aber auch liturgische Melodien, Hymnen etc. zu zählen" (150). (Zu Welkers Experiment mit der Improvisationspraxis am Beispiel einer "basse danse", mit dem er versucht, "den Weg zu rekonstruieren, den ein solches [Alta-]Ensemble von der einstimmig notierten Vorlage [...] zum dreistimmig improvisierten Klangbild beim Aufspielen zum Tanz zurückzulegen hatte" [**298**.22], vgl. **404**.151 ff.)

2. *Variable Besetzungspraxis, Ensembles*

Aus den bislang beschriebenen "Anfängen", so Karstädt, "erwächst im Laufe des 16. Jh. eine offenbare Bevorzugung des Bläserklangs" (**214**.1907). Erkennbar wird die größere Bedeutung der Blasinstrumente bereits in den Schriften von Sebastian Virdung (1511, **395**) und Martin Agricola (1528, **2**). Im Gegensatz zu Virdung ordnet "Agricola, dessen Vorliebe für die Geigen in jener Zeit auffallend ist, [...] die Blasinstrumente den Saiteninstrumenten rangmäßig vor" (**352**.35) und beschreibt sie als das "Erste Geschlecht". Dies geht einher mit einer generellen Bevorzugung einheitlicher Klangbilder. Ilse Hechler etwa beschreibt die auf Bilddokumenten überlieferte Wandlung von der Spaltung des Klanges in verschiedene Klangfarben (gestrichen, gezupft, geblasen) im 15. Jahrhundert zu chorischen Formen im einheitlichen Klangbild des 16. Jahrhunderts, verbunden mit einer Erweiterung des Tonraumes nach unten (**155**.271). Die Ursache für diesen Wandel liegt vor allem in der Entwicklung von Instrumenten*familien*.

Sieht man von Klavier- und Lautenstücken ab, "sind genaue Instrumentenangaben im 16. Jahrhundert sehr selten" (**255**.56). (Zur frühesten Erwähnung des "pumhart" [Bomhart] im "Spörl-Liederbuch" des 14. Jahrhunderts vgl. **408**/6.4.) Die ersten, 1539 in Paris veröffentlichten Tanzsammlungen sind "einfach als Musik zu vier Stimmen *(en musique à quatre parties)* bezeichnet [...]. Gegen Mitte des Jahrhunderts begannen die Titel der gedruckten Sammlungen, die totale Freiheit der Instrumentation zu erwähnen" (**255**.54). Die Praxis, entweder gar keine oder alternative Besetzungsangaben zu machen, findet ihren Niederschlag in zahlreichen Sammlungen. Einer Liedersammlung aus der Zeit um 1519 ("Auch etlich zu fleiten, schwegeln [...]" [vgl. **408**/6.63]) folgt 1533 eine Chanson-Sammlung Pierre Attaignants, welche Angaben enthielt, in denen er "die besonders für Querflöten und Blockflöten geeigneten Stücke" herausstellte (**338**.28). Imogene Horsley weist darauf hin, daß im 16. Jahrhundert häufig ein Blasinstrument, wie z. B. der Zink, als Alternative zur Violine genannt wird (**191**.58). Jan LaRue und Gene Wolf (**233**.118) erwähnen in diesem Zusammenhang die berühmte Sammlung mit Kompositionen Anthony Holbornes, deren Titel deutlich die Flexibilität der damaligen Besetzungspraxis widerspiegelt: "Pavans, galliards [...] in fife parts, for Viols, Violins, or other Musicall Winde instruments" (London 1599). Bruce Dickey und Michael Collver nennen eine Sammlung zweistimmiger Lieder des Engländers Thomas Whythorne aus dem Jahre 1590, in welcher es heißt: "Also they may be aptly made for two treble cornets to play or sound" (**91**.302). *Ein* Grund für die variable Besetzungspraxis ist für Egon F. Kenton ein wirtschaftlicher: "[...] the wish of the publisher to leave the choise of the vehicles to the public, in order to sell as many copies as possible" (**218**.74). Allerdings darf eben diese auch merkantil begründete Besetzungsvielfalt in den Notendokumenten nicht darüber hinwegtäuschen, wie Ernst Kubitschek betont, "daß das Musizieren in stark ausgeprägten, zunftmäßig verankerten Traditionen ablief, wo auch mit spezifischen Besetzungen bei ganz gewissen Anlässen gerechnet wurde" (**228**.99).

Verbreitet waren z. B., wie Ilse Hechler aufzeigt, Ensembles von Krummhörnern, wobei das Standard-Consort aus Alt-, Tenor-, Tenor- und Baß-Krummhorn bestand (**155**.267). ("Krummhorn" war 1489 noch eine Orgelregister-Bezeichnung; erste Bildbelege als Instrument finden sich gegen Ende des 15. Jahrhunderts [266, Abb. ebda.].) Allerdings gibt es nur wenige Stücke, die Krummhörner vorschreiben, und diese sind Hechler zufolge kein Beweis für die Häufigkeit, sondern für die Vielseitigkeit der Verwendung (271). So schreibt Thomas Stolzer 1526 zu seiner Vertonung des 37. Psalms: "Hab an Khrumphörner gedacht [...]." Und ist von F. Corteccia das Krummhorn als Begleitung zu einer Singstimme genannt (1539), wie auch in Kopenhagen ein Lied für Krummhörner und Posaune existiert (271), so dürfte "echte" (Krummhorn-)Bläsermusik erst mit Scheins "Padovana à 4 Krumhorn" (1617), "eines der wenigen Originalstücke für Krummhörner" (267), vorliegen (in der genannten Standardbesetzung). Lasocki (1988, **234**) weist auf das Blockflöten-Consort am englischen Hof hin. (Zur Bedeutung der Blockflöte im 16. Jahrhundert vgl. die Diskussion ebda. 247.) Dort bestand auch ein Pommern-Posaunen- sowie ein Flöten- und Zink-Consort (240). Auf die durch zahlreiche Bilder dokumentierte Beliebtheit der Renaissance-*Quer*flöte verweist Anne Smith (1979, **338**). Ihre Studie bietet neben der Auswertung zahlreicher Quellen (ab Virdung 1511) auch ein Verzeichnis der Musik für Renaissanceflöte (52–60). Bedeutsam im Rahmen dieser Schrift ist weniger, daß die einzelne Querflöte gewöhnlich in einem gemischten Ensemble vorkommt ("Broken Consort"), sondern die Existenz von Querflöten-Ensembles. Einer Federzeichnung von Urs Graf (1522/23) mit vier Querflötenspielern entnimmt A. Smith Instrumente in drei verschiedene Größen, und "Agricolas Consort mit Querflöten dreier verschiedener Größen" bezeichnet sie als "Querflötenconsort" (vgl. 29). Dem entspricht, daß Blasinstrumente im 16. Jahrhundert generell in drei verschiedenen Größen gebaut wurden, und zwar entsprechend den drei Stimmtypen der *notierten* Musik. Das (Flöten-, Krummhorn- usw.) *Quartett* bzw. der vierstimmige Bläsersatz als "Standardbesetzung" der Renaissance (**90**.50) entstand in der Praxis durch Verdoppelung des Tenorinstrumentes.

Im Zusammenhang mit dem Baß bei Flöten-Quartetten ist im übrigen eine Bemerkung Marin Mersennes (1636) erwähnenswert, wird sie doch erst anderthalb Jahrhunderte später in der Militärmusik aktuell: "[...] weil man den Baß nicht lang genug machen kann für ausreichende Tiefe, benutzt man die Posaune oder den Serpent [...] als Ersatz" (zit.n. **255**.75).

Zwar spricht Karstädt bereits für das 16. Jahrhundert von der "Schaffung einer eigenständigen Literatur für die Blasmusik" (**214**.1907), doch ist sie weder in Noten dingfest zu machen noch dürfte es sich um spezifische Bläser*gattungen* handeln.

Eine Ausnahme mag hier die "Battaglia" sein, die "in besonderer Weise mit den Blasinstrumenten verbunden" ist (**264**.26). Venezianische Komponisten wie Andrea Gabrieli und Annibale Padovano setzen "die Battaglia für acht Stimmen und übernehmen dabei die Klangmalerei des Schlachtenlärms und der Trompetensignale. Folglich wurde die instrumentale Battaglia in erster Linie von Bläsern ausgeführt, wie es der Titel einer Sammlung Venedig 1590 ausdrücklich fordert: '[...] due Battaglie a otto voci, per sonar de istromenti da fiato'" (26).

LaRue und Wolf schreiben: "[...] there is ample evidence, both written and pictorial, that brass players simply used whatever music was at hand" (**233**.111). Entsprechend sagt I. Hechler, spezielle Musik für Windkapselinstrumente als *Consort*-Instrumente sei "nur ganz ausnahmsweise überliefert. Praktisch ist alles 'Originalmusik', was dem Umfang nach spielbar ist und dem Charakter der Instrumente entspricht" (**155**.271). Gemeint sind vor allem *vokale* Formen (Messe, Chanson, Motette). Auch das Bild zu Silvestro Ganassis Blockflötenschule "Fontegara" (Venedig 1535) zeigt, daß "Blockflötenspieler in Norditalien Vokalmusik spielten" (**234**.239). Die Nähe der "instrumentalen Vokalmusik" des 16. Jahrhundert unterstreicht Ganassi auch theoretisch, wenn er schreibt, der Spieler solle dem Beispiel des Sängers folgen und die Stimmung der Worte durch den Klang seines Spielens ausdrücken (**191**.54, vgl. auch **298**.86). Und zu den Feierlichkeiten während des Konstanzer Konzils wird berichtet, daß die Bläser "prusonettend überainander mit dry stimmen, als man gewonlich singet" (**124**.37). Dies wirft Licht darauf, wie sehr die Blasinstrumente bis ins 17. Jahrhundert hinein in vielfältiger Hinsicht in Abhängigkeit von der menschlichen Stimme gesehen wurden. So ist auch der Zink, wie Horsley mit Bezug auf Mersenne (1636) feststellt, am meisten wegen seiner Ähnlichkeit und Verträglichkeit mit der menschlichen Stimme gelobt worden (**191**.56). Und er resümiert: "[...] this same ideal was held out for all wind instruments in the sixteenth and early seventeenth centuries" (57). Und was Ganassi von Blockflötenspielern erwartete, findet sich ein Jahrhundert später bei Fantini in ähnlicher Weise mit Bezug auf die Trompete (zu Fantini vgl. S. 115).

3. Venezianische Bläsermusik, Zinken und Posaunen

Mit dem Aufkommen der oben genannten Tanzmusik-Sammlungen dürfte, so Besseler, "die alte Spielmannspraxis der Bläser-Alta in den Hintergrund getreten sein" (**28**.379). Belegen bereits Briefe des Posaunisten Giovanni Aloixe (um 1500) die Einrichtung von Motetten für 4 Posaunen und 2 Zinken (wie auch für 4 Posaunen und 4 Schalmeien, 8 Flöten oder 5 Posaunen) (**214**.1907), so wurde die Kombination von Zink und Posaune als *ein* standardisiertes Bläserensemble erst im weiteren Verlauf des 16. und auch noch des 17. Jahrhunderts, vor allem im Rahmen der berühmten "Venezianischen Bläsermusik", bedeutsam. Anneliese Downs bezeichnet diese Instrumentenkombination als "popular" (**97**.5). Kann im 17. Jahrhundert die Zusammenstellung von Zink und drei Posaunen als "Standard" betrachtet werden (**410**.177), so spricht Thurston Dart bezüglich England von der "newly standardized combination of two treble cornetts, two sackbuts and a double sackbut" (**87**.76). Dickey/Collver belegen, daß der Schwerpunkt des Zink-Repertoires um 1620 liegt (**91**.267–269). Gegen Ende des 17. Jahrhunderts, als Oboe und Fagott auf dem Vormarsch waren und das Bläserensemble des 18. Jahrhunderts ankündigten, wurde der Zink "sicherlich als altmodisches Instrument betrachtet" (269). (Zur Zinkforschung vgl. z. B. Karstädt 1937 [**213**], Moeck/Mönkemeyer 1973 [**258**], Bernstein 1978 [**27**], Overton 1981 [**276**], Braun 1984 [**43**], Spielmann 1987 [**343**] und 1992 [**422**] sowie den 5. Band des BJHM [**416**].) Der als "Cornetto" bezeichnete Zink wie auch die Posaune ersetzten die traditionellen Instrumente der mittelalterlichen (Schalmei-)Tanzkapelle und sind Zeichen des Bemühens um einen "feineren" Klang, weg von den laut und "hart" tönenden Instrumenten des Mittelalters: "The Renaissance had a predilection for a blended sound, and a mellow one – in contrast to the split sound and high pitch preferred in the Middle Ages. Indeed, the *cornetto*, while it was clear and precise, was definitely mellower than the shawm [Schalmei], and the trombone of the late 16th century was so mellow that it blended easily with stringed instruments" (**218**.74).

Bereits 1963 machte A. Downs darauf aufmerksam: "The cornetto or *Zink* [...] lacks a modern counterpart and should not be confused with the cornet" (**97**.6). Und schon 1957 schrieb Kenton, die Tatsache, daß Giovanni Gabrieli "Cornetto" (Zink) und Posaune verwendete, habe die Annahme entstehen lassen, die entsprechenden Stücke seien für "Brass-Ensemble" komponiert (**218**.75). Die Posaune des 16. und 17. Jahrhunderts war, im Gegensatz zur heutigen, ein sehr weich klingendes Instrument, und dies erlaubte ihre Verwendung sowohl in damaligen Instrumental- als auch in Vokalkompositionen (vgl. ausf. Guion 1988 [**146**]). Dies wird beispielsweise deutlich an Gabrielis berühmter achtstimmiger "Sonata pian e forte" (vor 1597) für 1 Zink, 6 Posaunen und 1 "Violino", für Kenton "chamber music to be played on instruments mellow enough to make the participation of a violin (viola) in a top part possible" (**218**.76). Bei Aufführungen dieser mehrchörigen Komposition ("cori spezzati"-Technik) standen sich Zink und Violine mit jeweils drei Posaunen gegenüber: "pian" erklang die Sonate, wenn nur ein Chor spielte, "forte" beim Zusammenspiel beider Chöre. Gleichwohl Gabrieli in diesem Stück erstmals genaue Besetzungsangaben machte, sind die einzelnen Stimmen noch nicht oder nur kaum "instrumenten-typisch": "[...] the score would never realize which part was for a stringed instrument unless Gabrieli had indicated it" (**133**.2). In Gabrielis "canzoni per sonar" findet sich die Posaune *immer* in Verbindung mit Zink und *Violine.* Der Zink dagegen war z. T. auch eine Alternative zur Violine, oder er imitierte die Violine bzw. Viola (nicht umgekehrt!) (**218**.76). Gabrielis Entscheidung für Zink, Posaune und Violine beruhte Kenton zufolge auch darauf, daß ihm (mit Rücksicht auf die Verleger) "erlaubt" war, lediglich solche Instrumente zu verwenden, welche auch außerhalb Venedigs leicht verfügbar waren (74).

Insgesamt sind G. Gabrielis Kompositionen Teil einer generellen Verselbständigung der Instrumentalmusik. "Die Loslösung instrumentaler Gattungen von vokalen Vorbildern, die mit Prachtentfaltung verbundene Aufführungspraxis und schließlich neue Verfahren der musikalischen Komposition haben dazu beigetragen" (**264**.29). Und die damit verbundenen Bläserensembles konstituierten sich, Wendelin Müller-Blattau zufolge, auf zwei Wegen: "1. Vom Orgelricercar über die Canzone zur Sonate. 2. Von der Mitwirkung in vielstimmigen Kompositionen über die Mehrchörigkeit zur Gruppenbildung" (**264**.27). Die Emanzipation der Instrumentalmusik brachte neue Formen hervor, selbst wenn dies noch keine "bläsertypischen" sind. Vorlagen für Bläsermusik sind denn nicht mehr nur vokaler Art, sondern auch instrumentaler: Das Ricercar stammt aus der Orgelmusik, und von Vinzenc Jelich sind beispielsweise vier Ricercare für Zink und Posaune erhalten (**122**.82). Die Canzone stammt aus der Vokalmusik, aber als "canzon da sonar" "verliert [sie] ihren vokalen Charakter" (**264**.26). Ein neues Klangbewußtsein wie auch neue kompositorische Verfahren "fördern die Einbeziehung von Blasinstrumenten oder sind sogar davon abhängig" (27). Unter Berücksichtigung von Stefan Kunzes Studie über die Instrumentalmusik bei Giovanni Gabrieli (**229**) erläutert Müller-Blattau die neuen Kompositionsweisen anhand von Gabrielis "Sonata pian e forte". Dazu gehören: "1. Imitation auf engstem Raum, gewöhnlich im Rahmen eines Klanges. 2. Ausgedehnte Klangflächen, vor allem am Anfang und am Schluß. 3. Klangspaltung durch Kleinmotive [...]. 4. Vermehrte Quart- und Quintsprünge im Baß" (**264**.27, vgl. auch **196**.150–165 u. **116**.361 ff.). Die Klangfarbe gewinnt somit im frühen 17. Jahrhundert an Gewicht. Vorstellungen über bestimmte Instrumente sind im Augenblick des Komponierens gegenwärtig und beeinflussen den Satz (**255**.56).

Obgleich beispielsweise die Canzonen Gabrielis oder Samuel Scheidts berühmte "Galliard Battaglia", ein "Bravourstück für jedes Brass-Ensemble" (**396**.606), nicht für "Blechblasensemble", sondern für die Zinken-Posaunen-Kombination (oder auch nur für Zinken) intendiert waren, wird heutzutage solch Repertoire mehr oder weniger vorbehaltlos von "Brass-Ensembles" als "Originalliteratur" in Konzerten und auf Tonträgern verbreitet (nicht selten unter Einbezug einer Tuba). So beliebt diese Praxis ist, so wenig unumstritten ist sie. Bereits 1957 wehrte sich Kenton gegen die Meinung, Gabrieli sei ein Komponist für "brass"-Instrumente (**218**.80). Und noch 1987 kritisiert Steffen Voss diese Praxis, weil das "Intime" der Zinken-Posaunen-Musik verlorenginge (**396**.605, vgl. auch S. 200 f.).

Daß Notenausgaben zu Beginn des 17. Jahrhunderts verstärkt Instrumentationsangaben enthalten, hängt auch damit zusammen, daß es etwa im Bereich der Tanzmusik nicht mehr nur den Arrangeur gibt, "sondern auch den Komponisten, der sich Tanzmelodien ausdenkt, sie im voll ausgestalteten musikalischen Satz vorlegt und sich als Autor nennt" (**47**.272). Trotzdem war die "Freiheit" der Instrumentation in Grenzen durchaus noch üblich, auch wenn Bläserensembles nicht ausgeschlossen oder sogar intendiert waren. Samuel Scheidt schreibt im Vorwort seiner "Secunda Pars Ludorum musicorum": "So wol auch auff Zincken / nach eines jeden gelegenheit zu Musiciren. [...] Stelle solches in eines jeden discretion vnd gut achten" (vgl. **396**.607). "Merkwürdig ist", so Voss, "daß Scheidts instrumentale Empfehlungen [...]

immer auf ein homogenes Instrumentarium zielen. Man findet nur Angaben für homogene Klangkombinationen, wobei Zink und Clarino als Diskantbesetzung zu den Posaunen anzusehen sind" (608). (Es "fehlen" bei Scheidt sowohl Flöten als auch die beliebte Kombination von Violine und Zink.) Paul Peuerls Sammlungen, "obwohl für keine bestimmte Instrumentalbesetzung geschaffen, [sind] weit verbreitetes Musiziergut für Bläserensembles" gewesen (57.27). Johann Vierdanck schrieb 1637: "[...] stehets einem jedwedern frey, ob er an statt einer oder aller beyder Discant Geigen, Cornettini, oder QuartZincken nebenst einem Fagott gebrauchen wil [...]" (vgl. 91.300). Die Zahl der Sammlungen mit ähnlichen Hinweisen – "auff allerley Instrumenten", "per violino overo cornetto" usw. – ist groß (vgl. z. B. 91 u. 408/7). Aber es mag bezeichnend sein, wenn Johann Ernst Kindermann in seinem Werk "Deliciae studiosorum" (1643) die "Freiheit" der instrumentalen Ausführung mit dem Hinweis "auff allerhand blasenden Instrumenten" eingrenzte (vgl. 91.286). Und spezifizierte Blasinstrumente finden sich zunehmend. In einem 1650 gedruckten, fünfstimmigen Stück von Andreas Hammerschmidt für 5 Posaunen bzw. 2 Zinken und 3 Posaunen lautet die Diskantstimme "Trombono" *und* "Cornetto": Der Spieler mußte während des Stückes sogar das Instrument wechseln (396.606). Dezidiert für die Blockflöte komponiert sind Jacob van Eycks Variationen "Der Fluiten-Lust-Hof" aus dem Jahre 1649 (vgl. ausf. van Baak Griffionen 1988 [11].) Zwar stand, wie Werner Braun mit Verweis auf Prätorius (1619) schreibt, zu Beginn des 17. Jahrhunderts "das reiche Instrumentarium der Renaissance-Zeit noch voll zur Verfügung", aber es "fand eine verändernde Auswahl statt, und die drastische Verringerung des kompositorisch relevanten Bestands war die Voraussetzung für die sogenannte Idiomatik: die kompositorische Abbildung der spezifischen Klanglichkeit eines Instruments" (47.238).

Der Einfluß der oberitalienischen bzw. venezianischen Bläsermusik ist in vielen nachfolgenden Sammlungen dokumentiert. Karstädt (214.1908 f.) nennt etwa T. Massainos "Canzone" für 8 Posaunen (1608) und ein Stück von B. Marini für 4 Zinken und 4 Posaunen (1629). Ein "Gegeneinanderstellen der Klangfarben in Gabrielischer Art" (1909) bezeugen dreistimmige Sätze für Zinken und Posaunen (im Wechsel mit 3 Flöten) von J.E. Kindermann (1640-43). Eine *Trompeten*stimme (Clarino) als Diskant zu den Posaunen findet sich besonders in der 2. Hälfte des 17. Jahrhunderts etwa in Sammlungen von J.H. Schmelzer und A. Hammerschmidt. Die Ursache hierfür liegt u. a. darin begründet, daß im 17. Jahrhundert überhaupt die Trompete je mehr in das zeitgenössische Instrumentarium hineinwuchs, als die alten Holzblasinstrumente verschwanden (vgl. **122**.82) (wobei vor allem aber die *Streich*instrumente die letztgenannten verdrängten [84]). Zu den berühmten Bläsermusiken des späteren 17. Jahrhunderts zählen schließlich Werke von Daniel Speer, Johannes Pezel und Gottfried Reiche. Bevor auf sie näher eingegangen wird, sei zunächst ihren Interpreten Aufmerksamkeit geschenkt.

4. Türmer, Stadtpfeifer, Ratsmusiker

Turmmusik gehörte im 17. Jahrhundert mit zu den populärsten Musikarten (vgl. **97**.3). Einen sehr informativen Überblick bietet D. Altenburg in seiner Studie "Zum Repertoire der Türmer, Stadtpfeifer und Ratsmusiker im 17. und 18. Jahrhundert" (1979 [7], vgl. auch **97**). Er wertet zahlreiche Monographien zur Musikgeschichte einzelner Städte aus, da sich vor allem in ihnen "Hinweise auf die Musik der Türmer, Stadtpfeifer und Ratsmusiker finden", welche "einen Eindruck von der Vielfalt der Aufgaben und den bei den jeweiligen Anlässen musizierten Stücken" vermitteln (7.12). (Daß die drei genannten "Institutionen" nicht immer streng getrennt waren und daß andererseits aber Stadtpfeifer und Ratsmusiker durchaus zwei verschiedene Ämter waren, diskutiert Altenburg [10f.] wie vor ihm bereits A. Downs [**97**.4].)

Zu den Aufgaben der Türmer (bzw. Stadtpfeifer und Ratsmusiker) gehörte das "Anblasen", das "Abblasen" sowie das "Aufwarten". Zum "Anblasen" zählte "Ankündigung" (z. B. Ankunft fremder Gäste) wie auch "Warnung" (z. B. Feueralarm) im weitesten Sinne. Insbesondere bei ersterem wurden "statt des rein funktionalen Signals mancherorts bereits im 15. Jahrhundert Choräle verwendet" (7.12). Zum "Abblasen" gehörte das sogenannte "Stundenblasen", das vor allem auch dazu diente, den Türmer selbst wach zu halten. Hierzu wurden Trompeten- und Hornsignale ebenso wie geistliche Lieder verwendet. "Das Abblasen im engeren Sinne oder, wie es später heißt, das Turmblasen bzw. die Turmmusik ist also unmittelbar aus dem Stundenblasen hervorgegangen und stellt nur die besonders kunstvolle Form desselben dar" (14). War das Instrumentarium der Türmer im 16. Jahrhundert noch recht vielseitig (Pfeifen, Zinken, Krummhörner, Schalmeien), "so kann man in der ersten Hälfte des 17. Jahrhunderts eine weitgehende Normierung auf drei Besetzungstypen beobachten. Einstimmige Stücke wurden sehr häufig auf der Zugtrompete, mehrstimmige Stücke mit Zinken und Posaunen oder mit mehreren Trompeten gespielt. In vielen deutschen Städten wurden im 17. und 18. Jahrhundert vom Türmer nur einstimmige Stücke vom Turm geblasen, während das Abblasen mehrstimmiger Sätze den Stadtpfeifern überlassen war" (15). Sofern der Türmer nicht des Clarinblasens mächtig war (und dies war die Regel), verwendete er die Zugtrompete, so daß sich für dieses Instrument im 16. Jahrhundert auch der Name "Türmerhorn" etablierte (Abb. bei Virdung 1511 [**395**]). Tarr begründet die Verwendung der Zugtrompete im 15. und 16. Jahrhundert auch mit dem Repertoire: ihr Gebrauch sei damit verbunden, daß die Türmer nicht nur "Wachdienst", sondern auch das "Abblasen" zu verrichten hatten (**373**.44). Unter "Aufwarten" ist das Musizieren der Türmer bei Bürgerhochzeiten u. ä. zur Aufbesserung ihres Gehaltes zu verstehen. "Sofern am Ort keine Stadtpfeiferei oder ein Ensemble von Ratsmusikanten vorhanden war, wurde ihnen in diesem Falle gegenüber fahrenden Spielleuten das Privileg der Aufwartung erteilt" (7.18 f.). (Zahlreich sind allerdings die Dokumente über Streitigkeiten zwischen den konkurrierenden Türmern, Stadtpfeifern, Ratsmusikern, den "ungelernten" "Bierfiedlern" und auch – im 18. Jahrhundert – den "Regimentshautboisten".)

In dem zuvor skizzierten Zusammenhang sind nun einzelne Bläserwerke der folgenden Komponisten zu sehen.

5. *Speer, Pezel und Reiche*

Von Daniel Speer (1636–1707) sind Stücke zu nennen aus "REcens FAbricatus LAbor / Oder / Neugebachene Taffel-Schnitz [...]" (1685), bestimmt für die Funktion des "Aufwartens" der Stadtpfeifer (7.24), "Musicalisch- / Türckischer / Eulen-Spiegel [...]" (1688) und "Grund-richtiger/Kurtz-Leicht- und Nöthiger / jetzt Wol-vermehrter Unterricht [...] Oder / Vierfaches / Musicalisches Kleeblatt [...]" (1697, ¹1687). Als besonders bedauerlich bezeichnet Mitchel N. Sirman den Verlust von Speers "Musicalisches dreyfaches Klee-Blatt", ein Werk, das zweifellos einige Sonaten für Blechblasinstrumente enthalten habe (**337**.51). In der Nachfolge der Speer-Studien von Eitner und Moser sind neben den Arbeiten von Falvy 1970 (**117**) und Mózi 1975 (**262**) vor allem die Dissertationen von Fetter 1969 (**123**), Howey 1971 (**194**) und Sirman 1972 (**337**) hervorzuheben. Der "Grundrichtige Unterricht", ein in erster Linie pädagogisch motiviertes Buch, enthält u. a. zwei Sonaten für 3 Posaunen, deren Stimmen Sirman zufolge in idiomatischem Sinne genau auf die Instrumente zugeschnitten sind (**337**.49). Speers "Neugebachene Taffel-Schnitz", als Tafelmusik gedacht, enthält Stücke für verschiedene Instrumente, darunter Trompeten, Zinken, Posaunen und Fagotte. Sirmans Forschungen, einschließlich ausführlicher musikalischer Analysen, galten den "Wind Sonatas in Daniel Speer's 'Musicalisch-Türckischer Eulen-Spiegel'", die lange Zeit als anonyme Kompositionen publiziert wurden. Unter den 41 Stücken (zumeist Tänze und Lieder) sind die 6 Sonaten (= Nr. 25 bis 30) sämtlich fünfstimmig ("Sonata à 5") mit zusätzlichem basso continuo (der nicht mehr Bedeutung haben dürfte als Usus der Zeit zu sein), und zwar für 2 Zinken und 3 Posaunen (Nr. 25, 29, 30) oder 2 Trompeten und 3 Posaunen (Nr. 26, 27, 28). (Speer schreibt immer ital. "Tromboni", nicht "Posaune" [64].) Die Form der 6 Sonaten ist zweiteilig (:A:|:B:), Tempoangaben finden sich keine und dynamische nur in Nr. 26. (Abdruck aller Sonaten im Anhang von Sirmans Studie.) Hervorgehoben sei lediglich, daß die Instrumente als zwei getrennte Gruppen entsprechend der Triosonate eingesetzt werden: "The first trio-sonata group is composed of trompeten I and II (or cornetti I and II) and trombone II which functions as the bass instrument of the group. The second trio-sonata group includes tromboni I, II, and III, in which trombone III serves as the lowest instrument of the group. These two groups function separately, with the constant continuo support, or together in 'tutti' passages. There will frequently be an alternation and contrast of a single melodic idea between the two groups in 'concertato' style. The contrasts of color and sonority that result from this alternation of melodic material provide much of the interest and beauty in these six sonatas" (67).

"Die Situation in Leipzig, wo Johann Pezel [1639-1694] und Gottfried Reiche [1667-1734] wirkten, ist u. a. durch die Bachforschung weitgehend bekannt, und die Musik dieser beiden Leipziger Stadtpfeifer zählt zum festen Bestandteil zahlreicher Blasmusiksammlungen" (7.11). Pezel trat 1664 als 4. "Kunstgeiger" in die

Leipziger Stadtpfeiferei ein, wobei eigens vermerkt wurde, "daß er ein 'approbirter Clarinbläser' sei" (**373**.70). Studien zur Turmmusik Pezels erfolgten u. a. 1952 von Turrentine (**390**), 1954 von Bolen (**38**.132–138), 1955 von Husted (**196**.172–186), 1957 von Wattenbarger (**402**) und 1963 von Downs (**97**). Für letztere zeigt Pezels Anteil an dieser Gattung die allgemeine Beliebtheit der Turmmusik überhaupt: "Moreover, in Leipzig, tower music developed into a legitimate art form" (30). Mit Pezels bekanntem Werk "Hora decima Musicorum Lipsiensium oder Musicalische Arbeit zum Ab-blasen Um 10. Uhr Vormittage in Leipzig" (1670) hat sich das Repertoire der Türmer zu einem kompositorischen Höhepunkt entwickelt: "Pezel helped bring tower music to its high point during the last half of the seventeenth century" (30). Die 40 einzeln numerierten, einsätzigen Sonaten sind geschrieben für 2 Zinken und 3 Posaunen. (Downs diskutiert auch die Frage, ob sie zusammengehören, also eine "Einheit" bilden [12 ff.].) "Despite the designation of strings as alternate instruments in *Hora decima*, Pezel's dedication clearly states that the music was written for the cornetto-trombone combination" (9).

Was oben für die Venezianische Bläsermusik gesagt wurde, daß moderne Brass-Ensembles keinesfalls den authentischen Klang wiedergeben, formuliert Don L. Smithers ähnlich für Pezels "Hora Decima": "To perform them only on modern trumpets and trombones, as is the fashion nowadays, is a mistake. There is no substitute for the timbre of the cornetto", und er macht den Vorschlag, anstatt der Trompete lieber die Oboe zu verwenden (**340**.152).

Weithin bekannt ist auch Pezels "Fünff-stimmigte blasende Music" (1685), eine Sammlung von 76 Stücken, darunter 40 Intraden sowie Tänze ("Sarabande", "Bal" bzw. "Balletta" u. a.). Im Gegensatz zu Downs vermutet Smithers, die Sammlung enthalte einige Stücke, deren zwei Oberstimmen Musik für Naturtrompeten darstellten (**340**.152). Nach eingehender Analyse kommt Downs zu dem Ergebnis, daß die Turmmusiken Pezels bedeutende Tonalitätsentwicklungen der 2. Hälfte des 17. Jahrhunderts widerspiegeln (**97**.17). Zwar ist verschiedentlich, so Downs, die Fünfstimmigkeit als "a regressive style" angesehen worden, doch sollte man sich der langen Tradition der aus fünf Spielern bestehenden Stadtpfeifer-Ensembles und ihrer Turmmusik bewußt sein (10). Innerhalb des traditionellen Rahmens erzielt Pezel eine bemerkenswerte Vielfalt an musikalischen Wirkungen. Eine auf

Polarität hin angelegte Faktur findet sich nicht nur in parallelen Stimmführungen der Posaunen einerseits und der Zinken andererseits, sondern auch in alternierendem Spiel beider Gruppen – im Resultat ein "Echo"-Effekt bzw. ein antiphonales Musizieren, das zuweilen an Gabrieli erinnern läßt. Gleichwohl häufig, so schreibt Downs weiter, die Sopran-Instrumente Aufmerksamkeit auf sich ziehen, spielen doch die Posaunen insofern auch eine bedeutende Rolle, als daß sie z. B. in vielen Sonaten aus der "Hora decima" einleitende Funktion haben (10). – Pezels "Bicinia" schließlich bezeichnet Smithers als "one of the earliest examples of solo trumpet music" (**340**.153).

Lowell B. Weiner macht darauf aufmerksam, daß überhaupt im 16. und 17. Jahrhundert deutsche und italienische Komponisten zahlreiche unbegleitete Duette für Paare gleicher Instrumente schrieben, wobei diese "bicinia" genannten Stücke weniger Kunstvolles denn mehr Pädagogisches intendierten (**403**.16, mit Bezug auf **295**). In diesen Zusammenhang gehören auch die 66 "Duetti a due Trombe da Camera" von Bartolomeo Bismantova (1688/89), die laut Manuskript-Angabe zwar für Trompete oder Zinken, Tarr zufolge jedoch eher für Naturtrompeten gedacht sind, da sie sich im Rahmen der Naturtöne bewegen (vgl. **377**.413 u. **92**).

Zu nennen sind schließlich noch Reiches "Vier und zwantzig Neue Quatricinia [...] Auff das so genannte Abblasen auff den Rathhäusern oder Thürmen mit Fleiß gestellet" (1696; vgl. **196**.187–192). Die erwähnten Werke von Pezel und Reiche zusammenfassend schränkt D. Altenburg ein, es sei noch nicht geklärt, in "welchem Umfang c. f.-freie Sätze andernorts beim Abblasen Verwendung fanden", und "auch in Leipzig wurden neben den c. f.-freien Stücken weiterhin die alten Choralsätze abgeblasen" (**7**.29). "Die zentrale Bedeutung im Repertoire der Stadtpfeifereien", so Altenburg, "die den Sammlungen von Pezel und Reiche allgemein zugeschrieben wird, kam ihnen jedoch wohl nicht zu" (29). Die vielfältigen Dienstobliegenheiten der Stadtpfeifer machten generell "eine Spezialisierung auf ein einziges Instrument [...] unmöglich", und folglich stellen für Altenburg die Verhältnisse in Leipzig "in jeder Hinsicht eine Ausnahme dar" (**5**.156). Damit gehören die Stücke von Pezel und Reiche aber "zu den wenigen Denkmälern deutscher Stadtpfeiferkunst im 17. Jahrhundert" (153): Durch Pezel und Reiche, so W. Braun, "ist aus dem Brauch Literatur geworden" (**47**.35). Und der bereits von Downs zitierten Bedeutung dieser Kompositionen kann noch hinzugefügt werden: "Tower music [...] formed a part of the background and tradition of many composers – J.S.Bach's father himself was a Stadtpfeifer – and therefore, as a familiar musical experience, its relative importance should not be discounted" (**97**.30).

6. Zur Kombination von Pfeife und Trommel

Der Trompeten-Pauken-Besetzung der Reiterei entsprach beim Fußvolk die Pfeife und Trommel, nach Henry G. Farmer "the oldest surviving 'band' of military music" (**120**.779). (Ähnlich bezeichnete sie Palecziska als "einfachste Form einer Militärkapelle" [**278**.14].) Über den Stand der Erforschung der "Einhandflöte und Trommel" sowie der "getrennten" Kombination von Pfeife und Trommel (das "Spil", "Spiel" oder "Feldspiel") und ihres Repertoires berichteten zuletzt Hoffmann-Axthelm 1984 (**186**), Hofer 1988 (**182**.29–57) sowie Mössmer 1992 (**419**). (Zu "Trommeln und Pfeifen in Basel" vgl. Duthaler 1985 [**99**].) Wie Erich Stockmann nachwies, gehören schon im Mittelalter Pfeife und Trommel "zu den verbreitetsten Formen instrumentalen Musizierens" (**350**.106). Ikonographische und literarische Quellen weisen dieses Instrumentenpaar seit dem 13. Jahrhundert nach (vgl. **182**.32). Mit Beginn des 15. Jahrhunderts werden die überlieferten Beispiele zahlreicher. In einer Nürnberger Kriegsordnung von 1449 heißt es beispielsweise, daß zu den Pfeifern "etlich mit pauken bestellt [sind]; dieselben pfiffen und paucken dem fußvolck auf" (vgl. **350**.106).

Von den Schweizern ausgehend verbreiteten sich Pfeife und Trommel rasch in anderen Ländern, was mit der sogenannten "Reisläuferei", dem "Kriegsdienst von Schweizern unter fremder Fahne" (**40**.84), zusammenhängt. Von hierher ist auch der Name "Schweizer Pfeife" zu verstehen, die noch Prätorius 1619 nennt und abbildet (**290**.128). Die um 1500 von Kaiser Maximilian I. in Deutschland aufgestellten Landsknechtsheere gewannen im 16. Jahrhundert immer mehr an Bedeutung (vgl. **182**.36–39). Der Gebrauch von Pfeife und Trommel war allerdings nicht auf die Landsknechte beschränkt. Bei der dörflichen Kirmes und bei Bauernhochzeiten waren "tromenschlaher und pfeiffer" nicht wegzudenken (**40**.16), und seit etwa 1500 finden sie sich "auch in nahezu allen Städten" (**350**.112). Schließlich beschäftigte sich E. Stockmann eingehend mit der "Funktion und Bedeutung von

Zur Kombination von Pfeife und Trommel 107

Trommeln und Pfeifen im deutschen Bauernkrieg 1525/26" (**350**). Den Landsknechten wurden und werden nach wie vor die legendären "Landsknechtsmärsche" nachgesagt (Beispiele in **182**.41–47). Exemplarisch konnte der Verfasser am Beispiel des "Wormser Pfeifermarsches", der angeblich aus dem 15. Jahrhundert stammen soll, nachweisen, daß diese "Landsknechtsmärsche" nur eine Legende sind und sich erhaltene Melodien kaum weiter als bis ins 19. Jahrhundert hinein zurückverfolgen lassen (**182**.42 ff.). Überliefert ist nur das "lermen", das "wichtigste Signal für die Landsknechte" (**350**.109), sowie das "um[b]schlagen", eine Aufforderung zur Versammlung zwecks Entgegennahme einer verbalen Information (**182**.52 f.). Unklar ist dagegen, ob es sich bei dem Ausdruck "feldgeschrey" um eine *spezielle* Spielfunktion der Pfeifer und Trommler handelte, oder ob er ihre Musik *insgesamt* bezeichnete (53). (Meylan druckt, unter Berufung auf Martin Staehelin, das Faksimile eines Lautentabulatur-Fragmentes aus der Zeit um 1560 ab, das die Bemerkung "Ein guettes feldtgeschray schwaitzerisch" enthält [**255**.66].) Und was die übrige Musik für Pfeife und Trommel betrifft, so deuten Tanzen, Lieder und Improvisation insgesamt die wichtigsten Einflüsse an, denen ein Musizieren "aus dem synn" ausgesetzt war.

Der *Dudelsack* war im übrigen als *das* "kriegerische" Instrument der Schotten und Iren (**70**.69) das Pendant zur Pfeife. Im Heiligen Römischen Reich Deutscher Nation konnte es nicht Fuß fassen: "Dieses Instrument weigerten sich schon die Stadtpfeifer des 15. Jh. zu spielen" (**378**.8, vgl. auch **40**.17), und es war als Instrument der "Bierfiedler" und vagabundierenden Musikanten streng verpönt. Ähnliches gilt z. T. für die (Einhand-)Flöte und Trommel. Tiefergehend formuliert Dagmar Hoffmann-Axthelm in ihrem mit reichem Bildmaterial ausgestatteten Beitrag auch Gedanken zur Bedeutungsgeschichte von Flöte und Trommel: Die Existenz dieser Kombination bis in die heutige Zeit hinein mag mit Archaismen zu tun haben, denn im weitesten Sinne erklangen Flöte und Trommel immer bei Anlässen, "die in unterschiedlicher Form die Polarität von Leben und Tod, Licht und Dunkel, Männlich und Weiblich ausdrücken" (**186**.116).

7. Das Ensemble der Hof- und Feldtrompeter und Heerpauker

In seiner Dissertation "A History of Brass Instruments, Their Usage, Music, and Performance Practices in Ensembles During the Baroque Era" (1960) bezeichnet Pattee E. Evenson die Vereinigungen von Trompetern und Paukern als "the earliest homogeneous groups of brass instruments known in western European history" (116.299). War auch ihr Repertoire Veränderungen unterworfen, so ist doch die grundsätzliche Besetzung keines anderen Bläserensembles so lange stabil geblieben wie die von Trompeten und Pauken. Dies hat vor allem soziale Ursachen. "Feudale Selbstdarstellung" sowie "kaiserliches Repräsentationsbedürfnis" entnimmt Rolf Dammann beispielsweise den Trompetern in den Bildern zum Triumphzug Kaiser Maximilians I. (84.288 f.). Zu Recht betont Detlef Altenburg, daß die Geschichte der Trompete von außermusikalischen Aspekten bestimmt wurde, "wie dies wohl kaum für ein anderes [Instrument] zu beobachten ist" (5.6). Man möchte ergänzen, daß bei der Trompete wie bei kaum einem anderen Instrument quasi ihre Funktion zur Musik wurde. Zwar bedingte die grundsätzliche, jahrhundertelange Beschränkung der Trompete auf die Naturtöne den signal- oder fanfarenartigen Charakter großer Teile ihrer Musik, doch kam solcherart zunächst instrumentenbaulich bedingter Musik ihren Aufgaben durchaus entgegen. Aber bezeichnenderweise schreibt beispielsweise Don L. Smithers: "Since nearly all trumpet playing in France before 1700 was the province of military trumpeters, it is not surprising that trumpet parts in opera, ballet and vocal compositions by most French composers of the time are in the same style as military trumpet parts" (340.236). Und die quasi ihre Funktion ausdrückende Musik hat sich in den Dreiklangspassagen vieler Trompetenstimmen bis auf den heutigen Tag erhalten.

a) "Zunft"

"Die Geschichte der Trompete [...] ist unlösbar verbunden mit der der Trompeterzunft und ihrer Privilegien" (5.38). Kann die Entwicklung dieser Zunft insbesondere bei D. Altenburg 1973 (5.38–85) nachgelesen werden, so mögen einige Grundzüge im folgenden skizziert werden. (Zeitgenössische Dokumente finden sich vor allem in 5/Bd. 2; z. T. auch in 122). Seit dem 13. Jahrhundert waren Trompeter an Adel und Obrigkeit gebunden, also keine "fahrenden Trompeter" mehr, wenngleich sich ihre Sonderstellung erst im 15. und 16. Jahrhundert herausbildete. Funktionen der Hoftrompeter sind erstmals schriftlich erwähnt in den "Leges Palatinae" (1337), einer Hofordnung Königs Jaime II. von Mallorca. Danach mußten die Trompeter und Pauker spielen, wenn sich der König in der Öffentlichkeit zeigte, sie sollten ihm durch ihr Spiel Freude bereiten sowie Zorn und Traurigkeit vertreiben, und sie mußten zu Tisch blasen (**373.**27 u. 57).

Schon mit Beginn des 15. Jahrhunderts standen die Trompeter unter kaiserlichem Schutz, d. h. ohne kaiserliche Erlaubnis durfte keine Stadt Trompeter in ihren Dienst stellen. Im Jahre 1548 wurde auf dem Augsburger Reichstag den höfischen Trompetern erlaubt, sich in Zünften zusammenzuschließen. Nachdem dies 1577 erneut vom Reichstag bestätigt wurde, kam es 1623 zur Gründung einer überregionalen Reichszunft der Trompeter und Pauker.

Innerhalb einer Hierarchie blasender Musiker setzten sich die Stadtpfeifer und Ratsmusiker von den "ehrlosen", umherziehenden "Bierfiedlern", "Pfuschern" und "Stümpern" ab. (Im 15. Jahrhundert war es zur Gründung von Bruderschaften und Stadtpfeifereien gekommen: Ihre Musiker waren seßhaft und genossen eine Ausbildung, wodurch sich ihre Stellung deutlich verbesserte.) Die Hoftrompeter wiederum fühlten sich den Stadtmusikanten überlegen. Seit der genannten Ordnung von 1548 kam es ständig zu Streitereien zwischen Hoftrompetern und städtischen Musikern. Ein Grund dafür war, daß einige Städte Trompeter einstellten, "ohne sich um eine Genehmigung dafür bemüht zu haben" (**40.**13). Allerdings wurde mit der Instanz der kaiserlichen Genehmigung "nur sanktioniert, was in zahlreichen Städten auch ohne Genehmigung des Landesherrn längst existierte" (**309.**16). Im 16. Jahrhundert ist schließlich eine vermehrte Anstellung von Ratstrompetern feststellbar. Die Hoftrompeter fürchteten darum, daß bürgerliche Anlässe die exklusive Repräsentationsfunktion der Trompete mindern könnten. Auch hatten sie Angst, daß der Eintritt "schlechter" städtischer Musiker in das Amt des Hoftrompeters das Niveau insgesamt senken könnte. Sehr plastisch drückt dies der Hof- und Feldtrompeter Caspar Hentzschel im Jahre 1620 aus (in seiner Schrift "Oratorischer Hall vnd Schall / Vom Löblichen vrsprung [...] der Rittermessigen Kunst der Trommeten" [Berlin]; Reprint in **5/2.**1–46): "Nun ist aber vnser Kunst jetziger zeit in grosser gefahr / nicht allein deß grossen defects vnd mangels / dadurch vnverstendige Leute vnser Stand dermassen verkleinert vnd in verachtung gesetzt wird / [...] sondern auch [...] in dem auß vnvollkommener vnterrichtung vnd begreiffung / so viel stümpler vnnd hümpler in allen Städten unnd Dörffern sich finden / vnd [...] wie Mäusekoth vnter Pfeffer zu vnsern Consorten begeben / das ein ehrlicher vnd erfahrner Trommeter seiner Kunst fast möchte schewen tragen" (**5**/2.8 f.). (Mahling weist darauf hin, daß das Verhältnis von Trompetern und Stadtmusikanten insofern "etwas grotesk" war, "als die beiden Gruppen im Grunde mehr Gemeinsamkeiten als Gegensätze aufzuweisen hatten" [**239**.653]: Zunftwesen, "Ehrlichkeit", Lehr- und Gesellenzeit.)

Die 12 Artikel des Kaiserlichen Privilegs, die bei der genannten Gründung der überregionalen Reichszunft der Hof- und Feldtrompeter und Heerpauker von Ferdinand II. am 17. Februar 1623 bestätigt wurden, hatten vor allem zwei Ziele: Durch die aufgeführten Bestimmungen sollte die Zahl der Trompeter möglichst klein, das Niveau aber möglichst hoch gehalten werden. Darüber hinaus enthielten die Artikel genaue Vorschriften über den Gebrauch der Trompete, durch welche man deren Exklusivität zu retten glaubte. Hatte ein Trompeter die Prüfung abgelegt ("Freispruch"), so durfte er erst nach 7 Jahren selber Schüler ausbilden. Und erst nachdem er an einem Feldzug teilgenommen hatte, durfte er sich auch "Feldtrompeter" nennen.

Auch nach 1623 kam es immer wieder zu Streitigkeiten zwischen Hoftrompetern und städtischen Musikern. Bezeichnenderweise heißt es in den "Nützliche[n] Anmerckungen über die privilegirte freye Trompeter-Kunst" (nach 1650): "Dasz die Trommeter und Stadt-Pfeiffer niemahls mit einander recht (wie man sagt) stallen [auskommen] können / ist allzubekannt" (**130**.12). Im Jahre 1653 wurden die 12 kaiserlichen Privilegien von Ferdinand III. auf 23 erweitert, 1747 wurden sie, bei erneuter Reduzierung auf 12, von Franz I. und 1767 zum letzten Mal von Joseph II. bestätigt. Ein letzter Vertreter des Standes der Hof- und Feldtrompeter und Heerpauker ist Johann Ernst Altenburg, der in seinem 1795 erschienenen, aber bereits 1768 fertiggestellten (vgl. **169**.60) Buch "Versuch einer Anleitung zur heroisch-musikalischen Trompeter- und Pauker-Kunst" (**8**) einen letzten Versuch unternahm, einen im Grunde schon seit längerer Zeit untergehenden Stand zu neuem Leben zu verhelfen. Bereits 1713 wurde bei-

Das Ensemble der Hof- und Feldtrompeter und Heerpauker

spielsweise das Berliner Hoftrompeterkorps aufgelöst und die Trompeter den "Regiments-Hautboisten" einverleibt (**373**.65). (Zahlreiche Märsche der Regiments-Hautboisten belegen auch von daher die Mitwirkung der Trompete.) Wie sehr die Standesregeln bis zuletzt quasi nur noch "ein überkommenes Gerüst darstellten, an dem man aus wirtschaftlichen und Prestige-Gründen festhielt" (**239**.652), zeigt Mahling in seinem Beitrag "Münchener Hoftrompeter und Stadtmusikanten im späten 18. Jahrhundert. Ein Streit um das Recht die Trompete zu blasen" (**239**). (Zu den Ursachen des Untergangs des Trompeter-Standes vgl. zusammenfassend Anzenberger 1989 [10.8].)

Zur musikalischen Bedeutung der Hoftrompeter schreibt Ahrens: "[...] betrachtet man die Kompositionen der Zeit und stellt man den Wirkungsbereich der Trompeter in Rechnung, so muß man bezweifeln, ob deren musikalisches Niveau allgemein höher war als das der minder angesehenen Stadtmusiker", und er kritisiert D. Altenburg (**5**.170f.), dieser stelle "auf das Spiel mehrerer Instrumente ab" und folgere daraus, "das Niveau der Stadtpfeifer habe erheblich niedriger liegen müssen als das der Hof-Trompeter. Den Aspekt der Gewandtheit im Notenlesen läßt er unberücksichtigt" (**3**.84). Und so kommt Ahrens zu der sicherlich nicht unumstrittenen Vermutung: "Es fragt sich, ob darin nicht die eigentliche Ursache für das ganze Zunftwesen lag: zu verbergen, daß die Kunstfertigkeit viel geringer war, als immer behauptet. Dies müßte ganz sicher auch für einen großen Teil der Trompeter gelten" (85f., Anm. 27).

Die Fähigkeiten der ausgebildeten Trompeter waren insgesamt sehr unterschiedlich. Manche Trompeter ließen sich "als Signalgeber nur 'in Veldzügen' und zum Servieren bei Tisch gebrauchen, andere waren als 'Clareter' oder auch 'Trompeter und Musicus' einsetzbar. Als solche vermochten sie gemeinsam mit der Kantorei zu musizieren" (**309**.19). Martin Ruhnke gibt an, die Hoftrompeter des 16. Jahrhunderts konnten "Feldtrompeter", "Clareter" oder "Trompeter und Musici" sein (**305**.282). Bei D. Altenburg (1973) findet sich die entsprechende Einteilung in nichtmusikalische (z. T. auch "Landschaftstrompeter" genannt [**5**.75; vgl. auch **122**.68ff.]) und musikalische sowie in Instrumentisten-Trompeter (**5**.75ff.). Bliesen erstere "nur Signale und solche Stücke oder Stimmen, die sich in den Dreiklangstönen bewegten", so die zweiten "Sonaten oder Aufzugsmusiken, in denen 'Clareter' diatonische Melodien über den Dreiklangstönen der Feldtrompeter bliesen" (**305**.281). Die dritte Gruppe "war gleichzeitig auf anderen Instrumenten ausgebildet und wirkte regelmäßig bei der Figuralmusik mit" (281). Daß die erste Gruppe in der musikalischen Bewertung unten rangiert, mag nicht darüber hinwegtäuschen, daß man "bis ins 18. Jahrhundert hinein [...] erheblich größeren Wert auf die Teilnahme an einem Feldzug als auf die Beherrschung des Clarinblasens oder auf Notenkenntnisse" (**3**.84) legte. (Allerdings betont J.E. Altenburg 1795, daß "man heutiges Tages mit Erlernung der bloßen Feldstücke weder an Höfen noch bey den Armeen zufrieden ist" [**8**.119].)

b) Instrumente, Funktionen, Stimmen, Repertoire

Bei einfachen Stücken (z. B. Signale) verwendeten die Trompeter die "Feldtrumet", zum Blasen höherer Stimmen in der Clarinlage die "Clareta", beides Instrumente, die Sebastian Virdung 1511 auch unter diesen Namen in seinem Buch "Musica getutscht" (**395**) abbildet.

Taucht der Begriff "Clarin-Bläser" erstmals 1561 auf, so beweist die Abbildung der "Clareta" bei Virdung, daß bereits 100 Jahre vor der ersten notierten Clarinstimme (bei Bendinelli 1614, s.u.) in der hohen Lage der Trompete gespielt wurde (vgl. **182**.187 f.). Der Name "Clareta", der Edward Tarr zufolge mit "Claretto" "identisch zu sein scheint, begegnet [...] zwischen 1460 und 1512 [...] als Bezeichnung für die hohe Lage der Trompete sowie für ein Instrument" (**374**.17). (Zum Ursprung des Wortes "Clarin" vgl. die Diskussion in **165a**.75 f. u. in BB 1978, H. 21, 81.)

"Will man nicht unterstellen, jene oft genug von keinem Tutti überdeckten Töne [gemeint ist der 11., 13. und 14. Naturton] hätten abscheulich geklungen", schreibt Ahrens, "so muß man eine hochentwickelte Blastechnik in Rechnung stellen" (**3**.110). Angesprochen ist damit vor allem das sogenannte "Treiben" (Korrigieren der unreinen Töne durch entsprechende Lippenspannung) innerhalb der Clarin-Blaskunst. Längst nicht alle Trompeter beherrschten diese Technik, und nicht jede Art von Trompetenmusik setzte diese Fähigkeit voraus.

Musikalische Dokumente für das Trompetenblasen des Mittelalters sind nicht bekannt. Neben dem Signalspiel dürfte bereits improvisiert worden sein. Um 1300 spielte die Trompete auch nur in der tiefen Lage (**373**.49). Da die mittelalterliche Trompete noch ohne Dreiklangsoktave war, hat man sich die Signale auch noch

Das Ensemble der Hof- und Feldtrompeter und Heerpauker 113

nicht akkordisch vorzustellen (vgl. **165**.148 f.). (Über das mittelalterliche Trompetenblasen, zu dem auch bereits das "Lärmblasen" gehörte, informiert eingehend die Studie von Herbert Heyde [1965, **165**].) Aufgaben der Hof- und Feldtrompeter im 17. und 18. Jahrhundert waren nach D. Altenburg (**5**.86–141): a) Heerwesen/Militärmusik, b) Turnier, Ritterspiel, Reiterballett, c) Ballfest, Hoftanz, d) Tafelblasen, Tafelmusik, e) Schauspiel, Oper, f) Kirchenmusik, g) Beisetzungen. Die folgenden Ausführungen beziehen sich besonders auf die Punkte a, b und d vom Ende des 16. bis zum ausgehenden 18. Jahrhundert. (Eine durch zahlreiche Notenbeispiele und Abbildungen anschauliche Übersicht über die Entwicklung des *Repertoires* bietet Albert Hiller 1991 [**418**].)

Fast alle bedeutenden Höfe Europas hatten im 16. Jahrhundert Trompeterkorps (12 Trompeter und 1–2 Pauker an größeren Höfen, 6–8 Trompeten und 1 Pauker an kleineren) (**5**.35). War der Trompetensatz in Italien und Deutschland zunächst in der Regel sechsstimmig (99), so bestand die häufigste Besetzung im 18. Jahrhundert nur noch aus drei Trompeten und einem Paukenpaar. Die Angaben über die Stimmenzahl im Trompetensatz sind allerdings gelegentlich etwas verwirrend, da zuweilen nur die Trompeten, manchmal aber auch die Pauken (mit-)gezählt werden. Schreibt Tarr beispielsweise davon, daß bis um 1580 "das typische fünfstimmige Trompetenensemble des Barock" entstand, "in dem jeder Spieler in einer anderen Lage der Naturtrompete improvisierte" (**373**.49), so D. Altenburg etwa vom "fünstimmigen" Trompetensatz bei Lully, "wobei allerdings die fünfte Stimme den Pauken übertragen wird" (**5**.98) (während Tarr im Zusammenhang mit dem gleichen Werk von der Vierstimmigkeit spricht [**373**.92]).

Tarr bezeichnet die Zeit von 1600 bis 1750 als das "goldene Zeitalter der Naturtrompete", und aus diesem Zeitraum sind "viele aufgeschriebene Noten zu festlichen Aufzügen, Sonaten und dergleichen erhalten" (58). (Zu einer Einteilung des Repertoires vgl. **6**.48.) Bevor sich allerdings im 17. und 18. Jahrhundert zunächst die "Sonata" und dann der "Aufzug", das "Tafelkonzert" und schließlich der "Marsch" für das Trompeterkorps herausbildeten, wurde improvisiert und auswendig gespielt.

Die militärischen Signale unterlagen der Geheimhaltung. Noch 1795 schreibt J.E. Altenburg (die Realität des Untergangs der Trompeterzunft ignorierend): "Da die Kunstverwandten diese Feldstücke blos nach dem Gehöre von einander zu erlernen pflegen, so hat mich dieses sowol, als der zu befürchtende Vorwurf einer Entdeckung ihrer Geheimnisse billig davon abgehalten, dieselben durch Noten bekannt zu machen" (**8.94**). Doch bereits um 1600 wurde das Verbot der Preisgabe dieser "Feldstücke" von zwei deutschen, aber in dänischen Diensten stehenden Hoftrompetern durchbrochen: 1598 von Magnus Thomsen und um 1600 von Hendrich Lübeck. Ihre in zwei Bänden, als "früheste erhaltene Quellen" (**5.**101), in Kopenhagen befindlichen Aufzeichnungen wurden 1935 und 1936 von Georg Schünemann analysiert und zum Teil veröffentlicht (**322** u. **323**). (Einen Überblick über die Trompetenbücher von Thomsen und Lübeck gibt Altenburg 1976 [**6.**49 ff.]; vgl. auch **5.**301–364.) Die Militärsignale hielten sich in der Tiefenlage, "vermutlich damit die nicht unbedingt musikalisch gebildeten Soldaten sie zu erkennen vermochten" (**373.**54). Tarr glaubt jedoch, "daß es noch einen weiteren, historischen Grund dafür gab. Da der Umfang der im 16. Jahrhundert gebräuchlichen Militärsignale mit dem Tonumfang der Trompete um 1300 übereinstimmte, sehen wir in den Signalen älteres Gut, das ins Mittelalter zurückreichen könnte" (54, vgl. ausf. zur Entwicklung der Militärsignale **374.**17–21 u. **182.**188 ff.). Als Spieler hat man sich den "Feldt Trommeter" vorzustellen, wie ihn beispielsweise Leonhard Fronsperger 1555 abbildet und beschreibt (vgl. **182.**182 f.).

Im Gegensatz zu den einstimmigen Signalen wurden die als "Sonaten" bezeichneten Stücke improvisiert. Die ersten erhaltenen des 16. Jahrhunderts "zeigen die gleichen Merkmale: fortwährende Wiederholung eines einzigen Grundakkords bei einer bordunartigen Wirkung der Unterstimmen" (**373.**29). Bereits bei Thomsen bilden nicht selten Lieder die Grundmelodie, darunter "Joseph, lieber Joseph mein" bzw. "In dulci jubilo", das sich später auch in Trompetenstimmen bei Prätorius, Scheidt und Schütz wiederfindet.

Improvisationsregeln für die Trompete fixierte als erster der Italiener Cesare Bendinelli in seiner handschriftlichen Abhandlung "Tutta l'arte della Trombetta" (1614), der nachweislich frühesten Trompeten-Schule (1975 hrsg. von E. Tarr [Documenta musicologica, 2. Reihe, Bd. V, Kassel], vgl. ausf. **374.**) Bendinellis Signale und Sonaten sind aus der Zeit um 1580–90 datiert. Zu ersteren bemerkt er, sie seien zum besseren Behalten mit Silben unterlegt, und er habe dies als erster so gemacht. Aus dem Jahre 1584 stammt eine Sonate, bei der er erstmals eine Clarin-Stimme

Das Ensemble der Hof- und Feldtrompeter und Heerpauker 115

notierte (**373**.50). (Eine sehr anschauliche Übersicht über die historischen Bezeichnungen der einzelnen Trompetenstimmen und ihrer Entwicklung – *Clarino, Quinta, Principal, Faulstimme, Grobstimme, Basso* u. a. – bietet D. Altenburg 1973 [**5**.351–366]; vgl. auch **182**.187; "Basso" konnte im übrigen auch die Paukenstimme bedeuten [**340**.81].) Bei Improvisationen notierte Bendinelli nur die 2. Stimme. Eine Stufe tiefer in der Naturtonreihe wurde sie von der 3. Stimme imitiert. Die 4. und 5. Stimme hielten lediglich einen Einzelton aus, während die "Clarino"-Stimme eine Melodie innerhalb der 4. Naturtonreihe improvisierte. "Ein Paar Pauken muß man sich dazudenken" (**373**.50, NB ebda.).

Nach den ersten handschriftlichen Aufzeichnungen Thomsens und Lübecks sowie der ersten Unterweisung im Trompetenspiel von Bendinelli verdient eine Trompetenschule Erwähnung, die lange Zeit für die früheste gehalten wurde: Girolamo Fantinis 1638 in Frankfurt gedruckte Schrift "Modo per Imparare a sonare di Tromba" (**118**, speziell dazu Eichborn 1890 [**107**], Douglas 1971 [**96**] sowie die Dissertation von Meredith 1984 [**252**]). Der weitere, ausführliche Titel des Buches läßt erkennen, daß Fantini den Einsatz der Trompete sowohl im Krieg als auch (man beachte die Formulierung als Gegensatz) "musikalisch" berücksichtige ("Tanto di Gverra Quanto Musicalmente [...]"). Neben üblichen Militärsignalen enthält diese Trompetenschule auch Tänze sowie Sonaten mit continuo-Begleitung. Fantini war einer der wenigen Trompeter-Komponisten des 17. Jahrhunderts (**5**.37), und Tarr schreibt, vor Fantini habe es nur wenige "musikalische" Trompeter gegeben: "Erst bei Fantini konnte ein Hoftrompeter die Enge des Hoftrompeterkorps verlassen, um Sonaten mit Orgel [...] aufzuführen" (**374**.17 f.). (Eine synoptische Übersicht über die Trompetensignale von Thomsen [um 1600] bis zu J.E. Altenburg [1795] bietet D. Altenburg 1973 [**5**.90 f.]; vgl. ausf. auch Husted 1955 [**196**.4–22 u. 76–118].) Mit den "Signalen" und "Sonaten" ist das Repertoire der Hoftrompeter aber keineswegs erschöpft. Neben diesen (älteren) Formen finden sich auch die Bezeichnungen "Feldstück, Fanfare", "Flourish", "Aufzug" und "Marsch". (Da diese Begriffe nicht immer einheitlich verwendet werden, versuchte der Verfasser 1988 eine Klärung und Abgrenzung [**182**.190–200].)

Als eine der wichtigsten nach der Improvisationspraxis der "Sonata" des späten 16. und frühen 17. Jahrhunderts entstehenden Gattungen für Trompetenensembles dürfte der "Aufzug" anzusehen sein. "Wie die bisher bekannten Quellen erkennen lassen, wurde die Sonate im Laufe des 17. Jahrhunderts mehr und mehr vom Aufzug verdrängt, der im Repertoire nun die zentrale Stellung einnahm, die im ausgehenden 16. und 17. Jahrhundert bis etwa 1650 die Sonate innehatte" (**6**.58). Zu berücksichtigen ist, daß damit jene "Trompete*r*-Sonaten", wie sie bereits bei Lübeck und Thomsen anzutreffen waren, gemeint sind, und nicht jene "Trompete*n*-Sonaten" der Kunstmusik des 17. Jahrhunderts mit Streichern oder Orgel und b.-c.-Begleitung. Auch ist der "Aufzug" in seiner Entwicklung zu sehen. Er findet sich bereits in den Sammlungen von Thomsen und Lübeck und hat dort aber nur wenig mit den Formen des späteren 17. und 18. Jahrhunderts gemein.

Aufzüge sind der Musikforschung seit langem bekannt, doch das Repertoire ist erst in den letzten 20 Jahren zunehmend erschlossen worden. Zu nennen ist etwa eine Sammlung von 31 Aufzügen der Salzburger Hoftrompeter aus der Zeit um 1700 (vgl. **375**). Bis auf ein Duett sind alle Aufzüge für 4 Trompeten und Pauken komponiert. In seiner Besprechung der genannten Aufzugssammlung schreibt Tarr, die vierstimmige Besetzung scheine nach Heinrich Ignaz Franz Bibers "Sonata Sancti Polycarpi" (1673) für Österreich charakteristisch geworden zu sein (was durch das Notenmaterial hervorgehe, obgleich das dortige Hoftrompeterkorps aus 12 Trompetern und 2 Paukern [zweichörig 2 x 6 Trompeten] bestand) (**375**.85). Die Salzburger Aufzugssammlung "dokumentiert eindrücklich die Wandlungen in der Spielart im Hoftrompeterkorps innerhalb eines Jahrhunderts" (86), denn im Gegensatz zu früheren Zeiten liegt die Melodie nicht mehr in der Prinzipal-, sondern in der Clarinstimme. Das als Ausnahme genannte Duett für 2 Trompeten steht in der Tradition sogenannter "Bicinien", die D. Altenburg bereits für das 16. Jahrhundert voraussetzt (**5**.107) und die J.E. Altenburg noch 1795 abdruckt (**8**.103–105). (Letzterer unterscheidet – abgesehen von Signalen und Feldstücken – im Kapitel "Von der Einrichtung und Beschaffenheit der Trompetenstücke" die Formen "Solo", "Bicinium", "Tricinium", "Quatricinium" [= der "Aufzug"], "Tafel-Sonate" und "Trompeten-Concert" [101–112].) Neben einer seit dem Zweiten Weltkrieg verschollenen Sammlung mit 102 Aufzügen des Dresdener Hoftrompeterkorps (vgl. **373**.82) sei noch die aus dem späten 18. Jahrhundert stammende Sammlung

von 54 titellosen Aufzügen des Hoftrompeterkorps aus Lissabon, der "Charamela real", genannt (vgl. ausf. **376**).
Wie die Musik für Oboenensembles hatte auch die Trompeten- und Paukenmusik unter Ludwig XIV. eine große Bedeutung. Die französische Trompeten- und Paukenmusik von derjenigen anderer europäischer Länder abhebend, schreibt Smithers: "[...] the French made an enormous noise", was er u. a. mit einem Stück aus Lullys "Ballet des ballets" (1690) belegt, in dem vier Pauken und neun Trompeter (teilweise neunstimmig) erklingen (**340**.236). Zu nennen ist etwa die Sammlung "Pièces de trompettes / de Mrs de la Lande, Rebelle et Philidor / L'aisné [...] et enrichy des Pièces de Mr huguenet l'aisné compositeur des triots de trompette plus antien ordinaire de la Musique du Roy" (Rès.F. 921 der Pariser Bibliothèque Nationale) mit zahlreichen drei- und vierstimmigen Trompetensätzen (240f., vgl. auch **373**.92). Auch der Titel der auf S. 122 noch näher zu bezeichnenden Sammlung Rès.F. 671 ("Partition / de Plusieurs Marches et batteries [...]") läßt dies erkennen: "[...] et PL^{rs} Marches de timballes et de trompetten / à cheval avec les Airs du Carousel en 1686 [...]." Die darin enthaltenen Märsche für Trompete und/oder Pauken wurden 1988 vom Verfasser untersucht (**182**.202–218). Bemerkenswert ist ein Marsch lediglich für 4 Paukenpaare ("Marche de timballer à 2 timballes"), der zwar als "Paukenmarsch" keine weitere Tradition hatte, aber in spieltechnischer wie auch in kompositorischer Hinsicht durchaus kunstvoll genannt zu werden verdient. Die Tradition der mehrstimmigen Trompeten- und Paukenmärsche begründet dagegen etwa der "Marche Royalle" für 3 Tp und Pk. Vor allem die Beweglichkeit seiner 2. Trompetenstimme zeigt, daß solche Märsche keinesfalls (wie vielfach angenommen) auf Dur-Dreiklänge beschränkt waren. Im deutschsprachigen Raum finden sich "Märsche" für Trompeten und Pauken erst im 18. Jahrhundert, so etwa C.Ph.E. Bachs Marsch für 3 Tp und Pk oder einige aus Berliner und Darmstädter Beständen (vgl. **182**), darunter auch solche, die gegen Ende des Jahrhunderts nach Opernmelodien eingerichtet wurden, wie z.B. der "Marche aus der Oper Rosmonda" von J.F. Reichardt für 4 Tp und Pk (**477**). Daß insgesamt die Anzahl der Märsche für Trompeten und Pauken relativ gering ist, hängt auch damit zusammen, daß ihre Existenz weniger militärmusikalische Notwendigkeit widerspiegelt als vielmehr die Übertragung der Idee des Marsches auf die Trompeten- und Paukenbesetzung.

Der Hinweis "avec les Airs du Carousel en 1686" in der obengenannten Sammlung spricht die Musik für den Verwendungsbereich Turnier/Wettspiel und Reiterballett an, zu der die Suite "Les Airs de Trompettes, timballes et hautbois fait par M. de Luly par l'ordre du Roy pour le Carouzel de Monseigneur" (1686) gehört, ein Werk, das mit einem "Prélude" und drei Tanzsätzen (Menuett, Gigue, Gavotte) "für die französische Trompetenpraxis des 17. Jahrhunderts besonders aufschlußreich" ist (**5.**98). Neben den 4 Trompeten und Pauken wirkt auch ein vierstimmiges Oboenensemble mit, welches für die "in der Trompetenliteratur des 17. und 18. Jahrhunderts so beliebten Echoeffekte" eingesetzt wird (99, vgl. auch **340.**234 f.). "Die von LULLY vorgenommene Koppelung von Oboen und Trompeten", so D. Altenburg, "bildete die für derartige Freiluftmusiken ideale Besetzung. Sie verband den strahlenden Klang der Trompeten mit der Möglichkeit harmonischer Bereicherung durch die über eine vollständige Skala verfügenden Oboen und Fagotte. Die der reinen Trompetenmusik auferlegte Beschränkung auf Tonika und Dominante war damit beseitigt" (**5.**99). (Vgl. auch die "Feuerwerksmusik" von Händel [1749], der diese "glückliche Verbindung" [D. Altenburg] in ähnlicher Weise – unter Hinzufügung der Hörner – übernimmt.) Die von Ph. Harsdörffer überlieferte Clarino-Stimme der "Trompeten-Music Des Schauspiels zu Roß" (1647) "bildet das älteste bisher bekannte Zeugnis für die von Trompetern bei Turnieren verwendeten Stücke" (95). Die anderen Stimmen wurden D. Altenburg zufolge (noch) improvisiert, wobei jeder Stimme ein bestimmter Tonbereich zugewiesen wurde (95). Berühmt ist auch J. H. Schmelzers Roßballett-Musik "Arie per il Balletto à Cavallo", die er für den Abschluß der Vermählungsfeierlichkeiten für Leopold I. in Wien (1667) komponierte (vgl. ausf. **5.**96 f. u. 321 f.).

Bei den sogenannten "Fackeltänzen" des 18. Jahrhunderts handelt es sich, choreographisch gesehen, um an fürstlichen Höfen unter Verwendung von brennenden Wachsfackeln ausgeführte Tänze. Einen grandiosen Abschluß fand diese Musik mit Louis Spohrs Fackeltanz für 53 Trompeten und 2 Paar Pauken aus dem Jahr 1835 (vgl. **5.**102–104). Genannt seien schließlich noch jene (wenigen) "Concerti", die auch in diesem Bereich, unabhängig von ihrer konkreten Verwendung etwa als Tafelmusik, "Kunstmäßiges" intendierten. Dazu gehört z. B. J. E. Altenburgs "Concerto a VII Clarini con Tympani" (im Anhang seines 1795 erschienenen Buches [**8**] abgedruckt; Hinweise auf Neuausgaben alter Trompetenmusik finden sich in der Bibliographie von Burgess 1988 [**67**]).

Wenn *England* bislang weitgehend ausgeklammert war, dann deshalb, weil dort, wie es Richard E. Burkart in seiner Dissertation "The Trumpet in England in the Seventeenth Century [...]" (1972) schreibt, die Entwicklungslinie des Trompetenblasens nur schwer verfolgt werden kann: "No treatises exist describing trumpet playing technics as the Fantini and Speer do" (**68**.60). (Das erste notierte englische Trompetensignal findet sich, wie Evenson mitteilt, zu Anfang des 18. Jahrhunderts [**116**.305].) Erst mit fremden Musikern im England des späten 17. Jahrhunderts tritt eine Veränderung ein: "[...] the English trumpeter must have been aware of the feats of the Italian and German trumpeters. These were undoubtedly the 'apprentice' years of the art for English trumpeters which culminated in the artistry of the Shore family" (**68**.III). Der zuletzt genannten widmet sich Burkart eingehend, denn sie brachte um die Wende des 17. zum 18. Jahrhundert berühmte Trompeter hervor (vgl. ausf. **88**.216 ff. u. **373**.94 ff.). Auch der Name Henry Purcells, von dem Smithers sagt: "He knew the value of trumpets to quicken the spirit" (**340**.225), taucht in diesem Zusammenhang immer wieder auf (vgl. ausf. Burkart 1972 [**68**], Conley 1959/60 [**77**] u. Crinon 1974 [**79**]). Seine berühmte "Trumpet Voluntary" (wie auch diejenige etwa von J. Clarke) ist allerdings ein Orgelstück, bei dem die Trompete lediglich imitiert wurde (auch wenn heutige Interpretationen anderes suggerieren). Anders verhält es sich mit Purcells "March for the Funeral of Queen Mary" (1695), einem Trauermarsch für 4 Trompeten, D. Altenburg zufolge das "früheste erhaltene Beispiel für die von einem Hoftrompeterkorps bei Trauerfeierlichkeiten geblasene Musik" (**5**.134).

Mit diesem Stück beschäftigten sich eingehend u. a. Barclay-Squire 1902/03 (**19**), Husted 1955 (**196**.169–171), van Ess 1963 (**115**.294 ff. u. 477), Altenburg 1973 (**5**.134–136, mit NB), Smithers 1973 (**340**.225–227, mit NB) sowie Nicholson 1967 (**272**.16). Die im Original vorgeschriebene "flat-trumpet" ist für Altenburg eine englische Variante des Zugtrompeten-Typs (**5**.135). Joseph M. Nicholson hält dagegen, mit Bezug auf Francis Galpin, das Stück für die früheste Musik, die für "soprano trombone" komponiert sei (**272**.16, ebenso 196; zur Diskussion vgl. **5**.135 u. **182**.159).

Mit Blick auf die Trompete in der Kunstmusik sei abschließend erwähnt, daß längst nicht mehr haltbar ist, Claudio Monteverdi habe mit seiner berühmten "Toccata" zur Oper "L'Orfeo" (1607) die Trompete in die Kunstmusik eingeführt. Diese von 5 Trompeten geblasene Fanfare erklang dreimal, *bevor* der Vorhang sich öffnete. Smithers zufolge ist das Stück nichts weiter als eine sorgfältig ausgearbeitete Fanfare, möglicherweise unter Verwendung traditioneller Fanfarenfiguren der Hoftrompeter (**340**.81). Allerdings wurde dabei nicht improvisiert, sondern Monteverdi legte die Stimmen genau fest, weil *alle* Instrumente des Orchesters die Toccata ausführen sollten (und die Trompeten wurden aus diesem Grunde auch mit Dämpfern versehen) (vgl. **5**.115 f. u. **374**.22 f. [mit Faksimile der Toccata]).

8. Militärmusik am Hofe Ludwigs XIV.

Wenn Thurston Dart betont, daß um die Mitte des 17. Jahrhunderts die große Zeit der englischen Bläsermusik zu Ende ging (**87**.76), so verweist dies auf die kommende Bedeutung Frankreichs.

Auf die Bläsermusik *englischer* Komponisten bzw. die Musik am englischen Hof des 17. Jahrhunderts kann hier nur verwiesen werden. Zu etwa John Adsons "Ayres for Cornetts and Sagbuts" (1611), Matthew Lockes "Musick for his Majesty's Sagbuts and Cornetts" (1661) sowie zum "Repertory of the Royal Wind Music" insgesamt vgl. ausf. van Ess 1963 (**115**.248 ff.), Husted 1955 (**196**.166–170), Dart 1958 (**87**) und Croft-Murray 1980 (**80**).

Bereits 1959 betonte Harry J. Hedlund: "The latter part of the seventeenth century is an exclusive transition period in woodwind history" (**156**.11). Dies betrifft vor allem die Hof- und Militärmusik (als Freiluftmusik) unter Ludwig XIV. Heinz Becker erwähnt das Militär als "Entwicklungsträger der neuen, kunstvollen Militärmusik" unter dem Sonnenkönig (**21**.555). Dem entspricht Lawrence Intravaias Feststellung: "[...] with Lully, probably for the first time in wind-band history, there was a concerted effort to produce a recognizable musical effect rather than merely a desire to increase the noise" (**198**/2.32). Bei höfischen Festen aller Art war diese Musik gefragt, und "Lully fand auch hier seine begeisterten Zuhörer, die er nicht nur mit originaler Musik, sondern auch mit Umarbeitungen aus seinen Opern versorgte"

(**21.**555). (Eine ausführliche Beschreibung der vielfältigen "open air activities" bietet Bolen 1954 [**38.**27-127].) Entsprechend betont James W. Herbert (sich auf Vessella 1935 [**393**] beziehend), die besten Beispiele geblasener Musik des 17. Jahrhunderts seien die Märsche Jean-Baptiste Lullys (**90.**32).
Wie in Deutschland bedienten sich auch Frankreichs Hofkapellen schon in der 1. Hälfte des 17. Jahrhunderts der Schalmeien. Anthony Baines veröffentlichte 1957 eine "Pavane pour les hautbois fait au Sacre du Roy le 17.^{e} Octobre 1610" aus Philidors "Recueil De Plusier vieux Airs" von 1690 (**15.**272, vgl. auch **111.**101). Wenigstens 6 Schalmeien gehörten danach zur königlichen Hofkapelle. Daß in diesem Stück von "hautbois", also der späteren Oboe, die Rede ist, erklärt sich dadurch, daß darunter zur Zeit Mersennes (1588-1648) "die zur Familie der Schalmeien und Pommern gehörigen Instrumente zu verstehen" sind (**111.**98). (Joppig zufolge belegte Galpin den Begriff "Howeboie" [statt "Shalm"] bereits für das 16. Jahrhundert [**206.**35].) Nach Jürgen Eppelsheim ist das Stück nachweisbar "für den Schalmeienchor des französischen Hofes bestimmt" (**111.**101). Anthony Baines gibt noch einen Hinweis auf "other specimens of shawm band music", nämlich die von L.G. Langwill aufgelisteten "wait's tunes", von denen aber die meisten aus dem späteren 17. Jahrhundert stammen (**15.**272). (Der englische Ausdruck "waits" bezeichnete Schalmeispieler bzw. -ensembles [**149.**36], vgl. ausf. auch **196.**120-192 u. **115.**65-101.) Verweist bereits diese Musik für Schalmeien darauf, daß die meisten entsprechenden Sammlungen dieser Zeit eine Dominanz der Blasinstrumente erkennen lassen (**372.**22), so bildet sich die strenge instrumentale Quartettbesetzung in der Militärmusik erst unter Ludwig XIV. heraus. Und wenn im folgenden die Militärmusik besondere Berücksichtigung findet, dann auch, weil sich – sieht man vom älteren Repertoire der Trompeter und Pauker ab – mit dem (Militär-) Marsch am Hofe Ludwigs XIV. eine erste originale Bläser-Gattung etabliert (zur Entstehung des Marsches vgl. ausf. **182.**110-123).

Zuständig für die Freiluftmusik des Sonnenkönigs war die "Musique de la Grande Ecurie". Zur ihr gehörten "Les Cromornes et Trompettes marines", "Les Musettes et Hautbois du Poitou", "Les Trompettes de la Grande Ecurie" sowie "Les Grands Hautbois". (Einer häufig anzutreffenden "Entwicklungslinie" von der Trommel- und Pfeifen-Kombination zu den Oboen-Ensembles des 17. bzw. zur Harmoniemusik des 18. Jahrhunderts muß widersprochen werden, denn erstere waren keineswegs der Grundstock späterer Regimentskapellen.) Letztere spielten die neuen Märsche bei feststehenden militärischen Anlässen, zu bestimmten täglichen Abläufen des höfischen Zeremoniells wie etwa beim Hissen der Flagge, bei Proklamationen, auf Reisen des Königs, bei höfischen Festen, Wettspielen ("Carousel") usw. (vgl. **182**.159-164).

Hinsichtlich des Repertoires ist folgende Sammlung (Rès.F.671 der Pariser Bibliothèque Nationale), mit der sich ausführlich Susan M.G. Sandman (1974, **311**) und der Verfasser (1988, **182**.122-168) beschäftigten, von zentraler Bedeutung:

Partition / de Plusieurs Marches et batteries de Tambour / tant françoisen qu' Etrangèren, avec les Airs / de Fifre et de hautbois à 3 et 4 partien / et PL^{rs} Marches de timballes et de trompetten / à cheval avec les Airs du Carousel en 1686, / Et les appels et fanfares de trompe pour / la Chasse. Recueilly par Philidor lainé ordinaire / de la musique du Roy et Garde / de sa Bibliothèque de Musique L'an 1705.

Die vierstimmigen Stücke wurden größtenteils von drei Oboen und Fagott, z. T. mit Trommelbegleitung, gespielt. (Zur Problematik, wann die neue Oboe in das Bläserensemble am französischen Hof eingeführt wurde, ob die Stücke der genannten Sammlung z. T. noch mit Schalmeien gespielt wurden und welches Instrument den Baß-Part spielte, vgl. **182**.114ff.) Die Entstehungszeit der meisten Stücke dieser nicht nur Märsche enthaltenden Sammlung liegt zwischen 1683 und 1697 (**311**.4). Benannt sind die Märsche zum Teil nach einzelnen Regimentern ("Marche du Régiment du Roy"), nach verschiedenen Ländern ("Marche Suisse", "Marche Greque") oder Persönlichkeiten ("Marche du Prince de L'Orange"). Bei 40 Märschen sind Komponisten erwähnt. Zum Teil waren zwei Komponisten an einem Marsch beteiligt. So heißt es beispielsweise im Manuskript zu den Mittelstimmen einer Version des "Marche des Mousquetaires", daß Philidor diese schreiben mußte, da Lully sie nicht hat machen wollen (vgl. **182**.125). Von den 60 "Oboen"-Märschen der Sammlung sind neun einteilig und 51 zweiteilig. Die einteiligen weisen eine Länge von 11 bis zu 68 Takten auf, die zweiteiligen umfassen 8 bis 25 Takte. In formaler Hinsicht ist bemerkenswert, daß insgesamt 34 Märsche sich *nicht* aus Einheiten von 4, 8 oder 16 Takten

Militärmusik am Hofe Ludwigs XIV. 123

zusammensetzen (was gängigen Vorstellungen widerspricht). 51 Märsche stehen in geradem (Alla-breve-)Takt, neun im 3er-Takt (vgl. ausf. **182**.122–158).

Im Zusammenhang mit der Musik im Frankreich des späteren 17. Jahrhunderts wird vielfach die Bedeutung Lullys als dem "Beherrscher der Musik am französischen Hofe" (**111**.11) herausgestellt. Und wenn, wie Brenet bemerkt, andere Komponisten Märsche schrieben "on Lully's models" (**48**.349), und wenn auch Bolen meint, Lully habe das musikalische Potential des Marsches erkannt ("To him must be given credit for elevating the march to the level of art music" [**38**.125]), so stammt doch der größte Teil der 60 Märsche nicht von ihm allein. Gleiche Bedeutung hat in diesem Zusammenhang André Danican Philidor. Weitere Komponisten waren u.a. Jacques Philidor, Michel Richard de Lalande, Philippe Hannès Desjardins und Henri Desmarets.

Gerade durch die Ähnlichkeit der Märsche mit den neuen Tanztypen – vor allem mit der Bourrée (vgl. **182**.147–152) – zeigt sich das enge Aneinanderrücken von Kammer- und Militärmusik, das noch, wenn auch in unterschiedlichem Ausmaße, für die Militärmusik der "Hautboisten" bis gegen Ende des 18. Jahrhunderts insgesamt bezeichnend war. (Auch die Tänze selbst, die ebenfalls "von Bläserbesetzungen übernommen wurden, prägten nachhaltig das bürgerliche Musizieren im 18. Jh." [**21**.555].) Und es sind unter Ludwig XIV. vor allem die Trommeln, welche das eigentlich "Militärische" dieser "outdoor chamber music" [**69**.51) zum Ausdruck bringen.

B. Bläsermusik des 18. Jahrhunderts

1. Instrumente

"Vor wenigen Jahren seyn die Französis. Schallmeyen / Hautbois genannt / auffkommen / und im Kriege bräuchlich worden" (**292**.179). Dieser Hinweis des Sorauer Kantors Wolfgang Caspar Printz aus dem Jahre 1690 läßt nur erahnen, wie umfassend sich der Einfluß der Musik des Französischen Hofes unter Ludwig XIV. auf andere europäische Länder noch gestalten sollte: von der Übernahme einzelner Instrumente der Militärmusik bis hin zur Kunstmusik ("Französische Ouvertüre"). Printz benennt dasjenige Instrument, welches innerhalb der reinen Bläsermusik für Jahrzehnte die führende Rolle übernahm (die Oboe), und er nimmt auch Bezug auf den Hauptverwendungsbereich der geblasenen Musik: die Militär- bzw. Freiluftmusik. Sie kennzeichnet das wichtigste "Einsatzgebiet" jener Musiker, die Frankreich mit der neuen Oboe hervorbrachte: die Hautboisten. (Werner Braun typisiert sie für das 18. Jahrhundert in Hof-, Stadt- und Regiments-Hautboisten [46], wobei sich der Begriff mit der Zeit auf *alle* Mitglieder eines Bläserensembles bezog.) Der Verwendungsbereich von Blasinstrumenten hatte indessen auch Konsequenzen für ihre Bewertung. Vom Prinzip der Familienbildung war man abgekommen, und steckte hinter der Weiterentwicklung einzelner Blasinstrumente auch das Bemühen, "die Flexibilität der Blasweise zu erhöhen und leises Spielen [!] zu ermöglichen" (**169**.64), so schien zwar mit der alten Schalmei das Hauptübel beseitigt (in ihrer Ablehnung war man sich einig), doch für die im Freien spielenden Hautboisten-Ensembles waren jene "feineren" Blasinstrumente (etwa Flöte, Oboe d' amore) kaum von Bedeutung: "Die Trompeten, Hautbois, und andere dergleichen [,] die einen allzugrossen Allarm machen, sind dem Kopf, und der Gesundheit nicht allzu zuträglich, sie nehmen die Lunge mit, und machen das Gesicht ungestalt, die Backen und die Augen werden aufgeblasen; Eine Fleute douce [...] und andere dergleichen sind besser und beliebter", schreibt 1726 der Zeitgenosse Hanns Friedrich von Fleming (**127**.22). Und in den 60er Jahren des 18. Jahrhunderts bemerkte Johann Ernst Altenburg zur Klarinette, welche gerade damit begann, die bis dahin führende Rolle der Oboe zu übernehmen: "Der schneidende und durchdringende Klang dieses Instruments hat sonderlich bey der Kriegsmusik der Infanterie seinen guten Nutzen; und er nimmt sich weit besser in der Ferne als in der Nähe aus" (**8**.12). Ohne den Eindruck erwecken zu wollen, die geblasene Musik des 18. Jahrhunderts habe nicht "schön" geklungen (es finden sich zahlreiche Beschreibungen, die des Lobes voll sind), tauchen doch auch negative Urteile über das Spiel der Bläserensembles auf; und dies hängt unter anderem eng zusammen mit jenen oft auch durch die Instrumente selber bedingten Intonationsproblemen, an deren Beseitigung das 19. Jahrhundert schließlich großen Anteil hat.

Oboe
In England wurde, wie Anthony Baines überliefert, nach 1695 die "present Hautbois" als "not 40 years old & an improvement of the great French hautbois" bezeichnet (**14**.14). Dies ist für Baines "the true oboe" (24), während die "English Hautbois or Waits" nichts anderes seien als "the old stoutly built shawms [Schalmeien] of the sixteenth century" (23). Croft-Murray belegt den ersten Gebrauch der Oboe in einem englischen Bläserensemble für die Jahre 1678 und 1684/85, gleichwohl keine ausführlicheren zeitgenössischen Quellen bekannt sind (**80**.137). Um die Wende zum 18. Jahrhundert entstanden in England zahlreiche Oboen-Lehrwerke, die mit Vorliebe auch die neuen Märsche quasi als Übungsstücke anpriesen (zum Teil mit Adaptionen von Melodien der oben beschriebenen Sammlung Rès.F.671). Genannt sei etwa der 1695 in London erschienene "Sprightly Companion", nach Thomas E. Warner "the earliest surviving English tutor for the oboe" (**400**.268). Werbeträchtig handelt es sich um eine "Collection of the best Foreign MARCHES", versehen mit "Plain and Easy DIRECTIONS for Playing on the HAUTBOY" (vgl. **182**.169–173).

Auf die Einführung der Oboe in Italien, bis 1987 "wenig [...] bekannt gewesen" (**377**.419), macht Edward Tarr aufmerksam: Französischer Einfluß zeigt sich ab 1660 in Turin durch eine

"Oboenbande aus Avignon"; mit Bartolomeo Bismantova (1687/88) entsteht in Italien die "früheste bekannte Grifftabelle für Oboe", ab 1698 findet sich das Instrument schließlich im Orchester in Venedig (vgl. 377).

Für die deutschen Staaten gab bereits W.C. Printz (1690) oben den ersten Hinweis. (Zu Diskussionen über Wechselwirkungen zwischen Frankreich und Deutschland bei der Ablösung der Schalmei durch die Oboe vgl. **182**.226–228.) Die Ausführungen Hanns Friedrich von Flemings in seinem 1726 erschienenen Buch "Der Vollkommene Teutsche Soldat" belegen, daß sich inzwischen die Oboen bei den deutschen "Regiments-Hautboisten" (vgl. **46** u. **173**) etabliert hatten, und sie nennen Gründe, die zur Ablösung der Schalmei führten: "Die Regiments-Pfeiffer wurden vor Zeiten auch Schallmey-Pfeiffer geheissen, indem damahls solche Instrumenta, als die einem [!] hellen Laut von sich geben, vor dem Regiment hergeblasen wurden [...]" (**127**.181). Der "helle Laut" scheint sehr unangenehm und somit für die zukünftig zu spielenden neuen Militärmärsche recht mangelhaft gewesen zu sein: "Nachdem sie [die Schalmeien] aber schwer zu blasen, und in der Nähe auf eine gar unangenehme Art die Ohren füllen, so sind an statt der teutschen Schalmeyen nachgehends die Frantzö[s]ischen Hautbois aufgekommen, die nunmehro fast allenthalben im Gebrauch sind" (181).

Fagott
Das Fagott, welches sich bereits im Laufe des 17. Jahrhunderts etabliert und schon um 1700 zu einem "Solisteninstrument" wird (**206**.54), begegnet in der Bläsermusik des 18. Jahrhunderts als "Basson", "Bassono" oder auch "Basso". Michael Nagy, der auch früheste Beispiele zur Verwendung des Fagotts aus der ersten Hälfte des 17. Jahrhunderts nennt (**267**.94), weist darauf hin, daß "Basson" als "französische Form des Fagotts" nicht verwechselt werden darf mit dem "Basson de Chalumeaux" als Baß der Familie der Chalumeau-Instrumente (89). Der Gebrauch des Fagotts an Stelle des Dulzians ist für das spätere 17. Jahrhundert nicht immer eindeutig auszumachen. "Dolcians were probably used earlier to complement a consort of shawms, while bassoons were probably used later when two treble oboes and a tenor oboe performed the upper voices" (**311**.245). Aber spätestens zu Beginn des 18. Jahrhunderts wird es zum bestimmenden Baßinstrument der "Hautboisten"-Ensembles auch außerhalb Frankreichs.

Horn

Die Einführung des Horns in das Orchester wird gemeinhin Lully zugeschrieben (vgl. z. B. **122.**85, kritisch dazu **201.**29). Notenbelege für die Verwendung des Hornes im späten 17. Jahrhundert sind zwar spärlich, doch dürfte es auch innerhalb der Bläsermusik am Hofe Ludwig XIV. reiche Verwendung gefunden haben. Janetzky/Brüchle nennen die Sammlung "Recueil de Fanfares" vom "Vater des Waldhorns", dem Marquis de Dampierre (um 1700, gedruckt erst nach 1756; vgl. **201.**32). Indessen handelt es sich zunächst noch um das Jagdhorn: als weit gewundenes Parforcehorn oder als kleineres "Cor de Chasse " bzw. als "Trompe de Chasse" (vgl. ausf. Fitzpatrick 1970 [**126.**9 ff.]). Diese Bezeichnungen deuten bereits an, daß ein hörbarer Unterschied zwischen Trompete und Horn "in diesen Jahren kaum schon deutlich hörbar in Erscheinung trat" (**201.**29), und bevor sich "aus dem Jagdhorn des 17. Jahrhunderts das Orchester-Waldhorn entwickelt hat, läßt sich [...] kein scharfer Trennungsstrich zwischen Hörnern und Trompeten ziehen" (48). Durch Zusammenziehung des einwindigen Parforcehorns wurde sein Durchmesser etwa halbiert: Das Waldhorn ("French Horn") entstand, und es ist um 1700 schon gelegentlich in Partituren anzutreffen (32). Allerdings existieren in der ersten Hälfte des 18. Jahrhunderts noch mehrere Hörnertypen nebeneinander, "wobei die eng mensurierten Hörner die entwicklungsgeschichtlich älteren und die vom Parforcehorn abgeleiteten die entwicklungsgeschichtlich jüngeren Formen sind" (**169.**59). In vielen Fällen, so Heyde weiter, "wird sich nicht herausfinden lassen, für welches Horn eine Partie a) beabsichtigt und b) auf welchem sie ausgeführt wurde. Man sollte sich stets des Übergangscharakters der ersten Hälfte des 18. Jahrhunderts in Sachen des Horngebrauchs und der nicht wenigen Hörnertypen bewußt sein" (61 f.).

In der zweiten Jahrhunderthälfte erst geht die Entwicklung des Horns zur tieferen Tonlage hin und damit auch die Klangfarbe zum dunkleren, weicheren Klang: "Die Entwicklung strebt einer klanglichen Polarität [...] entgegen: hell und markant klingende Trompete und dunkel und weich klingendes Waldhorn. Diese Polarität ist ein klassizistisches Merkmal des Blechbläserklanges, die der barocke Blechbläserklang in dieser Ausprägung noch nicht kannte" (58). Genannt sei schließlich noch Anton Hampels 1750–1755 entwickeltes "Inventionshorn", bei dem durch einen Zug Stimmungsunterschiede ausgeglichen werden konnten.

Trompete

Daß die Trompete in der ersten Hälfte des 18. Jahrhunderts als Instrument der "Regiments-Hautboisten" verwendet wurde, mag auf den ersten Blick eine Verletzung der verbrieften Rechte der Hof- und Feld-Trompeter darstellen (und Proteste sind überliefert; vgl. z. B. **182**.232). Doch zum einen ist etwa die Auflösung des Berliner Hoftrompeterkorps (1713) bereits Symptom des Untergangs dieses Standes (und die entlassenen Hoftrompeter wurden durch Aufnahme in das Ensemble der Regiments-Hautboisten zu Militärmusikern), zum anderen handelt es sich in der zweiten Jahrhunderthälfte um die sogenannte Inventionstrompete, mit deren Aufsatzbögen die Tonart geringfügig verändert werden konnte. J.E. Altenburg bestätigt 1795: "Die Trompeter der Cavallerie bedienen sich ihrer nicht, sondern die sogenannten Oboisten und Regimentspfeifer der Infanterie" (**8**.12).

Chalumeau und Klarinette

Das Chalumeau, als Vorläufer der Klarinette, mag "zehn oder fünfzehn Jahre vor der Klarinette existiert haben, die wiederum nicht mit Bestimmtheit vor 1710 belegt werden kann" (**236**.18), und – so Colin Lawson weiter – falls "wirklich eine Bedeutung in der Jahreszahl 1690 liegt, die traditionell für die Erfindung der Klarinette angegeben wird, bezieht sich diese sicher eher auf die Entstehung des Chalumeau" (18). (Es findet sich etwa in zwei Bläserwerken für je 2 Chalumeaux, Hörner und Fagotte, bei denen "ein größerer Stimmumfang durch die Kombination verschiedener Chalumeaugrößen zustande kam" [20].) Die Klarinette ist folglich weniger "erfunden" worden, sondern sie stellt eine Weiterentwicklung des Chalumeau durch den oft zitierten "Erfinder" der Klarinette, Johann Christoph Denner, dar. Und da Denner "bereits 1707 gestorben ist, muß die Spanne zwischen 1700 und 1707 als Entstehungszeit der Klarinette angenommen werden" (**20**.271). Sowohl das Chalumeau als auch die Klarinette wurden und werden zuweilen mit dem Klang der Trompete in Verbindung gebracht (z. B. **236**.19). In diesem Zusammenhang ist bemerkenswert, daß Joppig betont, die Klarinette ersetzte nicht etwa die Oboe, sondern sie habe "ursprünglich eher die Aufgabe, die Trompete, deren komplizierte Spielweise [...] in Vergessenheit geraten war, zu ersetzen" (**206**.117). Gleichwohl der Untergang der Clarinblaskunst ab 1750 auch soziale Ursachen hat, ist doch der gleichzeitige Vormarsch der Klarinette zum führenden Melodieinstrument in der 2. Hälfte des 18. Jahrhunderts – und überhaupt zum "wind instrument most used" (**403**.1) – auch vor diesem Hintergrund zu bedenken. Obgleich bereits entwickelt, dauerte es doch noch Jahrzehnte, bis sie eine nennenswerte Rolle zu spielen begann.

Flöte
"flûte" allein meinte zunächst nur die Blockflöte (englisch "recorder"). Die *Quer*flöte erhielt sodann die Bezeichnung "flûte traversière" oder "flûte d' Allemand". Weil sie im Laufe des 18. Jahrhundert zur Hauptflöte wurde, meinte fortan "flûte" allein immer die Querflöte (**255**.76). Im 17. Jahrhundert nur von geringer Bedeutung, erlebte sie im 18. Jahrhundert "einen rapiden Aufschwung" (75), allerdings nicht im Bläserensemble: "While the other winds began to be used in pairs during the early 1700' s, the flute retained its solo role" (**133**.12). Meylan (**255**.77) nennt für das 18. Jahrhundert ca. 6000 Flötenkonzerte, Musik also, in denen eine Soloflöte im Zusammenspiel mit Streichern (als Flötensonate auch mit Cembalo) und basso continuo musiziert. Sieht man von unbegleiteter Solomusik und Duetten ab, so ist die Bedeutung der Flöte als Mitglied eines Bläserensembles im 18. Jahrhundert relativ gering. Erst im späteren 18. Jahrhundert findet sie (wie auch die Piccolo-Flöte) zuweilen Eingang in Harmoniemusikkompositionen.

Posaune, Serpent, Kontrafagott, Bassetthorn
Die Posaune spielt in der Bläsermusik des 18. Jahrhunderts kaum eine Rolle (zu Ursachen vgl. z. B. **218**.79 f.). Erst mit ihrem Auftauchen in Bläsermusiken der Französischen Revolution – und hier gleich dreifach – sowie vereinzelt in anderen Ländern beginnt sie, als Baßstimme (wieder) Teil eines Bläserensembles zu werden. Seit dem frühen 19. Jahrhundert ist sie aus den vergrößerten Harmonie- bzw. Janitscharen-Musiken nicht mehr wegzudenken. Ähnliches gilt für den Serpent und das Kontrafagott. Das Bassetthorn, eine um 1770 in Passau erfundene Altklarinette in F, gehört ebenfalls nicht zum "Stamm"-Instrumentarium der Bläserensembles des späteren 18. Jahrhunderts, auch wenn es in einigen Bläserkompositionen zu finden ist, so etwa in Mozarts "gran Partitta", seinen Bassetthorn-Trios KV 439b oder auch in einem für 2 Fl, 2 Bhr, 2 Hr und Fg (ohne Kl und Ob!) komponierten Marsch (vgl. **182**.432 f.).

2. Duette, Trios, Quartette

Zwar erschien im Jahre 1970 die Dissertation David M. Randalls über Klarinettenduette des 18. Jahrhunderts (**295**), doch noch 1980 spricht Lowell B. Weiner in seiner entsprechenden Studie für das 19. und 20. Jahrhundert von der spärlichen Erforschung der Duette insgesamt (**403**.1). Wichtige Informationen sind zuvor vor allem entsprechenden Notenausgaben zu entnehmen. Bereits 1959 schrieb Josef Marx im Vorwort zu Klarinetten-Duetten von C.Ph.E. Bach (**247**): "The cultivation of the duet for two, any two, unaccompanied instruments is the typical outgrowth of the 18th century amateur music making." Die Beherrschung etwa des Cembalos setzte harte Übung und (besonders beim Begleit-Spiel) Kenntnisse der Musiktheorie voraus, weshalb viele Amateure ein Melodieinstrument bevorzugten, insbesondere ein Blasinstrument. Von daher wird die wachsende Beliebtheit der Bläserduette verständlich (vgl. **403**.20). Spiegeln, so Marx, die Duette französischer Komponisten des frühen 18. Jahrhunderts "the superficiality of musical dilettantism of the French nobility" wider (denn es sind zumeist einfache Melodien im Terz- oder Sext-Abstand), so waren diejenigen deutscher Barockkomponisten ausgestattet "with all refinement of contrapuntal formality." Aber gegen Ende des 18. Jahrhunderts zeigen Duett-Kompositionen eine Wandlung des Amateur-Musizierens in Richtung "middle class respectability" (**247**). Die Anzahl etwa der Flötenduette im 18. Jahrhundert ist enorm (vgl. **403**.80), und J.J. Quantz kritisiert im Vorwort seines Flötenduetts in op. 2/Nr. 5 (1759) solche Duette, in denen sich die Flöten nur im Terz- oder Sextabstand voneinander bewegten, anstatt daß zwei gleichberechtigte Stimmen quasi miteinander konversierten (vgl. **403**.23). Auch dies macht deutlich, daß zu jener Zeit viele Komponisten ihre Duette als bedeutsame Kompositionen betrachteten (23). Doch die weitaus größte Anzahl der Bläserduette des 18. Jahrhunderts (die meisten für Flöten, Klarinetten, Oboen, Hörner oder Fagotte) verfolgten pädagogische Intentionen; sie finden sich vor allem in Instrumental-Lehrwerken. Hervorgehoben sei lediglich die 1716 erschienene Sammlung "Airs à deux Chalumeaux, deux Trompettes, deux Violons,/deux Flutes, deux Clarinelles, ou Cors de Chasse [...]", Thurston Dart zufolge die früheste Sammlung anonymer Klarinetten-Musik, in welcher das Instrument auch im Titel genannt wird, gleichzeitig auch die erste Sammlung gedruckter Klarinetten-Duette (**86**.40, vgl. auch **403**.26 u. **236**.19; H. Becker gab 1954 fünf Stücke als "Klarinetten-Duette aus der Frühzeit des Instruments" heraus [Wiesbaden]). Entsprechen die im Titel angegebenen Alternativen u. a. für Trompete auch der bereits oben konstatierten klanglichen Ähnlichkeit der frühen Klarinette (wie des Chalumeaus) mit der Trompete, so wurden die Klarinetten-Duette des späteren 18. Jahrhunderts nicht länger mehr mit dem Trompeten-Stil bzw. -Klang assoziiert (**403**.27). Angesichts der Vielzahl der Duette insbesondere für Klarinetten bezeichnet Weiner – mit Bezug auf Mary Rasmussen – die Klarinette als "one of the great duetting instruments" (29). Auch von daher erklärt sich die Beliebtheit der Klarinette als "volkstümliches" Instrument, wie z. B. die 12 Ländler für zwei Klarinetten von F. Pechatschek aus dem Jahre 1801 zeigen (vgl. **156**.186). Mozart komponierte 12 Duette für Bassetthörner oder Hörner (KV 496a): Janetzky/Brüchle (1984) geben "Waldhörner" an (**201**.43), Michael Votta (1986) ist dagegen der Meinung: "The technical difficulty and high tessitura of the first part [...] suggest basset horns" (**397**/3.29). Genannt seien auch noch 3 Duos von Beethoven für Klarinette und Fagott (vgl. **206**.118 f.). Auf die Bedeutung von *Bearbeitungen* für Duette weisen z. B. Gerhard Braun ("Arrangé pour deux flûtes. Opernbearbeitungen für Flöteninstrumente" [**44**]) oder Croft-Murray hin, letzterer mit Bezug etwa auf die 1733 erschienene "Collection of the most Celebrated Airs, Minuets and Marches together with several Curious pieces out of the Water Musick [!], made on purpose for two French Horns" (**80**.143).

Reine Bläser-Trios und -Quartette sind vor allem eine Erscheinung des späteren 18. Jahrhunderts. Finden sich zuvor etwa drei Sonaten für 3 Flöten von G. Scherer (vgl. **408**/7.216), so spricht Joppig von der (späteren) "Gattung 'Trios für 2 Oboen und Englischhorn' " (z. T. als Bearbeitungen bzw. unter Verwendung bekannter Themen), welche sich "weiter Verbreitung" erfreute (**206**.93). Zu nennen sind etwa zwei Trios von Beethoven (eines davon über "Reich mir die Hand mein Leben" aus Mozarts "Don Giovanni") sowie eines von Wendt über ein Thema von Paisiello (vgl. **113**.573). Weitere derartige Kompositionen stammen etwa von F. A. Poesinger, J. Triebensee, F. Krommer und F. X. Dušek. Die 6 Stücke des zuletzt genannten sind nicht als "Trio", sondern als "Parthie" bezeichnet; auch sind die 2 Oboen durch das Fagott ergänzt (vgl. die Besprechung einiger Neuausgaben in TIBIA

1981, H.1, 296). Innerhalb der Trio-Bläserbesetzung seien auch Mozarts fünf Bassetthorntrios KV 439b (Divertimenti) für 3 Bassetthörner – ursprünglich nahm man 2 Klarinetten und Fagott an (vgl. 397/3.26) – erwähnt, sowie sein "Adagio in F" für 2 Bassetthörner und Fagott KV 484d (alt 410). Daß auch die Blockflöte im späten 18. Jahrhundert nicht gänzlich ignoriert wurde, zeigt das Trio für 2 Blockflöten und Fagott von C. Cormier (vgl. **234**.242, NB ebda.).

Von den weniger verbreiteten Bläser-Quartetten des früheren 18. Jahrhunderts sind etwa die für 4 Flöten sowie für 2 Trompeten und 2 Hörner von J.M. Molter und dasjenige von J.F. Fasch für 2 Oboen und 2 Fagotte zu nennen (vgl. **408**/7.135f. u. 125). Aus späterer Zeit teilt Joppig das Quartett von Wendt (für 2 Ob, Englischhorn und Fg) und Schenk (für Fl, 2 Englischhörner und Fg) mit (**206**.96). Mozarts "Adagio in F" für 1 Klarinette und 3 Bassetthörner KV 484 c (alt 93) ist Fragment geblieben.

Zur weiteren Information sei auf die Studien von Randall 1970 (**295**), Jones 1970 (**205**), Ross 1975 (**303**) sowie auf einige Bibliographien zur Literatur einzelner Blasinstrumente hingewiesen. *Flöte:* Vester 1985 (**394**); *Oboe:* Hošek 1975 (**192**), Haynes 1985 (**154**, enthält 9482 Titel der Zeit von 1650 bis 1800); *Fagott:* Bulling 1985 (**66**), Beebe 1988 (**24**); *Blockflöte:* Alker 1985 (**4**); *Klarinette:* Errante 1973 (**114**), Brixel 1978 (**52**); *Horn:* Brüchle 1970, 1975 und 1983 (**62**).

3. Musik für Kombinationen aus Oboen, Fagotten, Hörnern und Trompeten der ersten Jahrhunderthälfte

Fleming berichtet im Jahre 1726: "Da die Schalmeyen noch Mode waren, hatte man nur vier Mann, als zwey Discantisten, einen Alt, und einem [!] Dulcian. Nachdem aber die Hautbois an deren Stelle gekommen, so hat man jetzund sechs Hautboisten, weil die Hautbois nicht so starck, sondern viel doucer klingen, als die Schallmeyen. Um die Harmonie desto angenehmer zu completiren, hat man jetzund zwey Discante, zwey *la Taillen*, und zwey Bassons" (**127**.181). ("Taille" bedeutet hier die Alt-Oboe [vgl. **173**.8].) Whitwell (**408**/7) weist für diese Besetzung der "typical" deutschen "Baroque Oboe Band" u.a. Kompositionen von F. Venturini und J.Chr. Pez sowie – für die Kombination von 3 Oboen, Taille und Fagott – 12 Sonaten von J. Michael nach. Renate Hildebrand spricht in diesem Zusammenhang von einem

Kombinationen aus Oboen, Fagotten, Hörnern und Trompeten 133

vierstimmigen Satz, für den sie zwei verschollene Werke angibt: die "Ouverture à 4" von P. Wieland und die "Ouverturensuite à 4" von Ph.H. Erlebach (**173**.8). Erhalten ist aber noch die Tafel-Musik von J.C. F. Fischer (vgl. **408**/7.125). Für 2 Oboen, Taille und Fagott komponiert ist auch J.Ph. Kriegers aus 6 Ouvertüren bestehende "Lustige Feldmusik auf vier blasende oder andere Instrumente gerichtet [...]" (Nürnberg 1704), bei der Krieger für die Aufführung im Freien die Vergrößerung der Besetzung empfiehlt. (Das Original ist verschollen; Hinweise auf Ausgaben bei **408**/7.133 f.)

Alle genannten Werke übertreffend sei aber noch auf die im Schloß Herdringen aufbewahrte "Sonsfeldsche Musikaliensammlung" aus der Zeit um 1720 hingewiesen, für Whitwell die vielleicht wertvollste Sammlung barocker Bläsermusik (**408**/7.115).

Mikrofilmaufnahmen befinden sich im Musikgeschichtlichen Archiv in Kassel, das 1987/88 auch den Sonsfeld-Katalog herausgab: "Die Musikalien der Bibliotheca Fürstenbergiana zu Herdringen", Katalog der Filmsammlung IV/Nr.2-3; vgl. auch Hildebrand 1975 (**172**) und 1978 (**173**) sowie Schleyer 1991 (**317**).

Die Grundbesetzung der 53 zumeist anonymen Werke dieser Sammlung (Ouvertürensuiten, Concerti, Sinfonien) besteht aus 4 Oboen (davon 1 Taille) und 2 Fagotten bzw. aus 3 Oboen, Trompete und 2 Fagotte. (Renate Hildebrand, Hamburg, der der Verfasser für Hinweise dankbar ist, hat mit ihrer "Hoboistencompagnie" zahlreiche bislang nicht auf Tonträgern veröffentlichte Werke für verschiedene Rundfunkanstalten eingespielt.) Handelt es sich Whitwell zufolge um "important examples of the concert music played by the [...] oboe bands" (**408**/7.151), so sind *Märsche* für diese Besetzung kaum bekannt. (Einen Marsch für "Oboe", "Taille" und "Basso", bildet J.H.H. Fries im Titelkupfer seines Buches "Abhandlungen vom sogenannten Pfeiffer-Gericht" [Frankfurt a. M. 1752] ab; vgl. hierzu **182**.236; NB auch in **206**.93.)

"Bey der Königlichen Polnischen und Churfürstlich Sächsischen Infanterie ist angeordnet, daß über denen Hautboisten annoch zwey Waldhornisten mit einstim[m]en müssen, welches eine recht angenehme Harmonie verursacht", bemerkt Fleming 1726 (**127**.182). Ist das früheste erhaltene Beispiel für diese Besetzung ein Marsch von J.G. Störl aus dem Jahre 1711, der sich Whitwell zufolge heute in Rostock befindet (**408/7**.148; vgl. auch **133**.46, **336**.9 u. **173**.9), so konnte der Verfasser Belege der von Fleming angesprochenen "Regiments-Hautboisten" in Dresden nachweisen: Es handelt sich um die 10 Märsche der Churfürstlich-Sächsischen Armee aus dem Jahre 1729, die älteste bekannte deutsche Marschsammlung und damit um früheste Dokumente des (Militär-) Marsches nach denen der Oboenensembles unter Ludwig XIV. (Die Sammlung wurde 1981 veröffentlicht [**180**] und in **182**.289–310 analysiert.) Wie verbreitet diese Besetzung generell in der ersten Hälfte des 18. Jahrhunderts war, zeigt sich nicht nur daran, daß von 103 ermittelten Märschen dieser Zeit 60 für die Oboen-Horn-Fagott-Kombination gesetzt sind (vgl. **182**.275). Auch andere Musik bezeugt ihre Beliebtheit bereits im früheren 18. Jahrhundert: Whitwell nennt etwa Concerti von Sammartini (**408/7**.198), zahlreiche Ouvertüren (117ff.), ein Concerto von Albinoni (unter Verwendung der Oboe d' amour [**192**]) sowie ein Concerto von J.F. Fasch für 9 Oboen, 9 Hörner, 6 Fagotte und 3 Paukenspielern, ein 4-sätziges Concerto grosso "for three wind bands" (124). (Die Ob-Hr-Fg-Kombination noch in der Harmoniemusik des späteren 18. Jahrhundert erklärt sich z.T. aus der Besetzung jener Ensembles, denen die Klarinette "fehlte".)

"Bey dem [!] Königlich Preußischen und Churfürstlich Brandenburgischen Regimentern muß ein Trompeter zu Fuß, statt der Waldhörner, vorherblaßen, welches in Engelland ebenfalls soll gebräuchlich seyn", verrät wiederum Fleming 1726 (**127**.182). Dem entsprechend fügen 24 der zuvor genannten 103 Märsche aus der ersten Jahrhunderthälfte den Oboen und Fagotten nur die Trompete hinzu (dreimal sogar zweifach; **182**.275). An nichtmilitärischer Musik für diese Besetzung sind neben Concerti von J.M. Molter (**408/7**.134) vor allem zahlreiche Ouvertürensuiten und Concerti aus der oben genannten "Sonsfeldschen Musikaliensammlung" zu nennen, "in denen meist die Trompete über einem Oboenensemblesatz konzertiert. [...] Die häufigste Besetzung", so R. Hildebrand, "ist Tromba, 3 Hautbois, Taille, Basson (auch 2 Bassons)" (**173**.9).

Hob der Zeitgenosse Fleming im vorangegangenen Abschnitt hervor, daß die Trompete zu Oboen und Fagott *statt* der Waldhörner" blasen, so zeigen 29 Märsche die Hinzufügung von Hörnern *und* Trompete zu 2 Oboen und Fagotten (**182**.275).

Zur "militärischen" Bläsermusik Englands schreibt Croft-Murray: "Authentic full scores are [...] rare, and it is here that

Handel's contribution to wind-band writing must be regarded as of such importance" (**80**.138). Recht häufig wird in Darstellungen zur Bläsermusik auf G.F. Händels "in der Tradition der großen Freiluftmusiken" (373.97) stehende "Feuerwerksmusik" (1749) verwiesen, in welcher der Komponist unterschiedlichste Bläser-Stile vereinte: Die Oboen-Fagott-Besetzung begegnete bereits bei Lully; Tarr hebt die "traditionelle Manier für zwei Clarini und Prinzipal" hervor (97), Janetzky/Brüchle bemerken, Händel breite "ein grandioses Fanfaren-Register von je dreifach besetzten Hornstimmen als farbenprächtigen Klangteppich aus" (**201**.44). Diese "Grand Overture of Warlike Instruments" (vgl. **80**.138) ist in ihrer Substanz für 3 Oboen, 3 Fagotte, 3 Hörner, 3 Trompeten, Pauken und kleiner Trommel komponiert (138) (das Autograph enthält allerdings auch Streicherstimmen); für die erste Aufführung wurde die Besetzung aber auf 24 Oboen, 12 Fagotte, 9 Trompeten, 9 Hörner und 3 Paukenspieler erhöht (**408**/7.13). Croft-Murray bemerkt, das Werk sei, wie es zeitgenössisch heißt, aufgeführt worden "'by a Band of Hundred Musicians', though according to the composer's own careful directions on the original score these would not have numbered more than about sixty" (**80**.138). Und bezogen auf die wenige englische Bläsermusik nichtmilitärischen Charakters sagt er: "Again we must turn to Händel for a lead towards what we might have heard of his genre at the period" (143). Und er nennt einige "non-martial" Sätze aus der "Wassermusik", der "Feuerwerksmusik" sowie eine Ouvertüre in D für 2 Klarinetten [!] und Horn (143).

4. "Harmoniemusik"

Mit der zum führenden Melodie-Instrument aufsteigenden Klarinette entstand auch jene Musik, die gemeinhin mit der Bläsermusik des (späteren) 18. Jahrhunderts schlechthin gleichgesetzt wird (z. B. **336**.5): die Harmoniemusik. Ist noch im Riemann Musik-Lexikon aus dem Jahre 1967 zu lesen, der Bestand an Originalkompositionen für diese Musik sei "noch nicht überschaubar" (RML,366), so hat doch die Erforschung dieser Musik – in der Nachfolge früherer militärmusikalischer Darstellungen – seit Ende der 60er Jahre stetig zugenommen.

Sieht man von den bislang kaum beachteten Dissertationen von Gauldin 1958 (**133**), Hedlund 1959 (**156**), Gibson 1960 (**134**), Jacobs 1964 (**199**) und Jones 1972 (**204**) ab, so ist – nach zunächst kleineren Arbeiten etwa Whitwells 1968/69 (**405**) – vor allem die leider nur schwer greifbare Dissertation von Hellyer 1973 (**160**) grundlegend. Es folgten – neben Studien etwa von Sehnal (z. B. **331**) und Stekl (**348**) – schließlich die Dissertationen von Kurtz 1971 (**230**), Steinquest 1971 (**347**), Piersol 1972 (**283**), Kaplan 1977 (**210**), Höfele 1982 (**179**), Blomhert 1987 (**35**), Hofer 1988 (**182**) und Traster 1989 (**387**). Eine mehr zusammenfassende Darstellung ist Whitwell 1984 (**408**/4).

Noch 1989 klagt Traster, wegen des "leichten" Charakters der Harmoniemusik habe sie insgesamt nur wenig Beachtung seitens der Musikwissenschaft gefunden. Folglich liegen noch große Mengen dieser Musik in den Regalen europäischer Archive und Bibliotheken (**387**.IX). Und er warnt vor den Konsequenzen: Ohne wachsende Kenntnis der Harmoniemusik bliebe es bei einem einseitigen bzw. schiefen ("lop-sided") Bild der Musik des späteren 18. Jahrhunderts. Erst wenn die Bestände an Harmoniemusik wie auch anderer "social music" erfaßt, ausgewertet und auch wieder aufgeführt würden, sei es möglich, ihre volle Bedeutung für das höfische Leben der Zeit zu verstehen und zu würdigen (139). "[...] the importance of this music to modern scholarship and performance is not found in its timelessness and complexity, but in its significance to and illumination of a particular era and the society of which it was a part" (11). Aber allein die Tatsache, daß Harmoniemusik kaum zu tun hat mit ästhetischen Konzepten der zeitgleichen Kunstmusik (8), bedeutet nicht, daß ihr insgesamt überhaupt mit *einem* Urteil beizukommen wäre. Der Vergleich bisher erfolgter Studien mit mehr am Rande gemachten Bemerkungen der "alten" Musikwissenschaft bezeugt dies. So wie sich Traster 1989 kritisch mit Forschern wie Alfred Einstein, Karl Geiringer und Charles Rosen auseinandersetzt (8–11), so grenzte z. B. auch Udo Sirker in seiner verdienstvollen Arbeit über das Bläserquintett (1968, **336**) dieses von der "älteren" Bläsermusik in einer Weise ab, die zweifellos gerechtfertigt das Bläserquintett als Kunstmusik erscheinen ließ, in manchen Details aber nicht mehr aufrechtzuerhalten ist: Neu im Bläserquintett sei z. B., daß die Hörner auch die Melodie blasen (59), daß der Baß nicht nur vom Fagott gespielt werde (98), daß "durchbrochene Arbeit" entstehe (99), daß Instrumente in kurzem Abstand wechselten (103) und daß es erst beim Bläserquintett klanglich abwechslungsreichere Gestaltung gebe (106) – dies alles sind jedoch Merkmale, die sich bereits in Harmoniemusikkompositionen nachweisen lassen. Gleichwohl können Forschungen zur Harmoniemusik noch lange nicht als abgeschlossen betrachtet werden, und es scheint für die Musikwissenschaft insgesamt bereits ein Erfolg zu sein, wenn der Mozart-Forscher Daniel Leeson im Jahre 1988/89 "Harmoniemusik" als "new field of musicology" bezeichnet (**237**.3).

a) Definitionsprobleme

"Harmoniemusik" bezeichnet im weitesten Sinne Besetzungen ebenso wie Musik. Die erstaunliche Besetzungsvielfalt der Bläsermusik des späteren 18. Jahrhunderts relativiert allerdings jene Standardbesetzungen, auf die lange Zeit der Begriff "Harmoniemusik" beschränkt wurde (darunter vor allem das "klassische" Bläseroktett aus 2 Ob, 2 Kl, 2 Hr und 2 Fg). Die Trompete beispielsweise wird in gängigen Beschreibungen (vgl. eine Übersicht in **182**.241–248) nicht genannt. Zwar taucht sie in den zahlreichen Divertimenti, Parthien usw. nur sehr selten auf, aber in den Märschen der Regiments-Hautboisten hat sie eine wesentlich größere Bedeutung. Und so muß z. B. gefragt werden, ob denn die Bläseroktett-Besetzung dann keine "Harmoniemusik" mehr ist, sobald ihr eine Trompete hinzugefügt wird. Dagegen kommt die Flöte *insgesamt* relativ selten vor; ihre Zugehörigkeit zur Harmoniemusik ist also eher die Ausnahme. Es geht hierbei letztlich um die Frage, ob man bestimmte, außergewöhnliche Bläserbesetzungen *nicht* als "Harmoniemusik" betrachtet oder als deren Ausnahmen.

Was aber ist das Wesentliche, das möglicherweise aller Harmoniemusik zugrunde liegt? Hier sind auch Aspekte der *Zeit*, der *Gattung* und der *Funktion* zu berücksichtigen. Das zu Beginn des 19. Jahrhunderts sich entwickelnde Bläserquintett (je 1 Flöte, Oboe, Klarinette, Horn und Fagott) ist keine Harmoniemusik mehr, und zwar nicht nur, weil es in einem veränderten gesellschaftlichen Funktionszusammenhang steht, sondern auch, weil ein wesentliches Besetzungsmerkmal fehlt: die grundsätzlich paarweise Verwendung der Instrumente. Zu Recht betrachtet Traster letzteres als essentielles Charakteristikum der Harmoniemusik (**387**.1). Und Roger Hellyer schrieb bereits 1973, in Harmoniemusik-Ensembles mit mehr als fünf Bläsern seien immer wenigstens ein Paar Hörner enthalten gewesen, nach den Anfängen ("after the earliest years") auch ein Paar Fagotte, selbst wenn nur eine Fagottstimme notiert wurde (**160**.5). Was aber sind "the earliest years"? Hellyer meint, die einzige Bläsermusik, auf welche der "unqualifizierte" Begriff "Harmoniemusik" ohne Zweifel bezogen werden könne, habe zwischen ca. 1760 und 1837 existiert (3). (Zur Begründung des Jahres 1837 mit dem "letzten" Oktett vgl. **405**/4.39.) Und wenn Hellyer an anderer Stelle betont: Harmoniemusik "became more [!] widespread in the second half of the century" (**162**.167), dann läßt er sie indirekt auch für die erste Hälfte des 18. Jahrhunderts gelten. Der Begriff "Harmoniemusik" selbst taucht "etwa um 1760 in Österreich und in der heutigen Tschechoslowakei auf (damals Böhmen und Mähren)" (**222**.585). (Herbert Seifert weist auf ein Dokument hin, das den Terminus "Harmonie" bereits "1730 im Zusammenhang mit einer Bläsergruppe" erwähnt [**333**.15 f.].) Allerdings wurde noch im späteren 18. Jahrhundert, als die Klarinette längst Bestandteil der meisten Hautboisten-Ensembles geworden war, "Harmoniemusik" lediglich für Oboen, Hörner und Fagott komponiert, und es erhebt sich die Frage, ob etwa frühe Stücke für Oboen, Hörner und Fagotte deshalb nicht zur Harmoniemusik gehören, weil sie aus der *ersten* Hälfte des 18. Jahrhunderts stammen. Whitwell etwa ist der Meinung, diese Besetzung repräsentiere die erste Generation "richtiger" Harmoniemusik (**408**/7.14). Und für Raoul F. Camus entsteht die Harmoniemusik in der Zeit zwischen 1743 und 1762 (**70**.116) (gleichwohl die paarweise Ob-Hr-Fg-Kombination schon wesentlich früher erscheint). Nur wenn der musikalische, "klassische" Stil (und ggf. auch die Gattung und ihre Funktion) in Rechnung gestellt wird, dürfte man die besetzungsmäßig unter "Harmoniemusik" fallende Bläsermusik der ersten Hälfte des 18. Jahrhunderts von jener ausschließen. Indessen: Auch wenn sich bis ins 19. Jahrhundert hinein Bläserstücke ohne die *Klarinette* finden, so wird sie doch nicht nur zu einem entscheidenden Klangfaktor der Bläsermusik des späteren 18. Jahrhunderts, sondern – in Zusammenhang mit oben genannten Merkmalen – auch unverwechselbares Kennzeichen der "Harmoniemusik". Nach Heinrich Christoph Koch besteht sie im Jahre 1802 noch "gewöhnlich [!] aus zwey Oboen, zwey Clarinetten, zwey Hörnern und Fagotts" (**223**.737). Diese unbestrittene Standardbesetzung geht, wie vielfach zu lesen ist, auf einen Erlaß Friedrichs des Großen zurück, der im Jahre 1763 die Stärke der preußischen Militärkapellen auf 2 Ob, 2 Kl, 2 Hr und 2 Fg festsetzte (vgl. z. B. **347.**6, **372.**36 u. **70.**117). Hellyer kritisiert 1989 diese seit 1889 übliche Darstellung, die allein durch ihre Tradierung zu einem Faktum geworden sei (in einer Rezension von **182**, in: ML 1989, H. 4, 548) und gibt Hinweise auf die Möglichkeit, daß diese Oktett-Besetzung *englischen* Ursprungs ist (vgl. auch **80.**144 u. **164.**48).

b) Besetzungen

In Abgrenzung zur ersten Hälfte des 18. Jahrhunderts schreibt Croft-Murray: "The material for studying the history of the windband during the second half [...] is, of course, much more rewarding. [...] Inevitably, military marches make up the bulk of the material" (**80.**139). Mag der letzte Satz auch auf England bezogen sein, so läßt er sich doch – in welchem Maße auch immer – verallgemeinern. Erst 1988 wurde in einer Studie dem Marsch innerhalb der Harmoniemusik besondere Aufmerksamkeit zuteil (**182.**226–527). Darin wird nicht nur versucht, die Bedeutung des Marsches als allemal *originale* Bläsermusik des 18. Jahrhunderts darzustellen; es tritt auch eine Besetzungsvielfalt zutage, welche diejenige der bis dahin mehr oder weniger bekannten Gattungen der Harmoniemusik (Parthien, Divertimenti) weit übertrifft. Von insgesamt 452 ausgewerteten Märschen des 18. und frühen 19. Jahrhunderts enthalten 244 die Klarinette und entstammen somit der 2. Hälfte des 18. Jahrhunderts (94 weitere Märsche weisen die "neuen" Instrumente Flöte, Serpent, Posaune u. a. auf). Dabei zeigte sich die Kombination Kl-Ob-Fg 2mal, Kl-Tp-Fg 4mal, Kl-Hr-Fg 38mal, Kl-Ob-Tp-Fg 39mal, Kl-Ob-Hr-Fg 43mal, Kl-Hr-Tp-Fg 53mal und Kl-Ob-Hr-Tp-Fg 65mal, was bedeutet, daß die "klassische" Oktettbesetzung nur in etwa einem Sechstel der Märsche zu finden ist (263–285). Die Vielfalt wird noch deutlicher, wenn man berücksichtigt, daß die genannten 7 Kombinationen insgesamt 19 verschiedene Stimmenbesetzungen aufweisen (z. B. 2 statt 1 Trompete, 3 statt 2 Hörner usw.). Auch relativieren die Märsche durch die (z. T. den Hörnern hinzugefügten) Trompeten, daß sich Blechblasinstrumente nur "sehr selten" (**336.**10) finden. Und mit den gegen Ende des 18. Jahrhunderts zuweilen in Märschen anzutreffenden Flöten, Serpenten, Kontrafagotten und Posaunen erhöht sich die Vielfalt noch einmal (**182.**267–274).

Indessen gilt für das Repertoire der "Regiments"-Hautboisten wie auch für das "zivile" Repertoire: Die Auswahl der Instrumente erfolgte in der Regel nicht (nur) unter künstlerischen Gesichtspunkten, sondern richtete sich nach vorhandenen Besetzungen. Keiner der 7 Märsche Joseph Haydns weist die "Standardbesetzung" von je 2 Oboen, Klarinetten, Hörnern und Fagotten auf. Und obgleich diese Besetzung in den 80 er Jahren mehr oder weniger typisch für mancherlei Bläsermusik war, so variierte sie doch insgesamt je nach den Musikern, die einem Komponisten am Hofe zur Verfügung standen (**387**.2). Mozart, dessen Vorliebe für die Klarinette bekannt ist, mußte seine Salzburger Divertimenti für die "alte" Ob-Hr-Fg-Besetzung schreiben, also ohne Klarinetten, die in Salzburg bis 1781 nicht zur Verfügung standen. Unabhängig von der Zusammensetzung der Hof-Hautboistenensembles etwa in Salzburg, Oettingen-Wallerstein oder Regensburg wurde der regelmäßige Gebrauch der Klarinette an Höfen insgesamt erst in den letzten zwei Jahrzehnten des 18. Jahrhunderts üblich (im Gegensatz zum militärischen Bereich). Und größere Besetzungen entsprachen nicht selten auch einem Repräsentationsbedürfnis des Fürsten (vgl. **348**). Gauldin zufolge plante Mozart noch Ende 1780/Anfang 1781 in München die Verwendung von 13 Instrumenten in seiner berühmten Serenade KV 370a ("gran Partitta"), um – abgesehen von künstlerischen Gesichtspunkten – Kurfürst Karl Theodor zu gefallen (vgl. **133**.57).

Die Angabe der Fertigstellung des Werkes schwankt in der neueren und neuesten Mozart-Literatur zwischen 1781 und 1784. M. Votta (1985) betrachtet die Zeit Ende 1783/Anfang 1784 als relativ gesichert (vgl. **397**/2.33). Nach neueren Analysen der Papiersorte des Autographs (A. Tyson, 1987) ist 1781/82 wahrscheinlicher, so daß H.C.R. Landon und R. Hellyer den Gedanken äußern, das Werk könne ein Hochzeitsgeschenk Mozarts an seine Frau Constanze gewesen sein (1782; vgl. Landon: Mozart. Die Wiener Jahre, München 1990, 34 u. 240, sowie R. Hellyer in: Das Mozart-Kompendium, hrsg. v. H.C.R. Landon, München 1991, 327 u. 329).

Unabhängig davon bezeichnet Gauldin die Besetzung der Serenade als "monster wind aggregation for that time" (**133**.55). Eine solche Interpretation geht vom Oktett als dem Normalfall aus. Ohne hier die tatsächliche Bedeutung der Anzahl der Instrumente in einem solch künstlerisch grandiosen Werk unterschätzen zu wollen, sei aber doch Croft-Murray zitiert, der beispielsweise das Arrangement von J. Chr. Bachs Ouvertüre "Lucio

Silla" für 2 Flöten, 2 Oboen, 3 Klarinetten, 2 Hörner, 2 Trompeten, 2 Fagotten, 1 Serpent und 2 Posaunen mit den Worten interpretiert: "The 'classical' wind-band reached its full development" (**80**.145). Bewußt gemacht werden soll die *Relativität* der Besetzungsgrößen. Mögen es vor allem die Militärkapellen gewesen sein, welche hier führend waren (und vor diesem Hintergrund ist Mozarts "gran Partitta" wirklich bemerkenswert), so bestand doch grundsätzlich kein großer Unterschied zwischen den Regiments- und den Hof-Hautboisten (sieht man von der "Türkischen Musik" ab): "[...] early military and non-military groups often played the same type of music, since both kinds of groups often consisted of the same instrumentation and performed for the same functions" (**230**.14). (Und Musikstücke wie das besonders in England vorherrschende "Military Divertimento" oder Parthien für "türkische" Musik drücken quasi musikalisch die enge Verbindung zwischen den Hof- und Regiments-Hautboisten aus.) Deshalb ist auch eine Gegenüberstellung von "Harmoniemusik" und "Militärmusik" im 18. Jahrhundert im Sinne eines *Gegensatzes* kaum aufrechtzuerhalten; vielmehr ist der "Harmoniemusik" die "Türkische Musik" gegenüberzustellen.

Der unter den 13 Instrumenten in Mozarts Serenade KV 370a enthaltene Kontrabaß (zusätzlich zu 2 Fagotten) war keine Ausnahme. In Anton Stadlers "Musick Plan" (1799) heißt es über die "blasende Harmonie": "[...] thut der jetzt übliche Oktavfagott (oder der Kontrabaß) [...] gute Wirkung [...] er dienet zur Verstärkung, und Vollkommnung, wie auch zur Erleichterung und zur Aushülffe der Blaser" (zit.n. **221**.78). (Vgl. auch den vielfach abgebildeten Scherenschnitt der Oettingen-Wallersteinschen Harmoniemusik [1791], z. B. bei **162**.) Der ursprüngliche Einbezug des Kontrabasses diente, wie es Stadler ausdrückte, zur "Verstärkung" der Baßstimme (und er findet sich 1825 in einer englischen "Street Band" [**80**.154], 1867 in einem Musikkorps bei der Pariser Weltausstellung [**148**.85] wie auch heute in Sinfonischen Blasorchestern). Das Baßproblem sollte angesichts vergrößerter Besetzungen vor allem zu Beginn des 19. Jahrhunderts zu einem der gravierendsten der Bläsermusik werden. Verständlicherweise findet sich der Kontrabaß nicht in den Märschen. Hier versuchte man gegen Ende des 18. Jahrhunderts vor allem durch den Serpent und das Kontrafagott Abhilfe zu schaffen (vgl. **182**.428 ff.). Daß der oft als "basso", "violone" oder "violono" bezeichnete Kontrabaß (vgl. ausf. **310**) bei den Hof-Hautboisten dem Kontrafagott vorgezogen wurde, hat seinen Grund auch darin, daß letzteres ein klanglich sehr unsauberes und unausgewogenes Instrument gewesen sein muß (vgl. **133.**62). In Oettingen-Wallerstein wurde der Kontrabaß erstmals im Jahre 1783 in zwei Partiten Reichas – gleichzeitig mit der Aufnahme von zwei Flöten (**283.**250) – verwendet (wodurch das Bestreben, den Tonraum nach unten wie auch nach oben zu erweitern, deutlich wird). Dabei, so Piersol, hatte der Kontrabaß die Aufgabe, die Baßlinie zu unterstützen, und nur selten wich er von der (zweiten) Fagottstimme ab (**283.**275). (Umgekehrt bemerkt Joppig, es könne als sicher gelten, daß Fagotte, obgleich nicht unbedingt in Partituren notiert, in der Praxis "die tiefen Streichinstrumente verstärkten und unterstützten" [**206.**116].) Bewahren Harmoniemusik-Stücke, die den Kontrabaß verwenden, trotzdem noch ihren spezifischen Bläsermusik-Charakter (vgl. **283.**507), so dürfte dieser mit der Verwendung von zwei zusätzlichen Violen schon stärker beeinflußt werden. Gleichwohl Traster zu Recht die Hinzufügung von Violen in Regensburger Beständen als ungewöhnlich bezeichnet (**387.**347), ist diese "Ausnahme" doch allemal bemerkenswerter denn ihre Deutung als Tenor-Oboe (so **408**/4.69).

c) Gattungen

Wurde beim späteren Bläserquintett die Besetzungsangabe gleichsam zum Gattungsnamen, so bedeutete dies bei der Harmoniemusik eher die Ausnahme. Beethovens Sextett op. 71 oder sein Oktett op. 103 mögen als Musiktitel für Harmoniemusik die Ausnahme bilden. Hauptgattungen der Harmoniemusik des deutschsprachigen Raumes sind Serenade, Divertimento, Cassation, Notturno, Partita ("Parthie") und Marsch. Daß es sich, sieht man vom Marsch ab (der auch im folgenden weitgehend unberücksichtigt bleibt), bei diesen Gattungen keineswegs nur um spezifische Harmoniemusik-Gattungen handelt, zeigen nicht nur die vielen überlieferten Beispiele für Streicher (die meisten Divertimenti Haydns sind *nicht* für Bläser geschrieben), sondern auch etwa der Umstand, daß Mozarts "Bassetthorn-Trios" KV 439b "Divertimenti" sind (vgl. **397**/3.26 f.). (Als spezifische Bläsergattung mag neben dem Marsch die im Bereich ausgesprochener Freiluftmusik anzusiedelnde "Feldpartita" gelten [vgl. **132.**255].)

Immer wieder wird darauf hingewiesen, daß es sich bei diesen

Gattungen um das "light-hearted repertoire for the wind-band" (**80**.139) oder um "Music for entertainment" (**254**.165) handelt.

Englische Versionen dieser Musik sind Croft-Murray zufolge kaum so zahlreich oder verschiedenartig wie die kontinentalen; in England zeige sich demgegenüber in der 2. Hälfte des 18. Jahrhunderts ein stetiges Anwachsen militärischer Musik (**80**.139 f.). Hellyer konkretisiert: "[...] the English developed a peculiarly individual repertory of 'military divertimentos'" (**162**.167).

Eine exakte Abgrenzung der oben genannten Gattungen ist indessen kaum möglich. Bereits 1958 wies Gauldin darauf hin, es sei schwierig, eine Grundlage für klare Differenzierungen zu schaffen (**133**.4), und 1968 schrieb Eve R. Meyer: "[...] these terms were interchangeable, and confusion often results if one tries to define or categorize them" (**254**.165). Dies liegt z. T. an ihrer formalen Verwandtschaft, und "sie wurden oft lediglich landschaftlich verschieden mit unterschiedlichen Namen belegt" (**221**.75).

Beispiele für die relative Austauschbarkeit der Namen: Mozarts Serenade KV 370a ist als "gran Partitta" überliefert (Vermerk – nicht von Mozart – auf dem Autograph); Haydn änderte ein zunächst "Cassatio" betiteltes Werk in "Divertimento" (**254**.168 f.); 6 seiner Divertimenti sind als "Feldparthien" überliefert, die, wie Gauldin meint, noch teilweise der Tanz-Suite verpflichtet sind (**133**.50 f.), Klöcker schreibt über die von ihm in der ČSFR gefundenen "Serenaden" Haydns auch als "Parthien" (**221**.74).

Ohne hier im einzelnen auf die Geschichte dieser Gattungen eingehen zu können, sei doch angemerkt, daß es weniger die Form denn ihre Funktion ist, die Unterschiede deutlich machen könnte: "If indeed one can point out any real difference, it must lie mainly in their purpose: the serenade was primarily intended for performance at night outdoors, while the divertimento and cassation could be played either indoors or in the open air" (**133**.4). (Klöcker bezeichnet Haydns Parthien als "*Nachtmusiquen* für den unmittelbaren Gebrauch" [**221**.75].) Und wenn Gauldin, sofern er sich nicht auf Einzelwerke bezieht, "Divertimento" als Oberbegriff gebraucht (**133**, vgl. allgemein **391**.504), dann entspricht dies auch Eve R. Meyers Feststellung: "Most important of the group is the divertimento; the others may be considered subspecies which are inherently related" (**254**.165). (Die Cassation hat die relativ geringste Bedeutung.)

Die Länge der Divertimenti, Parthien und Serenaden variiert zwischen 3–5 Sätzen (etwa bei den frühen Divertimenti Mozarts) bis hin zu Stücken größeren (und damit auch zeitlich längeren) Ausmaßes (z. B. Mozarts "gran Partitta" oder Schachts Partita in B mit 12 Sätzen). Die einzelnen Sätze bestehen z. T. aus Tempobezeichnungen wie Allegro, Largo, Adagio, Andante, Presto, z. T. aus Formen wie "Thema mit Variationen", Menuett mit Trio, Marsch ("Marcia"), Rondo, Romanze, Polonaise und "Finale", wobei Märsche oft den Parthien voran- und nachgestellt wurden (387.56). Bei aller Vielfalt zeigt sich hinsichtlich einer Grobstruktur: "First and last movements are usually fast in tempo, although there are certainly exceptions, and at least one dance movement and one movement of moderate tempo are invariably included" (146).

d) Namen, Werke, Orte – eine Auswahl

Eine sehr gute Übersicht über Mozarts Bläsermusik bieten die Aufsätze von Michael Votta (1984–1988, **397**). Das letzte der frühen Divertimenti Mozarts (KV 271g, alt 289) für 2 Ob, 2 Hr und 2 Fg mit den Sätzen Adagio-Allegro, Menuetto, Adagio, Finale (Presto) aus dem Jahre 1777 "marks the transition from 'dinner music' pieces with a minimum of effort, to large-scale, well-crafted, 'serious' music for wind ensemble" (**397**/1.42). (Was die "dinner music" betrifft, so ist die Harmoniemusik in Mozarts "Don Giovanni", wo der Komponist "in eleganter Selbstironie ein Ensemble der [...] Harmoniemusik beliebte Opernmelodien einschließlich solcher, die von ihm selbst stammen, vor Giovannis Tafel zitieren läßt", für Klaus Stahmer eine "der schönsten Schilderungen einer versinkenden Tradition" [**344**.151].) Mozarts Höhepunkt ist zweifellos mit seiner 1781/82 (?) komponierten B-Dur-Serenade KV 370a (alt 361, "gran Partitta") erreicht, geschrieben für 13 Instrumente (nicht 13 *Blas*instrumente, wie immer noch häufig zu lesen ist), nämlich 2 Ob, 2 Kl, 2 Bhr, 2 Fg, 4 Hr und Kb (Sätze: Largo – Molto allegro, Menuetto, Adagio, Menuetto, Romanze, Thema und Variationen, Finale; vgl. ausf. Leeson/Whitwell 1977/78 [**238**]). Für Gauldin, der bereits 1958 dieses Stück eingehend analysierte und würdigte (**133**.55–68), ist es "the greatest monument of wind writing in the 18th century" (55) und das Adagio daraus "certainly one of the lovliest" von Mozart (66). Die "gran Partitta" zeigt aber nicht nur Mozart als

Meister idiomatischen Komponierens für Blasinstrumente; Gauldin sieht in ihr auch die erste wahrhaft kunstvolle Bläsermusik (VI). Und für Piersol stehen Mozarts größere Bläserwerke "alone as the masterpieces for the genre" (**283**.282).

Als Gebrauchsmusik sind Haydns "Feldparthien" anzusehen, und die meisten der von Klöcker wiedergefundenen Bläser-Divertimenti dürften "auch zur abendlichen Serenade gespielt" worden sein (**221**.74). Die schnelle Verbreitung der sämtlich nicht im Druck erschienenen Bläserdivertimenti Haydns über ganz Europa erklärt Klöcker damit, "daß die meisten der zahlreichen 'Böhmischen Bläser', die ein sprichwörtlich hohes Niveau garantierten, ihre eigene Literatur mitbrachten" (77). Von Beethoven ist zu nennen das "Rondino" in E-Dur und das Oktett E-Dur op. 103 (beide 1792 in der "klassischen" Oktettbesetzung als "Tafelmusik" komponiert, letzteres mit dem Autographvermerk "Parthia dans un concert"), das Quintett in E-Dur für 1 Ob, 3 Hr, Fg (1793) sowie das 1796 vollendete Sextett op. 71. (vgl. ausf. **133**.79–85).

Die Bläsermusik der Oettingen-Wallersteinschen Hofkapelle erforschte 1972 Jon R. Piersol (**283**). Eine Ursache für die Entwicklung der Bläsermusik dieses Hofes war das wachsende Interesse anderer europäischer Musikzentren an Harmoniemusik, insbesondere Wiens (243). (Piersol hält auch Auswirkungen der hauptsächlich in den 70er Jahren in Salzburg geschriebenen Divertimenti Mozarts für möglich [244].) Die Jahre 1780 bis 1796 waren dabei die Zeit der größten Aktivität und Erfolge in Wallerstein (242). Bestand die erste Bläsermusik des Hofes zunächst nur aus der Standardbesetzung von je 2 Ob, Hr und Fg, so traten 1780 Klarinetten hinzu, womit sich die Möglichkeit ergab, zwei melodische Klangfarben zu kontrastieren (249). Ab 1783 wurden 2 Flöten, ein Kontrabaß sowie gelegentlich ein 3. Horn ergänzt, so daß die letzte "Standard"-Besetzung in Wallerstein aus 2 Fl, 2 Ob, 2 Kl, 2–3 Hr, 2 Fg und Kb bestand (255 ff.). Typisch für die Wallersteinsche Harmoniemusik war, daß *Originalwerke* dominierten, denn es gab dort eine ausgesprochene Antipathie gegenüber Opern-Bearbeitungen für Harmoniemusik (278). Folglich lag der Schwerpunkt auf "chamber performance", für die Piersol in den Kompositionen folgende Bestätigungen findet: 1. "feinere" bzw. sparsamere Instrumentation unter besonderer Berücksichtigung der Flöten, 2. Rückgang des vielsätzigen "Freiluft"-Divertimentos ("dance-like format") zugunsten von Werken mit wenigen, dafür aber längeren Sätzen ("typical Classic forms") und 3. höhere spieltechnische Anforderungen sowie Tonumfänge, die im Verhältnis zu "typischen" Parthien der Zeit wesentlich erweitert sind. Schließlich sei das Wallersteinsche Bläser-Ensemble größer gewesen als dasjenige der "typisch europäischen" Harmoniemusik (278 f.). Auch sind die meisten Stücke keine "Importe", sondern von den Hofkomponisten selbst geschrieben. Komponisten "originaler" Harmoniemusik, Bearbeiter sowie Komponisten der Bearbeitungsvorlage waren in Wallerstein I.v. Beecke, F.H. Ehrenfried, J.G. Feldmayr, J. Küffner, J.S. Mayr, W.A. Mozart, G. Paisiello, I. Pleyel, A. und J. Reicha, V. Righini, A. Rosetti, G.A. Schneider, D.G. Steibelt, J. Weigl, P. Winneberger, F. Witt u. a.

Nach Einführung der Flöten in die Wallersteinsche Harmoniemusik (s. o.) bearbeitete Joseph Reicha frühere Partiten, um diese "neuen" Instrumente zur Geltung kommen zu lassen: "The consistent and important utilization of flutes in the Wallerstein wind partitas is one of the major ways in which they differed from the typical, 'mainstream' wind ensemble pieces of the day" (**283**.250 f.). Sind Reichas Partiten zwar anspruchsvoller als die der meisten anderen Komponisten (280), so gilt doch nur für Rosetti, dessen ausgesprochene Liebe für Blasinstrumente bekannt ist, daß die Wallersteinschen Partiten bedeutsame Gestalt erlangten: "Even in Rosetti's own time, his partitas received a widespread acceptance unusual for the day. Typically, a composer's wind ensemble pieces were written specifically for his own court, and they were seldom found outside of it. This was not true with Rosetti. [...] There is even evidence that Rosetti's partitas found their way to America. [...] Only with Rosetti do the wind partitas at Wallerstein reach that degree of musical accomplishment and imagination which makes them worthy of ranking just below Mozart's great pieces" (280–282; vgl. auch 559 f.).

"Divertimenti and parthien from the Thurn and Taxis court at Regensburg (1780–1823)" untersuchte 1989 Jeffrey L. Traster, darunter vor allem Harmoniemusik von Theodor von Schacht und Henri-Joseph de Croes. Der angegebene Zeitraum resultiert daraus, daß das untersuchte Repertoire auf ein reges Interesse an Harmoniemusik in Regensburg noch während der 20er Jahre des 19. Jahrhunderts schließen läßt (**387**.26). Sind Croes' Werke in der Regel für Klarinetten, Fagotte, Hörner, Kontrabaß und Violen (!) instrumentiert, so finden sich zuweilen auch Flöten, Oboen und Trompeten. In der ersten Schaffensperiode (1780–1800) bevorzugte Croes Parthien mit 7 bis zu 20 (!) Sätzen, bei denen er den

Titel "Divertimento" bevorzugte. In der zweiten Phase – ca. 1820–1828, nachdem die Kapelle erneuert worden war – schrieb er nur noch zwei Parthien, dafür aber ein paar eigenwilligere Stücke mit Titeln wie "Lento cantabile" oder "Romanze" (107). Die Kontrabaßstimme ist unüblicherweise nicht auf einfache Baßlinien beschränkt, sondern nimmt am thematischen Geschehen teil (108). Erwähnenswert ist auch Croes' Divertimento in e-moll wegen der ungewöhnlichen Länge seiner einzelnen Sätze (insgesamt 10, der erste allein mit 220 Takten) und wegen seiner Gesamtdauer von ca. 45 Minuten (109 ff.). Schachts Harmoniemusik enthält Stimmen für 6 bis 13 Instrumente, darunter zumeist 2 Violen und Kontrabaß. Trotz der für Harmoniemusik ungewöhnlichen Violen ist das Fehlen von *Violinen* für Traster immer noch ein wesentlicher Unterschied zur "orchestral social music" (36), denn sowohl die Qualität der Violen-Stimmen wie auch der Klang insgesamt sorgen dafür, daß diese Harmoniemusik noch eindeutig "Bläsermusik" darstellt (36). Gerade im Hinblick auf ihre Einfachheit schreibt Traster: "Schacht's Harmoniemusik has charm, and competently represents the genre of social music of the late eighteenth century" (35).

Einige weitere Forschungen seien nur genannt: Eine Analyse von Bläsermusikbeständen aus Berlin erfolgte 1971 von Eugene W. Steinquest (**347**). Bei dem von ihm untersuchten Repertoire handelt es sich vor allem um Märsche und andere "militärische" sowie "türkische" Musik, angefangen von noch nicht unbedingt der Harmoniemusik zuzurechnenden Märschen der Prinzessin Philippine Charlotte von Braunschweig (1751) bis hin zu solchen des späteren 18. Jahrhunderts. Listen bzw. Kataloge zahlreicher Harmoniemusikkompositionen bieten neben dem wohl umfangreichsten Sammelwerk von Whitwell (**408/8**) vor allem auch Kurtz (**230**), Hofer (**182**) und Höfele (**179**). Neben der Dissertation von Hellyer 1973 (**160**) beschäftigten sich auch mit musikalischen Aspekten der Harmoniemusik u. a. diejenigen von Hedlund 1959 (**156**, er untersucht 120 Werke von 44 Komponisten insbesondere im Hinblick auf das Instrumentarium), Jacobs 1964 (**199**, Bläserwerke von C.Ph.E. Bach), Jones 1972 (**204**, Divertimenti von F. Asplmayr), Kaplan 1977 (**210**, er beschränkt sich auf Musik bis zur Größe des Sextetts) und Hofer 1988 (**182**, Märsche).

Ausführungen zur Instrumentation können im Rahmen dieser Schrift kaum erfolgen. Gleichwohl in der Tendenz Oboen und Klarinetten als Melodie-, Hörner als Harmonie- und Fagotte als Baß-Instrumente bezeichnet werden können, haben doch bisherige Forschungsarbeiten vielfältige Möglichkeiten der Instrumentation aufgezeigt. Bezeichnenderweise schreibt David L. Kaplan zu kleineren Besetzungen: "The actual scoring reveals an imaginative variety. Not only the typical trio sonata scoring of two upper and one lower (2+1) occurs but also 1+2, 2+2 [...]" (**210**.492). War es zunächst mehr oder weniger unerheblich, ob die Melodie von einer Oboe oder Klarinette geblasen wurde, so vertritt Gauldin die Meinung: "[...] the middle 1700' s is the earliest point at which we may begin to speak of truly idiomatic writing for all the wind instruments" (**133**.3). Vor allem mit Haydn und Mozart wird der Einsatz unterschiedlicher Klangfarben innerhalb der Bläsergruppe zu einem bedeutenden künstlerischen Ausdrucksmittel (28). Doch deren Divertimenti repräsentieren nur einen Bruchteil aus der Masse der überlieferten Stücke. Und unabhängig von den Fähigkeiten vieler "Kleinmeister" spricht Piersol vom "outdoor scoring" (**283**.535) zahlreicher Harmoniemusikwerke: gemeint ist ein "einfacheres" Instrumentieren, welches beispielsweise Flöten, Oboen und Klarinetten *zusammen* die Melodie spielen läßt. (Auch hier finden sich Beispiele für Blaukopfs Bemerkung von den "raumakustischen Unterschieden, die in der kompositorischen Faktur ihren Niederschlag finden" [**34**.147].) Nationale Unterschiede gab es bei der Instrumentation weniger, und wenn, dann vor allem bei der Besetzung und dem Repertoire der Regiments-Hautboisten. Croft-Murray (**80**) spricht bezüglich England wiederholt vom kontinentalen Einfluß. Und aus der Tatsache heraus, daß die "Wanderung ganzer Bläsergruppen [aus Böhmen] 'hinein ins Heilige Römische Reich' (Gerber) und in andere Länder [...] nicht ungewöhnlich" war, begründet Klöcker, "daß im Gegensatz zu anderen Besetzungsformen hinsichtlich der Bläsermusik in ganz Europa die gleiche Aufführungspraxis herrschte" (**221**.77).

e) Bearbeitungen

Hier ist nicht die Rede davon, daß beispielsweise Mozart und Beethoven eigene Bläsermusik auch für *Streicher* (als "Originalbearbeitung") arrangierten (vgl. **336**.149 ff.) oder davon, daß originale Bläserwerke bereits zu Lebzeiten des Komponisten für veränderte Bläserbesetzungen bearbeitet wurden. Auch Märsche paßte man ständig verschiedensten Besetzungen an (vgl.

"Harmoniemusik" 149

182.454 ff.), und selbst Sinfonien gaben Vorlagen für Harmoniemusik-Arrangements ab. (Höfeles Arbeit von 1982 widmet sich erstmals ausführlich dem Vergleich des Originals von Beethovens 7. Sinfonie mit seiner Bearbeitung "für neunstimmige Harmonie" am Beispiel des 1. Satzes, da sich bereits in ihm "Beispiele für alle Instrumentationsprobleme einer Harmoniemusikbearbeitung finden und aufzeigen lassen" [**179**.171].) Hier aber soll die Rede sein von jener Gattung, welche bereits lange vor dem Aufkommen der Harmoniemusik "Highlights" abgab für verschiedenste Bearbeitungen: die Oper.

Genannt sei etwa die "Partita in B" von Th.v. Schacht, ein Potpourri aus Opernarien, Tänzen sowie einem "Thema und Variationen"-Satz, eingerichtet für Harmoniemusik (**387**.58). Darin stellen sieben von zwölf Sätzen Bearbeitungen berühmter Opernmelodien von Mozart und Paisiello dar, beginnend mit "Vivat Bacchus" aus der "Entführung". Traster, der die gesamte Partita mit den jeweiligen Originalversionen vergleicht (58–99), macht auch deutlich (146 f.), wie sehr sowohl die Anzahl der Sätze als auch ihre Reihenfolge vielfach nicht zwingend war (und es mag auch für den künstlerischen Wert eines Harmoniemusik-Werkes sprechen, inwieweit es eine nicht zu durchbrechende Geschlossenheit aufweist; Mozarts "gran Partitta" beginnt nicht ohne Grund mit einem "Largo"). Dem entspricht auch, wenn Gauldin bereits 1958 über die Bläserserenade schrieb: "It may be that the players had standard marches which they used for different serenades" (**133**.10). Whitwells Katalog (**408**/8) ist voll von solchen Opernbearbeitungen. Und wenn man bedenkt, daß nicht nur auf dem Kontinent, sondern auch in England Mozarts Arie "Non più andrai" aus dem "Figaro" als Militärmarsch existierte (vgl. **182**.476 f.) – er wurde dort sogar 1792 als "The Duke of York's New March" von Eley "without acknowledgment" (**80**.145) *gedruckt* und fungiert noch heute als Parademarsch der "Coldstream Guards" –, und wenn man weiter bedenkt, daß dieses neue "Original" wiederum Anlaß gab für weitere Bearbeitungen – in Berlin existieren davon verschiedene Versionen –, dann wird nicht nur offensichtlich, welch immense Bedeutung der Harmoniemusik-Bearbeitung zukommt, sondern auch, wie sehr sich die Grenzen zwischen dem "ursprünglichen Original" und der "Originalmusik für Harmoniemusik-Besetzungen" verwischen.

Ist auch das Arrangieren von Opernmelodien für Bläser keine Erfindung der Harmoniemusik (vgl. zu früheren Praktiken

G. Braun 1987 **[44]**, Eppendorf 1987 **[113]** u. Becker 1987 **[21]**), so ist die Expansion durch die Harmoniemusik doch enorm. S. James Kurtz wertete für die Wende des 18. zum 19. Jahrhundert Harmoniemusik-Kompositionen des "Handbuchs der musikalischen Litteratur" **(187)** – also Drucke! – aus und stellt fest: "More than half of the pieces [...] are specifically designated as arrangements" **(230**.30, den zweitgrößten Anteil machen Märsche aus). Indessen fallen die zahlreichen Bearbeitungen für Harmoniemusik des späteren 18. und frühen 19. Jahrhunderts in eine veränderte musikalisch-gesellschaftliche Umwelt: Nicht mehr der Einzelspieler oder der intime Kreis ist angesprochen, sondern eine neue Öffentlichkeit, die teil hatte an den Konzerten von Hautboisten. Vor allem hier, so Becker, wurden Opernausschnitte "zur Nährmutter der bürgerlichen Unterhaltungsmusik" **(21**.556). Und Klöcker schreibt: "Das Bedürfnis, Harmoniemusik zu hören [...] schien unbegrenzt, und das Publikum wurde 'wahnsinnig vor Glück', wenn nach einer gelungenen Bläserserenade noch als Zugabe bekannte Opernmelodien" gespielt wurden **(222**.586). Dabei kam berühmten Arien die größte Bedeutung zu, denn im Gegensatz zu den Streichinstrumenten waren "Gesangspartien [...] für den Bläser leichter 'passend' zu machen. [...] So wird für die Bläser auch stets die Ausführung der reinen Instrumentalteile [...] schwierig, in denen die Übertragung der Streicherpartien nie so geglückt ist, wie etwa bei den Arien" (587; zu grundsätzlichen Problemen des Streicher- und Bläsersatzes vgl. **336**.149–159).

Angesichts der Tatsache, daß es die Ausnahme war, daß Komponisten ihre Werke selbst bearbeiteten (vgl. **162**.168), kam große Bedeutung den Arrangeuren zu, die sich mit Opernarrangements ihren Unterhalt verdienten und "somit unbeabsichtigt und ungewollt zu Werbemanagern der Opernkomponisten" wurden, denn durch die Konzerte der Regiments-Hautboisten "verbreiteten sich die Opernmelodien wirkungsvoller und unmittelbarer, als das die gedruckten Musikalien vermochten" **(21**.556). Es war "ein großes Geschäft, das Arrangieren von Opern" **(222**.587). (Dies hatte auch seine rechtlichen Hintergründe: "Lack of copyright [...] allowed anyone to make such transcriptions of anyone else's work, and the holdings of *harmoniemusik* in some court libraries predominate in this kind of material" **[161**.149].) Neben Johann Nepomuk Wendt (auch "Went" geschrieben), einem der "fixesten" **(21**.556), sind hier vor allem zu nennen Joseph Triebensee, Wenzel Sedlak, Johann Christian Stumpf, Joseph Heidenreich,

Georg Druschetzky, Franz Joseph Rosinack (auch "Rosinak"), Joseph Fiala, Franz Heinrich Ehrenfried, Ignaz von Beecke und Ignaz von Seyfried. "Wir dürfen feststellen", so Klöcker, "daß der Arrangeur mit sicherer Hand die gängigsten und musikalisch wichtigsten Nummern auswählte" (**222**.587). Und wenn oben bereits die Rede davon war, daß zum Teil weder die Anzahl noch die Reihenfolge einzelner Sätze festgelegt war, so scheint auch nicht verwunderlich, "daß der Bearbeiter durch Hinzufügen eigener Gedanken die musikalische Linie erweiterte, manchmal bewußt stark veränderte und somit ein recht eigenständiges Zwitterwesen schuf, etwa stehend zwischen Serenade, Divertimento und Oper" (587). Teilweise hatten die Arrangeure ihre eigene "Handschrift": Triebensee etwa fügte in der Regel den Kontrabaß sowie eine ad libitum-Trompete hinzu, Stumpf übertrug Arien immer einem besonderen Soloinstrument. Druschetzky setzte die zweite Klarinette in der Regel im Chalumeau-Register ein, wo sich ihre Stimme mit denen der Fagotte kreuzte (**237**.6). Daniel Leeson nennt diese Merkmale, um sie von einer in Donaueschingen befindlichen Bearbeitung aus Mozarts "Entführung" abzuheben, die bislang als eine solche von Rosinack galt und für die Bastiaan Blomhert 1987 (**35**) den Nachweis zu führen versuchte, daß sie von Mozart selber stamme und also jene sei, die dieser in seiner so oft zitierten Briefstelle aus dem Jahre 1782 (vgl. S. 16) nennt.

Eine lesenswerte kritische Würdigung der Arbeit Blomherts bietet Leeson 1988/89 (**237**, ergänzend dazu Manfred Schuler in Mf 1991, H. 2, 177–180). Interessant darin ist auch die Diskussion der Briefstelle selbst: "Nun habe ich keine geringe arbeit" beispielsweise bezieht Blomhert auf die *Länge* der Donaueschinger Bearbeitung von ca. 65 Minuten, während Leeson zufolge damit bereits *technische* Probleme gemeint sein könnten, wie sie Mozart im weiteren Verlauf des Briefes erwähnt.

Spielt Mozart in den Bearbeitungen immer wieder eine große Rolle, so ist doch "kaum ein erfolgreicher klassischer oder frühromantischer Komponist bekannt, dessen Werke nicht für Harmoniemusik arrangiert worden wären. Man muß die erhaltenen Archive der Fürstenhäuser gesehen haben, um diese Produktivität bewundern zu können" (**222**.586). Hellyer untersuchte 1972 beispielsweise Beethovens "'Fidelio' für neunstimmige Harmonie" (**159**). Und wenn Sirker schreibt, um die Jahrhundertwende seien "unterhaltende Bläsermusiken immer seltener" geworden (**336**.11), so ist diese Sicht trotz des aufkommenden Bläserquintetts nicht aufrechtzuerhalten. Beispiele sind etwa Bearbeitungen von Rossinis "Italienerin in Algier" (ca. 1819; für Fl, Ob, je 2 Kl, Hr, Fg; vgl. **283**.565), oder solche aus dem "Wilhelm Tell" wie auch aus Webers "Freischütz" und "Oberon" (vgl. etwa Janetzky 1979 [**200**]). Vor allem aber die zahlreichen "Pieces d' harmonie"-Sammlungen des frühen 19. Jahrhunderts sind hier zu nennen (vgl. S. 182 f.).

f) Soziale, funktionale und ästhetische Aspekte

"Es machen die Hautboisten alle Morgen vor des Obristen = Quartier ein Morgen = Liedgen, einem [!] ihm gefälligen March, eine Entree, und ein paar Menuetten, davon der Obriste ein Liebhaber ist" (**127**.181). Dieser Hinweis Flemings aus dem Jahre 1726 deutet bereits an, daß die Aufgaben und das Repertoire der Regiments-, Hof- und Stadt-Hautboisten keineswegs streng getrennt waren. So wie die Regiments-Hautboisten etwa in der Oper aushelfen mußten – so daß die "Verbindung von Opern- und Militärmusik [...] namentlich in Deutschland genuin durch die Umstände vorgegeben" (**21**.555) ist –, so wurden deren eigene Konzerte "zu einem nicht geringen Teil von Opernbearbeitungen getragen" (556).

Daß die Hautboisten mehrere Instrumente spielen können mußten, ist hinreichend belegt (z. B. **46**.52, **70**.100 ff.). Hannes Stekl, der sich 1978 in seiner Studie "Harmoniemusik und 'türkische Banda' des Fürstenhauses Liechtenstein" (wo J. Triebensee und W. Sedlak wirkten) mit sozialen Aspekten der Harmoniemusik beschäftigte, schreibt, daß jeder dortige "Bandist" sogar drei bis fünf Instrumente beherrschte (**348**.169). Von daher sind Aussagen überliefert, daß das spieltechnische Können nicht gut gewesen sei. Aber auch anderes läßt sich nachweisen. So wie Johann J. Quantz in seiner Selbstbiographie (1754) schreibt: "Es ist wahr, daß man wegen der Menge verschiedener Instrumente [...] auf jedem insbesondere ein Stümper bleibt" (zit.n. **316**.54), so betont Jacob Adlung 1758: "Ich habe noch keinen vollkommenen Trompeter gesehen, welcher vorzüglich gewesen auf der Queerflöt oder Hautbois" (**316**.61). Entsprechend berichtet Charles Burney 1772 über eine "Bande mit blasenden Instrumenten": "alle so jämmerlich verstimmt, daß ich sie auf hundert Meilen wegwünschte" (zit.n. **336**.6). Aber auch Lob, etwa über ein Bläseroktett, ist zu finden: "Man kann diese acht Spieler mit Recht Meister ihrer Kunst nennen" (vgl. **336**.7). Und Mozart schrieb am 3. November 1781 an seinen Vater über eine aus 2 Kl, 2 Hr und 2 Fg bestehende "NachtMusick", die seine Es-Dur-Serenade KV 375 spielte: "Die 6 Herrn die solche exequirn sind arme schlukker, die aber ganz Hüpsch zusammen blasen." Solche Unterschiede mögen auch mit der unterschiedlichen gesellschaftlichen Stellung etwa einer (militärischen) "Banda" und einer "Harmonie" zusammenhängen: In Liechtenstein stand die "Banda" *unter* der "Harmonie" und wurde auch wesentlich schlechter entlohnt (**348**.170). In Wallerstein waren die Bläser in der Regel die bestbezahlten Hofmusiker (**283**.242). Zum Teil fungierten die Spieler als Hofmusiker und Regiments-Hautboisten in einer Person, wobei in England, wie Peggy E. Daub vermutet, diese Praxis der "Ämter-Verdoppelung" aus finanziellen Gründen erfolgte (**88**.215).

Daß in den Jahren 1770–1800 die Harmoniemusik ihre größte Popularität erreichte (vgl. **387**.8), gilt für ganz Europa, von den englischen "pleasure gardens" bis zu den französischen Salons (**283**.36). (Zur durch europäische Immigranten beeinflußten Harmoniemusik in den USA vgl. z. B. **71**.127 u. **271**.120.) Entsprechend war Harmoniemusik vor allem unterhaltende Musik, gebraucht zum mehr oder weniger konzentrierten Zuhören beim Essen, in den Gärten und bei anderen festlichen Veranstaltungen des Adels (vgl. **387**.VIII). Zur Serenade heißt es bereits 1754, "die Nachtmusiken bestehen in Quintetten, Sextetten, aus blasenden Instrumenten oft auch aus einem ganzen blasenden Orchester" (zit.n. **222**.585). Auch Haydn mußte die vom Grafen verlangte Tafelmusik ausführen und sich abends um die Serenadenmusik kümmern (**221**.74). Es mag durchaus bezeichnend sein, wenn im bereits zitierten "Musick Plan" von Anton Stadler (1799) die "blasende Harmonie" mit der "Tafelmusik" gleichgesetzt wird (78). Der funktionale Charakter des größten Teils der Harmoniemusik, zu denen auch die Märsche gehören, ist offensichtlich. Aber für welche Harmoniemusik gilt dieser *nicht*? Und schließt er von vornherein eine ästhetisch positive Bewertung aus? Wie darf man einordnen, wenn J.F. Reichardt "schon bei seinem ersten Wienaufenthalt im Jahre 1783 seine Anerkennung über die Vollkommenheit der Harmoniemusiken" (**348**.166) äußerte? Welche Bedeutung erhält der Aufführungsrahmen bei der Bewertung der Musik? Eine differenziertere Bewertung "der" Harmoniemusik ist nicht einfach. Zu vielfältig sind die Formen wie auch die

Bewertungsmuster sowohl von Zeitgenossen als auch aus heutiger Sicht. Ästhetische Aspekte und solche des damals im Aufbruch befindlichen (bürgerlichen) Konzertwesens kommen hinzu.

Kaum jemand wird den hochwertigen Kunstcharakter von Mozarts "gran Partitta" oder die Tiefe der c-moll-Serenade KV 384a (alt 388), Klöcker zufolge "eines der leidenschaftlichsten Werke seines Gesamtschaffens" (**222**.585), in Frage stellen. Dies bedeutet aber nicht, daß mehr oder weniger alle restliche Harmoniemusik "background music" für gesellige Unterhaltung ist. Wenn Whitwell bereits zu den frühen Ouvertüren Venturinis feststellt, diese seien "important examples of the concert music [!] played by the hautboisten" (**408**/7.151), und wenn Croft-Murray auf England bezogen schreibt: "By the 1790s we begin to find actual examples of music intended for the 'concert-repertory' of a military band" (**80**.144, Bsp. ebda.), so scheint das Problem einer Musik auf der einen Seite und ihrer Verwendung auf der anderen offensichtlich. Daß das "Konzert-Verhalten" im 18. Jahrhundert keineswegs nach unseren heutigen Vorstellungen ablief, ist inzwischen wohlbekannt. Stamitz dirigierte in Mannheim seine symphonischen Werke, während man sich bei Tee und Kartenspiel unterhielt (**34**.120, weitere Beispiele vor allem in Schleuning 1984 [**316**.102, 107, 181]). Und die Serenadenmusik im bürgerlichen Bereich war, wie die bürgerliche Musikpflege insgesamt, "eine Kopie des adligen Kunstbedürfnisses" (**221**.75f.).

Solche Aspekte sind zu berücksichtigen, wenn man im 18. Jahrhundert der "Freiluftmusik" die im geschlossenen Raum erklingende, der "Hintergrundmusik" die "Konzertmusik" und der "Unterhaltungsmusik" die "Kunstmusik" gegenüberstellt. So schreibt Piersol beispielsweise: "The spirit of the Wallerstein wind partitas is unquestionably light and cheerful. These were pieces intended for happy occasions and pleasant listening, as was much of the music of the time. This did not mean, however, that the Wallerstein composer took his task lightly in writing for the wind ensemble. In fact, many of the partitas demonstrate particular care in composition, from the complex and imaginative construction and scoring to the numerous and carefully edited dynamics and expression marks" (**283**.269). Und nach eingehender Analyse differenziert Piersol zwischen dem "multi-movement divertimento" (kurz, Tanzformen überwiegen, "outdoor or background music") und dem viersätzigen Divertimento ("complex", "for active listening") (vgl. 259). Letzteres, in Wallerstein nach 1780 entstanden, war wohl eindeutig für die konzertante Aufführung und nicht als "Hintergrundmusik" intendiert (243). Indessen scheint "concert performance" (vgl. 244–247) nicht zu bedeuten, daß die Stücke sogleich musikalisch anspruchsvoll gewesen seien. Die Qualität der Parthien war begrenzt durch die Fähigkeiten einzelner am Hof wirkender Komponisten (280), und lediglich Reicha sowie vor allem Rosetti hoben sich in Wallerstein davon ab. Waren die Stücke zunächst als Freiluftmusik ("outdoor performance") geeignet, so änderte sich 1783 mit der Einführung von Flöten und des Kontrabasses die Praxis: "The scoring was subsequently oriented toward chamber performance" (276).

Klöcker bemerkt, in der Qualität Mozarts habe die Harmoniemusik "hohe Popularität, etwa Sinfonien und Streichquartetten gleichzusetzen", erreicht, und es seien darüber hinaus u. a. Werke C.Ph.E. Bachs, Haydns und Beethovens gewesen, welche der Harmoniemusik "Zeitlosigkeit und Größe verliehen" hätten (**222**.585). Doch Forschungen wie die von Piersol machen darauf aufmerksam, daß weitere Differenzierungen nötig sind. Bereits oben (S. 66) wurde berichtet, daß Kraft Ernst von Wallerstein die Opernbearbeitungen ("musique à table") nicht mochte und statt dessen lieber "les grandes parthies" bevorzugte. Votta differenziert in der Entwicklung von Mozarts späterer Harmoniemusik, man könne einen Fortschritt feststellen von der Serenade in Es-Dur KV 375 zur c-moll-Serenade KV 384a (alt 388) und zur "gran Partitta" KV 370a (alt 361). Ist das zuerst genannte Werk als "typische" Serenade quasi gehobene Unterhaltungsmusik, so bezeichnet Votta KV 384a als "concert music" für Bläser, und KV 370a sei das längste, ausgereifteste und kunstvollste Werk im Hinblick auf die Behandlung der Blasinstrumente: "370a is the logical culmination of Mozart's works for winds, not the beginning" (**397**/2.33). KV 384a und 370a seien lange Zeit als "untypische" Serenaden angesehen worden, und zwar aufgrund der Tiefe ihres musikalischen Ausdrucks wie auch aufgrund der Tatsache, daß sie damals keineswegs problemlos aufgeführt werden konnten. Demzufolge hält Votta für möglich, daß Mozart beide Werke komponierte "for purely artistic reasons" (33). Und wenn Klökker zu den Opernbearbeitungen für Harmoniemusik schreibt: "Wenn es überhaupt je so etwas wie eine Unterscheidung zwischen populärer und ernster Musik in der Klassik gegeben hat, so trifft dies hier zu" (**222**.586), dann berührt dies auch den Umstand, daß zumindest ein Teil der originalen Divertimenti, Serenaden und Parthien nicht deshalb allein minderen Wertes sind, weil sie "leicht" konsumierbar waren: "There was no division of labor that would make one composer to be considered a specialist for light music and another for serious music" (**387**.12). "Leicht" zu schreiben war nicht nur auftragsbedingt, sondern auch eine Stilfrage klassischer Musik, die dabei die Möglichkeit kunstvoller Ausführung nicht ausschloß (vgl. **391**.504). (Zu welchen Kontroversen dies führte, ist anschaulich nachzulesen bei Schleuning 1984 [**316**].) Leopold Mozart z. B. schrieb 1778 an seinen Sohn: "Nur Kurz – leicht-popular... das Kleine ist Groß, wenn es natürlich-flüssend und leicht geschrieben und gründlich gesetzt ist" (zit.n. RML, 1008). Und zu Recht betont Traster: "[...] the distinction between music for background or entertainment and music for attentive listening was less sharply made in the eighteenth century. Because the composers of 'serious' music were also the composers of the functional music of court life, the language of art music and social music overlapped" (**387**.136 f.).

5. *"Türkische Musik"*

Eine Zusammenfassung der Definitionsprobleme sowie einen Überblick über die Geschichte der "Türkischen Musik" im 18. Jahrhundert bieten Anke Schmitt 1988 (**319**.337–352) und Hofer 1988 (**182**.248–259). Der Name rührt vom türkischen Schlaginstrumentarium her, welches von den Janitscharenkapellen (türkische Elitetruppen) im Zuge der Türkenkriege nach Europa gelangte. Bereits 1690 berichtet Wolfgang Caspar Printz: "Die Türcken machen / bey ihren [!] Anfall in den Schlachten / ein grausames / gräßliches und Bäurisches Geschrey / und gebrauchen dabey eine Art von Paucken oder Trommeln / und andere Kling-Spiele / so denen Soldaten einen Muth zu machen / erfunden worden [...]" (**292**.178). Obgleich die Janitscharenkapellen sowohl aus Blas- als auch aus Schlaginstrumenten bestanden, sind es letztere, die mit dem Begriff "Türkische Musik" assoziiert werden (vgl. **70**.72). In den 70er Jahren des 18. Jahrhunderts hatten bereits die meisten Länder Europas "türkisches" Schlaginstrumentarium in ihre Militärkapellen eingeführt, wodurch (musikalisch gesehen) aus der "Harmoniemusik" eine "Türkische Musik" entstand. Dabei bezog sich der Ausdruck "Türkische

Musik" auf die Gesamtheit der Besetzung einer Kapelle, nicht nur auf das Schlaginstrumentarium. Zuweilen wurden die Regiments-Hautboisten in Abgrenzung zur "Harmonie" der Hof-Hautboisten als "Türkische Musik" oder "Türkische Banda" bezeichnet (vgl. **348** u. **294**.23 f.). (Anschauliches Bildmaterial bietet Michael Pirker 1987 [**285**].)

Im Gegensatz zur Harmoniemusik schließt "Türkische Musik" in der Regel die Klarinette ein. Von 114 vom Verfasser untersuchten Märschen des 18. Jahrhunderts für Kombinationen aus Oboen, Hörnern, Trompeten und Fagotte wies keiner Schlaginstrumente auf. Von 244 Märschen, die zusätzlich die Klarinette enthielten (also Märsche der 2. Hälfte des 18. Jahrhunderts), zeigten 26 Märsche Schlagzeugnoten. Und von 94 Märschen, welche neben den genannten 5 Stamminstrumenten weitere, "neue" enthielten (Flöte, Serpent, Posaune, Kontrafagott), zeigten 36 Märsche Schlaginstrumentarium (vgl. **182**.285-289). Die Tendenz ist offensichtlich: Mit der Vergrößerung der Besetzung korreliert eindeutig der verstärkte Einbezug von Schlaginstrumenten. Das Notenmaterial zeigt dabei Stimmen für die kleine und große Trommel, Becken, Triangel, Tambourin, Glockenspiel sowie (seltener) Pauke und Tamtam in unterschiedlichen Kombinationen (zum Instrumentarium vgl. ausf. Powley 1968 [**289**].) Betitelt sind die Märsche zuweilen mit "March alla Turke", "Geschwind Marsch für completter Janittscharen Music" u. ä.

Gleichwohl "Türkische Musik" innerhalb der geblasenen Musik vor allem die Gattung des Marsches betrifft, findet sich "türkisches" Schlaginstrumentarium doch auch in Opernbearbeitungen und Partiten. Steinquest teilt einige Werke aus Berliner Beständen mit, darunter etwa die auch Tänze enthaltende Sammlung "Musica di Turce", eine weitere mit acht Stücken "für türkische Musik" (Nr. 6 aus J.G. Naumanns "La Dama Soldato"), eine Partita für Janitscharenmusik von Rudolph usw. (vgl. **347**.80 f.). Traster beschäftigt sich mit einer "Partitta in D" (1794) vom bereits mehrfach genannten Th.v. Schacht für 2 Picc-Fl, 2 Ob, 4 (!) Kl, 2 Hr, 1 Tp, 2 Fg, Triangel, Tambourin, Becken, kleiner und großer Trommel (**387**.38-42). Zu nennen sind auch Bläser-Schlachtenmusiken, von denen Karin Schulin (1986, **324**) einige nennt und analysiert.

Vor allem die vielen "alla Turka" betitelten Märsche bringen zum Ausdruck, was letztlich durch die Regiments-Hautboisten zu einer regelrechten Modewelle geworden war: Die Übernahme des "türkischen" Schlaginstrumentariums in Kompositionen der Kunstmusik, wobei es weniger um "türkische Musik" als vielmehr um einen exotischen Effekt bzw. um "türkisches" oder "orientalisches" Kolorit ging. Genannt seien etwa Haydns "Militärsinfonie" (1794), Mozarts "Entführung aus dem Serail" (1781), Beethovens "Wellingtons Sieg oder Die Schlacht bei Vittoria" (1813) oder das Finale seiner 9. Sinfonie. (Zur "Türkenoper" vgl. ausf. die Dissertationen von Griffel 1975 [**145**], Schmitt 1988 [**319**] und Betzwieser 1989 [**29**].)

6. Zur Bedeutung der Französischen Revolution

Sieht man von Untersuchungen ab, die sich speziell Vokalgattungen wie der Hymne widmen, so seien hier vor allem die Arbeiten von Schwarz 1950 (**327**), Swanzy 1966 (**372**), Dudley 1968 (**98**) und Whitwell 1979 (**407**) hervorgehoben. Partituren von Bläser-Revolutionsmusik finden sich besonders bei Dudley und Swanzy, darüber hinaus in Coy 1978 (**78**) sowie in Hofer 1988 (**182**). Indessen bringt bereits Dudley (1968) zum Ausdruck, daß zur Zeit der Französischen Revolution Vokalmusik und Bläsermusik gleichen Funktionen dienten und oft eine Einheit bildeten: "With the Revolution the situation changed dramatically: Both the size of the military band and the concept of its uses expanded considerably to accomodate new political purposes. Thus, in the early 1790' s wind bands not only fulfilled their former responsibilities, but they performed serious music – overtures and symphonies written expressly for them – and accompanied the gigantic choruses of the patriotic festivals as well" (**98**.2). (Und nicht selten waren, wie Swanzy betont, Hymnen und patriotische Lieder bedeutender als die "reine" Bläsermusik, insbesondere im Hinblick auf die "historische" Botschaft ihrer Texte [**372**.165].) Verbunden ist die Musik, um die es hier geht, mit Namen wie G.G. Cambini, Ch.-S. Catel, L. Cherubini, F. Devienne, F.R. und M.J. Gebauer, F.J. Gossec (mit dem größten Anteil), H. Jadin, J.X. Lefèvre, J.F. Lesueur, É. Méhul, É. Ozi u. a.

Die vergrößerte Besetzung zeigt sich in qualitativer Hinsicht durch die Hinzufügung von Flöten, Piccolo-Flöten, Posaunen (bereits bis zu 3!) und Schlagwerk (vgl. ausf. Whitwells "Catalog of the Band Music of the French Revolution" [= Part II von **407**] sowie eine Zusammenfassung der Märsche in **182**.817–822]).

François Joseph Gossecs "Marche funèbre" etwa ist komponiert für 2 Piccolo-Flöten, 2 Klarinetten, 2 Trompeten, 2 Hörner, 2 Fagotte, 3 Posaunen, Serpent, Tamtam, Trommel oder Pauke und "tuba curva".

Bei letzterer handelt es sich um eine Nachbildung des gleichnamigen antiken Instruments, welches zeitgenössischen Quellen zufolge die Stärke von sechs Serpenten erreichte und in zahlreichen Kompositionen der Bläsermusik der Französischen Revolution vorkam; vgl. **407**.32f., **206**.82, **3**.58 f. sowie die Abbildung einer "Tromba curua" in Filippo Bonannis "Gabinetto Armonico" (1723; R: BB 1974, H. 7, 7–53; Abb. 23).

Aber auch in quantitativer, mehr aufführungspraktischer Hinsicht zeigen sich wesentlich vergrößerte Besetzungen: Charles-Simon Catels "Overture" ist zwar komponiert für 17 Instrumente (Flöten, Klarinetten, Trompeten, Hörner, Posaunen, Serpent und Pauken), wurde aber am 7. November 1794 von 51 Musikern, darunter 14 Klarinettisten, aufgeführt (vgl. **407**.86 u. 118). Zahlreiche weitere Beispiele zeigen, daß die großen Besetzungen der Bläsermusik der Französischen Revolution weniger eine Frage der Komposition, sondern (wenn auch nicht nur) eine der Aufführungspraxis war. Selbst die Zahl der Kontrabässe, als einziges Streichinstrument auch in vielen Bläser-Kompositionen der Französischen Revolution zu finden, wurde bei den Aufführungen zuweilen auf 6 und sogar 12 erhöht (79 u. 84). Zu Recht spricht Ahrens bereits vom "Monster-Orchester" (**3**.58) der Französischen Revolution. (Und die "Monster-Konzerte" des 19. Jahrhunderts im deutschsprachigen Raum bieten akustisch eine weitere Steigerung, indem dort trotz der bereits durch die neuen Ventil-Blechblasinstrumente erhöhten Lautstärke die Anzahl der Aufführenden nicht etwa reduziert, sondern teilweise noch einmal erhöht wird.)

Der letzte Gedanke leitet über zu den Funktionen, die den Beginn einer neuen Ära in der Instrumentierung für Bläser-Ensemble markierten (**98**.4). Hof und Kirche mußten "ihre Bedeutung als musikalische Aufführungsstätten einbüßen" (**78**.6) zugunsten von Aufführungen unter freiem Himmel. "Zum ersten Mal in der Geschichte bezieht während der Französischen Revolution die Musik ihre Legitimation und damit ihr Selbstverständnis explizit aus politischen Prozessen. [...] Neu ist [...], daß hier die Musik sich selbst dezidiert in den Dienst an einer Sache, an einer Idee, an einem gesellschaftlichen Prozeß stellt und sich so selbst als funktional begreift" (6).

Auch auf Gattungen wirkten sich die Funktionen aus, denn, so Swanzy, jede Komposition wurde für ganz spezifische Anlässe geschrieben (**372**.53; vgl. ausf. zu den Funktionen vor allem **407**). Neben zahlreichen, z. T. mit Chören aufgeführten Hymnen, Oden, patriotischen Liedern und Ouvertüren sind vor allem auch die Märsche (häufig "Pas de manoeuvre" betitelt) zu nennen, und zwar weniger, weil sie besonders zahlreich gewesen wären, sondern weil hier zum erstenmal der *Begriff* "Militärmarsch" sich zu etablieren beginnt: Wurden bislang Märsche schlicht mit "Marsch" (bzw. mit seiner nationalen Variante) bezeichnet (z. T. mit der Angabe "alla Turka" oder eines Regiments), so bedingte die Komposition und Aufführung zahlreicher Märsche für konkrete Anlässe (z. B. Gossecs "Marche lugubre", "Marche religieuse", "Marche victorieuse", "Marche funèbre"), daß der "eigentliche" Marsch nun durch begriffliche Charakterisierung seines ursprünglichen, militärischen Verwendungsbereichs von anderen abgehoben werden mußte – und fortan nicht mehr nur "Marche", sondern "Marche militaire" genannt wurde. (Joseph Haydn schreibt beispielsweise 1802 von seinem "Militair Marsch", und der Schritt zum "Militärmarsch" ist damit evident [vgl. **182**.517 f.].) Bemerkenswert sind weiterhin etwa Gossecs "Symhonie militaire" und Jadins "Symphonie". Sie verdeutlichen, was Adelheid Coy als "eine Errungenschaft der Revolution" bezeichnet: daß sich, bei aller funktionalen Verwendung, das Militärensemble zum Konzertensemble wandelte (**78**.78), wobei aber berücksichtigt werden muß, daß zwar schon zuvor die (Regiments-)Hautboisten "konzertmäßig" tätig waren, dies jedoch nicht mit einem ähnlich die Massen tangierenden Hintergrund und also auch nicht mit einer solchen Breitenwirkung. Und wenn Coy die neuen, nur für Bläser komponierten Sinfonien als "eine der wichtigsten Errungenschaften der Revolutionsmusik" (78) bezeichnet, so ist dies vor allem wichtig vor dem Hintergrund der *Gattung* der Sinfonie: "Blasmusik ist aufgewertet und entwickelt worden und wird, wenn nicht unbedingt als überlegen, so doch instrumentaler Streichmusik als gleichwertig empfunden. Auf diesem Gebiet arbeiten nicht nur zweitrangige Autoren, sondern auch die wichtigsten, während der Revolutionszeit aktiven Komponisten. Es wird dies durch die Aufführung im Rahmen eines Konzertes bestätigt. Gleichzeitig ist jedoch auch eine Verselbständigung der einzelnen Musikstücke zu beobachten, die aus ihrem konzeptuellen Rahmen, den Festen, herausgelöst werden und als eigenständige Stücke Wert zugesprochen bekommen. Funktionalmusik [...] wird zu Konzertmusik, der schon einer neuer Werkbegriff zugrundeliegen muß" (78).

Allerdings: Wenn Whitwell im Zusammenhang mit den Bläser-"Sinfonien" der Französischen Revolution bereits von einer "symphonie for band" (1793) spricht (**407**.61), so ist zu bedenken, daß erstens die erhaltenen Sinfonien kaum etwas zu tun haben mit dem Begriff "Sinfonie" in der Orchestermusik des späten 18. Jahrhunderts, daß zweitens diese Stücke noch weniger mit heutigen "Symphonie for band" betitelten Werken vergleichbar sind und daß drittens, sofern es um Konzertmäßiges geht, konzertante Gattungen für Bläser keine Erfindung der Französischen Revolution sind, sondern allenfalls deren Präsentation durch "Monster"-Orchester (vgl. etwa J.Chr. Bachs 1780 komponierte "Sei Sinfonia" für 2 Kl, 2 Hr und Fg oder dessen von Stanley Sadie als "Quintette" herausgegebene "Military Pieces" [**156**.176]).

Festzuhalten bleibt, daß Musik (etwa ältere Märsche) dadurch, daß man sie in den Dienst einer Sache bzw. Idee stellt, nicht nur politisiert *wird*, sondern selbst "politische Musik" entsteht, Werke also, die speziell für politische Anlässe komponiert werden. (Beides findet sich extrem im Dritten Reich wieder, und hier wie dort spielen, wenn auch die Ideologien sich nicht vergleichen lassen, "Massen" im weitesten Sinne des Wortes eine Rolle.)

Mit den "Monster"-Orchestern ist auch die Frage der Entstehung des "Blasorchesters" berührt (vgl. S. 54 ff.). Whitwell unterstreicht die Tradition entsprechender Sichtweisen, indem er schreibt: "As far back [...] as I can remember I have heard references to the French revolution being the birth of the modern band" (**407**.7). Indessen verstellt eine solche Perspektive den Blick für die wirkliche Entstehung dessen, was heute als "Blasorchester" angesehen wird. Das "moderne" Blasorchester "klingt" vor allem durch die Verwendung von Ventil-Blechblasinstrumenten, welche erst in den 20er Jahren des 19. Jahrhunderts erfunden wurden. Die Größe der Besetzung von Kapellen in der Französischen Revolution kam hingegen dadurch zustande, daß man zwar zum Teil die Posaunen sowie einige "exotische" Blas- und Schlaginstrumente hinzufügte, ansonsten aber nur verdoppelte oder gar verdrei- und vervierfachte, was man auch in Harmoniemusikkompositionen (besonders in Märschen) anderer Länder vorfand. Noch weiter relativiert sich die Sichtweise vom "modernen Blasorchester", wenn man die geringere Stimmenzahl der Kompositionen selbst zugrundelegt (und nicht die der Aufführung). Was hingegen in der Mitte des folgenden Jahrhunderts tatsächlich zum "modernen" Blasorchester führt, hat im frühen 19. Jahrhundert erst einmal (wenn man so will: wieder) relativ klein angefangen.

Damit sind keinesfalls Auswirkungen der Bläsermusik der Französischen Revolution auf andere Länder in Abrede gestellt. Daß z. B. der fürstlich-leiningische Kapellmeister Georg Schmitt "sich gezwungen sah, vielfach auf französische Arrangements zurückzugreifen und auch selbst zu arrangieren, da es an geeigneten Originalkompositionen für seine Kapelle noch fehlte" (324.63), beleuchtet genauso französischen Einfluß wie etwa die vielen Bläserarrangements des frühen 19. Jahrhunderts mit französischem Titel, darunter diejenigen J.H. Walchs, die die "pieces d'harmonie"-Tradition Frankreichs – "a group of six or so short pieces normally selected and arranged from opera originals" (**162**.167) – auch hierzulande fortsetzten.

C. Blas- und Bläsermusik im 19. und 20. Jahrhundert

1. Zur Situation im frühen 19. Jahrhundert

Nimmt, vom Bläserquintett abgesehen, die Größe der Bläserensembles im frühen 19. Jahrhundert zwar tendenziell zu (entsprechend den bereits gegen Ende des 18. Jahrhunderts anzutreffenden vergrößerten Besetzungen), so gilt dies doch nicht pauschal. Hellyer datierte das "Ende" der Harmoniemusik auf 1837 (vgl. S. 138). Und obgleich zuweilen gesagt wird, die Jahre 1780–1800 seien diejenigen, in welchen die Harmoniemusik ihre größte Popularität genoß, so sind doch die zahlreichen Harmoniemusik-Bearbeitungen des frühen 19. Jahrhunderts unzweideutiges Zeugnis für ihr Weiterleben – allerdings unter veränderten Bedingungen, die weder auf das Repertoire noch auf die Besetzung und Funktion ohne Einfluß blieben. Sind Harmoniemusiken des 18. Jahrhunderts vorwiegend handschriftlich überliefert, so nimmt die Anzahl der Drucke zu Beginn des 19. Jahrhunderts rapide zu, wie beispielsweise die im Hofmeister-Whistling (**187**) verzeichneten Musikalien zeigen. Sie verweisen auch auf eine veränderte Bedeutung des Terminus "Harmoniemusik". Die im Abschnitt "Harmonieen für Blasinstrumente" abgedruckten Musikalien enthalten weitgehend vergrößerte Besetzungen, die am Ende des 18. Jahrhunderts noch die Ausnahme darstellten (einschließlich solcher für "Türkische Musik"). Walchs Sammlungen "Pieces d'Harmonie pour Musique Militaire" bringen bereits sprachlich die Vereinnahmung der Harmonie- durch die Militärmusik zum Ausdruck, und sie zeigen französischen Einfluß: "At the beginning of the [19th] century", so Rebekah E. Crouch, "France was undisputed leader in military music, as a result of the importance it had given this medium during the Revolution" (**81**.14). Aber bereits gegen Ende der 20er Jahre wurden die preußischen und österreichischen Militärkapellen als die besten ihrer

Zeit angesehen (33 f., vgl. auch Hemke 1975 [**163**.191]). War im 18. Jahrhundert die "Türkische Musik" durch die Schlaginstrumente von der "Harmoniemusik" abgehoben, so geht diese strenge Trennung verloren. "Türkische Musik" und "Janitscharenmusik" verweisen zwar auch in der ersten Hälfte des 19. Jahrhunderts noch auf die Schlaginstrumente, doch wird diese Art der Blasmusik zur dermaßen dominanten, daß die "eigentliche", "klassische" Harmoniemusik eine zunehmend geringere Rolle spielt. Zwar bezeichnet H.Chr. Koch im Jahre 1802 die Musik der "Hoboisten" noch "gemeiniglich" als aus dem Bläseroktett bestehend, doch erwähnt er auch die Hinzufügung anderer Instrumente und spricht sogar, ohne zu ahnen, was daraus einmal werden sollte, von der "Blasmusik [!] der Hoboisten-Chöre" (**223**.759). Und wenn 1823 K.F. Zelter an J.W.v. Goethe schreibt: "Zu der Zeit da eben nichts als von Theorie der Temperatur gesprochen, geschrieben und gedruckt wird, setzt man große Orchester aus lauter Windinstrumenten zusammen, die keiner allgemeinen Temperatur fähig sind, indem jedes von Natur seine eigene Temperatur hat. Solch ein Orchester nennt man Harmoniemusik und es möchte schwer seyn etwas Unharmonischeres zu finden. Die Leute sind nicht schuld, jeder bläs't seine Part fertig und sicher, und keiner weiß woran es liegt daß es niemals klingen wird; wir wollen's ihnen aber nicht sagen" (**301**.366), so belegt dies nicht nur eine veränderte Bedeutung des Terminus "Harmoniemusik" (als "großes Orchester"), sondern verweist auch auf eine Instrumenten-Problematik, die noch zu erläutern ist.

Die Situation in den ersten Jahrzehnten des 19. Jahrhunderts stellt also in gewisser Weise eine Überlappung zweier Strömungen dar: Einerseits bedeutet sie den Auslauf und das Ende der Harmonie- und Türkischen Musik des 18. Jahrhunderts, andererseits beginnt mit ihr eine Entwicklung, die zum Blasorchester und zur Blasmusik modernen Zuschnittes führt. Dabei ist, alles in allem, eine Vielfalt anzutreffen, deren Entwicklung im Rahmen dieser Schrift allenfalls in ihrer Tendenz angedeutet werden kann. Einzig das Bläserquintett als "the only standard wind group to survive from the preceding century" (**133**.197) nimmt sich davon aus.

2. Das Bläserquintett

Läßt sich eine Entwicklungslinie verfolgen von der Harmoniemusik bzw. von der "Türkischen Musik" des späteren 18. Jahrhunderts zu den nach und nach sich vergrößernden Bläserensembles des frühen 19. Jahrhunderts und von diesen durch allmähliche Aufnahme von Ventil-Blechblasinstrumenten zum "Blasorchester", so spaltet sich das Bläserquintett gleichsam von der Harmoniemusik ab und beginnt ein Eigenleben, das in seiner Entstehung nur vor dem Hintergrund gesellschaftlicher Veränderungen und in seiner Kontinuität nur vor dem seines künstlerischen Anspruches, der dem des Streichquartetts ähnelte, verstanden werden kann.

Es war zunächst Millard M. Laing, der 1952 (**231**) einen ersten umfangreicheren Schritt zur Erforschung der Quintette desjenigen Komponisten unternahm, welcher mit seinen 24 Quintetten gleichsam die Gattung begründete: Anton Reicha, zuweilen "father of the wind quintet" (**133**.16) genannt. 1968 folgte die vor allem in musikanalytischer Hinsicht detaillierte Arbeit von Udo Sirker (**336**). Über das Bläserquintett des 20. Jahrhunderts in den USA schrieb 1971 Charles R. Doherty (**94**), und 1986 untersuchte David M. Pierce speziell die Rolle des Fagotts im Bläserquintett (**282**). Miroslav Hošek (1979, **193**) bietet u. a. Verzeichnisse gedruckter und ungedruckter Kompositionen des 19. und 20. Jahrhunderts sowie bestehender Bläserquintett-Ensembles.

War Kammermusik, so Wulf Konold, "gegen Ende des 18. Jahrhunderts, mit sehr unterschiedlichem kompositorischen Anspruch, die höchste Form aristokratischer Gesellschaftskunst", deren Träger, Auftraggeber und Rezipienten "die Aristokratie und das [...] gehobene bürgerliche Publikum von 'Kennern und Liebhabern'" (**83**.356) waren, so führte die bürgerliche Emanzipationsbewegung im Gefolge der Französischen Revolution zum Verschwinden eben dieser Voraussetzungen. Und damit "verschwand zuerst auch die Gattung der bläserbesetzten Divertimenti und Serenaden, die ihren sozialen Ort verlor" (357). Hatte die Kammermusik "zuvor gleichermaßen dem Unterhaltungsbedürfnis wie dem kennerschaftlichen Anspruch [...] gedient, so verwischte sich jetzt dieser so einheitliche Adressatenkreis" (358).

Damit sind grob die Ursachen umrissen, welche das Bläserquintett für den kleineren Kreis von "Kennern" reservierte, während für die Masse des Volkes die vor allem in ihren Bearbeitungen sowieso auf Breitenwirkung angelegte Harmonie- und Türkische Musik sich unter Ausweitung ihres Instrumentariums in Richtung "populäre Musik" weiterentwickelte. Ausnahmen (Spohr, Mendelssohn Bartholdy) ändern daran grundsätzlich nichts. (Und die Nähe der frühen Quintette zur "alten" Harmoniemusik zeigt sich allenfalls noch in ihrer Bezeichnung als "Harmoniequintett" [vgl. 336.5].)

Das im Jahre 1780/81 von Rosetti komponierte Quintett für Flöte, Klarinette, Oboe, Fagott und *Englisch*horn wird im allgemeinen als das früheste der Gattung angesehen. Verlangt es Piersol zufolge im Rahmen der Harmoniemusik "separate discussion" (**283**.253), so gehört es nach Sirker noch zur "unterhaltenden Bläsermusik des 18. Jh." (**336**.24). Mit Anton Reichas Quintetten "ist das Bläserquintett zu einer feststehenden Besetzungsform geworden" (162), nämlich zur solistischen von je einer Flöte, Oboe, Klarinette, Horn und Fagott. Reichas erstes Quintett datiert von 1810, und auch seine weiteren wurden in Paris, wo er wirkte, quasi als "neue Musik" begeistert aufgenommen (25 f.). Sie hatte indessen auch ihre "musikalischen" Voraussetzungen: Entwicklung und Verfeinerung der Instrumente sowie die Perfektion der Spieltechnik (45 ff.). Setzen Reichas Quintette "hervorragende Instrumentalisten" (57) voraus, so hatte er diese in Paris zur Verfügung, und neben Reicha werden auch andere "Komponisten der Bläserquintette ihre Werke auf die Instrumente der Ausführenden abgestimmt haben" (55). Das Merkmal der Virtuosität wird zu einem wesentlichen der Bläserquintette. Unter Berücksichtigung von Reichas Autobiographie schreibt Sirker, Reicha habe jedes Instrument seiner Natur nach behandeln wollen, er sei der Meinung, berühmte Komponisten hätten kein Bläserquintett geschrieben, weil sie die Blasinstrumente nicht genug gekannt hätten, und Reicha habe bei der Komposition seiner Quintette nicht die ältere Bläsermusik, sondern die Streicherkammermusik vor Augen gehabt (29 f.). So ist beispielsweise die Satzfolge "von Streicherbesetzungen übernommen" (153), und das Streichquartett bzw. -quintett "schimmert als Vorbild durch" (149). Im zusätzlichen Zusammenhang mit Reichas damaligen Interpreten, die von der Sichtweise einer einseitigen Bevorzugung der Streichinstrumente seit Haydn und Mozart ausgingen und deshalb die Komponisten aufforderten, Werke für Blasinstrumente zu schreiben (33), wird ersichtlich, worum es Reicha ging: "Reichas Ziel war eine Gleichstellung der Bläsermusik mit der Streichermusik" (159). Und sofern Mozart etwa mit seiner Serenade KV 370a

("gran Partitta") dieses Ziel wenigstens für ein einzelnes Werk erreicht hat, so bedurfte es offensichtlich einer auch anderen *Gattung*, die in dieser Hinsicht langfristig überzeugender war.
Mit seinen Quintetten war Reicha Vorbild für darauffolgende Bläserquintett-Komponisten (etwa F. Danzi, H. Brod, G.G. Cambini, F.R. Gebauer, P. Müller u.a.). Sirker kommt für die Zeit der ersten Hälfte des 19. Jahrhunderts allerdings nur auf ca. 66 Bläserquintette (Liste: 17–21), und er sieht die Ursachen in den hohen technischen Anforderungen (44). Auch Klöcker (TIBIA 1976, H.3, 139) bedauert, daß "in der klassischen und romantischen Epoche kein bedeutender Komponist ein Werk für diese Besetzung geschrieben" hat (und er kritisiert an gleicher Stelle, daß angesichts dieser Tatsache etwa eine Feldparthie von Haydn in der Bearbeitung für Bläserquintett für ein Original gehalten wird). Folglich ist es vor allem das 20. Jahrhundert, in dem das Bläserquintett "eine bevorzugte Pflege erfährt" (**336**.162), etwa durch Kompositionen von A. Schönberg, D. Milhaud, P. Hindemith, E. Bozza, W. Fortner, H. Genzmer, J. Françaix, H.W. Henze u.v.a. (vgl. **193** u. **282**).

3. Militärmusik des deutschsprachigen Raumes (19. Jh.)

a) Instrumente

Zelters Zitat (vgl. S. 164) machte bereits deutlich, daß in der Phase des Übergangs vom Hoboistenkorps des ausgehenden 18. Jahrhunderts bis zur Entstehung des "Blasorchesters" einiges im argen lag. "The woodwind instruments which were employed had not reached the sophisticated stages in their mechanical development which permittet them to be played with the accuracy of tone and intonation enjoyed in a later era" (**81**.16). Dabei ging es nicht nur um Stimmungsprobleme, sondern auch um die Klangbalance. Das Blasensemble mußte, wie Heyde betont, "wieder eine geschlossene Einheit werden" (**166**/3.69). Mit der Erfindung der Ventile in den 20er Jahren des 19. Jahrhunderts war eine Entwicklung eingeleitet, welche den immer noch aus der Tradition der Bläsermusik des 18. Jahrhunderts dominierenden Holzbläserklang verstärkt in den Hintergrund drängte, um schließlich um 1850 das "moderne" Blasorchester als homogenen Klangkörper hervorzubringen.

Das Baßproblem

Der bereits im 18. Jahrhundert verwendete Serpent war kaum ein ausreichendes Baßinstrument. Dies ist auch daraus ersichtlich, daß er teilweise in Kombination mit dem Kontrafagott verwendet wurde. (Zum Serpent vgl. z. B. Schultz 1978 [**325**], Stewart 1978 [**349**], Nagy 1985 [**266**], Overton 1985 [**277**.34 ff.], Salmen 1986 [**310**, Beitrag von Nagy].) Und letzteres, allemal ein Holzblasinstrument, konnte zwar den Tonraum nach unten erweitern, war aber auf Dauer vor dem Hintergrund der sich vergrößernden Bläserensembles dynamisch zu schwach. Und so tauchen im früheren 19. Jahrhundert eine Reihe von Instrumenten auf, welche der Baßstimme zu einem stärkeren Gewicht verhelfen sollten, was tendenziell zunächst darauf hinauslief, "den Tonumfang eines Holzblasinstrumentes mit der Klangfülle eines Blechblasinstrumentes [zu] vereinigen" (**3**.42).

Das *Baßhorn*, um 1804 von Frichot in England erfunden (vgl. **179**.44), "wurde aus Holz mit einem Schallstück aus Metall gefertigt. Es hat die Form eines Fagotts mit Tonlöchern und Klappen. Das Mundstück aus Elfenbein oder Metall war dem der Posaune ähnlich. Der Tonumfang reichte von B 1 bis g 1" (**12a**.28). Sein Klang wird als rauh und unrein beschrieben. Eine Veränderung des Baßhorns (statt der Fingerlöcher nur noch Klappen) führte zum sogenannten *Harmoniebaß*, welcher "in Wien gebaut und mit einem Kontrafagottrohr abgeblasen wurde", im Prinzip also ein "Klappenhornbaß" war (**148**.276). Sowohl in preußischen als auch in österreichischen Kapellen kam dieses Instrument nur für kurze Zeit zum Einsatz (vgl. **179**.45 u. **148**.276). Heyde zufolge ging die Bezeichnung "Baßhorn" auch "verschiedentlich auf die österreichischen Bombardons über [...], die etwas weiter waren und mit ihrem grösseren Tonvolumen" die Baßhörner verdrängten (**166**/3.73). Das *Bombardon* entstand 1832 "als unmittelbarer Vorläufer der Wieprechtschen Tuba" und "wurde erst noch mit Klappen, dann jedoch mit drei bis vier Ventilen gebaut. Sein Tonumfang reichte vom Kontra-B bis zum eingestrichenen g" (**179**.45). Die *Ophicleide*, eine Entwicklung aus dem Serpent (vgl. **277**.42) und 1817 von J. Halary in Paris in verschiedenen Größen gebaut, ist ein "zur Familie der Bügelhörner mit Klappen gehörendes chromatisches Blechblasinstrument mit fagottartig geknickter Röhre" (RML, 668). Auf die Bedeutung dieses Instruments mehr in französischen, englischen und belgischen denn in deutschen und österreichischen Kapellen weist Farmer (**119**.88) hin. Bezüglich noch speziellerer Instrumente wie dem *Subkontrafagott, Rohrkontrabaß, Tritonikon, Baroxyton* oder Familien wie den *Rothphonen, Sarrusophonen* und *Saxorusophonen* sei auf die entsprechenden Arbeiten von Nagy 1985 (**266**), Joppig 1984 (**207**) und Eppelsheim 1976 (**112**) verwiesen. Deutlich wird, welche Bestrebungen das Baßproblem im Bereich des Instrumentenbaus auslöste. Zum Teil wurden einzelne Baßinstrumente auch verschieden *bezeichnet*, so daß Habla von der "damals offensichtlich unüberschaubare[n] Vielfalt der Baßinstrumente" (**148**.277) spricht. (Wegen der Uneinheitlichkeit der Baß-Instrumente wurde die Baßstimme häufig nur mit "Bassi" bezeichnet [vgl. **294**.28 u. **148**.278].) Im Jahre 1835 gelang schließlich durch Wilhelm Wieprecht und dem Berliner Instrumentenbauer C.W. Moritz die Konstruktion der Baßtuba. Ahrens teilt einen ersten Bericht aus diesem Jahr mit, worin es heißt, die neue Tuba sei "bei unserer Militair Musik bereits eingeführt", und zwar "wegen der außerordentlichen Kraft, Fülle und Schönheit des orgelmäßigen Klanges, wodurch es alle vorhandenen Instrumente der Art: Contrafagott, Serpent, u. s. f. bei weitem übertrifft" (**3**.43). Mit der Tuba war zwar langfristig eine befriedigende Lösung des Baßproblems gefunden, doch löste sie keineswegs ad hoc die "alten" Baßinstrumente ab. Habla zeigt, "daß in der Praxis um die Jahrhundertmitte noch eine große Vielfalt an Baßinstrumenten verwendet wurde" (**148**.24). Zu nennen sind abschließend noch die 1845 von Červený erbaute *Kontrabaßtuba* sowie die ersten durch Stowasser 1849 in Wien hergestellten *Helikone*.

Zur Erfindung der Ventile

Am 6. Dezember 1814 schreibt Heinrich Stölzel an den König Friedrich Wilhelm III.: "Der Mechanismus meiner Erfindung ist höchst einfach, leicht und schnell zu behandeln und jeder, der das Instrument bläßt, kann sich in einigen Tagen mit seiner Anwendung vollkommen vertraut machen." Und er begreift seine Erfindung als eine, "worüber die Welt erstaunen soll" (zit.n. **166**/1.13). Damit ist quasi der Beginn der Entwicklungsgeschichte der Ventile für Blechblasinstrumente markiert. Obgleich zahlreiche Versuche vorausgegangen waren, Trompeten und Hörnern chromatisches Spiel zu ermöglichen – Stopftechnik Anton

Hampels (um 1750), Klappenhorn von Kölbel (1760), die "russische Hornmusik" (vgl. **182**.526 f.), Klappentrompete von Weidinger (1801), Kent-Horn ["key-bugle"] bzw. Klapp(en)horn von Halliday (1810) – brachten doch erst die 1814 erfundenen, 1818 patentierten und 1827/28 nochmals verbesserten Ventile den entscheidenden Einschnitt, denn sie ermöglichten letztlich die Einrichtung eines vollen Blechsatzes in Melodik, Harmonik und im Baß. Dabei verdient nicht nur Stölzel, sondern ebenso Friedrich Blühmel "als Erfinder des Ventilprinzips bei Blasinstrumenten anerkannt zu werden" (**166**/1.33). Wieprecht, der sich um die Verbesserung der Ventile bemühte und um 1830 das "Berliner Pumpventil" erfand, konstruierte in der Folge nicht nur die Tuba, sondern bereits zuvor (1833) die preußischen Kornette, ein Pendant zu den in Österreich vorherrschenden, weiter mensurierten und weicher klingenden Flügelhörnern.

Die Erforschung der Blechblasinstrumentenentwicklung im (früheren) 19. Jahrhundert einschließlich des Ventilmechanismus hat in den letzten 15 Jahren einen enormen Auftrieb erfahren. (Allgemeine Darstellungen zu einzelnen Instrumenten bleiben im folgenden unberücksichtigt.) 1978 und 1979 wertete Herbert Heyde in vier Aufsätzen erstmals Primärquellen zur Erfindung der Ventile in Deutschland aus (**166**), 1987 erschien seine zusammenfassende Darstellung als Buch (**170**). Auf die (auch) *sozialen* Folgen legte Christian Ahrens 1986 (**3**) besonderes Gewicht. Weitere Forschungen galten dem Studium historischer Blechblasinstrumentensammlungen, z. B. Eliason 1968 (**109**), Larson 1974 (**232**), Baines 1976 (**16**), Holcomb 1976 (**188**), Heyde 1980 (**167**), 1982 (**168**) und 1989 (**171**), Moege 1985 (**259**), Swain 1986 (**371**), Scott 1988 (**330**); akustisch-vergleichenden Untersuchungen, z. B. Müller 1971 (**263**), Körner 1976 (**225**); historischen Lehrwerken und Pädagogen für die neuen Ventilinstrumente, z. B. Mathez 1977 (**249**), Baird 1983 (**17**), Brixel 1984 (**58**), Sorenson 1987 (**341**), Anzenberger 1989 (**10**) sowie der Auswertung und Analyse historischen Notenmaterials geblasener Musik (auch) unter dem Aspekt der Verwendung von Ventilinstrumenten, z. B. Hofer 1988 (**182**), Habla 1990 (**148**) und Träger 1990 (**386**)).

Auch wenn die Einführung der neuen Ventilinstrumente nicht einmal in der Militärmusik unumstritten war, so vollzog sich dieser Prozeß doch hier im Vergleich mit den Sinfonieorchestern "mit einem geradezu atemberaubenden Tempo" (**3**.106), was angesichts der Tatsache, daß Militärmusiker wie z. B. Wieprecht an der Entwicklung beteiligt waren, nicht unverständlich ist. Um 1840 bis spätestens zur Jahrhundertmitte hatten sich die Ventile in der Militärmusik größtenteils durchgesetzt. Wurde ihre damalige Ablehnung in unserer Zeit häufig mit anfänglichen technischen Mängeln begründet (z. B. 201.76) so vermittelt Ahrens durch Auswertung zahlreicher Quellen einen Blick auf die Bandbreite der Diskussion im 19. Jahrhundert. Sie zeigt, daß "technische Unvollkommenheit" nur eine sehr geringe Rolle bei der Ablehnung gespielt hat (3.8 u. 20–25). "Die totale Verfügungsgewalt über den Tonvorrat der Blechblasinstrumente und deren zügellose Nutzung war eines der Hauptargumente" gegen die Ventile (113). "Dabei ging es vordergründig um die Zunahme der Lautstärke, um das Lärmpotential jener Instrumente gleichsam, das man als ungewöhnlich und in gewissem Sinne als unzumutbar empfand – zahlreiche Karikaturen legen beredtes Zeugnis ab von dieser Einstellung." Und es herrschte Unsicherheit darüber, "welchen Stellenwert man den Blechblasinstrumenten eigentlich zumessen sollte" (113).

Paradox mutet an, daß aus dem Bemühen des 18. Jahrhunderts heraus, den Blasinstrumenten *leises* Spiel zu ermöglichen (vgl. S. 124), im 19. Jahrhundert auch das Gegenteil zur Folge technischer Verbesserungen wird; und wenn auch die Orchestrierung eines Berlioz bis heute ihre Kritiker hat, so liefern gerade die späteren "Monster"-Militärkapellen den Gegnern handfeste Argumente gegen eine Erscheinung, die bereits von den Kritikern der Ventile befürchtet worden war.

Wegen der Interessenkonflikte baute man teilweise sogar Instrumente mit abnehmbaren Ventilen, die also je nach Bedarf wieder zu Naturtoninstrumenten gemacht werden konnten (vgl. 3.10). Und Frank W. Baird schreibt, die noch 1857 erschienene Naturtrompetenschule von Dauverné scheint ein (vorerst) letzter Versuch gewesen zu sein, Trompetern die Kunst des Naturtrompetenspiels zu lehren (**17.17**).

Anzenberger kritisiert im übrigen Ahrens' Feststellung, daß sich die reservierte Haltung gegenüber Ventilinstrumenten "auch im Fehlen von Lehrbüchern" (3.18) dokumentiere, mit Hinweis auf 132 Schulen nur für Ventiltrompete bzw. Ventilkornett, davon 18 aus den dreißiger Jahren (**10.19**).

Und wenn auch in der Militärmusik die Einführung der neuen Ventilinstrumente "längst nicht ohne Widerstände" (3.51) vonstatten ging – so daß keineswegs etwa die Ventiltrompete die Naturtrompete "abgelöst" hätte (Hinweise bei **10.9**) –, darf dies doch nicht darüber hinwegtäuschen, daß sich die Umstellung "viel reibungsloser" (3.51) als im Bereich der Oper oder sinfonischen Musik gestaltete. Wieprecht schreibt beispielsweise, daß Militärmusiker in Berlin "der Erfindung im höchsten Grade abhold" (zit.n. **166**/3.82) gewesen seien. Stölzel begründet diesen Umstand in seinem Patentierungsschreiben von 1827 damit, daß die Musiker es gewohnt seien, auf herkömmlichen Instrumenten zu spielen und sich "so daran gewöhnt haben, dass sie eine fernere Übung, die die Behandlung des, an den chromatischen, von mir erfundenen Instrumenten befindlichen Mechanismus erfordert, nicht unterwerfen wollten" (82). Auch betont er, daß "die Componesten bisher noch zuwenig mit denen Vorzügen, und den Nutzanwendungen derselben [Ventilinstrumente] bekant waren um zweckmesig [!] dafür setzen zu können" (82). Andere lehnten die Ventile ab mit der Befürchtung, "daß jene Erfindungen die Privilegien der Trompeter in Frage stellten und nicht zuletzt auch finanzielle Einbußen zu erwarten waren" (**3**.79) (wobei derlei Argumente aber die Ausnahme gewesen sein dürften, war doch der Untergang des einst angesehenen Standes der Hof- und Feld-Trompeter selbst von Altenburg 1795 nicht mehr aufzuhalten gewesen). Letztlich aber erkannten die Militärmusiker "frühzeitig, welche Möglichkeiten ihnen die neue Erfindung eröffnete, und wechselten relativ rasch ihre veralteten Instrumente gegen die modernen aus" (51). Auch bei den zivilen Blaskapellen "fehlte jener langwierige Adaptationsprozeß, den wir aus Sinfonik und Oper kennen" (69).

Ahrens weist zwar darauf hin, daß allgemein nicht immer "klar zwischen den Naturtrompeten, den Trompeten mit Klappen und denen mit Ventilen" unterschieden wurde, sondern daß man "oft genug den Begriff Klappentrompete (oder Klappenhorn) unterschiedslos für alle 'mechanisierten' Modelle" verwendete (3.34), doch in Bläserwerken anzutreffende Bezeichnungen wie "Tromba chromatico" oder "Tromba ventilo" sind ein zuverlässiger Hinweis auf das neue Ventilinstrument (vgl. **148** u. **182**). Ohne im Detail auf die Stimmung der einzelnen Instrumente einzugehen, sei noch angemerkt, daß sich in der Folge der neuen Ventilinstrumente gegen Mitte des 19. Jahrhunderts die B- (und Es-) Stimmung im Blas- bzw. Militärorchester durchsetzte (vgl. **148**.20 f.).

Militärmusik des deutschsprachigen Raumes (19. Jh.) 173

b) Besetzungen

Vielfältig und komplex ist dieses Gebiet deshalb, weil es nicht nur eine *historische* Linie zu verfolgen gilt, sondern auch eine *geographische* bzw. *nationale*: Traditionen der Besetzung in Deutschland, Österreich, Frankreich und anderen Ländern bildeten sich heraus, die bis heute nachwirken. Hinzu kommt das Problem der Besetzungs-Eruierung aufgrund mehr oder weniger offizieller Angaben einerseits (z. B. Besetzungslisten) und durch Auswertung historischen Notenmaterials andererseits: Sowohl tauchen im Notenmaterial Instrumente auf, die "offiziell" gar nicht eingeführt wurden, wie auch Instrumente genannt werden, die sich im Notenmaterial nicht oder nur kaum finden. Ist die bisherige Komplexität vor allem im Rahmen der Militärmusik zu verstehen (die ja von vornherein einen "offiziellen" Charakter hatte), so wird die Frage der Besetzung noch vielfältiger durch die zivilen Blaskapellen (städtische, dörfliche, Werksorchester usw.), bei denen "von Amts wegen" keine so enge Besetzungs-"Pflicht" bestand.

Einen anschaulichen Eindruck von der genannten Vielfalt vermittelt Bernhard Hablas Dissertation aus dem Jahre 1990 (**148**). Der Verfasser selbst beschränkte sich in diesem Punkt seiner Arbeit aus dem Jahre 1988 (**182**) musikalisch auf die Militärmusik, geographisch auf Preußen. Wurde die Entwicklung der Besetzung in zahlreichen Militärmusikgeschichten mehr oder weniger anhand von Besetzungslisten dokumentiert, so werten die genannten Arbeiten primär Notenmaterial aus.

In bewußt exemplarischer und für andere Länder allenfalls in der Tendenz repräsentativer Weise sei Bezug auf eine Zeichnung des Verfassers (**182**.569) genommen, die wesentliche Züge und tiefgreifende Veränderungen in der Entwicklung der (gemischten) Bläserensembles in der 1. Hälfte des 19. Jahrhunderts veranschaulicht (vgl. 541–574): Bei der Auswertung von 114 in den Jahren 1817 bis 1839 gedruckten Märschen der "Königlich Preußischen Armeemarschsammlung" zeigte sich, wie der zunächst noch vorherrschende Holzbläserklang zunehmend in den Hintergrund gerät durch die allmähliche Dominanz der Blechblasinstrumente: Reduzierung der (Piccolo-)Flöten von 4 auf 1–2 und prinzipielle Beibehaltung der Anzahl anderer Holzblasinstrumente bei gleichzeitiger Erhöhung der Posaunen von 1 auf 3 (teilweise 4), der Trompeten auf 2–4, schließlich zusätzlicher Einbezug von 1 bis zu 4 Ventil-Trompeten sowie 1839 die erstmalige Verwendung der Tuba. Verständlicherweise erhöht sich auch die Anzahl der Stimmen: Sind bei der kleinsten Besetzung in der genannten Sammlung 12 Blasinstrumente vertreten, so bei der größten 29 (hinzuzuaddieren wären jeweils drei Schlaginstrumente). Tendenziell bedeutet dabei die kleinste Besetzung quasi Höhepunkt dessen, was sich aus der Tradition der "Türkischen Musik" des 18. Jahrhunderts heraus anbahnte, gleichzeitig aber auch Ausgangspunkt für die schließlich durch die Erfindung der Ventile unaufhaltsam gewordene Entwicklung zum Blasorchester. Und der letzte Marsch dieser Sammlung, der erstmals die Tuba enthält, ist gleichermaßen Höhepunkt dieser weiteren Entwicklung wie auch wiederum Ausgangspunkt für das, was sich schließlich im späteren 19. Jahrhunderts als, im weitesten Sinne, "Norm" oder "Standard" herausstellt: Wegfall beispielsweise des Serpents, Bassetthorns und des Bombardons, Aufnahme neuer Instrumente wie des Tenorhorns bzw. des Euphoniums usw.

Die zunächst letzte große Veränderung innerhalb der militärmusikalischen Besetzung in Preußen erfolgte durch Wilhelm Wieprecht (1802–1872), ab 1838 "Director der gesammten Musikchöre des Gardecorps". Er entwarf 1860 sein "Normal-Instrumental-Tableau" und wendete es 1872/73 praktisch in einer Überarbeitung von Märschen aus der obengenannten Sammlung an (vgl. **182**.642–647). Hintergrund war, daß "die Gesamtheit der Militärmusik unter der Ungleichheit der Besetzungen und der Stimmung" litt, so daß es "kaum möglich war, mehrere Musikkorps zu gemeinsamem Musizieren zusammenzufassen" (**209**.320). (Ähnlich ist die Reform Andreas Leonhardts 1851 in Österreich zu sehen, die durch die sogenannte "Zirkular-Verordnung" Anzahl und Art der Instrumente regelte [vgl. **148**.25–28].) Das Tableau "eroberte Preußen und ganz Deutschland mit Ausnahme von Bayern" (**209**.320). Aus Wieprechts sehr anschaulicher, auch theoretisch-systematisch angelegter "Central-Partitur / Nach dem Normal-Instrumental-Tableau" (Abdruck in **182**.643) aus dem Jahre 1872/73 seien hier die Instrumente der "Infanterie-Janitscharen-Musik" nach der Partitur zusammengefaßt (Schreibweise nach dem Original):

2 **Sopran-Cornetts** (Hoch Flügelhörner, Saxhorn Soprano), 2 **Alt-Cornetts** (Alt Flügelhörner, Saxhorn Alto), 2 **Tenorhörner** (Bass Flügelhörner, Saxhorn Tenore), 1 **Bariton-Tuba** (Euphoneon, Saxhorn Baritono), 2 **Bass-Tuben** (Bombardon, Helikon), 4 **Trompeten**, 2 **Waldhörner**, 1 Kleine

Flöte, 2 Oboen, 1 **Kleine Clarinette in As**, 2 **Mittel-Clarinetten in Es**, 4 **Grosse Clarinetten in B**, 2 **Fagotts**, 1 **Contrafagott** (Harmoniebass, Tritonikon, Sarusophon), 2 **Zug-Posaunen** (im Tenor), 2 **Zug-Posaunen** (im Bass), **Militair-Trommel, Grosse Trommel mit Becken**

Die in Klammern stehenden Instrumente gibt Wieprecht an im Hinblick auf zum Teil noch in Gebrauch befindliche ältere Instrumente, zum Teil aber auch aus Rücksicht auf Besetzungsgepflogenheiten anderer Länder. Waren für Preußen die Kornette und für Österreich-Ungarn sowie den süddeutschen Raum die Flügelhornfamilie typisch, so für Frankreich, England und die USA die Saxhörner. (Zur Bedeutung des Saxophons in dieser Zeit vgl. ausf. Crouch 1968 [**81**] u. Hemke 1975 [**163**].)

Die Wieprechtsche Einführung der Kornettinstrumente hatte zu Meinungsverschiedenheiten unter Kapellmeistern geführt, "weil ein Teil derselben den Instrumenten der österreichischen Flügelhornfamilie den Vorzug gab" (**89.**124). Konkurrierend trat die "Neithardt-Weller-Schick"-Besetzung auf, benannt nach den Kapellmeistern, die für sie eintraten. Heyde schreibt, "bereits um 1830 setzt eine 'Überflutung' des sächsischen und preussischen Marktes mit österreichischen Ventilinstrumenten ein", und diese (Flügelhorn statt Kornett, Euphonium statt Tenorhorn, Helikon statt Tuba) "waren insgesamt weiter mensuriert, entsprachen mit ihrem dunklen und weichen Klang also mehr dem Zeitbedürfnis der Jahre um 1830/40" (**166**/3.74). Allgemeiner verweist Ahrens auf die Bedeutung nationaler Schulen des Instrumentenbaues, "wobei es nicht nur um die Bevorzugung des einen oder des anderen Ventil-Systems ging, sondern auch um Fragen der Mensur, letztlich also der Klangästhetik" (**3.**40).

Das Kornett ("Cornet à pistons"), kurz vor 1830 entstanden, hatte ein kürzeres und konischeres Rohr als die Trompete und war somit "bedeutend beweglicher"; sein Ton war "weniger edel, aber es war bequemer zu blasen" (**373.**123). Von Bedeutung war es, abgesehen von der Militärmusik, vor allem auch als Solisten- bzw. Virtuoseninstrument in der Salonmusik. Steven Glover bezeichnet es auch als "'Konzertmeister-Instrument' des Blasorchesters" (**138.**39). Von großer, bis heute andauernder Bedeutung wurde die "Grande Méthode" von Jean-Baptiste Laurent Arban (1825-1889), Baird zufolge "The Cornetist's Bible" (**17.**5, vgl. ausf. Mathez 1977 [**249**]). Für das Flügelhorn (als Melodie-Instrument) wurde im bayerischen Raum "häufig die Bezeichnung 'Piston' [...] verwendet" (**148.**335). Für das Tenorhorn, das ähnliche Funktionen übernahm wie das um 1843/44 in Weimar erfundene Euphonium (ein Baritonhorn in b), findet sich entsprechend Wieprechts oben zitierter Angabe auch die Bezeichnung "Baß-Flügelhorn" (vgl. **148**.141).

Das spezifisch österreichische Blasmusikinstrumentarium war bereits im 19. Jahrhundert nicht nur durch das Vorherrschen des weitmensurierten Blechs gekennzeichnet, sondern auch "durch das Fehlen von Doppelrohrblattinstrumenten" (**60**.236). Habla bestätigt, daß in Österreich Oboen "ab den 1840er Jahren sehr selten verwendet" wurden und "nicht zur Standardbesetzung" (**148**.26) gehörten, "da der Oboenton im Blasorchester als schrill angesehen" wurde (36). Und mit Bezug auf das Fehlen der Oboen und Fagotte in einer österreichischen Militärkapelle auf der Weltausstellung 1867 in Paris bezeichnet Wieprecht Jahre später die Interpretation eines Englischhorn-Solos aus Rossinis Ouvertüre zu "Wilhelm Tell" durch ein Flügelhorn als "musikalischen Mißgriff" (**409**.32). Dem entsprechend wurden Oboeh und Fagotte in *preußischen* Kapellen nicht nur "toleriert", sondern es war geradezu eine "preußische Anschauung", "daß bei der Infanteriebesetzung die Holzblasinstrumente im Vordergrund" standen (**148**.84).

Es ist kaum möglich, im Rahmen dieser Schrift auf einzelne Instrumentationstechniken einzugehen. Entsprechend den regional unterschiedlichen Besetzungen gab es natürlich bestimmte Instrumente, welche für ganz bestimmte Aufgaben quasi "zuständig" waren, also für Melodik, Harmonik, Rhythmik, Baß usw. Habla (**148**) hat hier für den deutschsprachigen Raum zahlreiche Details herausgearbeitet, auch unter Berücksichtigung verschiedener Instrumentationslehren, die im 19. Jahrhundert auf den Markt kamen, wie etwa die deutschsprachigen von Sundelin 1828 (**354**), Nemetz (um 1840, **270**) und Saro 1883 (**312**). Bezogen auf die "Hauptgattung" der Militär- bzw. Blasmusik im 19. Jahrhundert, dem Marsch, eruierte der Verfasser (**182**) eine Reihe weiterer Instrumentationstechniken. Bei aller Vielfalt im Detail kristallisierten sich doch bestimmte Schemata heraus, die zum großen Teil bis heute Anwendung finden, wie z. B. der Einsatz des gesamten Blechregisters nur an Tutti- und fortissimo-Stellen. (Originellere Blasorchester-Kompositionen des 20. Jahrhunderts vermeiden bewußt solche Standardisierungen.) Zu fragen ist, inwieweit auch die Art des Repertoires verantwortlich ist für Instrumentations-Klischees, was bedeutet (etwa beim Marsch), daß die *Funktion* der Musik die Komposition bis in die Instrumentation hinein bestimmt. Besteht ein Großteil der Repertoires im 19. (und auch noch im 20. Jahrhundert) aus *Bearbeitungen*, so dürfte vor allem der Mechanismus der "Übertragung" vom Original in die "geblasene" Version teilhaben an der Standardisierung: Blasmusik war zu sehr unterhaltende und damit auch bearbeitete Musik, als daß individuellere und originellere Instrumentationstechniken bereits im 19. Jahrhunderts sich verstärkt herausbilden konnten. (Und Hablas Feststellung, daß die "Möglichkeiten der klanglichen Abwechslung [...] bei kleinen Besetzungen geringer" seien [**148**.434], läuft Gefahr, den Blick dafür zu verstellen, daß an klanglichen Möglichkeiten innerhalb der Blasorchester-Instrumentation im 19. Jahrhundert längst nicht ausgenutzt wurde, was theoretisch möglich war und daß – überspitzt formuliert – in der Tendenz die klanglichen Möglichkeiten des Bläserquintetts nicht minder abwechslungsreich sind als die standardisierten des etablierten Blasorchesters.) Weil, wie Suppan schreibt, das Repertoire der Blasorchester im 19. Jahrhundert insgesamt "nur ein Abbild des Opern- und Symphonieorchester-Repertoires" war, richtete sich auch die Instrumentation danach aus: Selbst "original dem Blasorchester zugedachte Kompositionen [...] hatten nicht einen spezifischen Blasorchesterklang zum Ziel. Die Instrumentation orientierte sich am Streicher-Vorbild, die Holzbläsermelodien und Figurationen imitierten Streichermelodien und Figurationen, Blasorchesterinstrumentation verstand sich – noch – nicht als Bestandteil der Komposition" (**366**.15). Erst das Blasorchester, was sich nicht mehr als funktionales begreift, sondern als autonomes Medium künstlerischen Ausdruckswillens, konnte nicht nur im Bereich der Komposition, sondern auch im dem der Instrumentation neue Wege gehen.

Im allgemeinsten Sinne waren die Instrumentationserrungenschaften des 19. Jahrhunderts von Blas- und Sinfonieorchestern die gleichen: "The most significant factor in wind scoring during the Romantic era was the realization of a homogeneous brass choir" (**133**.196). Die sinfonischen Werke eines Berlioz oder Bruckner mögen hier beispielhaft sein. Allerdings verlangte das Blasorchester nach ihm eigenen Differenzierungen (etwa "weiches" versus "hartes" Blech). Und die Entstehung des "modernen Blasorchesters" im 19. Jahrhundert bedeutet eben nicht nur eine quantitative Besetzungsvergrößerung: Hinter der Bildung größerer Ensembles "stand nicht allein das Bedürfnis nach klangstärkerer Musik, sondern zugleich der Wunsch nach einem volleren

Satz, in dem die Tonräume zwischen Melodie und Baß harmonisch ausgefüllt werden konnten" (3.108).

Das Blasorchester als neuer homogener Klangkörper stellte allerdings auch ganz neue Anforderungen an die Spieler. Philipp Fahrbach schrieb 1847: "Ein Trompeter blies damals während der ganzen Ballnacht nicht so viel, als er jetzt bei der Aufführung einer einzigen neu componirten Walzerpartie [...] leisten muß" (zit.n. 3.77).

Die Einschätzung der Anforderungen an die Spieler von Blechblasinstrumenten sind allerdings etwas zweischneidig: Gründete Philip Jones etwa sein berühmtes, gleichnamiges Brass-Ensemble, weil er als Trompeter im Sinfonieorchester kaum zu spielen hatte (vgl. BB 1979, H. 27, 86), so kommen neuere Originalkompositionen für Blasorchester im 20. Jahrhundert sicherlich auch mit Rücksicht auf die Spieler nur selten über eine Länge von 20 Minuten hinaus (vgl. S. 233).

c) Anspruchsvollere Originalliteratur

Ist es vor dem Hintergrund der durch soziale Umstände langsam ins Abseits gelangenden *"alten"* Harmoniemusik vor allem die Militärmusik (als "Janitscharen"- oder "Türkische Musik"), welche zu großer Popularität gelangt, so wäre für das frühere 19. Jahrhundert zu prüfen, ob einzelne Bläserwerke etwa eines Schubert, Weber, Mendelssohn, Küffner, Spohr oder Hummel mehr die "Krönung" bzw. den "Abschluß" der Tradition des 18. Jahrhunderts bedeuten oder den Beginn der Entwicklung zur "Blasmusik" modernen Zuschnittes. Davon auszunehmen ist Berlioz' in der Tradition der Monumentalmusiken der Französischen Revolution stehende "Symphonie funèbre" (1840), bei welcher der Komponist wegen der Aufführung im Freien an "eine große Anzahl von Blasinstrumente[n]" dachte (vgl. 93.72). Wolfgang Dömling bemerkt zum ersten Satz ("Marche funèbre") dieses ursprünglich "Symphonie militaire" betitelten Werkes, daß "dessen Kompliziertheit weit jenseits eines Appells an populäre 'Verständlichkeit' liegt" (73).

Von *Carl Maria von Webers* Bläserwerken seien genannt ein "Marsch in C", ein "Concertino" für Solo-Oboe und Bläser sowie sechs Walzer. Ist vor allem das "Concertino" bemerkenswert, weil es quasi einem Harmoniemusik-Ensemble eine Solo-Oboe gegenüberstellt, so steht der "Marsch" ganz in der Tradition jener

Formationen der Jahrhundertwende mit vergrößerter Besetzung. Ursprünglich als Jugendwerk des Fünfzehnjährigen für Klavier komponiert (Nr. 5 der Sammlung "6 kleine leichte Stücke" aus dem Jahre 1801), instrumentierte Weber das Stück in seinem Todesjahr (1826) für je 2 Ob, Kl, Fg, Hr, Tp sowie einer Flöte und Posaune und ergänzte ein Trio. (Croft-Murray weist im übrigen nach, daß dieser Marsch auch in England häufiger gespielt wurde [**80**.163].)

Franz Schubert ist für Gauldin der letzte Komponist, dessen Bläserkompositionen auf das Konzept der klassischen Bläser-Serenade verweisen (**133**.91). Das aus seiner Jugendzeit (1813) stammende, unvollständige "Oktett" (nur ein Menuett und ein Finale sind überliefert) für je zwei Ob, Kl, Hr und Fg erreiche zwar nicht die Qualität Mozartscher und Beethovenscher Bläserwerke, aber es enthalte doch nicht nur "vergangene" Instrumentationstechniken, sondern kündige bereits solche spätromantischer Bläsermusik an (92). Schuberts "Eine kleine Trauermusik", ebenfalls 1813 komponiert und nur 46 Takte lang, ist für je 2 Kl, Fg, Hr und Pos und Kfg geschrieben und im Prinzip sein zweites und letztes Bläserwerk.

Felix Mendelssohn Bartholdys "Ouvertüre für Harmoniemusik" op. 24, die er 1824 als Fünfzehnjähriger komponierte und 1838 für größere "Militärmusik" arrangierte, repräsentiert für David F. Reed "an important milestone in wind band literature" (**297**.3). John P. Boyd beschäftigte sich 1981 (**41**) ausführlich mit der ursprünglichen (zehnstimmigen) Version und legte sowohl eine Original- wie auch eine Blasorchesterfassung vor (von denen es im übrigen inzwischen eine ganze Reihe gibt [vgl. **368**.245 und **423**.15]). Einen Überblick über den Stand der Erforschung früher Fassungen bietet Reed 1982 (**297**). Galt lange Zeit die erweiterte, 1839 gedruckte Fassung als einzig erhaltene Originalversion, so wurde um 1980 ein Autograph gefunden, welches zwar die Jahreszahl 1826 trägt, als "Notturno" betiteltes Stück aber die "Ouvertüre" aus dem Jahre 1824 darstellt (bestehend aus zehn Einzelstimmen; von "11" Stimmen ist oft die Rede, weil man sich eine traditionell "verstärkende" Baßstimme hinzudenkt [vgl. **297**.1]). Klaus-Peter Träger wies in Detmold ein Druck-Exemplar aus dem Jahre 1839 nach mit den Stimmen: 1 Picc-Fl, Fl, 2 Ob, 4 Kl, 4 Hr, 2 Tp, 3 Pos, 2 Fg, 1 Bhr, Baßhorn oder Ophicleide, Kfg und Schlagwerk (vgl. **386**/2.111). Dieses Beispiel zeigt, daß Mendelssohns Ouvertüre durchaus seinerzeit zum Repertoire von Militärkapellen gehörte. Zu nennen ist auch der "Trauermarsch" op. 103 aus dem Jahr 1836, komponiert für die gleiche Besetzung wie die spätere Fassung der Ouvertüre mit Ausnahme der Piccolo-Flöte und des Schlagzeugs: "It is a fully scored, dirge-like piece that certainly qualifies as a typical example of band music around the turn of the century" (133.96).

Von *Louis Spohr* ist innerhalb einer Geschichte der geblasenen Musik das "Notturno (C-Dur) für Harmonie- und Janitscharenmusik gewidmet dem Fürsten Carl zu Schwarzburg-Sondershausen" op. 34 von Bedeutung, das erstmals 1816 bei Peters in Leipzig erschien (vgl. **386**/1.108). Das aus 6 Sätzen bestehende Stück ist geschrieben für 2 Ob, Picc-Fl bzw. Fl, 2 Kl, 2 Fg, Kfg, 2 Hr, 2 Tp, "Posthorn", "Baßhorn", Kb sowie Triangel, Becken und großer Trommel (2/68 f.). Für Klöcker, der darin Spohrs meisterhafte harmonische und thematische Arbeit sowie dessen Instrumentationskunst lobt, ist die Komposition "keine 'Genremusik' etwa im Stil der zahlreichen Bläserserenaden des 18. und 19. Jahrhunderts mehr, sondern sie steht in ihrer Originalität höchst eigenständig zwischen Mozarts 'Gran Partita' KV 361 und Dvořáks Serenade op. 44" (Begleittext zur Aufnahme Orfeo C155871A, 1987). Geriet es auch im Verlauf des 19. Jahrhunderts in Vergessenheit, so findet es sich doch z. B. in den Beständen des Detmolder Hautboisten-Korps (**386**/1.109).

Joseph Küffner komponierte (und arrangierte) neben Ouvertüren auch eine "Sinfonie für Militärmusik" sowie Märsche und Tänze zumeist für "Musique militaire" bzw. "Musique turque" (**408**/9.329–333). Ähnlich handelt es sich auch bei den Bläsermusiken etwa von *Gasparo Spontini* (Generalmusikdirektor in Berlin), *Gaetano Donizetti* (dessen Bruder Giuseppe Militärkapellmeister in Italien war), *Luigi Cherubini, François A. Boieldieu* und *Gioacchino Rossini* zumeist um Märsche für militärmusikalische Besetzungen. Aus diesem Rahmen fällt hier etwa Küffners Quintett op. 40 für 1 Fl, 2 Kl, 1 Fg und 1 Hr oder Donizettis "Sinfonia" für Bläser, in welcher er dem klassischen Bläseroktett eine Flöte hinzufügt.

Sieht man von Richard Wagners "Trauermusik für Carl Maria von Weber", für die der Komponist bereits 1844 vier Tuben vorschrieb (vgl.3.44), ab, so wären für das spätere 19. Jahrhundert zu nennen: an Bläsermusik etwa Charles Gounods "Petite Symphonie pour Instruments à Vent" für klassisches Bläseroktett und Flöte (vgl. **133**.108–110), Antonin Dvořáks Serenade op. 44 und von Richard Strauss die Serenade op. 7 (1881) sowie die Suite in B op. 4 (1884) (vgl. S. 236 f.). An originalen Werken für Blasorchester seien vor allem Nikolaj Rimskij-Korsakows Konzert für Posaune und Blasorchester (1877) sowie die Variationen für Oboe und Blasorchester (1878) hervorgehoben.

Wieviel Kunstvolles die genannten Werke enthalten, bleibt teilweise noch zu eruieren. Unabhängig davon kann gesagt werden, daß es sich um Ausnahmen handelt – gesehen vor dem Hintergrund Tausender von Stücken, die das Repertoire wie auch das Musikleben bestimmten. "Vorbildliche" Werke wie die von Mendelssohn oder Spohr konnten, wie Suppan zu Recht betont, "nur lokal wirksam werden" und "beeinflußten in nur geringem Maß das Repertoire der zahlreichen Militärkapellen" (**366**.16). (Trotzdem lohnt, wie die Arbeit von Träger [**386**] zeigt, untersucht zu werden, aus welchen Stücken sich im Detail das Gesamtrepertoire einzelner lokaler Militärkapellen zusammensetzte.) Daß die genannten Werke kaum Einfluß hatten, begründet Suppan u.a. damit, der Druck von Blasmusikwerken habe erst im letzten Drittel des 19. Jahrhunderts eingesetzt (**365**.123). Aber bereits im früheren 19. Jahrhundert wurde der Markt von den zahlreich gedruckten Märschen und Sammlungen "pour Musique Militaire" geradezu überschwemmt. Und es kann kein Zweifel daran bestehen, daß die Werke eines Spohr oder Mendelssohn als qualitativ höherstehende Bläserwerke namhafter Komponisten nicht deshalb keine Tradition anspruchsvoller Blas- bzw. Bläsermusik begründen konnten, weil das Verlagswesen dem entgegenstanden hätte, sondern weil die Intentionen und Funktionen der neuen "Militärmusik" anderes verlangten. Zu sehr gewann sie an Popularität, als daß sie gleichzeitig auf breiterer Ebene als ernsthaftes Medium für künstlerischen Ausdruck fungieren konnte. Und man könnte behaupten, daß die Werke eines Spohr oder Mendelssohn nur deshalb herausragen, weil sie noch zur "alten" Richtung der Harmonie- und Türkischen Musik gehören, und daß mit der 2. Hälfte des 19. Jahrhunderts, wo man bedingungslos von "Blasmusik" sprechen kann, selbst solche Ausnahmen noch geringer werden.

d) Die Masse der Literatur/Bearbeitungen

Tendenziell werden die Begriffe "Harmoniemusik" und "Türkische Musik" durch die zunehmend vergrößerten Besetzungen aufgegeben zugunsten der sich etablierenden Besetzungsangaben "für Militair Musik" bzw. "pour Musique Militaire". Zahlreiche Sammlungen der ersten Hälfte des 19. Jahrhunderts sprechen hier eine beredte Sprache: Walchs "Pieces d'Harmonie pour musique militaire", Berrs "Journal de musique militaire", Meyers "Journal de Harmonie" oder etwa das "Journal de Musique militaire ou [!] pieces d' Harmonie". Als "Grand Pieces d'harmonie militaire" bezeichnete Stücke machen deutlich, daß die "alte" Harmoniemusik, die sich noch von der "türkischen" abhob, im Verschwinden begriffen ist. Dem entspricht auch, daß einige Hauptgattungen der Harmoniemusik des 18. Jahrhunderts zwar hier und dort noch auftauchen (etwa "Partiten" und "Harmonien" von Krommer in Detmold [vgl. **386**]), doch zum einen enthalten diese teilweise vergrößerte Besetzungen, und zum anderen erscheint ihre Anzahl vor dem Hintergrund all der Märsche, Tänze, Ouvertüren und sonstiger "Pieces d' musique militaire" verschwindend gering – von den Tausenden von Opernbearbeitungen für die neue, vergrößerte Bläser- und Schlagzeugbesetzung ganz zu schweigen. Und die genannten Sammlungen sind eben solche, die in *Serien* gedruckt wurden, um einem offensichtlich immensen Bedürfnis nachzukommen und dabei keineswegs nach "Original" oder "Bearbeitung" differenzierten. Man muß sich Hofmeister/Whistlings Handbuch (**187**) anschauen, um ein Bild von der Produktion der Verlage Pleyel und Boieldieu (Paris), Steiner (Wien), André (Offenbach), Schott (Mainz), Simrock (Bonn), Hummel (Amsterdam), Peters (Leipzig) und vieler anderer zu erhalten.

Beispielhaft sei auf die bereits mehrfach genannte Sammlung von Johann Heinrich Walch (ca. 1775–1855) eingegangen. In Detmolder Beständen, so Träger, ragt sie bereits "rein quantitativ aus der Menge aller Sammlungen heraus" (**386**/1.123). Auch im Vergleich mit anderen scheint Walchs Sammlung "durchaus den Normen entsprochen zu haben" (129). Träger fällt auf, daß schon die erste Lieferung (ca. 1818) "eine beträchtliche Erweiterung des Instrumentariums" erfährt (60). Die Angabe von Alternativbesetzungen in den ersten beiden Lieferungen hatte sicherlich auch marktwirtschaftliche Gründe. So schreibt beispielsweise Adam

Schott, der als Leiter der Pariser Niederlassung des Mainzer Schott-Verlages auch Josef Küffner in Besetzungsfragen beriet, im Jahre 1827: "Wenn die Potpourris von Küffner arrangirt wären für 1. Es Clar: 1. Es floet. 1. Trompette. 2. Horn und höchstens 1. Klappenhorn, 1. Posaun. das übrige kann bleiben, so könnte man wohl manches verkaufen davon. Auch müßte der Name Potpourri geändert werden das ist aus der Mode gekommen, sie müsten Fantasien heißen" (zit.n. **386**/1.137). Träger deutet dies so, "daß die Besetzung von Harmoniemusikkorps in Städten wie Paris mehr zur Standardisierung der Instrumentierung von Werken für Harmoniemusik beigetragen haben als Komponisten [...]" (137). Mit der vierten Lieferung (1822) "scheint Walch eine Standardbesetzung gefunden zu haben" (126), bestehend aus Flöte, Es-Klarinette, 3 B-Klarinetten, 2 Fagotte, Serpent, 2 Hörner, 2 Trompeten, 3 Posaunen, kleine und große Trommel sowie Becken (127). (Die Oboe taucht ab Lieferung 22 auf, die Ventiltrompete ab Lieferung 24; von der Standardbesetzung abweichende Instrumente sind z. B. das Klappen- und Kenthorn.) Die ganze Sammlung umfaßt 32 Lieferungen, und Träger stellt insgesamt "ein quantitativ deutliches Übergewicht zugunsten der Märsche, gefolgt von den Tänzen", fest (129). J.H. Walch scheint im Prinzip so etwas wie ein Nachfolger des ehemals geschäftstüchtigen Wendt zu sein: Was jener für die "alte" Harmoniemusik war, wird Walch für die "neue" "Musique Militaire". Für Küffner dürfte ähnliches gegolten haben, heißt es doch bereits 1838 von seinen Stücken, es seien zwar "Werke ohne tiefen Kunstwerth", doch zeugten sie "von vielem Fleiß, und namentlich reicher Erfahrung in der Instrumentation" (vgl. **386**/1.123). Und was in Walchs und anderen Sammlungen außer Märschen und "Pas redoublés" (Geschwindmärschen) veröffentlicht wurde, mag, sofern es keine bearbeiteten Werke sind, auch als Originalkomposition des 19. Jahrhunderts für Militärmusik betrachtet werden: Es überwiegen Polonaisen, Walzer, Mazurkas, Galoppe und Potpourris.

Es ist bezeichnend für die Bedeutung der Militärmusik-Bearbeitungen im 19. Jahrhundert, wenn nicht einmal *die* originale Gattung der Blas- bzw. Militärmusik schlechthin, nämlich der Marsch, von ihr verschont blieb. Aus der Tradition des späteren 18. Jahrhunderts, Märsche nach bekannten Themen aus Opern zu arrangieren, erwächst im 19. Jahrhundert quasi Massenware. (Zahlreiche davon wurden in die offizielle "Königlich Preußische Armeemarsch-Sammlung" aufgenommen [vgl. **182.**677 f.]). Die Vorlagen für derartige "Opernmärsche" lieferten viele derjenigen Komponisten, die auch "Material" abgaben aus Bühnenwerken für zahlreiche Auszüge, Potpourris, Variationen, Fantasien oder auch mehr oder weniger "direkter" Transkriptionen (Arien, Ouvertüren usw.): A. Adam, L. Cherubini, N. Isouard, V. Bellini, F. A. Boieldieu, G. Spontini, G. Rossini, D.F. Auber, G. Meyerbeer, F. Flotow, G. Donizetti, C.M.v. Weber, O. Nicolai, A. Lortzing bis hin zu G. Verdi und R. Wagner. Daß Blasmusik-Bearbeitungen nicht *nur* von der Oper profitierten, zeigt sich an zahlreichen Tanz-Arrangements, darunter Walzer, Polkas, Mazurkas und Galoppe etwa von J. Lanner, J. Strauß (Vater und Sohn) und H.Chr. Lumbye.

Wenn Träger in exemplarischer Auswertung des Manuskript-Bestandes der Detmolder Bläserensembles im 19. Jahrhundert feststellte, daß bereits in den 30er Jahren des 19. Jahrhunderts "der Anteil an Arrangements von Opernmusik gegenüber dem an Märschen und Tänzen beachtlich hoch" ist (**386**/1.25), so findet sich auch damit eine Tradition der Harmoniemusik fortgesetzt. Im 19. Jahrhundert gewinnen diese Opernbearbeitungen für Militärorchester aber eine andere Dimension: "Als Wilhelm Wieprecht 1867 während der Pariser Weltausstellung mit seinem Preußischen Musikkorps zum Wettstreit gegen die europäischen Militärkapellen antrat, wählte er für seinen Eröffnungsvortrag ein Potpourri aus Meyerbeers Oper *Der Prophet,* mit dem er auch siegreich bestand. Für ihn gab es keinen Zweifel, daß nur die Melodienfolge einer der erfolgreichsten modernen Opern für einen so repräsentativen Ausscheidungswettkampf in Frage kam. Allein die Oper besaß jene Breitenwirkung, die einem solch spektakulären Anlaß gerecht wurde" (**21.**553). (Auch in den Detmolder Beständen haben Bearbeitungen aus Opern Meyerbeers einen großen Anteil [vgl. **386**].) Und angesichts der Tatsache, daß auch die anderen Musikkorps Bearbeitungen etwa aus Wagners "Lohengrin", Gounods "Faust" oder Glinkas "Ein Leben für den Zaren" vortrugen, schreibt Heinz Becker: "Merkwürdig genug: Die Oper dominiert einhellig auf dieser unterhaltsamen Militärgala, obwohl sie keineswegs für instrumentale Schauspektakel geschaffen war" (**21.**553). (Zum wirtschaftlichen und "populären" Aspekt – R.Wagner: "Ich rechne auf Gartenkonzerte und Militäraufführungen und demzufolge [...] auf eine sehr populäre Verbreitung" [zit.n. **59.**181] – vgl. S. 16.)

e) Soziale Aspekte

Wenn Irmgard Keldany-Mohr in ihrem Buch "'Unterhaltungsmusik' als soziokulturelles Phänomen des 19. Jahrhunderts" (**217**) auch den Bearbeitungen und Konzerten der Militärmusik große Aufmerksamkeit schenkt, so macht dies bereits deutlich, daß die Bearbeitungen, um die es hier geht, nur ein Teil – wenn auch ein gewichtiger – der "populären" Musik des 19. Jahrhunderts darstellen. Das 19. Jahrhundert als eine "Blütezeit der Transkriptionen und Arrangements" (**241**.138) brachte in dieser Hinsicht kaum in seiner Gesamtheit Überschaubares auf den Markt: in die Konzerte wie in die private Wohnstube, im deutschsprachigen Raum wie in Italien, England, Frankreich und den USA.

In jüngerer Zeit wurden verschiedentlich Wechselwirkungen und Einflüsse – etwa auf Italien (**164**.47) und von dort aus auf die USA (vgl. S. 193) – aufgezeigt; zum "Export" deutscher Militärmusik nach Honduras, Lateinamerika, Afrika, Hawaii, Thailand, Tokio usw. vgl. 3.94f.

Bereits im früheren 19. Jahrhundert fanden öffentliche Militär-Konzerte statt – Mahling ermittelte für Berlin das Jahr 1821 als frühesten Zeitpunkt (**242**.89) – in denen, wie es 1829 in der "Allgemeinen Musikalischen Zeitung" heißt, nicht nur "Fanfaren und Märsche, sondern auch Ouverturen, Variationen und Gesang-Scenen [...] mit der grössten Reinheit und Präcision" gespielt wurden, darunter "die Ouverture der 'weissen Dame', und des 'Freyschütz'" sowie "Potpourri aus verschiedenen Opern" (zit.n. **3**.54). Die zitierte "Reinheit und Präcision" mag beispielhaft stehen für das sicherlich musikalisch beachtliche Niveau vieler Kapellen. Den Begeisterungsstürmen etwa eines Berlioz, Liszt, Wagner, von Bülow und Hanslick über die Leistungen der Militärkapellen darf man nicht nur "verborgene" (etwa profitable) Absichten unterstellen (was nicht ausschloß, daß – etwa bei Hanslick – jene Begeisterung auch durch *patriotische* Komponenten mitbestimmt war).

Einen exemplarischen Eindruck in das durch die Militärkapellen bestimmte öffentliche Musikleben vermittelte für München I. Keldany-Mohr (**217**) und für Berlin Chr.-H. Mahling (**242**), deren Studien auch zahlreiche Programme damaliger Konzerte abdrucken. In Berlin "gab es bisweilen Monate, in denen die Militärmusik als einzige noch für 'Unterhaltung' sorgte" (**242**.95), und allein in München waren beizeiten 17 verschiedene Musikkorps an den Konzerten beteiligt (vgl. **217.**94). Es mag nicht überraschen, wenn in den verschiedenen Ländern Europas die gleichen "Highlights" und "Hits" die Programme bestimmten: Die Komponisten, die James W. Herbert etwa für entsprechende Konzerte aus Italien (Mailand, Florenz, Bologna, Venedig) mitteilt – Wagner, Meyerbeer, Gounod, Donizetti, Liszt, Verdi, Bizet, Weber, Waldteufel, Rossini u. a. – sind die gleichen, die zu einem großen Teil das Repertoire in München, Berlin, Paris und London bestimmten (vgl. **164.**168–171). (Lediglich ein Komponist wie etwa Amilcare Ponchielli mag als Italiener in seinem Heimatland einen ähnlichen Stellenwert gehabt haben wie die anderen.) In der Tendenz bestätigt sich: Je bekannter ein Komponist, desto eher handelt es sich um Bearbeitungen; und umgekehrt stammen, sofern in den Konzerten Originalwerke aufgeführt wurden, diese in der Regel von *vergleichsweise* unbekannten Komponisten oder von solchen, die in der künstlerischen Hierarchie tiefer standen (Waldteufel, Strauß, Lumbye). Und wie die "Oper" durch Militärkonzerte nicht nur "bekannt gemacht", sondern auch als "Bekanntes" in veränderter Form wiedergegeben wurde, so waren auch die zahlreichen Arrangements anderer Gattungen doch bereits "Highlights", bevor man sie bearbeitete: Zu sehr sind es kurze, eingängige Stücke, als daß sie erst durch Militärkonzerte jenen Status erhielten. (Und daß solche "Hits" des jeweils aktuellen musikalischen Marktes für Bläser bearbeitet wurden, hat sich unverändert bis heute erhalten.)

Dies führt zu der Frage nach der Funktion, nach dem "Sinn" und auch der Bedeutung der Militärkonzerte und ihres Repertoires im 19. und auch noch im 20. Jahrhundert. Ohne Zweifel wurde die Militärmusik "ein fester Bestandteil der musikalischen Äußerungsformen des 19. Jh.. Die ungeheure Vielzahl der überlieferten Märsche und die zahlreichen Berichte über die Beliebtheit der Militärkonzerte etc. zeigen, welch breiten Raum dieser Sektor im musikalischen Leben einnahm" (**217.**35). Die "bedeutende Verbreitungsfunktion der Blasorchester" (vgl. **148.**V) ist unbestritten. Obgleich in diesem Bereich sicherlich das Musikleben einzelner Städte noch zu erforschen ist, wird das zukünftige Kernproblem weniger darin bestehen, die Verbreitung und Beliebtheit der Militärkonzerte nur zu bestätigen, sondern darüber zu reflektieren, wie diese in musikalischer, sozialer, politischer und bildungspolitischer Hinsicht einzuordnen und zu bewerten sind.

So schreibt Habla etwa, die Funktion der Blasorchester im

19. Jahrhundert sei zwar "wohl bekannt", sie werde "aber sehr selten anerkannt", und das Blasorchester habe "eine oft unterschätzte Rolle als Vermittler und Verbreiter von Musik jeder Art" gespielt (**148**.V). Suppan zufolge "trugen die Militärorchester die zeitgleiche Musik hinaus in die Lande, um dort, wo die Bevölkerung nicht die Chance hatte, Opern- und Symphonieorchesterproduktionen zu sehen und zu hören, die neuen Komponistennamen bekannt zu machen und deren Werke zu popularisieren", und dies sei ein "Effekt, der [...] noch kaum beachtet wird" (**366**.11). Und Brixel betont, die "Monsterkonzerte der Militärkapellen mit ihren Bearbeitungen" dienten "nicht zuletzt der Verbreitung und Popularisierung zeitgenössischer oder epochemachender Kompositionen, eine Funktion, die in unserem Jahrhundert die akustischen Massenmedien Film, Funk und TV in optimalster Weise übernommen haben" (**50**.61). Kritisch zu hinterfragen wäre etwa, ob das, was in den Konzerten zu hören war, tatsächlich "Musik jeder Art" gewesen ist: Dies betrifft nicht nur die Frage dessen, *was* gespielt und bearbeitet wurde, sondern auch, *wie* es bearbeitet wurde und was daraus entstand. An originaler Musik nahmen Märsche einen breiten Raum ein, und bei Bearbeitungen dominierten Opern bzw. Bühnenwerke und Tänze. Keldany-Mohr weist darauf hin, daß "strenge" kunstmusikalische Formen (Fuge, Sonatensatzform) *nicht* bearbeitet wurden (**217**.121). Relativiert dies bereits die "Musik jeder Art", so ist weiterhin zu fragen, inwieweit durch die Bearbeitung nicht auch "Neues" entstand, das mit dem Original weder musikalisch noch rezeptionsästhetisch vergleichbar ist. Gerade an den Bearbeitungen für Militärmusik mag sich erweisen, was Keldany-Mohr als wesentliches Merkmal der Musikpflege des 19. Jahrhunderts ansieht: den "Kompromiß", welcher sich "aus der ideellen Form der Kunstpflege und den Bedürfnissen und Ansprüchen des Publikums" ergab (68). Genau diesen "Kompromiß" trifft Mahlings Charakterisierung des Blasorchesters als "'Symphonieorchester' des mittleren und niederen Bürgertums sowie der Arbeiterschaft" (**241**.143), und er setzt sich fort bis in die Rezeptionsweise: Nicht nur ist "ernste Musik" als (populäre) Bearbeitung teilweise dem "Zusammenhang" enthoben; auch Auswahl der Stücke sowie Art der Bearbeitung und Aufführung verlangten keineswegs immer aufmerksames Zuhören: "Open-air concerts take place, as a rule, not in amphitheatres or stadia, but in public squares and parks, on promenades and in front of cafés. The audience remains in a

state of greater or less instability; is goes or comes, converses or eats. Its concentration, in other words, is not entirely on the music" (**140**.7). Dem entspricht auch die "Stofflichkeit" der Musik (**217**.27): "Stoff" sowie im weitesten Sinne "Gegenständliches" und "Faßbares" ist in strengen kunstmusikalische Formen weniger zu finden als in Bühnenwerken oder Märschen. Und auch die *Titel* der Stücke, die in Konzerten zur Aufführung gelangten, erzeugten bereits jene außermusikalische "Brücke" zwischen Musik und Publikum, die für den Erfolg und die Beliebtheit der Militärkonzerte nötig war. Daß die Leistung der Militärorchester also darin bestand, "Kunstmusik" zu verbreiten, ist – ohne erstere schmälern zu wollen – in vielfältiger Weise zu relativieren. Und ebenso ist, wie oben auf S. 39 erläutert, die Funktion der Blasorchester nicht einfach mit derjenigen heutiger Tonträger zu vergleichen.

Die von Keldany-Mohr konstatierte "volkstümliche Rezeption von Kunstmusik", bei der das Militärkonzert "ein bedeutender Faktor" (**217**.93) war, ist also nicht denkbar ohne Veränderungen sowohl der "Kunstmusik" wie auch des gesellschaftlichen und musikkulturellen Umfeldes (vgl. ausf. auch Eckhardt 1978 [**101**]). Mahling wies 1979 auf die "erzieherische und bildungspolitische Aufgabe" durch die Präsentation von Kunstmusik hin (**241**.143). Unabhängig davon, inwieweit solche Aufgaben dezidiert und quasi programmatisch formuliert wurden, ist zu berücksichtigen, daß Erziehungs- und Bildungseffekte keineswegs nur auftreten, wenn sie intendiert sind, sondern sie gehören, teilweise als "geheime (Mit-)erzieher", zum täglichen Leben. Und hier gewinnt insbesondere im späteren 19. und frühen 20. Jahrhundert das politische Klima auch im Zusammenhang mit den Militärkonzerten zunehmend an Einfluß. Die "besondere Aura, die von jeher Militärmusikkapellen umgab" (143), war in militärischer Hinsicht nicht nur durch die Uniform gegeben, sondern auch durch die Gattung des Marsches, gleichsam ein Signet derjenigen, die spielten. Durch gesteigerte nationale und vaterländische Gesinnung als geistigem Hintergrund der Jahre nach 1870/71 erhielt diese "Aura" noch ein wesentlich politischeres Gewicht. Mag die Musik insgesamt "musikalische" Bildung vermittelt haben, so fand doch mehr oder weniger auch politische Beeinflussung bereits durch einzelne Stücke statt, die im Titel Nationales oder Militärisches zum Ausdruck brachten. Doch selbst unter "musikalischen" Gesichtspunkten wurden die Militärkonzerte bereits damals verurteilt. Paul Marsop kritisiert im Jahre 1904 in der Zeitschrift "Die Musik": "Die jedem musikalischen Feinempfinden hohnsprechende Verkoppelung zweier Gewalthaufen von Blech- und Holzbläsern. Die roh materielle Ausnutzung der schweren tiefen, der schrillen hohen Instrumente sowie des Schlagzeugs. Der mit arger Pietätlosigkeit verschwisterte Wahnsinn, Tonsätze klassischer Meister, deren Seele die Streicher sind, in Arrangements für Militärmusik spielen zu lassen" (zit.n. **101**.72). Und angesichts der massenhaften Verbreitung der Konzerte verkehrt er ihre bildungspolitische Funktion geradezu ins Gegenteil: "Die Konzerte der Militärmusik [...] sind der Entfaltung des Musiksinnes in breiten Volksschichten direkt verderblich, und üben, bei den geräuschvollen Massenwirkungen, auf die sie angewiesen sind, und bei der grossen Zahl der bevorzugten, in ästhetischer und ethischer Hinsicht anfechtbaren Programmnummern, auch auf die Gemütsbildung weiter Kreise einen ungünstigen Einfluß aus" (ebda.).

Angesichts der Breitenwirkung der Militärorchester "kann es nicht verwundern, daß man dort, wo deren Konzerte [..] nicht zur festen Einrichtung gehörten, energisch danach verlangte" (**3**.55). Und unter bildungspolitischen Aspekten beschäftigte man sich, wie es zeitgenössisch heißt, mit jener "Sphäre, wo die Kunst mit den – bisher sogenannten – niederen Schichten des Volkes zu thun hat" (vgl. **3**.55). Dabei werden musikalische und politische Ziele kaum auseinandergehalten. Ahrens teilt eine Stelle aus der "Neuen Zeitschrift für Musik" mit, in der bereits 1848 Kritik an Bearbeitungen aus italienischen und französischen Opern geübt wird: "So haben, wir das Schauspiel [!], daß der Stand, welcher vorzugsweise Repräsentant der Nationalität, deutscher Kraft und Tüchtigkeit sein sollte, am meisten den schwächlichen und frivolen Weisen des Auslandes huldigt. [...] Nicht allein aber, daß auf solche Weise die Militairmusik ihren nächsten Zweck [...] gänzlich verfehlt [!], der Sinn des Volkes wird zugleich auf diese Weise verdorben, da die Militairmusik eine der wenigen Gelegenheiten darbietet, wo das Volk Musik hört" (**3**.55). Und so begrüßenswert auch sein mag, daß man "öffentliche Gratisconcerte" oder Wohltätigkeitskonzerte forderte, und so sehr auch musikalisch-bildungspolitisch diese Konzerte "nicht dem Modegeschmack huldigen dürften, sondern von einer höheren Anschauung der Kunst ausgehen müßten" (56), ebenso sehr sind derlei Ziele doch bereits recht früh auch ideologisch ausgerichtet. Und heftige Kritik an diesen Konzerten um die Jahrhundertwende mögen zwar in der Praxis kaum von Bedeutung gewesen sein, doch zeigt sie, in welchem Maße die Militärkapellen und Militärkonzerte nicht nur zu einem musikalischen, sondern auch zu einem politischen Faktor geworden waren (vgl. ausf. S. 67 ff.). Und ob in den "Populärkonzerten" (**217.**61) oder den "Militär-Symphonie-Concerten" (**3.**55) nun französische, italienische oder deutsche Opern in Bearbeitungen gespielt werden sollten, ob nun Märsche nach Motiven oder Themen aus Opern etwa von Eduard Hanslick aufs härteste kritisiert wurden (vgl. **182.**678 f.) usw.: Solche Diskussionen gingen letztlich über das Publikum hinweg. Und so sehr sie musikgeschichtlich von Interesse sind: Sie ändern letztlich wenig daran (und bestärken es im Grunde nur), daß Militärmusik und Militärkonzerte sowie ihr vorwiegend aus Märschen und Bearbeitungen bestehendes Repertoire sicherlich beachtliches musikalisches Niveau sowie eine eminente Verbreitungsfunktion hatten, daß aber das Ausklammern der auch ideologisch motivierten Bildungs- und Erziehungsfunktionen ihnen ein wichtiges Element nimmt, das wesentlich zu ihrem Verständnis beiträgt.

4. Zur Entwicklung in den USA (19. Jh.)

Im 19. Jahrhundert war Blasmusik in den USA *vor allem* Musik der militärischen und zivilen *Brass-Bands*. 1835 ist das Jahr, in welchem sich Gründungen erster "reiner" Brass-Bands nachweisen lassen; es markiert den Beginn der sogenannten "brass band era" (**271.**121). In diesem Jahr gründete Dodworth seine gleichnamige Band, die für viele Jahre als die beste in den USA angesehen wurde (**71.**129). Nicht von ungefähr folgt dieser Zeitpunkt der Einführung von Ventil-Blechblasinstrumenten, genauer der "chromatic horns", wobei es sich vor allem um die Kornette und Saxhörner handelte. Allerdings erklärt sich das Zustandekommen der Brass-Bands zunächst nicht nur aus der Beliebtheit neuer Ventil-Blechblasinstrumente: Eine militärische Order aus dem Jahre 1832, wonach die Anzahl der Spieler auf elf reduziert werden sollte, führte zum Verschwinden der Holzblasinstrumente zugunsten der neuen, "chromatischen" Blechblasinstrumente (129). Dies brachte auch Namensänderungen mit sich: Um 1850 hatte das Kornett das "old keyed bugle" abgelöst, und die Namen wechselten von "Bugle band" in "Cornet band" (**110.**17).

Die in den 40er Jahren von Adolphe Sax konstruierten Saxhörner (gute Abb. z. B. in **271**; vgl. zu den Anfängen der Sax-Instrumente in Europa **207**.87–93) faßten in Deutschland und Österreich keinen Fuß, waren aber in den USA auf Jahre hinaus Standardinstrumente (**271**.123). (Die Posaune wurde erst im späteren 19. Jahrhundert Bestandteil der Brass-Bands [vgl. **315**.4], und zwar zunächst als Ventil-, und dann erst als Zug-Posaune.) "The cornets and saxhorns made up the all-brass bands of the 1850s and remained a popular [...] feature of American wind bands through the nineteenth century" (**271**.122). Zu den Ursachen schreibt Newsom: "Saxhorns [...] combined the qualities of even timbre throughout their range, accurate intonation, effectiveness as ensemble instruments, and a degree of facility that made them playable without extraordinary technical ability" (121). Dem konnte auch nicht der praktische Nachteil entgegenwirken, daß der Schalltrichter über die Schulter nach *hinten* herausragte: "The horns threw the music back to the following troops, but they made the instruments impractical except on the march. Despite such limitations the saxhorn family was quickly accepted" (**315**.4).

Durch die angedeutete Entwicklung wurde der Brass-Sound bereits im früheren 19. Jahrhundert unmißverständlich mit "Militärmusik" assoziiert (3). Und wenn auch Holzblasinstrumente nicht gänzlich verschwunden waren, so steht doch fest, daß die "brasses and drums" praktisch den Sound jedweder amerikanischen Band prägten; und nicht nur Märsche, sondern auch der größte Teil des Konzert-Repertoires konnte im Prinzip mit nur ein paar Holzblasinstrumenten – oder sogar ganz ohne sie – aufgeführt werden (**110**.17). Newsoms "phenomenal rise of the brass band in mid-nineteenth-century" (**271**.120) entspricht Schafers Charakterisierung dieser Art von Band "as ubiquitous in its time as are jukeboxes and electronic music systems in ours" (**315**.8). Die Brass-Band-Bewegung setzte sich in der Heilsarmee fort ebenso wie im Zirkus ("circus bands") (**71**.133). Das Interesse an Amateur-Brass-Bands nahm dermaßen zu, daß es um 1855 die Ausmaße einer bedeutenden volkstümlichen Bewegung erreicht hatte (**271**.123). Die Anzahl der Brass-Bands expandierte in den 50er Jahren beträchtlich, und vor Ausbruch des Amerikanischen Bürgerkrieges gab es davon etwa 3000 mit mehr als 60000 Spielern (**71**.130).

Die Funktionen der Brass-Bands bestimmten ihr Repertoire.

"Brass bands played for circuses, carnivals, minstrel and medicine shows, political rallies, churches, picnics, dances, athletic contests, holiday gatherings" (**315.**8). Die Auswertung eines Programms aus dem Jahre 1852, bestehend aus Ouvertüren, Opernpotpourris sowie Tänzen und Märschen, ist für Camus repräsentativ (**71.**130). Und wenn Elkus schreibt: "The band and the theater orchestra repertoire were essentially the same" (**110.**18), so verweist dies tendenziell auf ähnliche soziale Funktionen der Militärkapellen und ihrer Bearbeitungen in Europa. "Most Americans", so Camus, "received their first, and in many instances their only, exposure to the music of Mozart, Beethoven, Rossini, Verdi, Liszt, and Wagner through band performances" (**71.**132). Existieren die Bearbeitungen vor allem in Manuskript-Form, so erschienen insbesondere Märsche oft im Druck. Sie waren äußerst beliebt (132) und erfüllten in der amerikanischen Gesellschaft vielfältige Funktionen, über die sehr anschaulich Pauline E. H. Norton in ihrer Studie "March Music in Nineteenth-Century America" (1983, **273**) berichtet. (Als berühmter amerikanischer Marsch-Komponist des 19. Jahrhunderts ist Claudio Grafulla zu nennen). Besondere Bedeutung kommt hier dem "Quickstep march" (kurz "Quickstep") zu, denn er wurde nicht nur auf Paraden gespielt, sondern fungierte auch als Tanz oder Unterhaltungsmusik (**110.**19). Dies blieb nicht ohne Auswirkungen auf einen Komponisten wie Charles Ives, der zwischen 1887 und 1897 ein Dutzend "quickstep marches" für "brass band" komponierte (13). Elkus, der sich 1974 mit "Charles Ives and the American Band Tradition" beschäftige und dessen Werke für "Band" auflistet (**110.**29 ff.; die meisten sind allerdings verschollen), weist auch nach, daß und wie Ives die *Spielweise* amerikanischer Bands in seinen Sinfonien kopierte bzw. weiterführte (24 f.). D. W. Reeves' "2nd Reg[imen]t [...] N[ational] G[uard] March" bezeichnete Ives als wenigstens so gut wie Märsche von Sousa oder Schubert (27, umgekehrt sagte Sousa über Reeves: "I well call him the Father of Band Music in America" [27]), und er verwendete ihn in seiner Komposition "Decoration Day" (1912), indem er eine Paraphrase darüber schrieb (ähnlich Hindemiths "Paraphrase auf einen Geschwindmarsch von Beethoven" aus der "Sinfonia Serena"). D. W. Reeves hatte durch Einbezug von "counter-melodies" einen neuen Typ des US-Marsches geschaffen. Wenn allerdings Camus schreibt: "Reeves is generally credited with being the first to add countermelodies" (**71.**132), so kann dies nur für die USA gelten, gab es solche "Gegen-" bzw. "Nebenmelodien" in Europa doch schon früher (vgl. **182.636**). Wirklich neu innerhalb der amerikanischen Tradition ist allerdings u. a., daß Reeves Holzblasinstrumente vorschreibt. Deren Einführung erfolgte durch europäischen Einfluß, so daß man sagen könnte, europäische Einwanderer machten aus den amerikanischen Brass-Bands "Blasorchester". Generell schreibt Newsom: "The immigration of the Germans, Irish, and Italians, among others, had a decisive influence on American popular culture in the 1850s" (**271.**118). Selbst Wieprechts Ausgabe der "Königlich Preußischen Armeemärsche" von 1872/73 waren in Amerika nicht unbekannt (119). Von besonderer Bedeutung für die Einführung von Holzblasinstrumenten wird allerdings das Wirken des aus Irland eingewanderten Patrick S. Gilmore sowie der italienische Einfluß durch Francis Scala.

Bereits während des Amerikanischen Bürgerkrieges veränderte sich die Besetzung einzelner Militär- bzw. Brass-Bands. "Even during this heyday of all-brass bands, some retained woodwind instruments. [...] Immigrant bandmasters, especially Italians, favored reed instruments, which were an important part of their musical heritage" (**71.**131). Gilmore hat seiner Brass-Band wahrscheinlich im Jahre 1859 Holzblasinstrumente hinzugefügt (vgl. **271.**119). Allerdings kann zu dieser Zeit noch kaum von einer *breiteren* Veränderung die Rede sein. Die Größe und Qualität der Bands von Scala und Gilmore waren außergewöhnlich und keineswegs typisch für die Zeit während des Amerikanischen Bürgerkrieges. Aber sie nahmen quasi die nächste Periode der amerikanischen "band history" vorweg (vgl. **71.**131). Und wenn vor allem im letzten Viertel des 19. Jahrhunderts – bei gleichzeitigem Rückgang der Saxhörner – die Holzblasinstrumente mehr und mehr in Verbindung mit Blechblasinstrumenten gebraucht wurden (**315.**4), so beginnt sich damit das Vorbild Gilmore durchzusetzen: "His band inspired other ensembles throughout the country to raise their level of performance and repertory, and to reintroduce the woodwind instruments that had fallen into disuse during the brass-band movement" (**71.**132). Auch Gilmores "Monsterkonzerte", die denen in Preußen ähnelten, hatten entsprechenden Einfluß. Zusammenfassend schreibt Newsom: "Gilmore [...] made the most important contribution to the concert band in America before John Philip Sousa by eventually developing an instrumentation that enabled a large wind ensemble to produce effects comparable to a full orchestra at a time when American orchestras of high quality were scarce" (**271**.119). Entsprechend bezeichnet Camus Gilmore als "father of the modern American symphonic band" (**71**.131). (Ähnlich ist Gilmore für Schafer unbestrittener König der amerikanischen "band music". Mit seinen in den 80er Jahren unternommenen Tourneen und seiner "erstklassigen" Band begründete er, so Schafer weiter, die moderne Blasorchester-Tradition Amerikas [**315**.2]; zur Entwicklung der Besetzung amerikanischer Bands von 1781–1983 vgl. die Tabelle in **71**.128.) Im Todesjahr Gilmores (1892) verließ John Philip Sousa die Marine Band und gründete seine eigene, mit der er Voraussetzungen schaffte zur Entstehung US-amerikanischer Blasorchester-Literatur des 20. Jahrhunderts (vgl. S. 224).

Ein Charakteristikum der Spielweise der Brass-Bands in New Orleans war das Improvisieren auf der Grundlage überlieferter (band-)Melodien, was zu einer Frühform des Jazz führte (**71**.134). Diesen Vorgang, die Herausbildung des ersten Jazz-Stils in den 90er Jahren des 19. Jahrhunderts, beschreibt anschaulich William J. Schafer in seinem Buch "Brass Bands & New Orleans Jazz" (**315**). Von den Brass-Bands, so Schafer (8), hat der (frühe) Jazz seine Besetzung, seine Instrumentationstechniken, sein Grundrepertoire. Gewohnheiten und Haltungen von Brass-Band-Spielern flossen in den Jazz hinein, formten die Musik jahrzehntelang, nachdem sie sich scheinbar von der militärischen Tradition gelöst hatte. Der Einfluß der Brass-Bands im frühen Jazz ist allgegenwärtig. Um "Jazz" zu verstehen, so führt Schafer weiter aus, müsse man mit seinen Wurzeln beginnen, und die Hauptwurzel ist die Brass-Band des 19. Jahrhunderts. "If we look carefully at early New Orleans music in its milieu and time, the brass band emerges as a major source, a gene pool, for jazz" (8).

Mögen sich im militärischen Bereich "Blasorchester" etabliert haben, so waren doch für die vielen Amateurkapellen die Jahre 1880 bis 1910 "the golden age of the brass band in America" (2). (Daß Brass-Bands neben Trompeten, Kornetten, Posaunen und Tuba bzw. Sousaphon auch Klarinetten, die Amateurmusikern inzwischen leichter zugänglich waren, verwendeten, änderte nichts am Namen "Brass-Band".) Die "New Orleans-Variante" war nun nicht etwa von vornherein als "Jazz" getrennt: "The story of brass bands [...] runs a course separate from the stream of jazz – parallel and often contiguous, but never identical". Und um zu erfahren, was in den Brass-Bands aus New Orleans zusammenkommt, sollten *beide* Einflüsse verfolgt werden (8). Schafer beleuchtet sehr eindrucksvoll die Bedeutung der Marschmusik und des Ragtimes (Scott Joplin) sowie ihrer Beziehungen (etwa in Form des "Rag-March") im Zusammenhang mit der Spielweise und Improvisationspraxis der (schwarzen) Brass-Bands. Und von besonderer Bedeutung im Rahmen dieser Schrift sind weniger Einzelheiten, sondern das einfühlsame Verständnis, welches Schafer für den Zusammenhang zwischen "Blasmusik" und "Jazz" entwickelt:

"If we *begin* by assuming that the brass bands of New Orleans from 1890 to 1970 have been basically jazz groups, we will reach narrow conclusions about what we hear them play. We will hear jazz everywhere and assume that jazz practices, as we understand them, apply to everything. If, instead, we can begin naively, assuming that these are 'bands of music' in the oldest, simplest sense, that the black New Orleans musicians in the Onward Brass Band, the Excelsior Brass Band, the Eureka Brass Band were bandsmen like those in hundreds of other village or municipal bands across America, we can listen freshly and may hear surprising things" (7).

5. Blechblas-Formationen

Wenn im Jahre 1991 Aufsätze betitelt sind wie "Vergeßt die Holzbläser nicht. Anmerkungen angesichts der unaufhaltsamen Verbreitung des 'Brass-Syndroms'" (Clarino 1991, H.2, 17), dann wird damit bereits das Ausmaß der "Brass"-Bewegung hierzulande deutlich (und es fällt einem der Amerikaner Dwight ein, der 1856 die zuvor dargelegte US-Brass-Band-Bewegung kritisierte mit den Worten: "Brass, brass, brass, – nothing but brass" [vgl. **271**.117]). Bereits 1978 schrieb Jean-Pierre Mathez im "Brass Bulletin" (H.21, 3) von "einem in Europa stark aufkommenden Sektor [...], den *Brass Bands*". Zu differenzieren ist allerdings geographisch, denn in England stellen Brass-Bands bei weitem kein Novum dar. Sieht man von der Tradition der christlichen "Posaunenchöre" ab (vgl. neben den Schriften W. Ehmanns [**104–106**] auch den Tagungsband von M.Büttner/K.Winkler 1990/91 [**417**]), so bedeuten "Brass"-Besetzungen im wesentlichen Brass-*Bands* und Brass-*Ensembles*.

a) Brass-Bands

F.L. Schubert schreibt im Jahre 1866: "Die Besetzung der Horn= oder Jägermusik ist in den verschiedenen Ländern sehr verschiedenartig, sowohl in Bezug auf Wahl der Instrumente, als auch in den vorherrschenden Stimmungen, so wie es Zeit, Mode und neue Erfindungen an Blechblasinstrumenten mit sich brachten" (zit.n. **386**/1.66). Und es kann im folgenden nur um eine sehr grobe Übersicht gehen; zu vielfältig sind im Detail die Erscheinungsformen, von Besetzungen angefangen bis hin zu geographischen Besonderheiten, wie etwa dem seit 1872 in Finnland nachweisbaren Blechbläser-Septett, das aus der Militärmusik hervorging und für das selbst Sibelius komponierte (vgl. **212**).

Nach dem Untergang der höfischen Trompeterkorps des 18. Jahrhunderts bedurfte es der Erfindung der Ventile, um "moderne" Blechblas-Formationen hervorzubringen, für die sich teilweise "die unschöne Bezeichnung *Blechmusik* eingebürgert hatte" (**30**.137). Im militärischen Bereich waren dies vor allem die Jäger- und Kavallerie-Musikkorps (letztere, der Tradition der Hoftrompeterkorps entsprechend, mit Einbezug von Pauken). Um 1825 komponierte W. Wieprecht beispielsweise "Sechs Märsche für Cavallerie-Musik", von denen der zweite gesetzt ist für 6 Trompeten, 2 Kent-Hörner, Alt-, Tenor- und Baßposaune sowie "Basso Cromatti" (vgl. **182**.698–704). Das Detmolder "Hornisten-Corps" hatte im Jahre 1847 folgende Besetzung: 2 Klappen-Hörner, 4 Hörner, 2 Tenorhörner, 1 Signalhorn, 2 Bügelhörner, 3 Posaunen, je 1 Baßhorn und Bombardon (**386**/1.69). Die Auswertung des Repertoires durch Träger (**386**) zeigt, daß auch solche reinen Blech-Blasorchester teilhatten an den zahlreichen Bearbeitungen des 19. Jahrhunderts.

In Österreich war zwar die Landwehr im 19. Jahrhundert "eine reine Blechmusik" (**294**.57), zivile Brass-Bands konnten aber, wie auch in Deutschland, nicht Fuß fassen; sie wurden sogar, wie Brixel schreibt, strikt abgelehnt (vgl. **60**.236). Dabei sind Brass-Bands durchaus als eigenständige, musikalisch homogene Klangkörper anzusehen. In der Schweiz gab es bereits um 1860 120 "Blechmusikvereine", so daß man Biber zufolge "füglich von einer Blechmusikbewegung sprechen kann" (**30**.138). Ähnlich wie in den USA hatte dies zunächst auch finanzielle Gründe. Frei schreibt, einzelne Schweizer Kantone hätten sich für die Einführung der "Blech-Ensembles" bei ihren Truppen eingesetzt, "denn diese waren billiger als die teuren Feldmusiken" (**129**.97). Bis heute bilden Brass-Bands innerhalb der schweizerischen Besetzungsvielfalt eigenständige Formationen neben "Harmonie"- und "Fanfare"-Orchestern (vgl. S. 61). Und angesichts der Tatsache, daß "Harmonie"-Orchester nur etwa ein Viertel aller Musikvereine des Eidgenössischen Musikverbandes ausmachen, zitiert Biber: "Man sagt: die Schweiz sei ein 'Blechmusikland'" (**30**.138). Als "Eigenart der schweizerischen Blasmusikszene" bezeichnet es Suppan, "daß sich qualifizierte Bläser aus Musikvereinen zu überregionalen Brass-Bands zusammenschlossen und den Kontakt zur englischen Brass-Band-Bewegung aufnahmen" (**366**.75). Herausragende internationale Bedeutung erlangte beispielsweise die "Brass-Band Berner Oberland" unter ihrem Dirigenten Markus S. Bach (vgl. z. B. **42**.75–79).

Wenn Geoffrey und Violet Brand in ihrem Buch "The World of Brass Bands" (1986) im Zusammenhang mit der Schweiz schreiben: "[...] several men have influenced the growth and development of British style brass bands" (**42**.75), so verweist dies auf das wichtigste europäische Land der Brass-Band-Bewegung, von dem aus "sich die meisten reinen Blechbläserensembles der Welt entwickelt haben" (**280**.64): England.

Genannt sei in diesem Zusammenhang vor allem die Dissertation "British Brass Bands" (1973, **244**), in welcher Michael A. Mamminga u. a. die Entwicklung (2–17), Instrumentation (18–34) und das Repertoire (63–93) dieser Formationen erforschte.

Zur Entstehung der englischen Brass-Bands im 19. Jahrhundert gehört ursächlich ein Phänomen, das hierzulande als "Werkskapelle" bekannt ist (auch wenn weder die Besetzung noch die Verbreitung vergleichbar sind). "Die Industrialisierung im England des 19. Jahrhunderts und die Anfänge der britischen *Brass-Band*-Bewegung", schreibt Barrie Perrins, "können etwa gleichzeitig angesetzt werden. Fabrikbesitzer wurden sich der sozialen Bedeutung einer werkeigenen Kapelle bewusst: sie konnte Arbeiter anlocken und zur Werbung für die Erzeugnisse beitragen" (**280**.66). Und ergänzend bemerkt Newsom: "In England employers enthusiastically encouraged their factory workers to participate in music-making, which became highly competive, probably with the thought that they would then be less likely to become involved in potentially disruptive activities. And so, factories had their bands [...]" (**271**.117). Noch heute ist dieser Umstand auch in den Namen zahlreicher Brass-Bands erkennbar ("Fairey Engineering Brass Band", "Desford Colliery Caterpillar Brass Band"). Gleichwohl es sich also insgesamt um eine Amateurmusik-Bewegung handelt, haben doch nicht wenige der heute in der Regel auf 25 Blasinstrumente (plus Schlagzeuggruppe) standardisierten englischen Brass-Bands ein außerordentlich hohes, professionelles Niveau erreicht, das auch durch zahlreiche, jährlich stattfindende Wettbewerbe gefördert wurde (seit 1900 jährlich das "National Brass Band Festival" oder "British Open Championship", vgl. ausf. **244**.35–62). Auch die Mitwirkung weltbekannter Dirigenten bei diesen Festivals hat zur Aufwertung beigetragen. Eine der berühmten und international sehr erfolgreichen Brass-Bands ist die "Black Dyke Mills Band", besetzt mit 10 Kornetten (darunter 1 Soprankornett), 1 Flügelhorn, 3 Tenorhörnern, 3 Posaunen, 2 Baritons, 2 Euphoniums, 4 Tuben sowie Schlagwerk. Diese Besetzung gewährleistet die besondere Klangqualität der Brass-Bands mit "ihren warmen Tönen und ihrem weitgespannten Tonumfang", und sie ermöglicht die "vielfältigen Tonfärbungen: Alle Nuancen der musikalischen Ausdrucksskala sind möglich" (**280**.70).

Spielen die Brass-Bands neben Märschen zum großen Teil auch Bearbeitungen, so sind doch zahlreiche Originalwerke nennenswert, die oft außerordentlich hohe Anforderungen an die Spieler stellen und mitunter von namhaften Komponisten speziell für englische Brass-Bands komponiert wurden. Neben Werken von Edward Elgar, Gustav Holst und Ralph Vaughan Williams gehören hierzu etwa "Festal Brass with Blues" von M. Tippett, "A Downland Suite" von J. Ireland, "Russian Funeral" von B. Britten, "Life Divine" von C. Jenkins, "Labour and Love" von P.E. Fletcher, "The Three Musketeers" von G. Hespe, "Kenilworth" und "Belmont Variations" von A. Bliss, "Euphonium Concerto" von J. Horovitz, "Concerto grosso" von Ph. Sparke, "Trio Concerto" von D. Wright, "Concertino for Tenor Horn" von G. Wood sowie weitere Stücke etwa von A. Cruft, J. Golland, E. Gregson, G. Langford u. v. a. Herausragende Dirigenten und Arrangeure englischer Brass-Bands sind etwa E. Howarth, G. Vinter, F. Wright, R. Newsome, P. Parkes, G. Brand, J. Stobart, D. Broadbent sowie der 1967 verstorbene D. Wright, der auch eine Instrumentations- (**411**) und eine Dirigierlehre für Brass-Band verfaßte.

b) Brass-Ensembles

Bereits 1955 stellte Benjamin Husted in seiner Dissertation "The Brass Ensemble: Its History and Music" fest: "During the last twenty years there has been a tremendous increase in the interest of both composers and publishers in music for brass ensembles" (**196**.VII). Und er bedauerte, daß keine Musikgeschichten, ja nicht einmal Bücher über Kammermusik etwas zur Ensemble-Blechbläsermusik zu sagen hätten. Dabei konstatiert er für das 20. Jahrhundert: "[...] for the first time, the [brass] music has been written for no other reason than to be a means of musical expression" (VII). Die zahlreichen *amerikanischen* Werke des 20. Jahrhunderts, die er musikalischen Analysen unterzieht (273–391), entsprechen in ihrer Art als originales Brass-Ensemble-Repertoire jenen englischen, welche Donald H. van Ess in seiner Studie "The Stylistic Evolution of the English Brass Ensemble" (1963) unter "British Brass Music of the Twentieth Century" aufführt (**115**.179–208). Zu US-amerikanischen Werken, die – wie auch in der originalen Blasorchesterkomposition – den größten Anteil haben, gehören etwa I. Dahls "Music for Brass Instruments", H. Cowells "Tall Tale", W. Rieggers "Nonet for Brass", Ch. Naginskys "Divertimento for Brass", N. Dietzs "Modern Moods", N. Cazdens "Three Directions for Brass Quartet", W. Bergsmas "Suite for Brass Instruments", A. Hovhaness' "Sharagan and Fugue", A. Cohns "Music for Brass Instruments" u. v. a.

Die Gründe für die gesteigerte Anzahl und Beliebtheit nicht nur der Brass-Ensembles, sondern auch der Kompositionen selbst, sind nicht unähnlich: Es geht um die "Emanzipation der Blechbläser" und ihrer Musik im weitesten Sinne. Der Hornist und Komponist Gunther Schuller schrieb bezeichnenderweise zur Komposition seiner "Symphony for Brass and Percussion" (1959): "The purpose in writing this work was, of course, primarily to write a symphony. But secondarily it provided me with an opportunity to make use of my experiences of sitting day in, day out in the midst of brass sections, and to show that the members of the brass family are not limited to the stereotypes of expression usually associated with them" (**339**.204).

Doch sowohl in Konzerten als auch auf Tonträgern haben Originalwerke nicht unbedingt den größten Anteil. Es gibt kaum einen Musikbereich, der nicht für diverse Blechbläser-Ensembles bearbeitet worden wäre: Musik des Mittelalters ebenso wie Neue Musik, "klassische" Musik ebenso wie Rock- und Popmusik. Damit wird selbst innerhalb der Musik für Brass-Ensembles die Bandbreite von "leichter" bzw. Unterhaltungs-Musik bis hin zu anspruchsvollen Originalwerken voll ausgeschöpft. Ralph C. Sauer plädierte 1980 in seinem Aufsatz "Transcription Fundamentals" (314) für das Spielen von Bearbeitungen (wobei er aber – so in der deutschen Übersetzung – "fragwürdige", "gelungene" und "misslungene" unterscheidet), weil es zum einen immer noch zu wenig Originalliteratur für Brass-Ensembles gebe, und zum anderen könne auf diese Weise vergessene Musik der Vergangenheit neubelebt werden. Die Bearbeitung älterer Musik für Brass-Ensembles hat indessen Tradition. LaRue und Wolf plädieren 1963 in ihrem Beitrag "Finding Unusual Brass Music" dafür, alte (kirchliche) Vokalmusik für "Brass" zu bearbeiten: "Sacred vocal music contains a surprising amount of music that sounds effective for brass ensemble" (233.116). Auch "Bläsermusik" etwa von Scheidt, Schein, Gabrieli, Adson, Brade, Simpson usw. gehören heutzutage zum Standard-Blechbläserrepertoire. Ergänzend zu den Bemerkungen auf S. 99 sei das Problem noch einmal aufgegriffen: Voss kritisierte 1987 die Aufführung von Scheidts Werken als ein Beispiel "bravouröser Blechbläsermusik"; dies ziele "deutlich an seinen Intentionen vorbei" (396.605), denn seine Musik "benötigt und verdient [...] abwechslungsreichere Interpretation als eine, die sich auf Blechblasinstrumente beschränkt" (609). Suppan hingegen plädiert im Zusammenhang mit Brass-Bearbeitungen etwa Haydnscher Divertimenti oder Bachscher Orgelmusik mehr oder weniger für eine relative Bearbeitungs-Freiheit, und zwar unter Hinweis auf eine Aufführungspraxis, "die im Wissen um die historischen Gebrauchswerte der Musik und um die dafür entwickelte Semantik mit modernen Instrumenten 'in Tönen und Klängen' zu den Menschen unserer Tage spricht" (367.211). Auseinanderzuhalten ist grundsätzlich, ob man derlei "moderne" (Brass-)Interpretationen alter Musik verwirft, weil es sich letztlich um Bearbeitungen handelt, oder weil nicht selten so getan wird, als sei dies nicht der Fall. Man mag die so bearbeiteten Werke mögen oder auch nicht: Angesichts der gewachsenen Popularität wäre es unter musikalisch-pädagogischen Gesichtspunkten aber erfreulich, würde darauf hinweisen, daß die Stücke "so" früher nicht geklungen haben (anstatt mit bloßen Ankündigungen wie "Bläsermusik der Renaissance" nur die halbe Wahrheit zu sagen); die Freude an der Musik muß dies nicht schmälern. Andererseits gibt es inzwischen zahlreiche Aufnahmen etwa des "New York Cornet & Sacbut Ensembles", des "Concerto Palatino" oder der Londoner Gruppe "His Majesties Sagbutts & Cornetts", welche der alten Bläsermusik (zum Teil unter Verwendung von Originalinstrumenten) ein historisch getreues Klangbild zu geben bemüht sind.

6. Amateur-Blasmusik

a) Bis ca. 1890

War die mit der Entstehung des "Blasorchesters" im 19. Jahrhundert verbundene "Blasmusik" quasi "Militärmusik", so wurde bereits an anderer Stelle (S. 71) darauf hingewiesen, daß die Entstehung ziviler Blaskapellen auch durch Einfluß der Militärkapellen erfolgte. Zu unterscheiden ist jedoch zwischen der im Einzelfalle relativ frühen Gründung ziviler Kapellen und ihrer *Verbreitung*, die schließlich durch vereinsmäßige Organisation und Verbandsgründungen zu dem führten, was als Blasmusik*wesen* bezeichnet wird. Hinzu kommt, daß zum "zivilen" Blasmusikwesen keineswegs nur dörfliche oder städtische Kapellen zu rechnen sind, sondern auch etwa Werks- und Feuerwehrkapellen ebenso wie Orchester von Musikschulen.

"Zivile Blasorchester", so Suppan, "entstanden zu jener Zeit [im 19. Jahrhundert] durch heimkehrende Militärmusiker" (**358**.11). Gleichwohl der Einfluß der Militärkapellen auf die Herausbildung ziviler Formationen enorm war, sind es keineswegs nur "heimkehrende Militärmusiker", die Kapellen quasi in Leben riefen. Blank etwa zeigt auf, "wie aus den Einrichtungen der Stadtmusikanten und Stadttürmer zivile Blasmusikvereine herauswuchsen" (**33**.188). Der Tradition der städtischen Musiker hinzuzufügen wären schließlich noch Volksmusik-Gruppen, die sich insbesondere in Dörfern zuweilen zu Blaskapellen hin erweiterten (zahlreiche Dokumente z. B. im Katalog "Volksmusik in Bayern", München 1985, 133–137).

Gründungen erster ziviler Kapellen sind seit dem frühen 19. Jahrhundert nachweisbar. In Böhmen entstand z. B. im Jahre 1819 "die erste Blasmusikkapelle" (**3**.73). Dies entspricht auch anderen Ländern. Für Italien etwa schreibt James W. Herbert in seiner Dissertation "The Wind Band of Nineteenth-Century Italy" (1986): "Prior to the nineteenth-century, civic bands in Italy were quite rare" (**164**.115), und wie S. Timothy Maloneys Studie über "Canadian Wind Ensemble Literature" (1986) zu entnehmen ist, liegt der Beginn der Entwicklung ziviler kanadischer Blaskapellen in den 20er Jahren des 19. Jahrhunderts (**243**.54). Ruhrs Begründung dafür, daß "die Stärke der damaligen Kapellen [...] bei weitem nicht an die späterer oder gar heutiger" heranreiche, weil nämlich "der Wille, sich in festen Klangkörpern zusammenzuschließen, [...] noch nicht in dem Maß ausgeprägt [ist], wie dies nach 1850" der Fall sei (**306**.61), geht an einem wesentlichen Punkt, nämlich der Erfindung der Ventile, vorbei. Noch um 1800, so Ahrens, "spielten Blechblasinstrumente in der Volksmusik [...] praktisch keine Rolle" (**3**.72). Und ihre Verbreitung auch auf dem Lande ermöglichte erst die Bildung jener Formationen, welche mit "Blasmusik" in Verbindung zu bringen sind. Es mag also nicht nur soziale und politische Gründe haben, wenn etwa im Ostalbkreis in den Jahren 1841 bis 1851 die ersten 7 städtischen bzw. dörflichen Musikkapellen gegründet werden (vgl. **33**.195f.).

Daß die Veränderungen, die durch die Einführung von Ventil-Blechblasinstrumenten in die Volksmusik stattgefunden hatten, "tiefgreifender als vielfach angenommen" waren, meint Ahrens: "Angesichts der vielfältigen Verbindungen zwischen Militär- und Volksmusik drängt sich die Vermutung auf, die während ihrer Militärzeit ausgebildeten Instrumentalisten hätten ihre einmal erworbene Fähigkeit im Bereich des volkstümlichen Musizierens weiterhin genutzt und so einen Umbruch in der musikalischen Praxis initiiert" (**3**.77). Diese Frage ist auch im Zusammenhang zu sehen mit der Größe sowie den Funktionen der Kapellen. Nach den "frühen (Land-)Musiken" (bis zu vier Bläser), die vor allem dem Bereich des volkstümlichen Musizierens zuzurechnen sind, teilt Ruhr die zivilen Blaskapellen des (früheren) 19. Jahrhunderts in zwei weitere Kategorien ein: Erstens Formationen aus 8–10 Musikern mit einem Autodidakten als Dirigenten sowie einem Repertoire, das vorwiegend aus Tänzen und Märschen besteht (vgl. **306**.102), zweitens größere Kapellen, "die schon relativ früh [...] gewisse Ansprüche an Repertoire und Aufführungspraxis stellen" (104). Dirigent ist oft ein Lehrer, welcher auch Werke bearbeitet. Blaskapellen der *zweiten* Hälfte des 19. Jahrhunderts erweisen sich Brixel zufolge "als zahlenmäßig [...] schwach besetzte Gruppen. Die Durchschnittsstärke [...] liegt in der Regel zwischen 14 und 16 Mann, wobei Musikvereine mit mehr als 20 aktiven Mitgliedern bereits als besondere Ausnahme gelten können" (**57**.108). Das Repertoire bestand zumeist "aus zeitgenössischen Tänzen, Märschen und Transkriptionen von Opern- und Operettenouvertüren sowie aus Potpourris gängiger musikalischer Bühnenwerke. Man eiferte, wenn schon nicht in Besetzung und Niveau, so doch wenigstens in Repertoirefragen den Militärmusikkapellen nach [...]. Originalkompositionen für Bläser waren, mit Ausnahme von Märschen und wenigen Charakterstükken, in den Programmen [...] kaum zu finden. Wurde nicht überhaupt ausschließlich zum Tanz aufgespielt, so brachte man meist ein Programm zu Gehör, das sich in einer nahezu stereotypen Folge von Märschen, Ouvertüren, Walzern und kleinen Tanzstükken bzw. gelegentlichen Charakterstücken erschöpfte" (88).

Zu den instrumententechnischen Voraussetzungen kommen soziale und politische zur Erklärung der weiteren Verbreitung ziviler Blaskapellen im 19. Jahrhundert hinzu. Ruhr reflektiert in diesem Zusammenhang das durch die Trennung von Arbeit und Freizeit entstehende Vereinswesen (**306**.52) und sieht die Ausbreitung des Blasmusikwesens im 19. Jahrhundert vor dem Hintergrund "der bürgerlichen Emanzipations- und Bildungsbewegung des 18. und 19. Jahrhunderts" wie auch vor dem "wirtschaftlicher Veränderungen und einer in kompensatorischer Absicht darauf reagierenden Ideologie" (57). Der Aufschwung des bürgerlichen Musizierens im 19. Jahrhundert, zu dem gleichermaßen auch Singakademien wie Männergesangvereine gehören, zeigt sich etwa im Saarland auch in den "Bergkapellen, Hüttenkapellen – zumeist als Kapellen der Werksfeuerwehr – und Werkskapellen anderer Industriebetriebe" (**240**.111). Mahling betont im gleichen Beitrag, "daß die preußischen Militärkapellen mit ganz wenigen Ausnahmen sowohl was Besetzung, Organisation und Personalstärke als auch was das Repertoire betrifft, zum Vorbild für das Blasmusikwesen im saarländischen Industriegebiet wurden. Dies kam nicht zuletzt daher, daß zahlreiche ausgediente Militärmusiker Mitglieder oder gar Leiter von Berg- oder Hüttenkapellen, später auch von bürgerlichen Kapellen wurden und diese dann nach militärischem Vorbild organisierten, oder daß sich sogar nur ehemalige Militärmusiker zu eigenständigen Kapellen zusammenschlossen" (113). Und im Gegensatz zu Süddeutschland oder Österreich kommt es im Saarland zur Gründung "unabhängiger 'ziviler' Musikvereine [...] in größerem Umfang erst nach 1920" (111).

Informationen über die zunehmenden Gründungen städtischer und dörflicher Blasorchester in der zweiten Hälfte des 19. Jahrhunderts enthalten vor allem die lokal orientierten Blasmusik-Studien, die immer wieder den Einfluß der Militärkapellen dokumentieren, z. B. Egg/Pfaundler 1979 (**102**), Brixel/Suppan 1981 (**61**), Deutsch 1982 (**90**), Birsak/König 1983 (**31**), Suppan 1983 (**361**), Brixel 1984 (**57**), Gmasz/Hahnenkamp 1987 (**139**), Masel 1989 (**248**), Steinmetz/Griebel 1990 (**346**) und Huber 1991 (**195**). Während etwa in niederösterreichischen Städten "Musiker aus bestehenden Vereinen und ausgediente Militärmusiker an der Errichtung von Musikkapellen beteiligt waren, hat in den Dörfern entweder ein musikalischer 'Veteran' oder ein Lehrer die vorhandenen Bläser zu einer festen Formation zusammengefügt" (**90**.93). Als eine "dritte Kraft, aus der Blasmusikkapellen erwuchsen", bezeichnet Deutsch "die Verbände der Freiwilligen Feuerwehr" (93), Formationen, "die nach militärischem Muster, angefangen bei den Uniformen, aufgebaut waren" (**240**.117). Sie dienten nicht selten als "Muttergesellschaft" einer Blaskapelle (vgl. **306**.170ff.). Die, wie Deutsch es formuliert, "Freiheit zu haben, militärische Uniformen auch für zivile Blasmusikvereine anzuschaffen, hat in den Zeiten der [österreichischen] Monarchie viele verleitet, nicht nur die Besetzung, sondern auch die Montur der Militärmusik zu übernehmen" (**90**.98). (Daß Uniformen im Einzelfalle wegen "unlauteren Wettbewerbs" gerichtlich verboten werden sollten, dürfte als Ausnahme gelten [vgl. **202**.67].)

b) Bis 1945

"Erst mit dem Entstehen der Blasmusikverbände ändert sich das Blasmusikwesen entscheidend – es soll 'gehoben' werden, durch Anspruch und Niveau; jetzt wird organisiert und institutionalisiert. Was bis dahin selbstverständlich und aus dem Bedürfnis heraus geschah [...], wird jetzt mit Ernst und Würde festgeschrieben" (**306**.60). Der älteste Blasmusikverband Deutschlands wurde 1892 gegründet (vgl. **202**.25 u. **306**.187). Als beispielhaft für die Zunahme der Verbände mag die Tabelle angesehen werden, die Peter Joas (1985) für den badischen Raum angibt (**202**.25). Kommt es zunächst in den 10er Jahren des 20. Jahrhunderts aufgrund des Ersten Weltkrieges zu einer Stagnation, so fallen von 19 Verbandsgründungen der Jahre 1892–1956 insgesamt 10 in die Jahre von 1920 bis 1932; von 1933 bis 1945 erfolgen keine Verbandsgründungen mehr. Beide Jahrzehnte sind von Bedeutung: die 20er Jahre für den rapiden Aufschwung des zivilen Blasmusikwesens, die 30er für seine politische Pervertierung. In den 20er Jahren ist "die Gründungsphase auf dem Sektor der Amateurblasmusik im wesentlichen abgeschlossen und ein innerer organisatorischer und musikalischer Auf- bzw. Ausbau im Vereinswesen selbst zu registrieren" (57.108). Parallel zu den Verbandsgründungen nimmt auch die Anzahl der Amateur-Blasorchester in den 20er Jahren rapide zu. Blank zeigt exemplarisch eine Grafik zu dieser Expansion am Beispiel des Ostalbkreises: Die stärkste Zuwachsrate der bis zum Jahre 1974 auf 72 angewachsenen Kapellen liegt in der Zeit von 1920 bis 1930 mit insgesamt 27 Kapellen. Eine ähnliche Steigerung setzt noch einmal um 1950 ein, die aber in den 60er Jahren wieder abflacht (33.195).

Die Auswirkungen der Verbandsgründungen auf das zivile Blasmusikwesen im deutschsprachigen Raum sind sehr vielfältig: Vergrößerung der Besetzung, Zurückdrängung des "Gebrauchsmusik"-Charakters, damit verbunden auch die Tilgung ursprünglich volksmusikalischer Elemente, Vereinheitlichung bzw. Standardisierung des Blasmusikwesens, Einrichtung von Wettspielen auch zur Hebung des Niveaus, "Leistungsdenken" (vgl. **306**.187–202). Konstanzer spricht geradezu von einer "Kunstmusikgier" der ehemaligen Militärmusiker, die sie nun auf die Amateur-Blaskapellen zu übertragen trachten (**226**.112).

Wie das verstärkte Aufkommen ziviler Blaskapellen im Saarland "durch die politische Situation sowie durch die Auflösung bzw. das Fehlen der Militärkapellen" begünstigt wurde (**240**.125), so konstituierten sich auch in Österreich die meisten Blaskapellen "in den Folgejahren des Ersten Weltkrieges, nachdem es", wie Schweighofer sagt, "gerade die ausgedienten Militärmusiker waren, welche, heimgekehrt aus den Kriegswirren, sich unschätzbare Verdienste um den Aufbau des Blasmusikwesens erwarben" (**328**.207f.). So wie also die Anzahl der Militärkapellen nach dem Ersten Weltkrieg abnahm und auch ihre Besetzung kleiner wurde (vgl. **148**.429), erfolgte im Bereich der zivilen Blasmusik die umgekehrte Entwicklung.

Die bisher genannten Aspekte im Zusammenhang mit dem rapiden Aufschwung des Blasmusikwesens durch zahlreiche Verbands- wie auch Kapellengründungen hatten auch Auswirkungen auf das Repertoire und das Verlagswesen. Die Tatsache, daß die Amateur-Kapellen versuchten, Besetzungen von Militärkapellen zu übernehmen, brachte natürlich Probleme mit sich, etwa, daß "einige Instrumente nur selten besetzt werden" konnten. "Diese Umstände", so Habla weiter, "berücksichtigten einige Verlage und druckten spezielle Notenausgaben für Amateur-Blasorchester" (**148**.63). Bereits nach der Jahrhundertwende "werden immer häufiger im süddeutschen Raum Notenausgaben vor allem für Amateurblasorchester gedruckt" (173). Der noch heute für die Amateur-Blaskapellen relevante Verlag "Halter" druckte bereits 1912/13 "Halter's Konzert-Sträuss'chen für Harmonie oder Blasmusik" (170). Schließlich etabliert sich die "Allgemeine Verlagsbesetzung", zum Teil mit der Angabe von "Mindest"-Besetzungen, die je nach Größe und Zusammensetzung des Blasorchesters erweitert werden konnten (185, 188).

Im Dritten Reich fallen – wie die Sängerbünde und die Verbände der Jugendbewegung – auch die Blasmusikverbände der Gleichschaltung zum Opfer und werden aufgelöst (vgl. **306**.205). Die Amateur-Blasorchester heißen jetzt "Volksmusikkapelle", und zu "Gemeinde- und Stadtkapellen dürfen nur solche Volksmusikkapellen ernannt werden" – so heißt es im "Jahrbuch der Volksmusik 1938/39" –, "die sich verpflichten, sich nach Kräften dem Staat, der Partei und der Gemeinde zur Gestaltung von nationalen und gemeindlichen Feiern zur Verfügung zu stellen" (**125**.94). Offiziell gefordert wird "Völkisches Musikgut", in die "Spiellisten der Volksmusikkapellen" sollen "Arteigene und instrumentengerechte Musik für die Feierstunde, alte und neue Spielmusik, der Marsch, Volkslied- und Volkstanzmelodien" aufgenommen werden (17). (Vor diesem Hintergrund ist auch die auf S. 218 f. beleuchtete neue Original-Literatur für Blasorchester zu sehen: Sie trifft die hier genannten Forderungen sehr genau.) Die Zeitschrift "Die Volksmusik" wird "Pflichtorgan sämtlicher Kapellen und dient vor allem der weltanschaulichen und kulturellen Ausrichtung" (97).

Ruhr bemerkt indessen, die Veränderungen seien keineswegs nur "freudig begrüßt", sondern "von vielen Kapellen [...] mit gemischten Gefühlen betrachtet" worden, "denn die Eingriffe des Staates (auch) in die Belange der Blasmusik sind gravierend" (**306**.209). In den "Richtlinien für die Veranstaltung von Musikfesten der Fachschaft Volksmusik" heißt es 1938/39: "Volksmusikveranstaltungen [...] unterliegen der Genehmigung" (125.152); die "Genehmigungspflicht bezweckt in erster Linie, eine Kontrolle über die Programmgestaltung bei offiziellen Volksmusikveranstaltungen ausüben zu können" (154). Wegen des Pflichtbezugs der Zeitschrift "Die Volksmusik" wurde ausdrücklich darauf hingewiesen: "Keine Kapelle kann sich in Zukunft darauf berufen, daß eine amtliche Anordnung nicht zu ihrer Kenntnis gelangt sei" (157). Kirchliche Spielanlässe werden teilweise verboten (vgl. **306**.216). Vorstände, die den Nationalsozialisten nicht genehm waren, werden abgesetzt. Die ideologische Ausrichtung führt nicht selten insgesamt zu Spannungen: Da eine Blaskapelle "aus den verschiedensten Gliedern besteht, deren Zusammenhalt auf dem Konsens zu gemeinsamem Musizieren und Geselligkeit basiert" und Politik "als trennendes Element verstanden" wird, muß nun jeder "Auftritt für die Sache der NSDAP [...] eine unmittelbare Konfrontation mit der eigentlichen Maxime (Musizieren/Geselligkeit) bedeuten; es gilt plötzlich, 'Farbe' zu bekennen" (**306**.213). Verweigerung einzelner Spieler kann Spielunfähigkeit der Kapelle bedeuten und zum Ausschluß aus dem Verband führen (213). Insgesamt werden viele Kapellen durch den Versuch, sie "auf strikte Parteilinie zu bringen [...], teilweise schweren Zerreisproben [sic!] ausgesetzt, bedingt durch die konträren politischen Meinungen ihrer Mitglieder, und manche Musiken zerbrechen daran. Eine andere Folge zunehmender Totalisierung des staatlichen Machtanspruchs ist das Sichauflösen der meisten Jugendkapellen, da die Jungmusiker immer mehr durch ihre Mitgliedschaft in der Hitlerjugend belegt sind" (218 f.). (Sicherlich mag es nicht nur im Sinne der NS-Ideologie "mitmachende" Kapellen gegeben haben, sondern auch solche, "die voll und ganz hinter der Sache des Nationalsozialismus gestanden haben", doch lassen sich diese anhand von Nachkriegs-Festschriften kaum ausmachen, da sich deren Schreiber "in diesem Punkt Schweigen auferlegen (müssen)" [217].)

c) Nach 1945

Die Situation der Militärmusik wie auch der Amateur-Blasmusik nach 1945 stand zunächst unter dem Eindruck des Zusammenbruchs der nationalsozialistischen Herrschaft. "Die Besatzungsmächte sahen in den Blaskapellen ein Relikt des Militarismus nationalsozialistischer Prägung und verboten zunächst auch die Ausstrahlung von Blasmusik im Rundfunk" (**248**.131). Es dauerte aber nicht lange, bis sich diese Situation änderte, Blaskapellen wieder auftraten oder sich neu zu formieren begannen. Andreas Masel weist dabei für die 50er Jahre auf den starken Einfluß US-amerikanischer (Unterhaltungs-) Musik hin, dem auch die Blaskapellen sich nicht verschlossen. "Die Amerikanisierung der Tanzmusik bedeutete für die Blaskapellen eine einschneidende Neuorientierung hinsichtlich ihrer Funktion im Musikleben. Zum ersten Mal in der fast zweihundertjährigen Geschichte der Blasmusik konnte man wirklich von einem 'Verlust gewachsener Traditionen' sprechen" (132) (obgleich ein solcher, wenn auch anders motiviert, ebenfalls im Dritten Reich zu konstatieren wäre). Und wenn Suppan schreibt, nach dem Zweiten Weltkrieg habe die originale Blasmusik-Komposition "einen ungeheuren Aufschwung genommen" (**358**.17), so sah doch die alltägliche Praxis anders aus, als es Bemühungen um ein Original-Repertoire suggerieren. Daß um 1950 wiedergegründete Musikverbände und einflußreiche Einzelpersönlichkeiten in den 50er Jahren dem "für die Volksmusik und dem gesunden Volksempfinden verderblichen Jazz" eine Absage erteilten und um die "Schaffung eines gesunden Verhältnisses zur Musik" bemüht waren ("Es geht", so heißt es 1955 weiter, "um das gesamte abendländische Kulturleben" [vgl. **248**.131]), ist eine ideologisch-konservative Ausrichtung, von der bereits auf S. 73 ff. ausführlich die Rede war. Bis heute muß einfach das "Eigenleben" vieler Blaskapellen gesehen werden, welches mit dem allgemeinen Musikgeschmack hinsichtlich unterhaltender Musik eng verbunden ist. Eine Blaskapelle will "ankommen", und auf *breiter* Ebene Erfolg haben kann sie nur, wenn sie auch den Musikgeschmack weiter Bevölkerungskreise trifft. "Highlights" der nichtbläserspezifischen Unterhaltungsmusik wurden seit den 50er Jahren immer Bestandteil von Blaskapellen: so wie der "James Last"-Sound imitiert wurde und wird, so waren vor Jahren die "Moments for Morricone" (nach Filmmusiken E. Morricones) "in", und heute zählen dazu Medleys aus Musicals von A. L. Webber. Originale Blasmusik mußte also, wenn sie schon nicht bekannt war, aber doch zumindest Aussicht auf "Erfolg" haben sollte, "faßlich" sein. So heißt es beispielsweise zu Originalkompositionen Willy Schneiders, einer "Schlüsselfigur der europäischen Blasmusik" nach dem Zweiten Weltkrieg, sie erzielten "mit sparsamen Mitteln ein Maximum an Aussage [...]. Die Melodie behält ihre beherrschende Funktion. Die Geradlinigkeit und Eigenständigkeit der Melodieführung ist ein [...] bedeutendes Element. [...] Schneider schreibt nicht Musik für wenige, sondern für alle Musizierenden" (**380**.319). Es scheint, daß offizielle Stellen bis auf den heutigen Tag unzufrieden sind mit dem, was in vielen Blaskapellen gespielt wird. "Die Verantwortlichen in den Blasmusikverbänden betrachten es als ihre Aufgabe, auf die Vielfalt des Blasmusikrepertoires [...] hinzuweisen und vor einseitiger Beschränkung auf bestimmte Formen 'niederer' (Unterhaltungs-)Musik zu warnen" (**366**.65). Aber auch die vielfältigen Funktionen, die dörfliche oder städtische Kapellen erfüllen, bewahren jenes "Eigenleben", das in gewisser Weise immun ist gegenüber Vorhaltungen "von oben".

Dem widerspricht auch nicht, wenn Masel betont, daß sich seit etwa Mitte der 60er Jahre die konzertante Blasmusik zu "einem neuen Schwerpunkt für die Blaskapellen entwickelte" (**248**.134), ein Bereich, der im deutschsprachigen Raum zunächst vorwiegend von den Militärkapellen abgedeckt worden war. Suppan bestätigt, daß "nach dem 2. Weltkrieg die Führung auf den zivilen Sektor" überging: "In den letzten Jahrzehnten sind die Militärblaskapellen eher die Nehmenden als die Gebenden" (**358**.13). "Konzertante" Blasmusik bedeutete aber keineswegs "originale" Blasmusik, sondern überwiegend Bearbeitungen. Konstanzer, für den "konzertante" Musik "gehobene Unterhaltungsmusik" ist (**226**.113), bemerkte 1967, selbst bei größeren Kapellen nehme "die Unterhaltungsmusik einen breiten Raum ein", und er schreibt zu Konzerten, bei denen Originalwerke (etwa Sepp Tanzers "Tirol 1809") aufgeführt worden seien: "Aber allein mit dieser Art von Musik ist das [...] Publikum nicht zu begeistern. Es verlangt ebenso nach Unterhaltungsmusik. Der letzte Teil der Konzerte ist daher immer der Leichten Muse gewidmet. Mit Evergreens, Konzertmärschen und Potpourris wird ein großer Zuhörerkreis zufriedengestellt" (113). Suppan zufolge gehört es "zu den musikpolitisch wesentlichen Aufgaben [...], für 1900 Blaskapellen mit 60 000 Musikern in Österreich, für 5000 Blaskapellen mit 150 000 Musikern in der BRD [...] eine schichten- und situationsgerechte Musikliteratur bereit zu stellen" (und in Holland "hat man deshalb an den Konservatorien eigene Lehrstühle für Blasorchesterkomposition und Blasorchesterdirektion eingerichtet") (**358**.17).

Der Gepflogenheit, mit "Highlights" des aktuellen Musiklebens erfolgreich zu sein, entsprechen auch Veränderungen in der Besetzung: Elektro-Baß, Orgel sowie in neuerer Zeit der Synthesizer sind keine Ausnahme (insbesondere bei Tanzmusik). Brixel betrachtet "das starke Eindringen der Musikelektronik oder des elektronischen Instrumentariums in die Blasmusik" aber als Möglichkeit, neue originale Blasmusik zu komponieren. Damit seien "Mittel und Möglichkeiten [...] gegeben, dem Blasorchester besondere klangliche Lichter aufzusetzen und spezielle Effekte abzugewinnen. Mit Sicherheit ist gerade dieser Bereich für die Instrumentation keineswegs noch voll ausgeschöpft und läßt für die Zukunft noch eine Vielzahl von Entwicklungsmöglichkeiten offen" (60.251). Das "Eindringen avantgardistischer Tendenzen" beruht Brixel zufolge auch auf dem "konventionelle[n], im wesentlichen seit Jahrzehnten unveränderten Instrumentarium, dessen klangliche Möglichkeiten für ausgeschöpft und ausgebeutet gehalten werden" (53.34). Theoretisch muß die Amateurmusik keineswegs "avantgardistischen Tendenzen und Intentionen zuwiderlaufen" (35), in der Praxis dürfte dies auf breiterer Ebene aber der Fall sein und bleiben. Zu relativieren ist von daher, wenn Brixel einige Beispiele (vgl. S. 232) als Zeichen dafür deutet, daß Blaskapellen heute "vielfach [...] mit Literatur versorgt [werden], die sich avantgardistischer Chiffren und modernistischer Notationsmodi bedienen" (35).

Zu nennen ist auch die "drastische Expansion der Perkussionsgruppe" (60.251). Ein Grund hierfür dürfte sicherlich im veränderten Original-Repertoire liegen. Insbesondere Kompositionen niederländischer Provenienz (Kees Vlak, Henk van Lijnschooten) bedeuten für viele Blasorchester ein neues originales Blasmusikrepertoire, welches einen Ausgleich zu schaffen vermag zwischen den Ansprüchen an Originalität einerseits und "Unterhaltung" andererseits. "Neu" ist hier teilweise die Belebung der Komposition durch (lateinamerikanische) Percussionsinstrumente und entsprechende Rhythmen.

Das Problem der "Mangelinstrumente" für Amateur-Blasorchester ist bis heute akut. Von 170 untersuchten bayerischen Blaskapellen ist die Oboe nur in zehn vertreten, ein Fagott nur in sechs (vgl. **248**.138). (Es fragt sich aber auch, inwieweit Amateur-Blasorchester dies selbst als "Mangel" begreifen.) Die Einführung des Saxophons wurde 1958 in Bayern "erst einmal als Experiment zur Diskussion gestellt" (138), und noch Ende der 60er

Jahre bestand "gegenüber Ländern wie Frankreich und den Vereinigten Staaten ein gewaltiger Nachholbedarf in Sachen Saxophon" (138). Inzwischen gehören Saxophone aber weitgehend zur Standardbesetzung einer Amateur-Blaskapelle.

Brixel sieht heute die Gefahr einer internationalen Standardbesetzung der Blasorchester, bei der nationale Eigenheiten verloren gehen: War das Vorherrschen des weitmensurierten Blechs sowie das Fehlen von Doppelrohrblattinstrumenten zunächst typisch für das österreichische Blasorchester (vgl. S. 176), so unterscheidet es sich "in den sechziger Jahren kaum mehr von den Blasorchesterbesetzungen anderer Länder und Nationen" (60.238). Und zum aktuellen Diskussionsstand schreibt Brixel mit Bezug auf S. Seidl: "Übereinstimmend wird von verschiedenen Experten 'bedauert, daß es keine verbindliche Besetzung für Blasorchester gibt und daß die einzelnen Stücke bei jeder Kapelle anders klingen ...'. Die 'Überlegungen zur Schaffung einer für ganz Europa gültigen Blasorchesterbesetzung' bringen, so begrüßenswert diese Initiative vom verlegerischen Standpunkt auch sein mag, doch die Gefahr des Identitätsschwundes und der Selbstpreisgabe nationaler Blasmusikspezifika mit sich. Mit der geforderten Differenzierung des Blasmusikinstrumentariums ist eine Unifizierung des Blasmusikwesens verbunden [...]" (251).

Im Zuge des Bemühens, auch anspruchsvolle, originale Blasmusik zu spielen, entstanden in den letzten Jahren zunehmend größere, z. T. überregionale Blasorchester (vgl. S. 58). Die meisten Amateur-Blaskapellen sehen "dagegen ihre Hauptaufgabe in der Bewahrung konventioneller unterhaltsamer Gebrauchsmusik – mit gelegentlichen Ausflügen in sogenannte 'konzertante' Bereiche" (366.65). Ihre große Anzahl rechtfertigt sicherlich zu sagen, daß "Blasmusik" (auch!) "eine weltweite volkskulturelle Bewegung" ist und das Blasorchester das "rund um den Globus am meisten verbreitete orchestrale Ensemble" (H.-W. Berg 1991, **26**.29; vgl. ebda. eine Übersicht über europäische Blasmusikverbände und -vereine). Und was die *Entwicklung* nach 1945 bis heute betrifft, so stehen zusammenfassende Darstellungen noch aus. Solche hätten neben den teilweise wissenschaftlichen Ansprüchen genügenden lokalen Blasmusik-Geschichten auch jene Zeitschriften auszuwerten, die als Sprachrohr von "offizieller" Seite die Entwicklung begleiteten und beeinflußten, wie z. B. "Die Blasmusik", "Österreichische Blasmusik" oder "Schweizerische Blasmusikzeitung"; neue Wege zu gehen versucht hier die seit 1990 erscheinende "Clarino", eine "Internationale Zeitschrift für Bläsermusik". (Eine Liste *internationaler* Bläser- bzw. Blasmusik-Fachzeitschriften bietet Suppan 1990 [369].)

7. Originale Blasorchestermusik in Europa (20. Jh.)

Im 20. Jahrhundert wird das Blasorchester in zunehmendem Maße auch als Klangkörper angesehen, der – von seinen ursprünglichen Funktionen befreit – als Medium für den Ausdruck ihm eigener, originaler Musik mit künstlerischem Anspruch fungiert. Dies hat Konsequenzen auf das Repertoire: Originale konzertante und "ernste" Musik für Blasorchester war und ist die Folge. "The modern international wind ensemble repertoire", so S. Timothy Maloney (1986), "became established during the 1920s and '30s" (**243**.57). Die Entwicklung dieser Musik, die in verschiedenen Ländern eine jeweils andere Ausprägung erfuhr und erfährt, kann im folgenden nur in Umrissen skizziert werden.

a) Anfänge in England

Bis zu den 20er Jahren gibt es nur wenige entsprechende Blasorchester-Kompositionen. Hierzu zählen etwa die zwei "Hill Songs" (1901/02–1907) sowie "Irish Tune from County Derry" und "Shepherd's Hey" des in Australien geborenen P.A. Grainger, "Sélamnik" (1905) und "Dionysaques" (1913) des Franzosen F. Schmitt sowie die zwei Suiten "for Military Band" (1909–1911) des Engländers G. Holst. "[These compositions] represent the first twentieth-century works of any consequence for the medium of concerted winds" (**243**.57). Größte Bedeutung kommt hierbei Gustav Holst zu, dessen erste Suite zwar nicht das erste Blasorchester-Werk des 20. Jahrhunderts eines namhaften Komponisten war, aber immerhin das erste, welches allgemein akzeptiert wurde, wie Don C. Mitchell (**257**.21) schreibt, der sich 1990 ausführlich mit den Band-Kompositionen Holsts beschäftigte.

Holsts "First Suite in E flat for Military Band" op. 28/Nr. 1 (1909) ist original geschrieben für Flöten, Klarinetten, Oboen, Saxophone, Fagotte, Kornette, Trompeten, Hörner, Bariton, Euphonium, Posaunen, Bombardons (!), Kontrabaß und Schlagwerk (einige Instrumente, wie etwa der Kontrabaß, "ad lib."; vgl. ausf. **257**.25 f.). Sie enthält die Sätze "Chaconne", "Intermezzo" und "March". Holsts "Second Suite in F for Military Band" op. 28/Nr. 2 (1911) "is more economically scored than its predecessor. Gone are the E flat trumpets, bass clarinet, and timpani, for this work was originally scored for the standard regimental band instrumentation [...]" (47). Das Werk basiert auf englischen Volksliedern und -tänzen. Im Vergleich beider Suiten charakterisiert Mitchell die erste als Meisterwerk aufgrund kompositionstechnischer Kunstgriffe, die zweite hingegen eher aufgrund spezifischer Instrumentationstechniken (48). Francis N. Mayer beschreibt die zweite Suite als "less complex, by virtue of its materials more clearly melodic; denied cyclic treatment it maintains a simple unity partially manifest through instrumentation" (**250**.349). Von Holsts anderen Werken "for Band" sei vor allem noch "Prelude and Scherzo: Hammersmith" op. 52 (1930/31) hervorgehoben, nicht nur eines der "großen" Werke für Blasorchester (**227**.A-11), sondern – als ein großangelegtes, einsätziges Werk – auch Holsts "most formidable work for the military band medium" (**257**.119).

Mitchell wertet in seiner Studie zahlreiche zeitgenössische Quellen aus, denen die große Bedeutung von Holst für die Anfänge einer originalen Literatur für Blasorchester zu entnehmen ist. In seiner ersten Suite sah man recht schnell den ernstgemeinten Versuch, anspruchsvolle Musik für Blasorchester zu schreiben (**257**.31). Gleichzeitig erkannte man darin den Wert als Musterbeispiel für eine mehr oder weniger neue Richtung (geblasener) Musik, etwa wenn es 1920 in der "Birmingham Post" heißt: "The production was something of an event, for the military band has been almost entirely ignored by composers of distinction" (32), oder im "Observer" (1921): "Holst has taken the military band seriously, as a beginning, and has mastered its technique, and his Suite has the same value as would an orchestral piece from his pen" (33). Und 1922 ist im Anschluß an ein Konzert mit Holst-Bläserwerken zu lesen: "[...] this concert will mark the beginning of a new and better epoch for the military band" (70). Die Holst-Suiten, so urteilt Richard F. Goldman, begründeten nicht nur einen völlig neuen Stil in der originalen Blasorchester-Komposition, sondern sie ermöglichten auch eine neue Vorstellung vom *Klang* des Blasorchesters ("a new conception of band sound") (**141**.225).

In der Folge der Holst-Suiten komponierte in den Jahren 1923 und 1924 etwa R. Vaughan Williams seine "Folk Song Suite" und die "Toccata in B Flat" (bekannt als "Toccata Marziale"), G. Jacob, ein Schüler Vaughan Williams, die "William Byrd Suite" und die "Suite for Band".

Für den "englischen" Komponistenkreis Grainger, Holst, Vaughan Williams und Jacob konstatiert Suppan zusammenfassend folgende "neu gefundenen Parameter: (1) Bindung an traditionelle, authentische Volksmusik [...]; (2) Gewinnung einer Melodik, deren Bekanntheitsqualitäten weiten Kreisen der Bevölkerung den Zugang zu dieser Musiksprache ermöglichten; (3) Einsatz der Blechblasinstrumente nicht als tuttiverstärkende, [...] sondern als melodieführende Instrumente; (4) Rückgriff auf vorromantische (klassische, barocke) Formen der Suite, des Liedes, der Toccata, des Divertimentos und auf klare, linear geführte Stimmen und transparente Stimmgewebe" (366.21, vgl. ausf. auch Pittman 1979 [**286**]). Innovativ mögen die Werke etwa G. Holsts für Blasorchester vor allem in den USA gewirkt haben; die weitere Entwicklung in England selbst wurde vor allem durch Originalkompositionen für die weitaus mehr verbreiteten Brass-Bands bestimmt, zu denen auch Holst, etwa mit seiner "Moorside-Suite" (1928), Beiträge leistete.

b) Donaueschingen 1926

Sieht man von der programmatischen Fantasie "Titanic" (1921) des Schweizer Komponisten St. Jaeggi ab, in welcher der Untergang des gleichnamigen Schiffes musikalisch darstellt wird, sind für Suppan im deutschsprachigen Raum die Donaueschinger Kammermusiktage 1926 von zentraler Bedeutung. Am 24. Juli 1926 gelangten dort zur Aufführung: "Drei Märsche für Militärorchester" op. 44 von E. Křenek (gedruckt als "Drei lustige Märsche für Blasorchester"), "Kleine Serenade für Militärorchester" von E. Pepping, "Spiel für Militärorchester" von E. Toch und die "Konzertmusik für Blasorchester" op. 41 von P. Hindemith. Bei der Wiederholung des Konzertes am 26.Juli kam noch die "Promenadenmusik für Militärorchester" von H. Gál hinzu.

Der Musikausschuß für die Kammermusiktage 1926 hatte zuvor verschiedenste Komponisten um entsprechende Musikwerke gebeten mit dem Hinweis, man wolle, wie Hanspeter Bennwitz mitteilt (**25.**165), "die Aufführung von Originalkompositionen für Blasorchester (Militärmusikbesetzung) anregen zur Produktion von Gebrauchsmusik für Blasorchester. Was an neuer Militärmusik vorhanden ist, ist Bearbeitung, Surrogat." (Abgelehnt hatten den Auftrag A. Tscherepnin "wegen Arbeitsüberlastung" sowie E. Schulhoff mit dem Hinweis: "Militärmusik liegt mir keinesfalls und unter keinen Umständen in der vorgeschriebenen Besetzung" [167].) Offensichtlich waren die Werke der oben genannten englischsprachigen Komponisten hierzulande kaum bekannt. Suppan zufolge war es Ziel der Veranstalter, "die Blasmusik aus ihrer Marschgebundenheit herauszuführen und zur Konzertmusik werden zu lassen, das Militärorchester zum Blasorchester umzugestalten" (**366.**23). Es muß aber betont werden, daß die Komponisten den Auftrag offensichtlich unterschiedlich auffaßten. Toch schreibt – wie auch die folgenden Komponisten im Jahre 1926 – von der "Unterhaltungsmusik", bei der er "recht gerne mitmachen" würde (**25.**165), Gál bezeichnete seine "Promenadenmusik" als "Unterhaltungsmusik ohne weitere Prätentionen" (166), F. Petyrek (bei dem sich nicht feststellen ließ, ob er eine entsprechende Arbeit eingereicht hatte) schrieb, diese "Kunstgattung" sei ihm bislang "ganz fernstehend" gewesen (167).

Der zentrale Begriff im zitierten Aufforderungsschreiben des Musikausschusses ist indessen der der "Gebrauchsmusik". Hinter dem Konzept der "Gebrauchsmusik" bzw. der "Konzertmusik" für Blasorchester steht, wie es 1926 in der Zeitschrift "Modern Music" heißt, der Versuch "to break a new path back to the golden days of serenades and divertimenti" (zit.n. **73.**2; zur historischen Bestimmung vgl. ausf. Stephen Hintons Studie "The Idea of Gebrauchsmusik" [1989, **175**]). Dies bedeutet auch einen relativ freien Umgang mit der Musik: P. Dessau stellte hinsichtlich seines letztlich nicht aufgeführten Werkes dem Dirigenten anheim "zu retouchieren", falls es "nicht gut klingen" sollte (**25.**167). Und obgleich "Militärmusik" als Besetzung vorgegeben war, "the existing works differed in instrumentation [...] and in no way resembled the instrumentation usually associated with the Austrian or German military bands of that period" (**73.**2). Dies erklärt Habla damit, daß die Komponisten "mit Blasorchestern bisher keinen Kontakt" (**148.**175) gehabt hätten und ihnen von daher die Instrumente nicht bekannt gewesen seien. Bei Křeneks Komposition "fehlen", so Habla, etwa Flügelhorn, Tenorhorn und Bariton, und die relativ kleine Besetzung beruhe darauf, "daß Křenek die Besetzung der Militärblasorchester nicht kannte und auf die vom Orchester her bekannten Blasinstrumente zurückgriff" (176). (Möglicherweise ist auch die kleine Besetzung von nur 8 Bläsern in Dessaus Stück der Grund dafür, daß es nicht aufgeführt wurde.) Demgegenüber scheint dem Verfasser die Interpretation Donald Hunsbergers und John C. Carmichaels überzeugender: "The fact that the composers chose to ignore the military instrumentation model and used, instead, the flexible instrumentation usually associated with wind ensembles, is a strong indication that the composers had more artistic ends in mind" (**73**.2). Mit Bezug auf Hindemith schreibt Hermann Danuser (1984), der Begriff "Konzertmusik" verweise "auf das öffentliche Konzert als einen institutionellen Ort, der seine Vorrangstellung gegenüber den anderen Bereichen des Musiklebens eingebüßt hat. Konzertmusik ist also Gebrauchsmusik für den Konzertsaal – und zwar mit einem dieser Funktion gemäßen artifiziellen Anspruch" (**85**.174). Hindemiths "Konzertmusik für Blasorchester" verstieß folglich "gegen die hergebrachten Konzertgattungen der Kunstmusik. [...] Und indem Hindemith hier eine artifizielle Komposition mit der Satzfolge: Konzertante Ouvertüre, Variationen über 'Prinz Eugen' und einem abschließenden Marsch für eine Besetzung schrieb, die bislang seitens der Neuen Musik nicht beachtet worden war, öffnete er die Institution Konzert bewußt zum Gebiet der Unterhaltungsmusik hin" (174).

Wie immer man auch die genannten Kompositionen bewerten mag: Weder "die Militärkapellen – von einzelnen Ausnahmen abgesehen – noch die Masse der Amateur-Blaskapellen hat damals den Sinn dieser neuen Entwicklung begriffen" (**366**.25). Und Habla betont, über die aufgeführten Werke gebe es "in den zeitgenössischen Blasmusik-Zeitschriften keine Annoncen oder Aufsätze und sie blieben auch nach dem Zweiten Weltkrieg in den einschlägigen Kreisen großenteils unbekannt" (**148**.175). Und so sehr diese Kompositionen auch "der Förderung von originalen Werken besonders für Amateurblasorchester gewidmet waren", so blieben sie doch "in der breiten Öffentlichkeit ohne Widerhall" (430). Bereits damals äußerten die Kritiker, so Bennwitz, "dass alle Partituren für die üblichen Militärkapellen [!] zu kompliziert seien" (**25**.167) und keineswegs dazu geeignet waren, von Amateurmusikern gespielt zu werden, "or to be heard in beer halls" (zit.n. **73**.3). Ja sie waren nicht einmal unumstritten und sind bis heute nicht "gedeutet". Zeitgenössischen Kritiken zufolge ist etwa Hindemiths Werk "a bit heavy", es sei "racy" (gewagt, zweideutig) (**73**.2), und John C. Carmichael hält (mit Bezug auf Smith/Stoutamire 1979) den zweiten Satz für eine "satire [!] of the typical German band" (**339**.113, vgl. **73**.2). Oder Křeneks Kompositionen wurde nachgesagt, sie kombinierten "jazz, satire on military music, and Stravinsky-like sounds" (**73**.2). Überhaupt, so ein Zeitgenosse, sei die Musik "intellectual and consisted of parody" (3). Dies bestätigt auch Dessau hinsichtlich seines nicht aufgeführten Werkes: es habe "grotesken Charakter" und sei "auch marzialisch lustig" (zit.n. **25**.167). Fest steht, daß sowohl die Veranstalter wie auch die Komponisten es "ernst" meinten (was musikalische Satire nicht ausschließt). Unterstrichen wird dies auch durch einen Dirigenten wie H. Scherchen, der seinerzeit die Werke dirigierte, so daß durchaus behauptet werden kann: "The association of the wind medium to composers and a conductor of such stature indicates a sincere effort to elevate the state of wind repertoire, and the medium itself, to a higher artistic level" (**73**.3).

Wurde erst 1990 in den USA das ursprüngliche Konzert der Donaueschinger Kammermusiktage quasi in einem "historischen" Konzert "nach"-gespielt (vgl. 73), so war – auch Schallplattenproduktionen nach zu urteilen – vor allem Hindemiths op. 41 durchaus nicht in Vergessenheit geraten. Daß die Werke von Pepping und Gál kaum bekannt waren bzw. sind, hat verschiedene Gründe. Die Manuskripte ihrer Werke wurden erst 1989 von J.C. Carmichael wiedergefunden (vgl. **73**.3). Bennwitz (1961) führt auch den Umstand an, daß die Komponisten jung gewesen seien: "Ihre heutigen Äußerungen distanzieren sich häufig von dieser Musik und geben nicht unbedingt ihre damaligen Auffassungen wieder" (**25**.179). Joas vermutet, daß sie sich "von der Laienmusikbewegung distanzieren wollten" (**202**.60). Die durch letztere "entstehende Anspruchslosigkeit des Spielers", so Bennwitz, "dessen technische Fähigkeiten und Wissen von der Musik immer geringer wurden, und die Entwertung des Begriffs Kunst trennten bald die meisten Komponisten von der 'musischen Bewegung'" (**25**.182). Auch für Hindemiths "Funktionsorientierung", so H. Danuser, sei "charakteristisch, daß er in den folgenden Jahren [nach 1926] von der Möglichkeit, mit 'Konzertmusiken' auch unterhaltende Musik für Konzertzwecke zu schreiben, keinen Gebrauch machte" (**85**.174). In einem Brief aus dem Jahre

1930 bemerkt Hindemith, er habe sich von der Konzertmusik abgewandt, weil dies "fast nur eine technische Aufgabe für den Musiker ist und für die Weiterentwicklung der Musik kaum etwas getan wird" (174).

c) Zur Blasmusik im Dritten Reich

Suppan (1987) unterscheidet zu Beginn der dreißiger Jahre zwei Richtungen: "(1) Einmal der jugendbewegte Anstoß Paul Hindemiths [...], (2) zum andern eine 'Sinfonische Blasmusik', aus dem Geist der harmonisch vollgriffigen Romantik der zweiten Hälfte des 19. Jahrhunderts entfaltet [...]. Die eine Richtung beruft sich auf ältere Bläsertraditionen und polyphone Gestaltungselemente der Frühromantik, des Barock oder gar der Renaissance [...], die andere schätzt die Klangfülle und Massenwirkung der ausgehenden Romantik. Beide Richtungen sind im deutschsprachigen Raum während der dreißiger Jahre nebeneinander, zum Teil auch ineinanderfließend, gepflegt worden" (**366**.28 f.). Im Anschluß daran beschreibt Suppan ausführlich die Blasmusik des Dritten Reiches unter der Überschrift "Hindemiths Idee beginnt zu greifen" (30–37). Entgegen den Auffassungen Suppans vertritt der Verfasser die Meinung, daß unter den originalen Blasmusikwerken im nationalsozialistischen Deutschland kaum solche sind, welche auch nur annähernd an Stücke von Grainger, Holst oder den zur gleichen Zeit in den USA komponierten Werken heranreichen, geschweige denn wirklich eine Realisierung von Hindemiths Idee der "Gebrauchsmusik" sind. Die ideologische Pervertierung der "Laienmusik", "Volksmusik" und damit auch der Blasmusik im Dritten Reich erlaubte kaum, daß die Werke der Donaueschinger Kammermusiktage 1926 dort nachwirken konnten. Und "Tatsache ist", so M. Gervink, "daß Donaueschingen nach 1926 durch die kulturpolitischen Eingriffe des Dritten Reiches für die Neue Musik praktisch keine Rolle mehr spielen konnte" (Mf 1990, H.3, 287). Zeichen des neuen Windes, "der nun die Festgestaltung durchwehte" (ebda.), sind viele Werke, die Suppan aus den Jahren 1933–1945 auflistet, bereits dem Titel nach (vgl. **366**.51–53): neben zahlreichen "Festmusiken" etwa "Deutscher Frühling", "Deutsche Rhapsodie" und "I bin Soldat valera, Variationen für Luftwaffenorchester". Solche Werke verdienen es m. E. nicht, in einer Liste mit Schönbergs

1943 in den USA komponiertem "Thema und Variationen" op. 43a genannt zu werden. Entsprechend den Erfordernissen der nationalsozialistischen Ideologie mit ihrer Besinnung auf "Bodenständiges" enthält beispielsweise die im Auftrag des Reichsverbandes für Volksmusik herausgegebene Reihe "Frisch geblasen" (1937–1941) "wichtige Beiträge zu der jungen Gattung der nationalen Laienmusik für Bläser" (Anzeige in **125**), darunter vor allem Suiten, Tänze, Intraden, Märsche, Hymnen, "Ländliche Musik", "Dorfmusik" usw. Es ist, wie auch z. T. noch die "Spielmusik" der Nachkriegszeit, häufig "pädagogische" Musik. (Als "Ableger der Jugendbewegung" sagt Adorno von ihr: "Falsch und schlecht wird die pädagogische Musik durch ihre ideologische Verselbständigung, den Pharisäismus, mit dem sie die ihr notwendigen Beschränkungen als höheres Ethos proklamiert" [zit.n. **318**.229].) Es fällt dem Verfasser schwer, den genannten Stücken innerhalb einer Geschichte originaler Blasmusik eine ernst zu nehmende Bedeutung beizumessen. Ähnliches scheint indessen im nachhinein auch für manche Komponisten zuzutreffen, indem sie, wie beispielsweise Prieberg (**291**) nachweist, alte Werke umbenannten oder auszulöschen versuchten. So führt Suppan etwa ein Auftragswerk des Reichs-Luftfahrtministeriums aus dem Jahre 1938 von H. Heiß an ("Heide, Moor und Waterkant – ein deutsches Landschaftsbild", vgl. **366**.51), zu dem Joas anmerkt, daß es "selbst unter den verschollenen Werken in seiner Biographie [...] unerwähnt bleibt, obwohl es als Auftragswerk sogar im Druck [1941] erschien" (**202**.58).

Suppan schreibt, insgesamt sei zwar die "Umschichtung des Repertoires der Blaskapellen zugunsten der 'jugendbewegten' Kompositionen eines Hindemith, eines Hermann Grabner ["Burgmusik"], eines Paul Höffer ["Fliegermorgen"], eines Hugo Hermann, eines Harald Genzmer, eines Willy Schneider" und anderer "in den dreißiger und vierziger Jahren nicht gelungen", doch "konnte die Bearbeitungs-Literatur zurückgedrängt oder zumindest [...] reduziert werden" (**366**.48). Es dürfte nicht schwer zu verstehen sein, warum man "deutsche" originale Blasmusik von offizieller Seite her den Bearbeitungen vorzog. Ob allerdings während der NS-Zeit komponierte Original-Blasmusik von vornherein höher zu bewerten ist als Bearbeitungen älterer Musik, nur weil es sich allemal um "Originalmusik" handelt, wäre erst noch zu diskutieren. (Indessen ist zu bedenken, daß man sich im Dritten Reich keineswegs einig war in der Ablehnung von Bearbeitungen. Diese Zeit bildete, wie Joas in Ansätzen belegt, "ein wahres Podium, auf dem die Diskussionen über Bearbeitung und Original, sowie Form und Anspruch [...] ausgetragen wurden" [202.46]). "Offiziell" waren viele Stücke nicht nur ihrem Titel nach. Bereits auf S. 80 wurde erwähnt, daß die Einführung des Saxophonregisters bei der deutschen Luftwaffe Werke nach sich zog, die offiziell für die neue Besetzung gefordert wurden. (Beispiele dieser neuen "Fliegermusik" in 366.38 f.) Und selbst dann, wenn einzelne Werke an sich musikalisch "unschuldig", "harmlos" oder gar musikalisch anspruchsvoller sind, so ist doch ihre *Verwendung* noch zu berücksichtigen. Die Einrahmung eines Konzertes etwa mit den Märschen "Klar zum Gefecht!" und "Flieg, deutsche Fahne, flieg!" (vgl. 202.43) dürfte "Sinn" stiften, welcher auch die zwischen ihnen gespielten Werke erfaßt.

d) Blasorchestermusik nach 1945

Mit Bezug auf Deutschland schreibt Suppan: "Rückblickend läßt sich derzeit (1987) sagen, daß die von Donaueschingen 1926 und von Paul Hindemith und Hermann Grabner ausgegangenen 'jugendbewegten' Ideen in den fünfziger Jahren dank des Trossinger Kreises im süddeutschen Blasmusikwesen Fuß fassen konnten. Die Kompositionen Schneiders und Regners gingen in das Repertoire ein, Persönlichkeiten wie Peter Sager, Gerhard Maasz, Gerbert Mutter, Franz Joseph Meybrunn, Friedrich Deisenroth, Paul Kühmstedt, Edmund Löffler, Hellmut Haase-Altendorf, Ernest Majo, Kurt Rehfeld, Albert Loritz führten und führen die Richtung mit Erfolg weiter" (366.64). Die Programmatiken G. Waldmanns, W. Schneiders und H. Regners sind getragen von der Idee, anspruchsvollere originale Blasmusik für Amateur-Blaskapellen zu schaffen (vgl. ausf. 364 u. 366.57–64). Bedeutsam wird dabei der Begriff des "Bläserkreises", der sich von der "Blaskapelle", die sich nach Regner durch ihre gesellschaftlichen Funktionen auszeichnet, unterscheidet (vgl. 366.58). Den "Spielmusiken" mag als originale Blasmusik-Literatur (auch pädagogische) Bedeutung zukommen. Sie lassen sich aber nicht vergleichen mit der Entwicklung von Kompositionen anderer Länder, insbesondere denen der USA. Auch hierzulande relativiert Suppan die Bedeutung selbst: "Zu stark wirkte einerseits die Tradition volkstümlicher Blasmusik weiter und zu übermächtig verbreiteten die Medien eine Unterhaltungsmusik [...]. Überlieferte Marsch-Polka-Walzer-Seligkeiten, konventionelle Idyllen und Ouvertüren, denen Techniken und rhythmische Effekte der jazzverwandten Unterhaltungsmusikmoden aufgepfropft werden, bestimm(t)en den Großteil des Repertoires der etwa zehntausend Amateurblasorchester des mitteleuropäischen Raumes" (64).

Die Entwicklung originaler konzertanter Blasmusik in Österreich begann nach dem Zweiten Weltkrieg mit S. Tanzers Suite "Tirol 1809" (1954), ein, so Suppan, "wegweisendes Werk" (**366**.67). Im Zuge der Forderungen nach weiterer Originalmusik entstehen Werke von J.E. Ploner, S. Thaler, F. Kinzl und H. König. Im Gegensatz zur Entwicklung in Deutschland ist für die Musik dieser Komponisten nicht "der Rückgriff auf vorklassische Formen und Inhalte" kennzeichnend, "sondern die spätromantisch-vollgriffige Harmonik und Polyphonie mit ihren volksliedhaften, tanzartigen Passagen in den Scherzo- und Rondosätzen" (68). Suppan (68–72) belegt dies durch Analyse des genannten Werks von Tanzer sowie von Königs "Präludium und Fuge in B" (1964). Mit letzterem schien aber ein "Endpunkt in bezug auf die Leistungsfähigkeit von Amateurorchestern und ein Endpunkt in bezug auf die spätromantisch-tonale Harmonik" (72) erreicht zu sein. Für die Bandbreite der in den 70er und 80er Jahren komponierten Werke nennt Suppan (72 f.) die tonale Ouvertüre "Flavia Solva" (1978) H. Kueglers, die seriellen Komposition K. Stekls ("Musica turca", 1977), das "amüsant-parodistische" "De Ilnes Ortam" K. Haidmayers (1983, rückwärts zu lesen) sowie die Aleatorik H.M. Pressls ("Resurrectio", 1980, "Arsis", 1984).

Obgleich auch in der Schweiz zuvor vereinzelt Original-Werke entstanden waren (z. B. von St. Jaeggi, C. Friedemann), die bis 1966 alle "den Klangvorstellungen der Wiener Klassik und der Romantik des 19. Jahrhunderts nachempfunden" (**366**.74) waren, brachten erst die "Festlichen Musiktage" von Uster/Schweiz (seit 1960) tiefgreifende Änderungen. Sie sind ein Verdienst Albert Häberlings, und seit 1966 finden dort nur noch Uraufführungen neuer Blasmusikkompositionen statt. Führende Blasorchester (seit 1971 zu ca. 50 Prozent nichtschweizerische) spielten Werke internationaler Komponisten, und zwar (in Klammern die Anzahl der Komponisten bis zum Jahre 1985, ermittelt anhand von Leon J. Blys Liste der in Uster uraufgeführten Kompositionen [**37**.227–233]): aus der Schweiz (24), Deutschland (9), den

USA (8), Österreich (7), den Niederlanden (6), der ČSFR (6), England (4), Japan (4), Belgien (3), Ungarn (3), Frankreich (2), Luxemburg (2), Norwegen (2), Bulgarien (1), Spanien (1) und Polen (1). (Insofern gelten die folgenden Ausführungen keineswegs spezifisch "schweizerischer" Blasmusik.) Suppans Interpretation allerdings, Komponisten aus aller Welt würden beauftragt, "für Uster ihre Vorstellungen einer amateurspezifischen [!] symphonischen Blasmusik in Musiknoten zu formulieren" (**366**.75), ist nicht ganz richtig, denn was im Laufe der Jahre dort uraufgeführt wurde, geht nicht selten sowohl an den spieltechnischen Fähigkeiten von Amateur-Blaskapellen wie auch an den Hörgewohnheiten ihres Publikums vorbei. So schreibt Häberling etwa zum 9. Forum (1974): "Die Schwierigkeitsgrade einer Komposition, die beim vereinsmäßigen [M]usizieren immer noch eine bedeutende Rolle spielen, können bei den Festlichen Musiktagen nicht berücksichtigt werden" (und hervorgehoben zu werden verdient der auf die Experimentierfreudigkeit bezogene Idealismus Häberlings: "Ob Werke das 9. Forum überleben werden, ist für den heutigen Tag wenig entscheidend") (zit.n. **366**.77).

Über das Repertoire informiert ausführlich Leon J. Bly 1987 in seinem Beitrag "Der Status der Musik für Blasorchester im 20. Jahrhundert im Spiegel der 'Festlichen Musiktage Uster'" (**37**, vgl. auch **366**.75 f.). Insgesamt kamen von 1960 bis 1985 112 Kompositionen zur Uraufführung. Bly klassifiziert diese Stücke in "Praktikable Musik für Amateurmusiker" (P. Yoder, T. Ford, H.v. Lijnschooten, A. Benz u.a.), "Spätromantische Kompositionen" (P. Huber u.a.), "Herkömmliche Kompositionen" (J.Z. Bartoš, E. Löffler, G. Mutter u.a.), "Nach-Impressionistische Kompositionen" (B. Schulé, A. Böhler, Ida Gotkovsky u.a.), "Neo-Romantische Kompositionen" (P.J. Korn, G. Fletcher, K. Lendvay, A. Tscherepnin u.a.), "Neo-Klassische Kompositionen" (H. Genzmer, C. Bresgen, V. Nelhýbel, E.L. Uray u.a.), "Neue Musik" (M. Boekel, M. Wendel, J. Balissat, H. Badings, A. Besançon u.a.), "Kombinierte U- und E-Musik" (H.v. Lijnschooten, C.T. Smith, K.-H. Köper, S. Lancen, J. Golland, J. Daetwyler u.a.) und "Unterhaltungsmusik" (K. Vlak, J. Segers u.a.). Kann man über die Art der Einteilung trefflich streiten, so wird doch die Bandbreite originaler internationaler Blasmusikkompositionen deutlich: Sie ist "kennzeichnend für die Kompositionen, die während der vergangenen 30 Jahre geschaffen worden sind", und sie spiegeln "deutlich den Status der Musik für Blasorchester im 20. Jahrhundert wider" (**37**.226). (Und wenn es in dieser Schrift – im Vergleich zur ersten Hälfte des 20. Jahrhunderts – immer weniger möglich ist, auf einzelne Werke einzugehen, so hängt dies eben auch mit der enormen Zunahme originaler Blasmusikkompositionen zusammen.) Komponisten, die im Zusammenhang mit Uster nicht genannt wurden, innerhalb der europäischen Blasmusik jedoch Bedeutung haben, sind aus Holland J. Penders, K. de Schrijver und G. Boedijn, aus England G. Jacob, C. Jenkins, E. Ball und A. Cruft, aus Italien P. Damiani, aus der UdSSR N. Mjaskowskij und G. Salnikov sowie aus Japan T. Mayuzumi.

Die Bedeutung neuer Blasmusikkompositionen ist in den einzelnen europäischen Ländern so verschieden wie ihre Blasmusiktraditionen. Der (gesellschaftliche) Stellenwert anspruchsvoller Blasmusik ist etwa in den Benelux-Staaten oder auch in den skandinavischen Ländern bedeutend größer als in Deutschland. Und wie für Frankreich unter den Blasorchesterwerken etwa Ida Gotkovskys das "Concerto pour Grand Orchestre d'Harmonie" (1984) hervorzuheben ist, so sind zu denjenigen des Holländers Henk Badings nicht nur niederländische (**22**), sondern auch US-amerikanische Studien erschienen (**76**).

Einen Überblick über niederländische Komponisten und ihre Blasorchesterwerke bieten Becx/Paques 1989 (**23**). Über "Sinfonische Blasmusik in der Tschechoslowakei" schrieb Hančl 1986 (**152**). Zu Norwegen vgl. Roberts 1986 (**302**). Informationen über zahlreiche europäische Komponisten und ihre Werke enthält Suppans Lexikon aus dem Jahre 1988 (**368**).

8. Originale Blasorchestermusik in den USA (20. Jh.)

a) Voraussetzungen

Die Entwicklung des US-amerikanischen "Band"-Repertoires ist vor dem Hintergrund der Entstehung leistungsfähiger Blasorchester zu verstehen: zunächst vor allem solcher "privater" Orchester wie etwa der Sousa- oder Goldman-Band, dann zunehmend (und bis heute von großer Bedeutung) auch einzelner Militärkapellen sowie zahlreicher College- und Universitäts-Blasorchester. Was sich hierzulande mit der Entstehung überregionaler Konzert-Blasorchester erst seit einigen Jahren abzeichnet, hat in den USA eine lange Tradition, nämlich die Unterteilung der

"Wind Band" in die "Marching Band" und der "Concert Band" (vgl. S. 61). Mit letzterer als einer Formation, die in den USA innerhalb des Konzeptes "teaching music through performance" (203.328) eine große Rolle spielt, erklären auch zahlreiche werkanalytische Dissertationen ihre Intentionen. Wie der zuvor zitierte Charles E. Johnson (1969) betreibt auch Robert L. Casey analytische Studien vor dem Hintergrund der herausragenden Stellung der "wind band" im US-amerikanischen (Musik-)Erziehungssystem (74.1). Er möchte durch Werkanalysen den Leitern von Blasorchestern Informationen und Hilfen zur Verfügung stellen, damit "band"-Kompositionen mit größerem Erfolg gelehrt und aufgeführt werden können (190). Und schließlich forderte sogar der amerikanische Komponist Norman Dello Joio entsprechende Untersuchungen mit der Begründung, viele "band"-Dirigenten strebten zwar technisch perfekte Aufführungen an, doch seien Probenarbeiten zuweilen behindert, weil es nicht gelänge, die Struktur wie auch die stilistischen und historischen Aspekte der Musik zu verdeutlichen (vgl. 203.2).

Für die US-amerikanische "band history" wird in der Nachfolge Patrick S. Gilmores (vgl. S. 193 f.) vor allem die Person John Ph. Sousas bedeutsam: Sein virtuoses Orchester lieferte "großartige" Beispiele für das Spektrum jener Musik, die mit einem Blasorchester möglich ist (315.6). Camus bezeichnet Sousa als "most important figure in the history of American band music" (71.132). (Hauptsächlich durch seine Märsche bekannt geworden, schrieb er doch eine Reihe anderer Werke, die sein Image als "Marsch-König" relativieren könnten.) Zunächst Leiter der US Marine Band, gründete Sousa 1892 seine eigene mit den, so Camus, besten Spielern, die er bekommen konnte: "He experimented with his band's instrumentation, which at first resembled that of the Marine Band, and gradually increased its membership from 46 players to an average of 70" (71.132). Ein typisches Sousa-Programm enthielt etwa neun Titel, angefangen von seinen eigenen Suiten, Medleys und Märschen über aktuelle Stücke und Solowerke bis hin zu Transkriptionen von Orchestermusik und Opernauszügen. Neben der Band von H. Fillmore (Pseudonym H. Bennett) sei auch das professionelle Blasorchester Edwin F. Goldmans hervorgehoben. Goldman selbst erwarb sich Anerkennung für sein Bemühen, gezielt solche Komponisten zur Schaffung originaler Blasorchesterwerke für seine Band anzusprechen, die bereits durch Kompositionen anderer Musik bekannt geworden waren. So erfolgte unter seiner Leitung die Uraufführung originaler Blasorchesterwerke etwa von Percy Grainger, Ottorino Respighi, Jaromír Weinberger und Albert Roussel (133). Sein Sohn, Richard F. Goldman, Verfasser zahlreicher grundlegender Bücher zur Geschichte der "Wind Band Music" (z. B. **140, 141**), führte die "Goldman Band" seines Vaters weiter und setzte auch dessen Praxis fort, Werke für seine Band in Auftrag zu geben, u. a. an W. Bergsma, V. Giannini und D. Moore (vgl. **71.135**).

Von besonderer Bedeutung für die "band"-Bewegung an den Universitäten wurde Albert A. Harding, Leiter der "University of Illinois Band". Er, ein Freund Sousas und auch von ihm beeinflußt, war der Meinung, Blasorchester sollten sowohl im Hinblick auf das Repertoire wie auch hinsichtlich spieltechnischer bzw. aufführungspraktischer Fähigkeiten jenen Standard anstreben, den man von Sinfonieorchestern erwartet. "He sought to give the Illinois band a symphonic sound by making greater use of oboes, bassoons, alto and bass flutes and clarinets, the full saxophone family, flugelhorns, horns instead of altos, and a contrabassoon" (**71.134**). Nach dem Zweiten Weltkrieg nahm die Größe der "Symphonic bands" zu, aber quasi als Gegenreaktion gründete Frederick Fennell, der wie R.F. Goldman wichtige Beiträge zur Blasmusikgeschichte schrieb, im Jahre 1952 das "Eastman Symphonic Wind Ensemble" (1965 übernommen von Donald Hunsberger): "This had a flexible instrumentation, stressed individual performers in the same fashion as chamber ensembles, and used no doubling unless instructed to do so by the composer" (135). Genannt seien auch noch die Dirigenten Frank Battisti vom "New England Conservatory", H. Robert Reynolds von der "University of Michigan" und David Whitwell als Dirigent verschiedener "Symphonic Bands" wie auch als Blasmusikforscher, der durch zahlreiche Veröffentlichungen internationale Beachtung fand.

Bedeutsam für die Entfaltung eines Original-Repertoires für die "Symphonic Bands" wurden schließlich verschiedene Verbände, von denen zwei hervorgehoben seien: 1929 wurde die "American Bandmasters Association" (ABA) ins Leben gerufen, und 1941 gründete William D. Revelli die "College Band Directors National Association" (CBDNA), welche u. a. Aufträge zur Komposition originaler Blasmusik an Komponisten erteilte, die bereits auf anderen Gebieten der Musik einen Namen hatten, darunter z. B. E. Křenek und M. Davidovsky (**71.135**). Auch wurde 1956 ein Preis geschaffen, mit dem eine Jury der ABA jährlich die besten "band"-Kompositionen würdigte. Zu den Gewinnern gehören u. a. C. Williams, R.E. Jager, J.B. Chance und J.E. Curnow.

Angesichts der beschriebenen Voraussetzungen ist selbst jene Musik, die ausdrücklich für einzelne Universitäts- oder College-Orchester komponiert wurde (etwa von Hindemith, Schönberg, Milhaud, Husa), keineswegs als "pädagogische" Musik abzuwerten, zumal das Niveau vieler Orchester durchaus professionell ist. Exemplarisch sei E. Galkin zitiert, der nach der Verleihung des Pulitzer-Preises an Karel Husa (1969) meinte, auch Bartók und Hindemith hätten Musik für Studenten geschrieben: "But the Pulitzer Prize is awarded neither for practicality nor pedagogical sympathies; it is a prize for compositional skill and originality" (zit.n. **251**.30). Und Donald McLaurien ergänzt 1987, es sei vorteilhaft für die Blasmusikbewegung der USA, daß ein solch anerkannter Komponist die "band" als ein bedeutendes Mittel für künstlerischen Ausdruck begreife (ebda.).

b) Anfänge in den 30er und 40er Jahren

Sind die auf S. 212 genannten Werke Zeichen dafür, daß bis zu den 20er Jahren nur wenige anspruchsvolle Originalwerke für Blasorchester komponiert wurden, so änderte sich die Situation in den 30er und besonders in den 40er Jahren: "The 1940s saw continued growth in the international repertoire marked by a wide variety of styles and a substantial increase in the amount of activity in the United States" (**243**.59). Dies zeigt sich an folgenden Kompositionen amerikanischer bzw. in Amerika komponierter Werke für "Band": In den 30er Jahren zunächst O. Respighis "Huntingtower Ballad" (1932), die er in den USA im Auftrag der ABA für die Goldman-Band im Gedenken an den Tod J.Ph. Sousas komponierte, und von P. Grainger ("whom the United States claims even he was born in Australia and trained in Europe" [**136**.207]) "Lincolnshire Posy" (1937), des Komponisten eigenen Worten zufolge "a 'bunch of musical wildflowers'" (**339**.97), basierend auf einer Volksliedsammlung aus Lincolnshire/England. In den 40er Jahren dann P. Crestons "Concerto for Marimba and Band" (1940), "Legend" (1944, R.F. Goldman gewidmt), "Zanoni" op. 46 (1946); H. Cowells "Hymn and Fuguing Tune No. 1"

(1942; No. 2 und 3 1944); R. Harris' "Concerto" und "Fantasie", beides "for Piano and Band" (1942), "Conflict (War Piece)" (1944), "Take the Sun and Keep the Star" (1944), "Symphonic Tone Poem" (1948); W. Rieggers "Passacaglia and Fugue" (1942); W. Schumans "Circus Overture" (1944); H.O. Reeds "La Fiesta Mexicana" (1948/49, im Untertitel als "A Mexican Folk Song Symphony for Concert Band" bezeichnet, gehört es mit zu den meist aufgeführten Werken); H. Brants "Street Music" (1949); U.S. Kays "Solemn Prelude" (1949); V. Thomsons "A Solemn Music" (1949); I. Dahls "Concerto for Alto Saxophone [and Band]", das der 1912 in Hamburg als Sohn schwedischer Eltern geborene Dahl nach seiner Auswanderung in die USA (1938) im Jahre 1939 schrieb; A. Schönbergs "Theme and Variations" op. 43a (1943) sowie D. Milhauds "Suite française" (1944). Zahlreiche aus Europa stammende Komponisten wurden erst durch ihre Kontakte mit den USA zur Komposition originaler "Band-Music" angeregt. Menschlich gesehen traurige Beispiele sind hier – neben etwa S. Barber und E. Křenek – vor allem Schönberg, Milhaud und Hindemith, die als Opfer des Nazi-Regimes nach Amerika kamen.

Arnold Schönberg, 1933 in die USA emigriert, komponierte sein genanntes Werk auf Bitten von Carl Engel, dem Direktor des New Yorker Schirmer-Verlages, mit eindeutig pädagogischen Absichten (denen aber keinesfalls jener von Adorno oben kritisierter Makel "pädagogischer Musik" anhaftet) für amerikanische (Hoch-)Schulblasorchester (vgl. ausf. **318**). Es stellte sich aber heraus, "daß das Werk für die meisten der amerikanischen High School Bands zu schwer war", und Wolfgang Schmidt-Brunner (1985) fragt, ob hier "der Komponist Schönberg über den Pädagogen hinausgewachsen" sei (**318**.235). In der Folge wurde das Werk als op. 43b für Sinfonieorchester bearbeitet. Vom Originalwerk aber hoffte Schönberg, daß es "nach dem Krieg [...] auch in Europa verlangt werden" würde (235). *Darius Milhaud*, der 1940 aufgrund der deutschen Besatzung Frankreichs in die USA auswanderte, komponierte nach der 1942 geschriebenen "Fanfare de la Liberté" seine fünfsätzige "Suite française" (1944), um darin die Volksmusik seines Geburtslandes zu charakterisieren. "His purpose was to present the music of respective French provinces in the order in which they were liberated by the Allied Armies", und das Werk ist, wie Stephen Miller (1988) weiter betont, "probably the best known and most often performed of Milhaud's output for band" (**256**.2; Abb. der ersten Partiturseite der Sätze 1, 3, 4 und 5 bei Troesch 1991 [**388**.16f.]).

An Blasorchester-Werken hatte Milhaud 1936 in Frankreich bereits "Introduction et Marche Funèbre" op. 153a (1936) komponiert; in den USA folgten noch "Deux Marches" op. 260 (1945), nach seiner Rückkehr nach Frankreich schließlich die "West Point Suite" op. 313 (1951) sowie "Musique de Théâtre" op. 334b (1970 herausgegeben).

Paul Hindemith, 1936 in die USA emigriert, komponierte dort 1951 seine dreisätzige "Symphony in B-flat" auf Bitten des damaligen Leiters der US Army Band.

c) Zur Entwicklung ab 1950

Ist die Aufzählung der genannten Werke der 40er Jahre noch *relativ* vollständig, so wird es im Rahmen dieser Schrift zunehmend unmöglich, einen Teil des ständig anwachsenden Repertoires auch nur zu nennen. Zum Beginn der 60er Jahre schreibt Robert E.P. Halseth (1987): "[...] the repertoire for band has changed dramatically" (**150**.1), und im Jahre 1985 resümiert Donald Hunsberger: "[...] we now possess the foundation of a truly original repertoire for the band" (zit.n. ebda.).

Listen von Kompositionen ab 1950 finden sich z.B. in Maloney 1986 (**243**.66f., 71–73, 111f. u. 118) und in Suppan 1987 (**366**.78–89). Einen Überblick über "Original Concert Band Music" (einschließlich Hinweisen auf Sekundärliteratur) bietet, nach Komponisten geordnet, Michael Good 1983 (**142**) und zum großen Teil auch Suppan 1988 (**368**), nach Gattungen (Sinfonien) etwa Bly 1973 (**36**). Eine kommentierte "Bibliography of Published Doctoral Dissertations Concerning the Analysis of Music for the Wind Band" erstellte G.D. Sousa 1985 (**342**). Drucknachweise enthält der "Band Music Guide" 1989 (**18**). Erste musikalische Informationen über einen Großteil der Werke bieten die Handbücher von Smith/Stoutamire 1979 (**339**), Wallace/Corporon 1984 (**399**), Dvorak 1986 (**100**), Reynolds/Corporon/McMurray/de Rusha/Grechesky 1987 (**300**) sowie Kreines 1989 (**227**). – Das wohl umfassendste Verzeichnis internationaler "band"-Kompositionen *und -Bearbeitungen* bietet Rehrigs 1991 erschienenes, zweibändiges Buch "The Heritage Encyclopedia of Band Music. Composers and their Music" (**420**, hrsg. von Paul E. Bierley) mit fast 55000 Titeln von ca. 9000 Komponisten (zu etwa 3700 finden sich biographische Erläuterungen).

Es seien aber wenigstens einige der im Hinblick auf Musik für

Originale Blasorchestermusik in den USA (20. Jh.) 229

"Concert Band" wichtigsten US-amerikanischen Komponisten aufgeführt. Als Ausnahme sei zuvor K. Penderecki genannt, der zwar seine "Pittsburgh Ouverture" (1967, für 31 Blas- und 39 [!] Percussionsinstrumente) auf Anregung des damaligen Dirigenten des "American Wind Symphony Orchestra" (R. Boudreau) komponierte, selbst aber Pole ist. Und keineswegs alle der nachfolgenden Komponisten sind ausschließlich "Band Music"-Komponisten, wie auch Schönbergs, Hindemiths oder Pendereckis genannte Werke vor dem Hintergrund ihres Gesamtoeuvres eher Ausnahmen bedeuten:

S. Adler, H. Brant, W. Benson, S. Barber, J. Barnes, R.R. Bennett, H. Bielawa, Ch. Carter, J.B. Chance, Wen-chung Chou, A. Copland, P. Creston, J. E. Curnow, I. Dahl, N. Dello Joio, F. Erickson, V. Giannini, M. Gould, P.A. Grainger, H. Hanson, R. Harris, W.S. Hartley, A. Hovhaness, K. Husa, A. Iannaccone, R. Jager, W.P. Latham, W.F. McBeth, A. McGinty, V. Nelhýbel, V. Persichetti, A. Reed, W. Riegger, G. Rochberg, A. Russell, G. Schuller, W. Schuman, J. Schwantner, C.T. Smith, H. Smith, F. Tull, D. Uber, P. Whear, C. Williams.

Zur grundsätzlichen Entwicklung des Repertoires schreibt – auch europäische Komponisten einbeziehend – Maloney (1986), in den 50er Jahren zeigten viele Kompositionen neoklassizistische Züge (**243**.65). Von besonderer Bedeutung in den 60er Jahren ist das Anwachsen experimenteller bzw. avantgardistischer Werke (70, z. B. Penderecki, Schuller). Bezüglich der 70er Jahre bemerkt Maloney: "Certain composers, including Badings, Brant, Hanson, Hovhaness, Husa, and Paul Whear, are notable for multiple contributions [...]. Hovhaness, Whear and Robert Jager composed symphonies while Amram, Badings, Husa and Nelhýbel contributed a total of eight new concerti to the literature" (103).

Beispiele für "Common Musical Idioms in Selected Contemporary Wind-Band Music" zeigt etwa Charles E. Johnson (1969) auf. Die in den 50er- und 60er-Jahren komponierten, von Johnson analysierten Werke wählte er aus, weil sie in den USA der 60er Jahre zu den am häufigsten aufgeführten zeitgenössischen Original-Blasorchesterwerken gehörten (**203**.7). Sie haben aber bis heute nichts an Popularität eingebüßt (und musikalisch haben sie nichts zu tun mit dem, was im deutschsprachigen Raum als "populäre Blasmusik" betrachtet wird), darunter etwa Gianninis "Symphony No. 3", Dello Joios "Variants on a Mediaeval Tune", Schumans "Chester Overture for Band", Bennetts "Suite of Old

American Dances" oder Chances mitreißendes, rhythmisch komplexes "Incantation and Dance". Formal sind "Theme and variation", "Rondo" sowie "Multimovement Works" vorherrschend (320 f.), und alle Kompositionen sind tonal (327). "An economy of thematic material and a musical predictability exists in most of the compositions" (328). Und spricht Johnson auch vom "lighthearted musical humor" einiger Werke, so gilt dies doch nicht für die genannten Stücke von Giannini und Dello Joio, zu denen er bemerkt: "[...] the potential depth of musical expression is greater" (328).

Nachdem Johnson 1969 am Schluß seiner Studie bemerkte: "Other wind-band literature should be examined to see if more complex forms, atonal procedures [...] are being used" (**203**.329), untersuchte Robert L. Casey 1971 (**74**) "Serial Composition in Works for the Wind Band", und zwar exemplarisch anhand Lathams "Dodecaphonic Set", Ericksons "Earth Song", H. Smiths "Somersault" (1964, "the first published work for band in which systematic serial techniques are employed" [187]), Bielawas "Spectrum", Schullers "Meditation", Husas "Music for Prague" und Rochbergs "Apocalyptica" (von Casey weniger als ein serielles Stück "in a strict sense" interpretiert, sondern mehr als ein post-serielles eines bedeutenden Komponisten des 20. Jahrhunderts [168]). Eigentümlicherweise, so Casey, mußten erst etwa 40 Jahre (nach Schönbergs ersten seriellen Bemühungen) vergehen, bis entsprechende Kompositionen für "wind band" gedruckt wurden; daß aber überhaupt derartige Werke erschienen, erklärt er auch mit der Stellung der "Concert Band" an den amerikanischen Hochschulen, die ein Bedürfnis nach seriellen "band"-Kompositionen zu Aufführungs- und Studienzwecken entstehen ließ (185).

Indessen hat etwa der in Prag geborene Karel Husa, seit 1959 US-Staatsbürger und von McLaurien (1987) zu Recht als "one of the most important composers writing for the wind band today" (**251**.30) bezeichnet, bei seiner berühmten "Music for Prague" (1968) keine wie auch immer gearteten pädagogischen Absichten gehabt: "During those tragic and dark moments of Czechoslovakia in August, 1968, I suddenly felt the necessity to write this piece for so long meditated [...]. I was sure that the music I would write for Prague would be scored for the concert band [...]. The medium of wind and brass instruments with percussion fascinated me and the unexplored possibilities of new sounds and combinations of instruments have attracted me for some time"; und Husa möchte als Violinspieler in keiner Weise gegen das Sinfonieorchester sprechen, aber er sagt: [...] so much great music has been written for orchestras and strings in the past that it is difficult to produce new works in which orchestral musicians would be interested" (zit.n. **74.**139f.). Dem entsprechend stellt McLaurien fest, Husas Vorstellungen vom Komponieren für Blasorchester wurzelten eher im (Sinfonie-) Orchester denn in der Militärmusik-Tradition. Dies habe ihm geholfen, einen wirkungsvollen und einzigartigen musikalischen Stil in der Blasorchesterkomposition zu entwickeln. Husa gebrauche die "band" als ein "orchestra of winds", und dies, wie auch sein ausgedehnter Einbezug von Percussionsinstrumenten, hebe seine Blasorchesterkompositionen auf ein Niveau, das seinen Orchesterwerken in nichts nachstehe (**251.**30f.). (In den USA wurde die "Music for Prague" in den ersten 11 Jahren seit ihrer Entstehung über 4000 Mal aufgeführt [vgl. **339.**120].) Gleichzeitig wird an Husa exemplarisch deutlich, daß Blasmusik-Kunstwerke auch hinsichtlich der Instrumentation und ihrer Techniken von "Standards" abweichen. Er selbst sagt: "I have given much importance to instruments which were usually in the background, such as the saxophone, percussion and piccolo" (zit.n. **251.**30). (R. Rodriguez gebrauchet in seinem 1984 komponierten Werk "The Seven Deadly Sins" eigenen Worten zufolge ständig zwei Klaviere, um einen neutralen Hintergrund zu schaffen: Er habe bei reinem Bläserklang das Gefühl, seine Ohren ermüdeten relativ schnell, wenn beispielsweise Streicher fehlen. "So, I wrote to protect each color by using piano as a neutral background all the way through." Und die Percussions-Gruppe hat bei ihm die Funktion eines "continuos" [vgl. **174.**7].) Insgesamt, so R.M. Gifford, übten Husas Werke einen großen Einfluß auf die "band music" in den USA aus (**136.**208).

Mit seriellen oder post-seriellen Kompositionen ist die Skala "Neuer Blasmusik" keineswegs erschöpft. Angesichts der Tatsache, daß in E. Brixels Studie "Blasmusik und Avantgarde" (1979) US-amerikanische bzw. kanadische Werke eine bedeutende Rolle spielen, sei an dieser Stelle darauf eingegangen. Definitorisch ist Brixel der Meinung, daß Techniken, die außerhalb der Blasmusik bereits als alt, älter oder gar veraltet betrachtet werden können (Dodekaphonie, atonale Techniken, serielle und post-serielle Methoden), nicht "als Symptome einer spezifisch-progressiveren

Kompositionstechnik für Blasorchesterwerke [...] in Frage kommen [...]. Nur was über den Ambitus überkommener Ausdrucksmittel hinausgreift und in allen [!] musikalischen Parametern (Tonhöhe, Klangfarbe, Rhythmik, Dynamik etc.) der Blasmusik neue Dimensionen zu erschließen vermag, kann Anspruch auf das Etikett 'avantgardistisch' erheben" (**53.**40 f.). Es ist dies zweifellos ein sehr hoher Anspruch. Ihm liegt letztlich zugrunde, daß "Neue Blasmusik" sich nicht in der Imitation bereits mehr oder weniger veralteter Techniken erschöpfen dürfe.

"Ansatzpunkte für den Versuch einer Typologie Neuer Blasorchestermusik" sind für Brixel: "1. die Suche nach neuen Klangfarben, Instrumentaleffekten und Spielarten [etwa Clusterbildungen, Glissandi, "Bend"-Effekte, Spielen von Viertel- bzw. Dreiviertel-Tonfolgen, Flatterzunge bei Holzblasinstrumenten]; 2. die Bevorzugung von Aleatorik 3. die Einbeziehung improvisatorischer Elemente 4. die Perfektionsierung [sic!] und Erweiterung rhythmischer Momente [etwa Polyrhythmik, differenzierte Rhythmusmodelle, Ausbau des Schlaginstrumentariums], 5. die Verquickung spezifisch bläserischer und elektronischer Praktiken und die Ausnützung von Möglichkeiten klanglicher Raumkunst" (41). Einzelne dieser Techniken belegt Brixel an Werken von Husa, Penderecki, Hodkinson, Badings, Pressl, Blatný, Engel u. a.

Die Stellung "avantgardistischer" Musik für Blasorchester ist in den USA weitaus bedeutender als im europäischen Raum. Bei den oben genannten "Festlichen Musiktagen" im schweizerischen Uster wurde erst 1974 das erste (Brass-Band-)Stück gespielt, "das man als 'Neue Musik' bezeichnen könnte" (**37.**223), und Bly nennt insgesamt die in Uster uraufgeführten Werke im Vergleich mit denen etwa Husas oder Pendereckis "ziemlich konservativ" (224). Dies unterstreicht auch Suppan, indem er sagt, "die Selbstironie eines Mauricio Kagel (in den 'Zehn Märschen, um den Sieg zu verfehlen')" sei in Uster "völlig undenkbar" (**366.**76).

Auch für Kanada gilt (wie Maloney aufzeigt): "[...] the medium of concerted wind music is both dynamic and constantly evolving" (**243.**V), und zwar durch ähnliche Voraussetzungen wie in den USA. Und daß das Spektrum der Kompositionen sich deutlich von den "landläufigen" abhebt, wird deutlich, wenn Maloney vom nach 1950 anwachsenden Repertoire sagt, es umfasse kunstmusikalische Werke für die traditionelle "band"-Besetzung ebenso wie für das "symphonic wind ensemble" unterschiedlichster Größe und Besetzung; ein Repertoire, das sich in Stil und Anspruch von der "traditionellen" Literatur, wie etwa "leichte" Konzertmusik oder patriotische Märsche, grundlegend unterscheidet (IV). Maloney analysiert ausführlich sieben Werke u. a. von H. Somers, J. Weinzweig und S. Hodkinson, wertet aber insgesamt 67 Werke aus (unter Abbildung der jeweils ersten Partiturseite). Das kürzeste Stück dauert 2 Minuten und 15 Sekunden, das längste 25 Minuten. Die durchschnittliche Dauer beträgt ca. 12 Minuten. Sie ist zwar nicht als repräsentativ für das gesamte originale (US-amerikanische und kanadische) Repertoire der Musik für "Concert Band" anzusehen; die *relative* Kürze wäre aber zu interpretieren vor dem Hintergrund der Gattungen einerseits und der physisch-spieltechnischen Anforderungen an Bläser andererseits. Beides hängt zusammen: Ausgedehnte sinfonische Formen etwa der Spätromantik sind weder zeitgemäß noch in ihrer Dauer (nicht selten über eine Stunde) von Bläsern problemlos zu bewältigen.

9. Musik für (kleinere) gemischte Bläserensembles (20. Jh.)

a) Definitionsprobleme

Nicht selten finden sich in Listen von Blasorchester-Kompositionen Werke, bei denen von Blasmusik im Sinne von "Blasorchestermusik" kaum die Rede sein kann (z. B. **366**.49–53, **243**.60–62). Damit sind weniger jene Werke gemeint, die eindeutig für die Bläser des Sinfonieorchesters konzipiert sind, wie etwa Bartóks 1. Satz seines zweiten Klavierkonzertes, Vaughan Williams' "Scherzo" aus der 8. Sinfonie, Weills Konzert für Klavier und Bläser oder Bergs Konzert für Violine, Klavier und Bläser. Nicht gemeint sind auch jene Werke, in denen "authentische" Blasmusik, Militärmusik oder populäre Marschmelodien unter künstlerischen Gesichtspunkten eine Rolle spielen, wie etwa bei Ives ("best 'brass band' music functions organically within his later masterpieces" [**110**.13], z. B. 2. Sinfonie, Putnam's Camp, z. T. unter Verarbeitung von Sousa-Melodien [25 f.]). Obgleich auch solche Musik zuweilen fälschlicherweise als "Blasorchesterwerke" angeführt werden, geht es hier doch um "reine" Bläserwerke etwa eines Strawinsky, Strauss, Milhaud, Messiaen und anderer. Daß diese von "eigentlichen" Blasorchesterwerken zu unterscheiden sind, hat weitreichende, noch zu erläuternde Gründe. Der Blick dafür wird aber verstellt, wenn diese Werke in eine Blasorchestertradition gestellt werden, in die sie m. E. nicht hineingehören. Wenn Brixel etwa schreibt, mit Křeneks "Sinfonie op. 34 für Blasorchester [!]" oder mit Bergs oben genanntem Konzert seien "zwei richtungweisende Werke" entstanden, "durch die das Tor zu einer avantgardistischen Blasmusik aufgestoßen wird" (**53**.33), so suggeriert dies Zusammenhänge, die falsch gewichten. Und es ist deshalb auch nicht richtig, von einer damit zusammenhängenden "zunächst zukunftsträchtigen Blasmusikavantgarde" zu sprechen, denen jedoch ein "abrupte[s] Ende" gefolgt sei (33): Es gab sie hierzulande noch gar nicht. Und die genannten Werke stehen in anderer Tradition als in solcher des Blasorchesters.

Wenn Gauldin zum Beginn des 20. Jahrhunderts schreibt: "The general decline of string writing in the large orchestral pieces in the opening years [...] laid the foundations for the return [!] of the wind ensemble" (**133**.197), so trifft dies genau den Umstand, daß die Einsicht in die Unmöglichkeit, die Riesenbesetzungen der zuendegehenden Spätromantik noch weiter zu steigern, Konsequenzen hatte. Und dazu zählt auch die Rückbesinnung auf kleinere, zum Teil "intimere" Besetzungen, zu denen nicht nur "reine" Bläserensembles gehören, sondern auch oben genannte Konzerte für Soloinstrumente und Bläser.

Die folgenden sind Werke also nicht der "Musik für Blasorchester" zuzurechnen, sondern eher der Bläserkammermusik sowie durchaus auch neuen Formen der Bläsermusik. "[The] renewed activity in the field of chamber music saw many composers reexamining the various combinations of smaller wind ensembles. The woodwind quintet [...] naturally proved to be the favourite instrumentation. However, other possibilities were also explored; some composers experimented with the additions of such instruments as the trumpet, bass clarinet, trombone, and English horn to the more standard wind groups. These instruments [...] had proved themselves worthy solo voices, and their inclusion in wind groups increased the possibilities of different tonal colors and combinations" (**133**.124). Dies sei exemplarisch an den folgenden Beispielen aufgezeigt.

b) Beispiel 1: Igor Strawinsky

Strawinskys "Symphonies d'instruments à vent" (1920), dem Andenken Debussys gewidmet, ist kaum ein "Blasorchesterwerk" (vgl. **368**.337), sondern eines für "instruments à vent",

Musik für (kleinere) gemischte Bläserensembles (20. Jh.) 235

nämlich 3 Flöten, 2 Oboen, Englischhorn, 3 Klarinetten, 2 Fagotte, Kontrafagott, 3 Trompeten, 4 Hörner, 3 Posaunen und Tuba. Mag zwar die *Anzahl* der Instrumente für die Bezeichnung "Blasorchester" reichen, so geht doch deren *Art* daran vorbei: Nicht nur das Englischhorn widerspricht (damaligen) "Blasorchester"-Besetzungen, sondern auch das "Fehlen" weicher Mittelstimmen-Instrumente (Tenorhorn, Bariton oder Euphonium, Tenorsaxophon). Entsprechend weist Gauldin darauf hin, das Werk verlange nach dem vollständigen Bläsersatz eines Sinfonieorchesters (**133**.132). (Bereits auf S. 61 wurde Gauldins Meinung zitiert, solche "neueren", größeren Bläserbesetzungen könnten weder in die "'chamber' category" klassifiziert noch mit der "military or 'concert' band" assoziiert werden, und er schlug *hierfür* den Begriff "symphonic wind ensemble" vor.) So wurde das Werk am 10. Juni 1921 in der Londoner "Queen's Hall" auch nicht von einem "Blasorchester", sondern unter Leitung S. Kussewitzkys von den Bläsern eines Sinfonieorchesters uraufgeführt (**176**.236; vgl. auch die auf S. 55 f. zitierte Haltung Strawinskys zur Sitzordnung der Bläser, nachdem die Streicher ihren Platz für das Werk geräumt hatten). Gauldin, der auch Meinungen zum Plural des *einen* Werkes "Symphonies [...]" diskutiert (**133**.129), unterzieht das Stück einer eingehenden Analyse (128–142) und kommt zu dem Ergebnis: "The score of the symphonies is a masterpiece in the exploitation of those characteristics which distinguish the wind instruments and set them apart from the strings" (142). Und mögen auch andere Bläserwerke eine Bearbeitung für Streicher vertragen, so sei es doch unmöglich, sich die "Symphonies" in anderer Besetzung vorzustellen als in derjenigen, für welche sie geschrieben wurden (142). Es ist vielleicht kein Zufall, daß Strawinsky mit der Dauer dieses Stückes von etwa 12 Minuten genau jenen Durchschnitt originaler Blasmusikwerke trifft, welcher oben (S. 233) für die nach 1950 entstandenen originalen Blasmusikwerke ermittelt wurde: "Stravinsky wisely anticipated that a large ensemble of wind instruments could become tiring to the ear and set about to remedy this problem. [...] the form is so constructed that the listener is constantly confronted with fresh colors and materials. Stravinsky has also arranged a careful balance between the solo, concertino, and tutti sections, so that the texture is relieved at the correct psychological moment" (**133**. 142 f.).

Für Strawinsky waren die "Symphonies", so Danuser, ein Werk

"des Umbruchs" auf dem Weg zum "Oktett" für Bläser (1922/23), "der ersten neoklassizistischen Originalkomposition" (**85**.154). In den "Symphonies" waren die "gleichsam nüchternen und gleichwohl äußerst farbenreichen Klangcharaktere einer ausschließlichen Bläserbesetzung [...] erprobt worden, bevor Stravinskij sie kammermusikalisch konzentriert im *Oktett* ausschöpfte. Die Uraufführung dieses Werks [...] wurde vom avantgardeorientierten Pariser Publikum am 18. Oktober 1923 [...] mit einem 'scandale du silence' (Jean Cocteau), einer ratlosen Betretenheit, quittiert, die die unerwartete Neuheit des Werks nicht minder drastisch dokumentierte als der Tumult bei der *Sacre*-Uraufführung zehn Jahre zuvor" (155). Auf das "Neoklassizistische" verweist nicht nur die Gattung des Bläseroktetts (gleichwohl die Besetzung mit Flöte, Klarinette, 2 Fagotten, 2 Trompeten und 2 Posaunen eine gänzlich andere als die des 18. Jahrhunderts ist und nur die paarweise Verwendung einiger Instrumente daran erinnert), sondern auch die Satzfolge "Sinfonia", "Thema mit Variationen" und "Finale" (ausf. Analyse in **133**.144–154).

c) Beispiel 2: Richard Strauss

Die Bedeutung von R. Strauss für die Musik für Blasorchester ist kleiner als man gemeinhin meint. Die häufig von Blasorchestern und Brass-Bands gespielte "Wiener Philharmoniker-Fanfare" (1924), die "Festmusik der Stadt Wien" und "Fanfare der Stadt Wien" (beide 1943) sowie die zahlreichen Bearbeitungen seiner Werke für Blasorchester (s.u.) suggerieren eine Bedeutung, die ihm selbst nicht zukommt. Diese liegt vielmehr im Bereich der Bläser(kammer)-Musik.

Ein ausführliches, kommentiertes Verzeichnis ("The Wind Music of Richard Strauss") legte 1987 Mary Natvig vor (**268**). Unter den "Works Originally for Winds" befinden sich lediglich neun Werke: Davon sind vier für Bläserensemble und fünf für Blechbläser-Besetzungen (die im folgenden unberücksichtigt bleiben), aber keines für Blasorchester. "Militärmärsche", wie sie heute zuweilen von Blasorchestern zu hören sind, komponierte Strauss für Klavier (10f.). Ins 19. Jahrhundert zurück reichen seine Serenade in Es op. 7 für 2 Fl, 2 Ob, 2 Kl, 4 Hr, 2 F, Kfg oder Tuba sowie Kb (1881) und seine Suite in B op. 4 für die gleiche Besetzung außer Tuba und Kb (1884). Erst 1943 folgt die erste Sonatine in F und 1945 die zweite in Es für 16 Blasinstrumente (2 Fl, 2 Ob, 3 Kl, Bhr, Bass-Kl, 4 Hr, 2 Fg und Kb), letztere vom Verleger "Boosey and Hawkes" aufgrund der Länge von ca. 45 Minuten als "Symphony for Winds" publiziert (vgl. **398**). Sind die ersten beiden Stücke quasi Jugendwerke, so komponierte Strauss 59 Jahre lang kein reines Bläser-Kammermusikwerk mehr, bevor er im Alter wieder darauf zurückgriff. Gauldin, der die Serenade op. 4 (1884) ausführlich analysiert (**133**.110–120), schreibt: "[...] most of the sonorities in the <u>Serenade</u> are layed out in a manner not too far removed from the procedures of the late 18th century" (120). (Und sowohl die "Romanze" als auch die Instrumentierung für 13 Instrumente mag an Mozarts "gran Partitta" erinnern.) Die Serenade op. 7 (1881) ist zu einem der beliebtesten Werke im Repertoire von Bläserensembles geworden (112). Ihre Bedeutung wurde von Strauss selbst später aber als Werk eines Musikstudenten relativiert (vgl. **268**.8). Obgleich die Zusatztitel der ersten Sonatine ("Aus der Werkstatt eines Invaliden", 1943) sowie der zweiten ("Fröhliche Werkstatt", 1945) "individuell" begründet sind (der erste hängt mit Strauss' gesundheitlichen Problemen zusammen), ist eine Assoziation zu den politischen Verhältnissen in Deutschland nur schwer vermeidbar, wurde doch die zweite Sonatine einen Monat nach Kriegsende (22. Juni 1945) vollendet. (Eine ausführliche musikalische Analyse, in der auch zahlreiche Parallelen zu Mozart aufgezeigt werden, bietet Votta 1987 [**398**].)

Die bereits oben angesprochene Bedeutung Strauss' für die Blas- bzw. Militärmusik dokumentiert sich vor allem in den Bearbeitungen seiner Werke (vgl. Suppan 1977 [**359**]). Indessen erlaubt der gegenwärtige Forschungsstand nicht, Strauss in dieser Hinsicht mit Liszt, Wagner, Brahms und anderen zu vergleichen, die den Bearbeitungen ihrer Werke für Blas- bzw. Militärorchester, aus welchen Gründen auch immer, eindeutig positiv gegenüberstanden. Mary Natvig, die 1987 in ihrem Beitrag "Richard Strauss and the German Military Band Tradition" (**269**) auch eine Liste der Werke vorlegte, die etwa von den damaligen Militärmusikinspizienten Th. Grawert, O. Hackenberger, H. Schmidt und H.F. Husadel angefertigt worden waren, bemerkt, es sei bezeichnend, daß Strauss nach 1907 keine "Militärmärsche" (für Klavier) mehr komponiert habe. Unter Berücksichtigung von Strauss' Briefwechsel mit H.v. Hofmannsthal schreibt sie: Strauss "was not entirely apolitical [...] he was more interested in the quality of German art than in patriotic contributions" (15). Von daher erklärt sich auch, daß von ihm stammende Befürwortungen gegenüber der Bearbeitung seiner Musik für Militärmusik nicht nachzuweisen sind. "What Strauss thought about the custom of transcribing his works for military band is unknown" (15). Und während oben genannte Komponisten die Bearbeitung ihrer Werke positiv sahen, resümiert M. Natvig im Hinblick auf Strauss: "one can assume that he at least did not object to it. [...] it is doubtful he would have allowed Fürstner [seinem Verleger] to publish the transcriptions" (15).

d) Ausblick

Die bisher beleuchteten Werke von Strawinsky und Strauss stellen nur einen, wenn auch wichtigen, Ausschnitt dar. Zu weiteren Stücken, die in diesem Abschnitt zu subsumieren wären – etwa Milhauds "Cinquième Symphony" für 8 Bläser, E. Goossens "Fantasy for Nine Wind Instruments", J. Leleus "Suite Symphonique", F. Schmitts "Lied und Scherzo" op. 54, F. Poulencs "Suite Française", E. Varèses "Integrales" – sagt Gauldin: "[...] it would prove an impossible task to attempt to treat all the significant works of this era in some detail", und es sei sehr schwer, Tendenzen festzustellen: "[...] the compositional views and orchestral concepts are too varied and contradictory" (**133**.182). (Welche praktische Bedeutung all diese Stücke auch innerhalb der US-amerikanischen Band-Bewegung haben, zeigen Untersuchungen Robert H. Olsons in seinem Beitrag "A Core Repertoire for the Wind Ensemble" [1982, **274**].) Was das riesige Feld der Bläserkammermusik des 20. Jahrhunderts insgesamt betrifft, so ist hier weder der Raum für eine detaillierte Darstellung noch ist diese Musik in einer Weise Gegenstand musikwissenschaftlicher Forschung gewesen, daß sich bereits konkretere, allgemein zusammenhängende Aussagen machen ließen. Insbesondere die US-amerikanische (Blasmusik-)Forschung widmet sich dieser Art geblasener Musik, etwa der von Milhaud (Miller 1988 [**256**], vgl. hierzulande auch Martin 1990 [**246**]), Varèse (Anderson 1985 [**9**]), Messiaen (Shepard 1982 [**334**]). Was die Bläserkammermusik für Soloinstrumente bis etwa zum Quintett betrifft, so ist auch dies noch ein weit zu erforschendes Feld. Die Arbeit von Weiner (**403**), die auch Klarinetten-Duette des 20. Jahrhunderts berücksichtigt, wurde bereits genannt. Und Aussagen wie etwa, daß die Bläserquintette des 20. Jahrhunderts typische Merkmale derjenigen des 19. Jahrhunderts zeigten (**336**.163) oder daß Hindemiths "Sonate für 4 Hörner" das erste Hornquartett sei, das diese Gattung "zur vollgültigen und zugleich recht anspruchsvollen Bläser-

Kammermusik erhebt" (**201**.91), sind, gemessen am unüberschaubaren Repertoire der Bläserkammermusik des 20. Jahrhunderts, verschwindend kleine Mosaiksteinchen. (Allein eine Zusammenstellung aller nachweisbaren Blasinstrumenten-Kombinationen für [kleinere] Bläserensembles wäre deshalb nicht so unsinnig, wie es zunächst scheint, weil man eine Vorstellung bekäme von dem, was aufzuarbeiten kein Ende nimmt.) Schrieb Gauldin zur Bläsermusik der ersten Hälfte des 20. Jahrhunderts, es sei eine "of individuality", so dürfte erst recht für die Zeit bis zur Gegenwart zutreffen: "[...] any survey of the wind music in this century must of necessity be a study of individual composers and works" (**133**.182). Und eine Blasmusikforschung, die nicht dem Vorurteil verfällt, "Bläsermusik" sei immer "ernste" Musik, tut gut daran, sich bewußt zu machen, daß selbst die utopisch erscheinende Aufarbeitung aller "seriösen" Werke nicht das Ende ihrer Forschung bedeutet.

Literaturverzeichnis

Einige nach Fertigstellung des Literaturverzeichnisses erschienene bzw. noch im Druck befindliche Schriften enthält der *Nachtrag* (S. 263).

Eine *Discographie* geblasener Musik des Mittelalters bis zur Moderne ist aus Umfangsgründen nicht möglich. Zur Erhältlichkeit von hierzulande lange Zeit kaum greifbaren Einspielungen anspruchsvoller internationaler Blasorchestermusik vgl. Werner Probst in Clarino 2, 1991, H. 2, 25 und H. 9, 16.

1. Adorno, Th. W.: Einleitung in die Musiksoziologie. Frankfurt ²1977.
2. Agricola, M.: Musica instrumentalis deudsch. Wittemberg 1529 (R: Hildesheim–New York 1969).
3. Ahrens, Chr.: Eine Erfindung und ihre Folgen. Blechblasinstrumente mit Ventilen. Kassel u. a. 1986.
4. Alker, H.: Blockflöten-Bibliographie. Aufführungspraxis, Literatur, Spielgut. 2 Bde. Wien 1960 u. 1961 (Neuausgabe Wilhelmshaven 1985).
5. Altenburg, D.: Untersuchungen zur Geschichte der Trompete im Zeitalter der Clarinblaskunst (1500–1800). Bd. 1: Text, Bd. 2: Quellen, Bd. 3: Abbildungen (= Kölner Beitr. zur Mf. 75). Regensburg 1973.
6. Ders.: Zum Repertoire der Hoftrompeter im 17. und 18. Jahrhundert, in: **370**.47–60.
7. Ders.: Zum Repertoire der Türmer, Stadtpfeifer und Ratsmusiker im 17. und 18. Jahrhundert, in: **360**.9–32.
8. Altenburg, J.E.: Versuch einer Anleitung zur heroisch-musikalischen Trompeter- und Paukerkunst [...]. Halle 1795 (R: Amsterdam 1966 u. Leipzig 1972).
9. Anderson, J.D.: The Aesthetics of Varèse, in: CBDNA-Journal 1985, H. 1, 18–24.
10. Anzenberger, F.: Ein Überblick über die Trompeten- und Kornettschulen in Frankreich, England, Italien, Deutschland und Österreich von ca. 1800 bis ca. 1880. Phil. Diss. Wien 1989.

11. Baak Griffionen, R.v.: Jacob van Eyck's "Der Fluyten Lust-hof" (1644–ca.1655). Phil. Diss. Stanford Univ. 1988.
12. Bahnert, Heinz/Th. Herzberg/H. Schramm: Metallblasinstrumente. Leipzig 1958. 12a: verbesserte Neuausgabe: Wilhelmshaven 1986.
13. Bailey, S.C.: Harmony and Tonality in the Four Works for Mixed Wind Instruments of Richard Strauss. Phil. Diss. Univ. of Arizona 1986.
14. Baines, A.: James Talbot's Manuscript (Christ Church Library MS 1187), in: GSJ 1, 1948, 9–27.
15. Ders.: Woodwind Instruments and Their History. London 1957 (^{2}1962, ^{3}1967).
16. Ders: The Bate Collection of Historical Wind Instruments. Catalogue of the Instruments. Oxford 1976.
17. Baird, F.W.: A History and Annotated Bibliography of Tutors for Trumpet and Cornet. Phil. Diss. Univ. of Michigan 1983.
18. Band Music Guide, hrsg. v. "The Instrumentalist Company". Evanston/Illinois ^{9}1989.
19. Barclay-Squire, W.: Purcell's Music for the Funeral of Queen Mary II, in: Sammelbände der Internationalen Musikgesellschaft 4, 1902/03, 225–233.
20. Becker, H.: Zur Geschichte der Klarinette im 18. Jahrhundert, in: Mf 8, 1955, H.3, 271–292.
21. Ders.: Vermarktete Oper, in: TIBIA 12, 1987, H.4, 553–558.
22. Becx, C.: Henk Badings. Symfonische Blaasmuziek. Music for Windorchestra. Utrecht 1989.
23. Ders./L.Paques: Componisten en hun Blaasmuziek. Repertorium – Notities. Utrecht 1989.
24. Beebe, J.P.: An Annotated Bibliography of Music for Unaccompanied Bassoon. D.M.A. Diss. Univ. of Wisconsin 1988.
25. Bennwitz, H.: Die Donaueschinger Kammermusiktage von 1921–1926. Phil. Diss. Freiburg 1961.
26. Berg, H.-W.: Blasmusik, eine weltweite volkskulturelle Bewegung. Europäische Blasmusikverbände in der CISM, in: Clarino 2, 1991, H.1, 29f.
27. Bernstein, H.M.: A Study of the Cornettino and its Music in the Seventeenth and Eighteenth Centuries. Masters Thesis Univ. of Chicago 1978.
28. Besseler, H.: Art. "Alta", in: MGG, Bd.1, 1949, Sp. 378f.
29. Betzwieser, Th.: Exotismus und "Türkenoper" in der französischen Musik von Lully bis Grétry: Untersuchungen zu einem ästhetischen Phänomen des Ancien Régime. Phil. Diss. Heidelberg 1989.
30. Biber, W.: Aus der Geschichte der Blasmusik in der Schweiz, in: **370**.127–143.
31. Birsak, K./M. König: Das große Salzburger Blasmusikbuch. Wien 1983.

32. Bispo, A.A.: Blasmusikforschung und -förderung in Brasilien, in: **147**.253–262.
33. Blank, L.: Die Entwicklung des zivilen Blasmusikwesens in Nordwürttemberg, in: **370**.187–196.
34. Blaukopf, K.: Musik im Wandel der Gesellschaft. München–Zürich 1982.
35. Blomhert, B.: The Harmoniemusik of "Die Entführung aus dem Serail" by Wolfgang Amadeus Mozart: Study about its Authenticity and Critical Edition. Phil. Diss. Utrecht/NL 1987.
36. Bly, L.J.: An Annotated Bibliography of Twentieth-Century Symphonies in Print for Wind Band, in: JBR 9, 1973, H.2, 25–33.
37. Ders.: Der Status der Musik für Blasorchester im 20. Jahrhundert im Spiegel der "Festlichen Musiktage Uster", in: **147**.213–233.
38. Bolen, Ch.W.: Open-Air Music of the Baroque: A Study of Selected Examples of Wind Music. Phil. Diss. Indiana Univ. 1954.
39. Bowles, E.A.: Iconography as a Tool for Examining the Loud Consort in the Fifteenth Century, in: Journal of the American Musical Instrument Society 3, 1977, 100–121.
40. Ders.: Musikleben im 15. Jahrhundert (= Mg. in Bildern, Bd. 3/8). Leipzig 1977.
41. Boyd, J.P.: Ouverture für Harmoniemusik, Op. 24, by Felix Mendelssohn-Bartholdy: An Edition for Contemporary Wind Band. D.M.A. Diss. Univ. of Missouri at Kansas City 1981.
42. Brand, V. u. G.: The World of Brass Bands. Baldock, Herts/England 1986.
43. Braun, D.: Klangstrukturen und deren psychoakustische Bewertung bei Zinken. Phil. Diss. Köln 1984.
44. Braun, G.: Arrangé pour deux flûtes. Opernbearbeitungen für Flöteninstrumente, in: TIBIA 12, 1987, H.4, 566–572.
45. Braun, H.: Einführung in die musikalische Volkskunde. Darmstadt 1985.
46. Braun, W.: Entwurf für eine Typologie der "Hautboisten", in: W. Salmen (Hrsg.): Der Sozialstatus des Berufsmusikers vom 17. bis 19. Jahrhundert, Kassel 1971, 43–63.
47. Ders: Die Musik des 17. Jahrhunderts (= NHbMw 4). Laaber 1981.
48. Brenet, M.: French Military Music in the Reign of Louis XIV, in: The Musical Quarterly 3, 1917, 340–357.
49. Dies.: La musique militaire. Paris 1917.
50. Brixel, E: Blasmusikforschung – ein Postulat an die Musikwissenschaft, in: Aktualisierung des instrumentalen Unterrichts. Veröffentlichung der Arbeitsgemeinschaft und Musikerzieher Österreichs VI, Graz 1975, 60–67.
51. Ders.: Tongemälde und Schlachtenmusiken. Ein militärmusikalisches Genre des 19. Jahrhunderts, in: **370**.272–290.
52. Ders.: Klarinetten-Bibliographie. Wilhelmshaven 1978.

53. Ders.: Blasmusik und Avantgarde, in: **360**.33–65.
54. Ders.: Was ist – und zu welchem Ende betreibt man Blasmusikforschung?, in: IGEB-Mitt. Nr. 7, April 1980, 69–77.
55. Ders.: Blasmusik an der Musikhochschule Graz, in: IGEB-Mitt. Nr. 12, April 1983, 154–161.
56. Ders. (Hrsg.): Bericht über die Vierte Internationale Fachtagung zur Erforschung der Blasmusik Uster/Schweiz 1981 (= AM 7). Tutzing 1984.
57. Ders.: Das große Oberösterreichische Blasmusikbuch. Wien 1984.
58. Ders.: Die Trompetenschulen von Andreas Nemetz als Spiegel der Bläserausbildung und Bläserpraxis im frühen 19. Jahrhundert, in: **56**.157–170.
59. Ders.: Richard Wagners Beziehung zur Militärmusik, in: **363**.177–187.
60. Ders.: Instrumentierung und Instrumentation aus der Sicht der österreichischen Blasmusikpraxis unserer Zeit, in: **147**.235–252.
61. Ders./W. Suppan: Das große Steirische Blasmusikbuch. Wien u. a. 1981.
62. Brüchle, B.: Horn-Bibliographie. 3 Bde. (Bd. 3 mit D. Lienhard). Wilhelmshaven 1970, 1975, 1983.
63. Brusniak, F.: Friedrich Buck, ein Bayreuther Zeitgenosse Richard Wagners, und sein Wirken für die Blasmusik und Sängerbewegung in Bayern, in: **363**.149–162.
64. Bülow, H.v.: Zur preußischen Militärmusik, in: NZfM 49, 1858, H. 1, 4 f.
65. Buhle, E.: Die musikalischen Instrumente in den Miniaturen des frühen Mittelalters I. Die Blasinstrumente. Leipzig 1903 (R: Wiesbaden 1972 [überarbeitet] u. Hildesheim–New York 1975). **65 a**: Teilabdruck und Kommentierung der Ausgabe 1972 in: BB 1979, H. 28, 77–80.
66. Bulling, B.: Fagott-Bibliographie. 2 Bde. Wilhelmshaven 1986.
67. Burgess, J.W.: An Annotated Bibliography of Trumpet Ensemble Music (For Five or More Trumpets). D.M.A. Diss. Arizona State Univ. 1988.
68. Burkart, R.E.: The Trumpet in England in the Seventeenth Century with Emphasis on Its Treatment in the Works of Henry Purcell and a Biography of the Shore Family of Trumpeters. Phil. Diss. Univ. of Wisconsin 1972.
69. Butler, J.H.: Marching Band Music of the Past, Part I, in: Music Journal 25, 1967, H. 40, 40 u. 50 f.
70. Camus, R.F.: The Military Band in the United States Army Prior to 1834. Phil. Diss. New York Univ. 1969.
71. Ders.: Art. "Bands", in: The New Grove Dictionary of American Music, Bd. 1, hrsg. v. H. W. Hitchcock u. S. Sadie, London 1986, 127–137.

72. Ders.: Early American Wind and Ceremonial Music, 1636–1836 (= The National Tune Index Part 2). New York 1989.
73. Carmichael, J.C.: Wind Music and the 1926 Donaueschingen Music Festival, in: CBDNA-Journal 1990, H.7, 1–5.
74. Casey, R.L.: Serial Composition in Works for the Wind Band. Phil. Diss. Washington Univ. 1971.
75. Christoff, D.: Das Konzert für Klavier und Blasorchester, in: 363.238–244.
76. Clardy, M.K.K.: Compositional Devices of William Pijper (1894–1917) and Henk Badings (B. 1907) in Two Selected Works. Pijper's "Sonata per Flauto e Pianoforte" (1925) and Bading's "Concerto for Flute and Wind Symphony Orchestra" (1963). D.M.A. Diss. North Texas State Univ. 1980.
77. Conley, Ph.R.: The Use of the Trumpet in the Music of Purcell, in: BQ 3, 1959/60, 3–11.
78. Coy, A.: Die Musik der Französischen Revolution. Zur Funktionsbestimmung von Lied und Hymne (= Mw. Schriften 13). München-Salzburg 1978.
79. Crinon, M.: La trompette et son repertoire en Angleterre a l'epoque de Henry Purcell. Paris 1974.
80. Croft-Murray, E.: The Wind-Band in England, 1540–1840, in: Music and Civilisation (= The British Museum Yearbook 4), London 1980, 135–189.
81. Crouch, R.E.: The Contributions of Adolphe Sax to the Wind Band. Phil. Diss. Florida State Univ. 1969.
82. Dahlhaus, C.: Die Musik des 19.Jahrhunderts (= NHbMw 6). Laaber 1980.
83. Ders. (Hrsg.): Die Musik des 18.Jahrhunderts (= NHbMw 5). Laaber 1985.
84. Dammann, R.: Die Musik im Triumphzug Kaiser Maximilians I., in: AfMw 31, 1974, 245–289.
85. Danuser, H.: Die Musik des 20.Jahrhunderts (= NHbMw 7). Laaber 1984.
86. Dart, Th.: The Earliest Collections of Clarinet Music, in: GSJ 4, 1951, 39–41.
87. Ders.: The Repertory of the Royal Wind Music, in: GSJ 11, 1958, 70–77.
88. Daub, P.E.: Music at the Court of George II (R. 1727–1760). Phil. Diss. Cornell Univ. 1985.
89. Degele, L.: Die Militärmusik, ihr Werden und Wesen und ihre kulturelle und nationale Bedeutung. Wolfenbüttel 1937.
90. Deutsch, W.: Das große Niederösterreichische Blasmusikbuch. Wien 1982.
91. Dickey, B./M. Collver: Musik für Zink – ein Quellenkatalog, in: 416.263–313.

92. Ders./P. Leonards/E.H. Tarr: Die Abhandlung über die Blasinstrumente in Bartolomeo Bismantovas "Compendio Musicale" (1677): Übersetzung und Kommentar, in: **392**.143–188.
93. Dömling, W.: Hector Berlioz. Reinbek bei Hamburg 1977.
94. Doherty, Ch. R.: Twentieth Century Woodwind Quintett Music of the United States. Diss. Univ. of Missouri at Kansas City 1971.
95. Dopheide, B.: Musikhören – Hörerziehung (= Erträge der Forschung 91). Darmstadt 1978.
96. Douglas, R.: The First Trumpet Method Book: Girolamo Fantini's "Modo per imparare a sonare di tromba", in: JBR 7, 1971, H. 2, 18–22.
97. Downs, A.: The Tower Music of a Seventeenth-Century Stadtpfeifer: Johann Pezel's *Hora Decima* and *Fünff-stimmigte blasende Musik*, in: BQ 7, 1963, 3–33.
98. Dudley, W.S.: Orchestration in the "Musique d'Harmonie" of the French Revolution (2 Vols.). Phil. Diss. Univ. of California at Berkeley 1968.
99. Duthaler, G.: Trommeln und Pfeifen in Basel. Mit einem Beitrag von V. Gutmann über die Instrumente. Basel 1985.
100. Dvorak, Th.L.: Best Music for Young Band. A Selective Guide to the Young Band/Young Wind Ensemble Repertoire. New York 1986.
101. Eckhardt, J.: Zivil- und Militärmusiker im Wilhelminischen Reich (= Studien zur Mg. des 19. Jh. 49). Regensburg 1978.
102. Egg, E./W. Pfaundler: Das große Tiroler Blasmusikbuch. Wien u. a. 1979.
103. Egger, H.: Die Entwicklung der Blasmusik in Tirol. Phil. Diss. Innsbruck 1952.
104. Ehmann, W.: Der Bläserchor. Besinnung und Aufgabe. Kassel 1969.
105. Ders.: Voce et Tuba. Gesammelte Reden und Aufsätze 1934–1974, hrsg. von Chr. Bernsdorff-Engelbrecht u. H. Hornemann. Kassel u. a. 1976.
106. Ders.: Johannes Kuhlo, ein Spielmann Gottes, in: BB 1977, H. 18, 55–59 [eine Zusammenfassung des gleichnamigen Buches Witten [5]1974].
107. Eichborn, H.: Girolamo Fantini, eine Virtuose des siebzehnten Jahrhunderts und seine Trompeten-Schule, in: Monatshefte für Musik-Geschichte 22, 1890, 112–138 (R: Nashville 1976).
108. Ders.: Militarismus und Musik. Berlin–Leipzig 1909.
109. Eliason, R.E.: Brass Instrument Key and Valve Mechanisms Made in America before 1875 with Special Emphasis to the D. S. Pillsbury Collection in Greenfield Village, Dearborn, Michigan. Phil. Diss. Univ. of Missouri 1968.
110. Elkus, J.: Charles Ives and the American Band Tradition: A Centennial Tribute. Exeter/England 1974.

111. Eppelsheim, J.: Das Orchester in den Werken Jean-Baptiste Lullys (= Münchener Veröffentlichungen zur Mg. 7). Tutzing 1961.
112. Ders.: Das "Subkontrafagott", in: **370**.233–272.
113. Eppendorf, H.: Virtuose Opernbearbeitungen für Oboe im 19. Jahrhundert, in: TIBIA 12, 1987, H. 4, 572–581.
114. Errante, F.G.: A Selective Clarinet Bibliography. Oneonta – New York 1973.
115. Ess, D. H.v.: The Stylistic Evolution of the English Brass Ensemble. Phil. Diss. Boston Univ. 1963.
116. Evenson, P.E.: A History of Brass Instruments, Their Usage, Music, and Performance Practices in Ensembles During the Baroque Era. Phil. Diss. Univ. of Southern California 1960.
117. Falvy, Z.: Speer: Musikalisch-Türckischer Eulen-Spiegel, in: Studia Musicologica 12, 1970, 131–151.
118. Fantini, G.: Modo per Imparare a sonare di Tromba. Frankfurt 1638 (R: Nashville 1978, hrsg. v. E. Tarr).
119. Farmer, H.G.: The Rise and Development of Military Music. London 1912 (R: New York 1970).
120. Ders.: Art. "Drums and Fifes", in: Grove Dictionary, Bd. 2, London [5]1954, 779–781.
121. Fasman, M.J.: Brass Bibliography Sources on the History, Literature, Pedagogy, Performance and Acoustics of Brass Instruments. Indiana Univ. 1990.
122. Federhofer, H.: Blasinstrumente und Bläsermusik in der Steiermark bis zum Ende des 18. Jahrhunderts, in: **370**.61–101.
123. Fetter, D.J.: Daniel Speer, Stadtpfeiffer (1636–1707). Phil. Diss. American Univ. 1969.
124. Finscher, L. (Hrsg.): Die Musik des 15. und 16. Jahrhunderts (= NHbMw 3). Laaber 1989.
125. Fischer, E. (Hrsg.): Jahrbuch der Volksmusik 1938/39. Wolfenbüttel–Berlin 1939.
126. Fitzpatrick, H.: The Horn and Horn-Playing, and the Austro-Bohemian Tradition from 1680 to 1830. London 1970.
127. Fleming, H.F.v.: Der vollkommene Teutsche Soldat. Leipzig 1726.
128. Flender, R./H. Rauhe: Popmusik. Geschichte, Funktion, Wirkung, Ästhetik. Darmstadt 1989.
129. Frei, H.: Unsere Blasmusik. Die kulturelle, gesellschaftliche und pädagogische Bedeutung der Blasmusik in der Schweiz, ihre geschichtliche Entwicklung und ihre aktuelle Praxis. Mellingen 1989.
130. Friese, F.: Ceremoniel und Privilegia derer Trompeter und Paucker. Dresden o.J. [nach 1650] (R in: **5**/2.73–94).
131. Fritzsche, J.: Die Bedeutung der Pionier- und Jugendblasorchester in der DDR für die musikalische Bildung und Erziehung. Diss. Halle 1970.
132. Fuller, D.: Art. "Partita", in: NGrove, Bd. 14, 255.

133. Gauldin, R.L., Jr.: The Historical Development of Scoring for the Wind Ensemble. Phil. Diss. Univ. of Rochester 1958 (Microcard: 1961).
134. Gibson, O.L.: The Serenades and Divertimenti of Mozart. Phil. Diss. North Texas State Univ. 1960.
135. Gifford, R.M.: The Music and Performance Practices of the Medieval Wind Band, in: JBR 10, 1974, H.2, 25–32.
136. Ders.: The Development of Contemporary Band Music in the United States, in: IGEB-Mitt. Nr.1, März 1990, 206–210.
137. Glaserfeld, E.v.: Konstruktion der Wirklichkeit und des Begriffs der Objektivität, in: H.Gumin/A.Mohler (Hrsg.): Einführung in den Konstruktivismus, München 1985, 1–26.
138. Glover, St.L.: Early Trumpet Music in Schwerin, in: BB 1978, H.23, 35–40.
139. Gmasz, S./H. Hahnenkamp: Das große Burgenländische Blasmusikbuch. Wien–München 1987.
140. Goldman, R.F.: The Band's Music. New York 1938.
141. Ders.: The Wind Band. Its Literature and Technique. Boston 1961 (R: Conn. 1974).
142. Good, M.: A Selected Bibliography for Original Concert Band Music, in: JBR 18, 1983, H.2, 12–35 (= Tl. 1) u. 19, 1983, H.1, 26–51 (= Tl. 2).
143. Gräf, H.G. (Hrsg.): Johann Heinrich Mercks Briefe an die Herzogin-Mutter Anna Amalia und an den Herzog Carl August von Sachsen-Weimar. Leipzig 1911.
144. Grieshofer, F.: Klingende Volkskultur: Die Bedeutung der oberösterreichischen Blasmusikkapellen für Brauch und Tracht, in: 57.146–156.
145. Griffel, M.R.: "Turkish" Opera from Mozart to Cornelius. Phil. Diss. Columbia Univ. 1975.
146. Guion, D.M.: The Trombone. Its History and Music, 1697–1811 (= Musicology Series 6). New York u.a. 1988.
147. Habla, B. (Hrsg.): Johann Joseph Fux und die barocke Bläsertradition. Kongreßbericht Graz 1985 (=AM 9). Tutzing 1987.
148. Ders.: Besetzung und Instrumentation des Blasorchesters seit der Erfindung der Ventile für Blechblasinstrumente bis zum Zweiten Weltkrieg in Österreich und Deutschland, 2 Bde. (= AM 12). Tutzing 1990.
149. Halfpenny, E.: The "Entertainment" of Charles II, in: ML 38, 1957, 32–44.
150. Halseth, R.E.P.: The Impact of the College Band Directors National Association on Wind Band Repertoire. Diss. Univ. of Northern Colorado 1987.
151. Hančl, T.: Bläserpartien in den Werken von Leoš Janáček, in: **360**.97–108.

152. Ders.: Sinfonische Blasmusik in der Tschechoslowakei (übersetzt von Adolf Langer), in: IGEB-Mitt. Nr. 18, März 1986, 268–272.
153. Hanslick, E.: Oesterreichische Militärmusik, in: Ders.: Aus dem Concertsaal, Wien 1870, 52–58.
154. Haynes, B.: Music for Oboe, 1650–1800. A Bibliography. Berkeley/California 1985.
155. Hechler, I.: Die Windkapselinstrumente. Geschichte – Spielweise – Besetzungsfragen, in: TIBIA 2, 1977, H. 2, 265–274.
156. Hedlund, H.J.: A Study of Certain Representative Compositions for Woodwind Ensembles, ca. 1695–1815. Phil. Diss. Univ. of Iowa 1959.
157. Heim, N.M.: The Development of the Clarinet Choir in U.S.A., in: **360**.109–119.
158. Heister, H.-W./H.-G. Klein (Hrsg.): Musik und Musikpolitik im faschistischen Deutschland. Frankfurt a. M. 1984.
159. Hellyer, R.: "Fidelio" für neunstimmige Harmonie, in: ML 53, 1972, 242–253.
160. Ders.: "Harmoniemusik": Music for Small Wind Band in the Late Eighteenth and Early Nineteenth Centuries. Phil. Diss. Oxford Univ. 1973.
161. Ders.: Mozart's Harmoniemusik, in: MR 34, 1973, 146–157.
162. Ders.: Art. "Harmoniemusik", in: NGrove, Bd. 8, 167f.
163. Hemke, F.L.: The Early History of the Saxophone. Phil. Diss. Univ. of Wisconsin 1975.
164. Herbert, J.W.: The Wind Band of Nineteenth-Century Italy: Its Origins and Transformation from the Late 1700's to Mid-Century. Ed.D. Diss. Columbia Univ. Teachers College 1986.
165. Heyde, H.: Trompete und Trompetenblasen im europäischen Mittelalter. Phil. Diss. Leipzig 1965. **165a**: Besprechung/Teilabdruck in: BB 1977, H. 17, 74–79.
166. Ders.: Zur Frühgeschichte der Ventile und Ventilinstrumente in Deutschland (1814–1833), in: BB 1978, H. 24, 9, 11, 13, 15–17, 19, 21–23, 25, 29–31, 33 (= Tl. 1); 1979, H. 25, 41–50 (= Tl. 2); 1979, H. 26, 69–79, 81f. (= Tl. 3); 1979, H. 27, 51, 54–57, 59–61 (= Tl. 4).
167. Ders.: Trompeten – Posaunen – Tuben. Leipzig 1980.
168. Ders.: Hörner und Zinken. Katalog des Musikinstrumenten-Museums der Karl-Marx-Universität Leipzig 5. Leipzig 1982.
169. Ders.: Blasinstrumente und Bläser der Dresdner Hofkapelle in der Zeit des Fux-Schülers Johann Dismas Zelenka (1710–1745), in: **147**.39–65.
170. Ders.: Das Ventilblasinstrument. Seine Entwicklung im deutschsprachigen Raum von den Anfängen bis zur Gegenwart. Leipzig 1987.
171. Ders.: Historische Musikinstrumente der Staatlichen Reka-Sammlung am Bezirksmuseum Viadrina Frankfurt (Oder). Leipzig 1989.

172. Hildebrand, R.: Das Oboenensemble in Deutschland von den Anfängen bis ca. 1720. Diplomarbeit Basel (Schola cantorum) 1975.
173. Dies.: Das Oboenensemble in der deutschen Regimentsmusik und in den Stadtpfeifereien bis 1720, in: TIBIA 3, 1978, H. 1, 7–12.
174. Hill, G.W.: Robert Rodriguez: "The Seven Deadly Sins". An Interview With Rehearsal Commentary, in: CBDNA-Journal 1988, H. 5, 5–10.
175. Hinton, St.: The Idea of Gebrauchsmusik. A Study of Musical Aesthetics in the Weimar Republic (1919–1933) with Particular Reference to the Works of Paul Hindemith. New York–London 1989.
176. Hirsbrunner, Th.: Igor Strawinsky. Laaber 1982.
177. "Hoch die rote Blaskapelle?" Über die Entwicklung einer linken Freiburger Blaskapelle aus der Sicht des Tubaspielers [P. Schleuning], in: Anschläge 1, 1978, H. 4, 43–64.
178. Hodik, F.: Ländliche Blasmusik und Militärmusik, in: **345**.45–51.
179. Höfele, B.F.: Materialien und Studien zur Geschichte der Harmoniemusik. Phil. Diss. Bonn 1982.
180. Hofer, A. (Hrsg.): Die Infanteriemärsche der vormaligen Churfürstlich-Sächsischen Armee 1729. Nach den im Staatsarchiv Dresden befindlichen Originalen hrsg. v. A. H. – Freiburg 1981.
181. Ders.: Bemerkungen zum Marsch im 18. Jahrhundert, in: Kongress-Bericht Bayreuth 1981, Kassel u. a. 1984, 325–332.
182. Ders: Studien zur Geschichte des Militärmarsches, 2 Bde. (= Mainzer Studien zur Mw. 24). Tutzing 1988.
183. Ders.: "Blasmusik" – ein Stiefkind der geblasenen Musik? Bemerkungen zu den Begriffen "Blasmusik" und "Bläsermusik", in: Clarino 2, 1991, H. 1, 19–22.
184. Ders.: "dies ist kein Frauenzimmer Instrument". Mädchen, Frauen, Blasinstrumente und die Amateur-Blasmusik, in: Clarino 2, 1991, H. 10, 24–27.
185. Hoffmann, F.: Instrument und Körper. Die musizierende Frau in der bürgerlichen Kultur. Frankfurt a. M.–Leipzig 1991.
186. Hoffmann-Axthelm, D.: Zu Ikonographie und Bedeutungsgeschichte von Flöte und Trommel in Mittelalter und Renaissance, in: 197.84–118.
187. Hofmeister, F./C. F. Whistling: Handbuch der musikalischen Litteratur. Leipzig 1817, 1.–10. Nachtrag: Leipzig 1818–1827 (R: New York 1975).
188. Holcomb, B.: Die Ventil-Metallblasinstrumente (Tuben) im Salzburger Museum Carolino Augusteum und ihre Stellung in der Musikinstrumentenentwicklung, in: Jahresschrift des Salzburger Museum Carolino Augusteum 22, Salzburg 1976, 67–78.
189. Holzmann, K.: Stellung und Aufgabe des bläserischen Musizierens im Gesamtgefüge unseres Musiklebens, in: **345**.31–37.

190. Honig, W.: Die Musik kommt. Notizen zur Militär-Musikgeschichte, in: NZfM 129, 1968, H. 5, 222–230.
191. Horsley, I.: Wind Techniques in the Sixteenth and Early Seventeenth Centuries, in: BQ 4, 1960 (Winter), 49–63.
192. Hošek, M.: Oboen-Bibliographie I. Bearb. v. R.H. Führer. Wilhelmshaven 1975.
193. Ders.: Das Bläserquintett. Beschreibung und Bibliographie. Grünwald 1979.
194. Howey, H.E.: A Comprehensive Performance Project in Trombone Literature with an Essay Consisting of a Translation of Daniel Speer's "Vierfaches Musikalisches Kleeblatt" (Ulm, 1697). Diss. Univ. of Iowa 1971.
195. Huber, R.: Die Blasmusik in Kärnten. Klagenfurt 1991.
196. Husted, B.F.: The Brass Ensemble: Its History and Music. Phil. Diss. Eastman School of Music 1955 (Microcard: 1961).
197. Improvisation in der Musik des Mittelalters und der Renaissance (= BJHM 7), hrsg. von P. Reidemeister. Winterthur/Schweiz 1984.
198. Intravaia, L.J.: Early Wind-Bands and Wind-Band Music, in: School Musician 1964, August–September, 72 f. (= Tl. 1); October, 31 f. (= Tl. 2); November, 62 f. (= Tl. 3) u. December, 48 f. (= Tl. 4).
199. Jacobs, R.M.: The Chamber Ensembles of C.P.E. Bach Using Two or More Wind Instruments. Phil. Diss. State Univ. of Iowa 1964.
200. Janetzky, K.: Über die Problematik der Harmonie-Einrichtungen. Von Haydns "Ritter Roland" bis zu Webers "Freyschütz", in: **360**.121–135.
201. Ders./B. Brüchle: Das Horn. Bern–Stuttgart 1977.
202. Joas, P.: Studien zur Geschichte der Blasmusik im 20. Jahrhundert (unter besonderer Berücksichtigung der Jahre 1920–1940). Zulassungsarbeit Hochschule für Musik und Darstellende Kunst, Stuttgart 1985.
203. Johnson, Ch.E.: Common Musical Idioms in Selected Contemporary Wind-Band Music. Phil. Diss. Florida State Univ. 1969.
204. Jones, W.L.: Three Wind Divertimenti (Partitas) by Franz Asplmayr in Vienna circa 1760. Phil. Diss. Univ. of Wisconsin 1972.
205. Jones, W.J.: The Unaccompanied Duet for Transverse Flutes by French Composers, ca. 1708–1770. Phil. Diss. Univ. of Iowa 1970.
206. Joppig, G.: Oboe & Fagott. Ihre Geschichte, ihre Nebeninstrumente und ihre Musik. Bern–Stuttgart 1981.
207. Ders.: Sarrusophone, Rothphone oder Saxorusphone und Rohrkontrabaß, in: **56**.77–122.
208. Kalkbrenner, A.: Die Königlich-Preußischen Armeemärsche. Leipzig 1896.
209. Kandler, G.: Art. "Militärmusik", in: MGG, Bd. 9, 1961, Sp. 305–335.

210. Kaplan, D.L.: Stylistic Trends in the Small Woodwind Ensemble from 1750–1825. Phil. Diss. Indiana Univ. 1977.
211. Kappey, J.A.: Military Music. A History of Wind-Instrumental Bands. London–New York 1894.
212. Karjalainen, K.: Die finnische Tradition des Blechbläserseptetts, in: BB 1978, H. 21, 59 f.
213. Karstädt, G.: Zur Geschichte des Zinken und seiner Verwendung in der Musik des 16.–18. Jahrhunderts, in: AfMw 2, 1937, H. 4, 385–432.
214. Ders.: Art. "Blasmusik", in: MGG, Bd. 1, 1949–1951, Sp. 1906–1918.
215. Ders.: Die Verwendung der Hörner in der Jagdmusik, in: 370.197–215.
216. Kastner, G.: Manuel Général de Musique Militaire. Paris 1848 (R: Genf 1973).
217. Keldany-Mohr, I.: "Unterhaltungsmusik" als soziokulturelles Phänomen des 19. Jahrhunderts (= Studien zur Mg. des 19. Jh. 47). Regensburg 1977.
218. Kenton, E.F.: The "Brass" Parts in Giovanni Gabrieli's Instrumental Ensemble Compositions, in: BQ 1, 1957 (December), 73–80.
219. Kiesenhofer, K.: Der Oberösterreichische Blasmusikverband und die Medien, in: 57.157–162.
220. Kitchen, O.: The Modern Wind Band... An Autonomus Art Form... Product of a Metamorphosis, in: IGEB-Mitt. Nr. 7, April 1980, 77–83.
221. Klöcker, D.: Über die Bläserserenade im 18. Jahrhundert und die frühen Bläserdivertimenti Joseph Haydns, in: TIBIA 3, 1978, H. 2, 73–78.
222. Ders.: Gedanken über Bearbeitungen für Harmoniemusik, in: TIBIA 12, 1987, H. 4, 585–587.
223. Koch, H.Chr.: Musikalisches Lexikon. Frankfurt 1802 (R: Hildesheim 1964).
224. Köhler, L.: Unsere militärischen Märsche, in: Neue Berliner Musikzeitung 34, 1880, H. 26, 201–203 u. H. 27, 209 f.
225. Körner, F.: Instrumentenkundliche Untersuchungsmethoden in der Erforschung der Blechblasinstrumente, in: 370.217–232.
226. Konstanzer, H.: Die Blaskapellen in ihrer soziologischen und musikalischen Bedeutung, in: Der Deutsche Volksmusiker 19, 1967, 49 f., 73 f., 93 f. u. 112–114.
227. Kreines, J.: Music for Concert Band. A Selective Annotated Guide to Band Literature. Tampa/Florida 1989.
228. Kubitschek, E.: Block- und Querflöte im Umkreis von J. J. Fux. Versuch einer Übersicht, in: 147.99–119.
229. Kunze, St.: Die Instrumentalmusik Giovanni Gabrielis. Tutzing 1963.

230. Kurtz, S.J.: A Study and Catalog of Ensemble Music for Woodwinds Alone or With Brass from ca. 1700 to ca. 1825. Phil. Diss. Univ. of Iowa 1971.
231. Laing, M.M.: Anton Reicha's Quintets for Flute, Oboe, Clarinet, Horn and Bassoon (2 Vols.). Ed.D. Diss. Univ. of Michigan 1952.
232. Larson, A.P.: Catalog of the Nineteenth-Century British Brass Instruments in the Arne B. Larson Collection of Musical Instruments. Phil. Diss. West Virginia Univ. 1974.
233. LaRue, J./G. Wolf: Finding Unusual Brass Music, in: BQ 6, 1963, H. 3, 111-119.
234. Lasocki, D.: Ein Überblick über die Blockflötenforschung, 1985-1987, in: TIBIA 13, 1988, H. 4, 237-258.
235. Lauer, E.: Blasorchester im Aufbruch, in: Die Musik 29, 1936, H. 3, 190-193.
236. Lawson, C.: Das Chalumeau-Repertoire, in: TIBIA 5, 1980, H. 1, 18-21.
237. Leeson, D.N.: The Rediscovery of a Wind-Band Arrangement of "Die Entführung aus dem Serail" Attributed to Mozart, in: CBDNA-Journal 1988/89, H. 6, 1-7.
238. Ders./D. Whitwell: Concerning Mozart's Serenade in Bb for 13 Instruments, K 361/370a, in: Mozart-Jahrbuch, 1976/77, 97-130.
239. Mahling, Chr.-H.: Münchener Hoftrompeter und Stadtmusikanten im späten 18. Jahrhundert. Ein Streit um das Recht, die Trompete zu blasen, in: Zeitschrift für Bayerische Landesgeschichte 31/2, 1968, 649-670.
240. Ders.: Die Rolle der Blasmusik im Saarländischen Industriegebiet im 19. und frühen 20. Jahrhundert, in: **370**.109-125.
241. Ders.: Arrangements für Blasinstrumente und ihr sozialgeschichtlicher Hintergrund, in: **360**.137-143.
242. Ders.: Zum "Musikbetrieb" Berlins und seinen Institutionen in der ersten Hälfte des 19. Jahrhunderts, in: C. Dahlhaus (Hrsg.): Studien zur Musikgeschichte Berlins im frühen 19. Jahrhundert (= Studien zur Mg. des 19. Jh. 56), Regensburg 1980, 27-284.
243. Maloney, S.T.: Canadian Wind Ensemble Literature. D.M.A. Diss. Univ. of Rochester/Eastman School of Music 1986.
244. Mamminga, M.A.: British Brass Bands. Phil. Diss. Florida State Univ. 1973.
245. Markl, H.: Wissenschaft: Zur Rede gestellt. Über die Verantwortung der Forschung. München–Zürich 1989.
246. Martin, B.: Darius Milhaud. Seine Werke für Blasorchester und Bläserensembles, in: E. Nigg (Hrsg.): BOF-Journal. Eine Publikation des Blas-Orchester-Forums Schweiz. 1. Ausgabe Zug/Schweiz 1990, 75-157.
247. Marx, J.: "Preface" zu: C.Ph.E. Bach: Two Duets for Clarinets, hrsg. von J. Marx, New York 1959.

248. Masel, A.: Das große Ober- und Niederbayerische Blasmusikbuch. Mit Beitr. von St. Ametsbichler, St. Hirsch u. H. Wohlmuth. Wien–München 1989.
249. Mathez, J.-P.: Joseph Jean-Baptiste Laurent Arban (1825–1889). Moudon/ Schweiz 1977.
250. Mayer, F.N.: A History of Scoring for the Band: The Evolution of Band Scoring in the United States (2 Vols.). Phil. Diss. Univ. of Minnesota 1957.
251. McLaurien, D.: Karel Husa's Contribution to the Wind Band, in: CBDNA-Journal 1987, H. 4, 24–36.
252. Meredith, H.M., Jr.: Girolamo Fantini's Trumpet Method: A Practical Edition. Diss. Univ. of Northern Colorado 1984.
253. Meyer, J.: Akustik der Holzblasinstrumente. Frankfurt a. M. 1966.
254. Meyer, E.R.: The Viennese Divertimento, in: MR 23, 1968, H. 3, 165–171.
255. Meylan, R.: Die Flöte. Bern–Stuttgart 1974 und Mainz u. a. 1984.
256. Miller, St.: The Wind Ensemble and Band Compositions of Darius Milhaud, in: CBDNA-Journal 1988, H. 5, 1–4.
257. Mitchell, J.C.: From Kneller Hall to Hammersmith: The Band Works of Gustav Holst (= AM 11). Tutzing 1990.
258. Moeck, H./H. Mönkemeyer: Zur Geschichte des Zinken. Celle 1973 (^{2}1978).
259. Moege, G.R.: A Catalogue of the Alto Brass Instruments in the Arne B. Larson Collection of Musical Instruments (French Hand Horn). D.M.A. Diss. Univ. of Oklahoma 1985.
260. Moog, H.: Blasinstrumente bei Behinderten (= AM 3). Tutzing 1978.
261. Moser, K.: Vom "Bund der Nichtberufsmusiker Österreichs" zum "Reichsverband für österreichische Volksmusik", in: **57**.121–123.
262. Mózi, A.: Daniel Speers Werke: Ungarischer Simplicissimus und Musicalisch-Türckischer Eulen-Spiegel, in: Studia musicologica 17, 1975, 167–213.
263. Müller, U.: Untersuchungen zu den Strukturen von Klängen der Clarin- und Ventiltrompete (= Kölner Beitr. zur Mf. 60). Regensburg 1971.
264. Müller-Blattau, W.: Venezianische Bläsermusik. Kompositionsstil und Aufführungspraxis, in: **370**.23–29.
265. Munter, F.: Ignaz von Beecke und seine Instrumentalkompositionen. Phil. Diss. München 1921.
266. Nagy, M.: Der Serpent und seine Verwendung in der Musik der deutschen Romantik, in: **363**.49–72.
267. Ders.: Holzblasinstrumente der tiefen Lage im Schaffen von J. J. Fux, in: **147**.89–98.
268. Natvig, M.: The Wind Music of Richard Strauss. A Catalogue, in: CBDNA-Journal 1987, H. 4, 7–12.

269. Dies.: Richard Strauss and the German Military Band Tradition, in: CBDNA-Journal 1987, H. 4, 13–16.
270. Nemetz, A.: Allgemeine Musikschule für Militär Musik. Wien o. J. [nach 1839].
271. Newsom, J.: The American Brass Band Movement, in: The Quarterly Journal of the Library of Congress 36, 1979, H. 2, 114–139.
272. Nicholson, J.M.: A Historical Background of the Trombone and Its Music. Phil. Diss. Univ. of Missouri at Kansas City 1967.
273. Norton, P.E.H.: March Music in Nineteenth-Century America. Phil. Diss. Univ. of Michigan 1983.
274. Olson, R.H.: A Core Repertoire for the Wind Ensemble, in: JBR 18, 1982, H. 1, 11–35.
275. Ostling, A.E.: An Evaluation of Compositions for Wind Band According to Specific Criteria of Serious Artistic Merit. Phil. Diss. Univ. of Iowa 1978.
276. Overton, F.R.: Der Zink. Geschichte, Bauweise und Spieltechniken eines historischen Instruments. Mainz u. a. 1981.
277. Ders.: Historische Perspektiven und Einflüsse des Wagnerschen Serpent-Parts in "Rienzi", in: 363.31–48.
278. Paleczska, H.: Die Entwicklung der altösterreichischen Militärmusikkapellen. Phil. Diss. Wien 1939.
279. Panoff, P.: Militärmusik in Geschichte und Gegenwart. Berlin 1938 (²1944).
280. Perrins, B.: What is a Brass Band?, in: BB 1979, H. 25, 63–65, 67 u. 69 f.
281. Pichler, G.: Jugend und Blasmusik, in: 57.142–145.
282. Pierce, D.M.: The Bassoon in the Woodwind Quintet: Performance and Technical Demands and Their Solutions (Chamber Music). D.M.A. Diss. Univ. of Illinois at Urbana-Champaign 1986.
283. Piersol, J.R.: The Oettingen-Wallerstein Hofkapelle and its Wind Music. Phil. Diss. Univ. of Iowa 1972.
284. Ders.: The Current State of Wind Band Research in the United States. [Vortrag auf dem IGEB-Kongreß Oberschützen/Österreich Juli 1988; Druck in AM 14 geplant.]
285. Pirker, M.: Bilddokumente zum Einfluß der Janitscharenmusik auf die österreichische Militärmusik. Phil. Diss. Wien 1987.
286. Pittman, D.S., Jr.: Percy Grainger, Gustav Holst, and Ralph Vaughan Williams: A Comparative Analysis of Selected Wind Band Compositions. D.M.A. Diss. Memphis State Univ. 1979.
287. Polk, K.: Flemish Wind Bands in the Late Middle Ages: A Study of Improvisatory Instrumental Practices. Phil. Diss. Univ. of California at Berkeley 1968.
288. Ders.: Ensemble Instrumental Music in Flanders (1450/1550), in: JBR 11, 1975, H. 2, 12–27.
289. Powley, E.H.: Turkish Music: An Historical Study of Turkisch Per-

cussion Instruments and Their Influence on European Music. Phil. Diss. Univ. of Rochester 1968.
290. Prätorius, M.: Syntagma Musicum. Bd. 3. Wolfenbüttel 1619.
291. Prieberg, F.K.: Musik im NS-Staat. Frankfurt a. M. 1982.
292. Printz, W.C.: Historische Beschreibung der edelen Sing- und Klingkunst. Dresden 1690 (R: Graz 1964).
293. Probst, W.: Das Tokio Kosei Wind Orchestra (TOKWO), in: Clarino 1, 1990, H. 12, 18 f.
294. Rameis, E.: Die österreichische Militärmusik von ihren Anfängen bis zum Jahre 1918. Ergänzt u. bearbeitet von E. Brixel (= AM 2). Tutzing 1976 (^{2}1978).
295. Randall, D.M.: A Comprehensive Performance Project in Clarinet Literature with an Essay on the Clarinet Duet from ca. 1715 to ca. 1825. D.M.A. Diss. Univ. of Iowa 1970.
296. Ravizza, V.: Das instrumentale Ensemble von 1400–1550 in Italien (= Publikationen der Schweizerischen Musikforschenden Gesellschaft II/21). Bern–Stuttgart 1970.
297. Reed, D.F.: The Original Version of the "Overture for Wind Band" of Felix Mendelssohn-Bartholdy, in: JBR 18, 1982, H. 1, 3–10.
298. Reidemeister, P.: Historische Aufführungspraxis. Eine Einführung. Darmstadt 1988.
299. Reschke, J.: Studie zur Geschichte der brandenburgisch-preußischen Heeresmusik. Phil. Diss. Berlin 1936.
300. Reynolds, H.R./E.Corporon u. a. (Hrsg.): Wind Ensemble Literature. Madison/Wisconsin ^{2}1975 (^{3}1987 edited by R. Grechesky).
301. Riemer, W. (Hrsg.): Briefwechsel zwischen Goethe und Zelter in den Jahren 1796–1982. Bd. III (1819). Berlin 1834.
302. Roberts, M.K.: Trevor Ford: His Music and His Influence on the Bands of Norway. D.M.A. Diss. Univ. of Kansas 1986.
303. Ross, G.J.: An Annotated Historical Anthology of Thirty-Five Graded Duets for Two Bassoons Including Eight Original Duets in Historical Jazz Idioms. Diss. Univ. of Rochester/Eastman School of Music 1975.
304. Ruhnke, M.: Art. "Kapelle", in: MGG, Bd. 7, 1958, Sp. 657–671.
305. Ders.: Beiträge zu einer Geschichte der deutschen Hofmusikkollegien im 16. Jahrhundert. Berlin 1963.
306. Ruhr, P.: Der Blasmusiker. Studien zur Geschichte und heutigen Struktur der Blasmusik im südbadischen Raum. Phil. Diss. Freiburg i.Br. 1982.
307. Ders.: Die Organisationsform der Blasmusikkapelle in ihrer sozialgeschichtlichen Bedingtheit, in: **56**.193–200.
308. Ders./W. Blass: Eine Strukturanalyse des Badischen Blasmusiklebens, in: **56**.201–222.
309. Salmen, W.: Musikleben im 16. Jahrhundert (= Mg. in Bildern, Bd. 3/9). Leipzig 1976.

310. Ders. (Hrsg.): Kontrabaß und Baßfunktion. Bericht über die vom 28.8. bis 30.8.1984 in Innsbruck abgehaltene Fachtagung (= Innsbrucker Beitr. zur Mw. 12). Innsbruck 1986.
311. Sandman, S.M.G.: Wind Band Music under Louis XIV: The Philidor Collection, Music for the Military and the Court. Phil. Diss. Stanford Univ. 1974.
312. Saro, J.H.: Instrumentations-Lehre für Militair-Musik. Berlin 1883.
313. Sárosi, B.: Eine ungarische Bauernkapelle, in: **370**.291–300.
314. Sauer, R.C.: Transcription Fundamentals, in: BB 1980, H.31, 55 f.
315. Schafer, W.J.: Brass Bands & New Orleans Jazz. Baton Rouge/LA 1977.
316. Schleuning, P.: Geschichte der Musik in Deutschland. Das 18. Jahrhundert: Der Bürger erhebt sich. Reinbek bei Hamburg 1984.
317. Schleyer, B: Die Sonsfeldsche Sammlung. Diplomarbeit Hamburger Konservatorium 1991.
318. Schmidt-Brunner, W.: Arnold Schönbergs "pädagogische" Musik: Suite für Streichorchester (1934) und Thema und Variationen für Blasorchester op. 43A (1943), in: **363**.227–237.
319. Schmitt, A.: Der Exotismus in der deutschen Oper zwischen Mozart und Spohr (= Hamburger Beitr. zur Mw. 36). Hamburg 1988.
320. Schneider, E.: Die Entwicklung des Blasmusikwesens in Vorarlberg, in: **370**.145–173.
321. Schneider, W.: Originale Blasmusik, in: **345**.38–44.
322. Schünemann, G.: Sonaten und Feldstücke der Hoftrompeter, in: Zeitschrift für Mw. 17, 1935, 147–170 (R: Wiesbaden 1971).
323. Ders. (Hrsg.): Trompeterfanfaren, Sonaten und Feldstücke (= Erbe deutscher Musik, Reichsdenkmale, Bd. 7). Kassel 1936.
324. Schulin, K.: Musikalische Schlachtengemälde in der Zeit von 1756–1815. Tutzing 1986.
325. Schultz, R.A.: The Serpent: Its Characteristics, Performance Problems, and Literature: A Lecture Recital. D.M.A. Diss. North Texas State Univ. 1978.
326. Schulze, P.: Mit Pauken und Trompeten. Abriß der organisierten Blasmusik, in: Anschläge 1, 1978, 5–42.
327. Schwarz, B.: French Instrumental Music Between the Revolutions (1789 – 1830). Phil. Diss. Columbia Univ. 1950.
328. Schweighofer, E.: Traditionelle Elemente im musikalischen Vereins- und Gemeinschaftsleben der Gegenwart im Gebiet des politischen Bezirkes Judenburg/Steiermark. Phil. Diss. Graz 1975.
329. Schwenk, H.: Marschmusik.Vom Kriegsruf bis zum Großen Zapfenstreich. München 1965.
330. Scott, M.L.: The American Piston Valved Cornets and Trumpets of the Shrine to Music Museum (North Dakota). D.M.A. Diss. Univ. of Wisconsin/Madison 1988.

331. Sehnal, J.: The "Harmonie" (Wind Band) of the Augustian Monastery at Staré Brno (Old Brno), in: JBR 12, 1976, H. 2, 1–28.
332. Seidel, W.: Musikalische Terminologie. Eigenart und Wandel, in: F. Zaminer (Hrsg.): Ideen zu einer Geschichte der Musiktheorie (= Geschichte der Musiktheorie 1), Darmstadt 1985, 96–118.
333. Seifert, H.: Die Bläser der kaiserlichen Hofkapelle zur Zeit von J.J. Fux, in: **147.**9–23.
334. Shepard, B.K.: The Symbolic Elements of Messiaen's Work for Wind Ensemble, "Couleurs de la cité céleste", in: JBR 18, 1982, H. 1, 52–59.
335. Siebold, R.: Bläserische Arbeit in Verbänden, Jugendmusikschulen und Schulen, in: **345.**14–19.
336. Sirker, U.: Die Entwicklung des Bläserquintetts in der ersten Hälfte des 19. Jahrhunderts (= Kölner Beitr. zur Mf. L). Regensburg 1968.
337. Sirman, M.N.: The Wind Sonatas in Daniel Speer's "Musicalisch-Türckischer Eulen-Spiegel" of 1688. Phil. Diss. Univ. of Wisconsin 1972.
338. Smith, A.: Die Renaissancequerflöte und ihre Musik. Ein Beitrag zur Interpretation der Quellen, in: **392.**9–76.
339. Smith, N./A. Stoutamire: Band Music Notes. San Diego/Cal. 1977 (2nd revised Edition 1979).
340. Smithers, D.L.: The Music and History of the Baroque Trumpet before 1721. London 1973 (Buren/NL ²1988).
341. Sorenson, S.P.: Thomas Harper Sr. (1786–1853): Trumpet Virtuoso and Pedagogue (England). Phil. Diss. Univ. of Minnesota 1987.
342. Sousa, G.D.: An Annotated Bibliography of Published Doctoral Dissertations Concerning the Analysis of Music for the Wind Band, in: CBDNA-Journal 1985, H. 1, 5–14.
343. Spielmann, M.: Der Zink im Instrumentarium des süddeutsch-österreichischen Raumes 1650–1750, in: **147.**121–155.
344. Stahmer, K.: Tafelmusik im Barock, in: TIBIA 3, 1978, H. 3, 145–151.
345. Stapelberg, R./W. Suppan (Hrsg.): Grundfragen des bläserischen Musizierens der Jugend in unserer Zeit. Geleitworte, Referate, Besprechung und Teilnehmer der Jugend-Bläsertage 1966. Trossingen– Freiburg i. Br. 1966.
346. Steinmetz, H./A. Griebel: Das große Nordbayerische Blasmusikbuch (4 Teilbände: Oberfranken, Mittelfranken, Unterfranken/Untermain, Oberpfalz). Mit Beitr. von G. Bayer, J.T. Dillenhofer, A. Eichenseer, G. Katzenberger u. E. Östreicher. Wien–München 1990.
347. Steinquest, E.W.: Royal Prussian Wind-Band Music, 1740–1797. Phil. Diss. George Peabody College for Teachers 1971.
348. Stekl, H.: Harmoniemusik und "türkische Banda" des Fürstenhauses Liechtenstein, in: Haydn-Jahrbuch 10, 1978, 164–175.

349. Stewart, G.M.: The Restoration and Cataloging of four Serpents in the Arne B. Larson Collection of Musical Instruments. Phil. Diss. Univ. of South Dakota 1978.
350. Stockmann, E.: Funktion und Bedeutung von Trommeln und Pfeifen im deutschen Bauernkrieg 1525/26, in: Beiträge zur Musikwissenschaft 21, 1979, 105–124.
351. Stollberg, O.: Die kirchliche Blasmusik im 15. und 16. Jahrhundert, ihre Pflege und klangliche Entwicklung. Phil. Diss. Erlangen 1942.
352. Ders.: Die Blasmusik, ihr Verhältnis zu den Schulkantoreien im Reformationszeitalter, in: **370**.31–45.
353. Strom, K.: Beiträge zur Entwicklungsgeschichte des Marsches in der Kunstmusik bis Beethoven. Phil. Diss. München 1926 (Druck: Suhl 1926).
354. Sundelin, A.: Die Instrumentierung für sämmtliche Militär-Musik-Chöre. Berlin 1828.
355. Suppan, A.: Repertorium der Märsche für Blasorchester. 2 Tl. (= AM 6 u. 13)). Tutzing 1982 u. 1990.
356. Ders.: Blasmusik-Dissertationen in den USA, in: Arbeitsberichte – Mitteilungen Nr. 1, September 1990; hrsg. von der Pannonischen Forschungsstelle des Instituts für Musikethnologie an der Hochschule für Musik u. Darstellende Kunst in Graz, 43–90.
357. Suppan, W.: Vergangenheit und Gegenwart des Blasmusikwesens, in: **345**.20–30.
358. Ders.: Das Blasorchester. Forschungsbericht und Forschungsaufgabe, in: **370**.9–21.
359. Ders.: Werke von Richard Strauss in Bearbeitungen für Blasorchester, in: Festschrift Felix Hoerburger, Laaber 1977, 61–70.
360. Ders. (Hrsg.): Bericht über die Zweite Internationale Fachtagung zur Erforschung der Blasmusik Uster/Schweiz 1977 (= AM 4). Tutzing 1979.
361. Ders.: Blasmusik in Baden. Geschichte und Gegenwart einer traditionsreichen Blasmusiklandschaft. Freiburg i.Br. 1983.
362. Ders.: Anton Bruckner und das Blasorchester, in: **363**.189–219.
363. Ders. (Hrsg.): Bläserklang und Blasinstrumente im Schaffen Richard Wagners. Kongreßbericht Seggau/Österreich 1983 (= AM 8), Tutzing 1985.
364. Ders.: Die Entwicklung der Literatur für Amateur-Blasorchester in Mitteleuropa seit 1950, in: BB 1985, H.49, 13–30 (auch in: Festschrift Ernst Klusen, Bonn 1985, 497–509).
365. Ders.: Die Entfaltung der Literatur für Blasorchester im 19. Jahrhundert, in: Das Musikinstrument 35, 1986, H. 4, 121–125.
366. Ders.: Komponieren für Amateure. Ernest Majo und die Entwicklung der Blasorchesterkomposition (= AM 10). Tutzing 1987.
367. Ders.: Möglichkeiten und Chancen einer Fux-Renaissance – vor allem im Bereich der Bläsermusik, in: **147**.201–212.

368. Ders.: Das neue Lexikon des Blasmusikwesens. Freiburg i. Br. 1988.
369. Ders.: Zeitschriften für den Blasmusiker, in: Die Blasmusik 40, 1990, H. 3, 81 f.
370. Ders./E. Brixel (Hrsg.): Bericht über die Erste Internationale Fachtagung zur Erforschung der Blasmusik Graz 1974 (= AM 1). Tutzing 1976.
371. Swain, J.J.: A Catalogue of the E-Flat Tubas in the Arne B. Larson Collection at the University of South Dakota. Phil. Diss. Michigan State Univ. 1986.
372. Swanzy, D.P.: The Wind Ensemble and its Music during the French Revolution. Phil. Diss. Michigan State Univ. 1966.
373. Tarr, E.H.: Die Trompete. Bern–Stuttgart 1977 u. Mainz 1984 (englischsprachige Ausgabe von S.E. Plank u. E.Tarr, Oregon ²1988).
374. Ders.: Cesare Bendinelli (ca. 1542–1617), in: BB 1977, H. 17, 31–39, 41, 43, 45 (= Tl. 1: Biographie) u. 1978, H. 21, 13–25 (= Tl. 2: Die Trompetenschule).
375. Ders.: Aufzüge für Trompeten und Pauken, Musikstücke für mechanische Orgelwerke [= Besprechung des gleichnamigen, von M.M. Schneider-Cuvay u. a. vorgelegten Bandes, München 1977], in: BB 1978, Heft 21, 85–88.
376. Ders.: Die Musik und die Instrumente der Charamela real in Lissabon (= Basler Studien zur Interpretation der Alten Musik / Forum Musicologicum II), Winterthur/Schweiz 1980, 183–229.
377. Ders.: Bartolomeo Bismantova und die früheste bekannte Grifftabelle für Oboe, in: TIBIA 12, 1987, H. 2, 413–421.
378. Techritz, H.: Sächsische Stadtpfeifer. Zur Geschichte des Stadtmusikwesens im ehemaligen Königreich Sachsen. Phil. Diss. Dresden 1932.
379. Thelen, F.: Die Blasmusikverbände – ihre Aufgaben und Ziele in unserer Zeit, in: **345**.6–13.
380. Ders.: Willy Schneider. Eine Monographie, in: **370**.311–319.
381. Thomas, O.E.: Music for Double-Reed Ensembles from the 17th and 18th Centuries, "Collection Philidor". Phil. Diss. Eastman School of Music 1973.
382. Thouret, G.: Zur Geschichte der preußischen Militärmusik von 1815–1866, in: Allgemeine Konservative Monatsschrift für das Christliche Deutschland 44, 1888, 946–961.
383. Tibbe, M./M. Bonson: Folk – Folklore – Volkslied. Zur Situation in- und ausländischer Volksmusik in der Bundesrepublik. Stuttgart 1981.
384. Toeche-Mittler, J.: Armeemärsche (3 Bde.). Neckargemünd 1966 (²1971), 1971 (²1977) u. 1975.
385. Ders.: Musikmeister Ahlers. Ein Zeitbild unserer Militärmusik 1901–1945. Stuttgart 1981.
386. Träger, K.-P.: Studien zum Repertoire der Fürstlich Lippischen Blä-

serensembles im 19. Jahrhundert (2 Bde.). Magister-Arbeit Paderborn/Detmold 1990 [Erweiterung als Phil.Diss. in Vorbereitung].
387. Traster, J.L.: Divertimenti and Parthien from the Thurn and Taxis Court at Regensburg (1780–1823): A Source of Repertoire for Wind Ensemble. D.M.A. Diss. Univ. of Texas at Austin 1989.
388. Troesch, U.: Darius Milhaud: "Suite Française" op. 248, in: Clarino 2, 1991, H. 10, 15–17.
389. Tunnell, M.H.: A Comprehensive Performance Project in Trumpet Literature; an Essay on Selected Trumpet Excerpts from Brass Quintets by Ingolf Dahl, Gunther Schuller, Alvin Etler, and Jan Bach; and a Bibliography of Brass Quintets Written by American Composers from 1938 to 1980. D.M.A. Diss. Univ. of Southern Mississippi 1982.
390. Turrentine, E. M.: A Study of 12 Tower Sonatas by Johann Pezel for Public School Brass Ensemble. Masters Thesis Oberlin 1952.
391. Unverricht, H.: Art. "Divertimento", in: NGrove, Bd. 5, 504–506.
392. Untersuchungen zur Spieltechnik und zum Repertoire der Blasinstrumente vom 16. bis ins frühe 19. Jahrhundert (= BJHM 2), hrsg. von W. Arlt. Winterthur/Schweiz 1979.
393. Vessella, A.: La Banda: Dalle origini fino ai nostri giorni notizie storiche con documenti inediti e un' appendice musicale. Mailand 1935.
394. Vester, F.: Flute Music of the 18th Century. An Annotated Bibliography. Musica Rara Monteux 1985.
395. Virdung, S.: Musica getutscht und ausgezoge. Basel 1511 (R: Kassel 1931 u. 1970).
396. Voss, St.: Samuel Scheidts Bläsermusik, in: TIBIA 12, 1987, H. 4, 605–609.
397. Votta, M., Jr.: The Wind Music of W.A. Mozart. An Annotated Catalog and Complete Discography, in: CBDNA-Journal 1984, H. 1, 37–42 (= Tl. 1); 1985, H. 1, 30–35 (= Tl. 2); 1986, H. 2, 24–31 (= Tl. 3) u. 1988, H. 5, 24–31 (= Tl. 4).
398. Ders.: Symphonic Elements in Richard Strauss's "Symphony for Winds" (1945), in: CBDNA-Journal 1987, H. 4, 17–23.
399. Wallace, D./E. Corporon: Wind Ensemble/Band Repertoire. Greeley/Colorado 1984.
400. Warner, Th.E.: Indications of Performance Practice in Woodwind Instruction Books of the 17th and 18th Centuries. Phil. Diss. New York Univ. 1964.
401. Wasserfuhr, R.: Die Zukunft der deutschen Militärmusik und der Militär-Kapellmeister. Berlin 1905.
402. Wattenbarger, J.A.: The Turmmusik of Johann Pezel. Phil. Diss. Northwestern Univ. 1957.
403. Weiner, L.B.: The Unaccompanied Clarinet Duet Repertoire from 1825 to the Present: An Annotated Catalogue. Phil. Diss. New York Univ. 1980.

404. Welker, L.: "Alta Capella". Zur Ensemblepraxis der Blasinstrumente im 15. Jahrhundert, in: **197**.119–165.
405. Whitwell, D.: The Incredible Vienna Octet School, in: The Instrumentalist 24, 1969/70; Tl. 1 (The Work of Johann Wendt): H. 3, 31–35; Tl. 2 (A Case for the Authenticity of Mozart's Arrangement of "Die Entführung aus dem Serail" for Wind Instruments): H. 4, 42–46; Tl. 3 (Joseph Triebensee and the Second Period, 1790–1811): H. 5, 42–46; Tl. 4 (Wenzel Sedlak and the Third Period, 1812–1837): H. 6, 38–40; Tl. 5 (The Contributions of Beethoven. Beethoven's publication of "Fidelio" for wind octet [...]): H. 7, 31–36; Tl. 6 (Ritter von Seyfried and the Minor Transcribers): H. 8, 31–33.
406. Ders.: A New History of Wind Music. Evanston/Illinois 1972.
407. Ders.: Band Music of the French Revolution (= AM 5), Tutzing 1979. (**407 a**: Kurzfassung unter dem Titel "The Principal Band Appearances in the French Revolution", in: **360**.221–242.)
408. Ders.: The History and Literature of the Wind Band and Wind Ensemble. Northridge/California 1982–1984. Bd. 1: The Wind Band and Wind Ensemble before 1500. Bd. 2: The Renaissance Wind Band and Wind Ensemble. Bd. 3: The Baroque Wind Band and Wind Ensemble. Bd. 4: The Wind Band and Wind Ensemble of the Classic Period (1750–1800). Bd. 5: The 19th Century Wind Band and Wind Ensemble in Western Europe. Bd. 6: A Catalog of Multi-Part Instrumental Music for Wind Instruments or for Undesignated Instrumentation before 1600. Bd. 7: A Catalog of Baroque Multi-Part Instrumental Music for Wind Instruments or for Undesignated Instrumentation. Bd. 8: Wind Band and Wind Ensemble Literature of the Classic Period. Bd. 9: Wind Band and Wind Ensemble Literature of the Nineteenth Century. **408 a**: Rezension des Gesamtwerks durch M. Nagy in TIBIA 10, 1985, H. 3, 447–449.
409. Wieprecht, W.: Die Militair-Musik und die militair-musikalische Organisation eines Kriegsheeres. Berlin 1885.
410. Winkler, K.: Die Bedeutung der Posaune im Schaffen von J.J. Fux, in: **147**.177–199.
411. Wright, D.: Scoring for the Brass Band. Colne/Lancashire 1935 (London [4]1967).
412. Wulf, J.: Musik im Dritten Reich. Eine Dokumentation. Frankfurt u. a. 1983 ([1]1963).
413. Zaniol, A.: Jeder Musik ihre Blockflöte. Blockflöten des 14./15.–17. Jahrhunderts (Von Dordrecht bis Rosenborg...), in: TIBIA 13, 1988, H. 2, 73–83.
414. Zaubek, O.K.M.: Blasmusikmuseum und Blasmusikarchiv in ihrer Bedeutung für die regionale Blasmusikkunde, in: **370**.175–185.
415. Ders.: Blasmusik im Bezirk Zwettl. Zwettl 1980.
416. Zink und Posaune. Studien zu Überlieferung, Instrumentenbau und

Repertoire (= BJHM 5), hrsg. von P. Reidemeister. Winterthur/ Schweiz 1982.

Nachtrag

417. Büttner, M./K. Winkler (Hrsg.): Weltliche und geistliche Bläsermusik in ihren Beziehungen zueinander und zu ihrer Umwelt. Tagungsband des Symposiums 1990 (= Abhandlungen zur Geschichte der Geowissenschaften und Religion/Umwelt-Forschung 6). Tl. 1: Bochum 1990, Tl. 2: Bochum 1991.
418. Hiller, A.: Trompetenmusiken aus drei Jahrhunderten (ca. 1600 - nach 1900). Mit einem Geleitwort von Edward H. Tarr. Bd. 1: 17. Jh., die Anfänge. Bd. 2: 18. Jh., die Blütezeit. Bd. 3: 19. Jh., die Krisenzeit (= Kölner Musikbeiträge H. 1-3). Bd. 1 und 2: Köln 1991. Bd. 3: [erscheint 1992].
419. Mössmer, G.: Musik der Landsknechte, in: **421**.
420. Rehrig, W.H.: The Heritage Encyclopedia of Band Music. Composers and their Music (2 Bde.), hrsg. von P.E. Bierley. Westerville/ Ohio 1991.
421. Salmen, W. (Hrsg.): Musik und Tanz zur Zeit Kaiser Maximilian I. (= Innsbrucker Beitr. zur Mw. 15). Innsbruck [erscheint 1992].
422. Spielmann, M.: Der Zink um 1500, in: **421**.
423. Suppan, W.: Ouvertüre für Harmoniemusik. Felix Mendelssohn Bartholdy [Vorabdruck aus dem in Vorbereitung befindlichen "Konzertführer - Symphonische Blasmusik"], in: Clarino 2, 1991, H. 11, 13-15.
424. Tröster, P.: Ikonographische Belege zur Alta-Capella um 1500, in: **421**.

REGISTER

Sachen

Aus Gründen des Umfangs beschränkt sich das Sachregister auf eine *Auswahl*.

Aleatorik 221. 232
Alta Capella 48. 52. 89–93
Amateur-Blasmusik(wesen) 3 f. 7 f. 11. 19. 30. 32. 38. 41–43. 47. 54. 58. 65. 69. 71–83. 130. 191. 198. 201–212. 216. 220–222
Archive 7. 136. 151
Arie 149 f. 184
Arrangement/Arrangeur 99. 140. 150 f. 162. 179. 184–186. 189. 198
Atonale Musik 231
Aufführungspraxis 12. 98. 148. 159. 200. 202. 225
Aufzug 113. 115–117
Aufzugsmusik 89. 111
Avantgarde 18. 45 f. 47. 210. 229. 231 f. 234. 236

Baden 82. 204
Ballett(a) 104. 108. 117
band (Begriff) 59–61
band research 22–26
Banda/Bande 52. 55. 65. 68. 152 f. 157
Bariton(horn) 55. 62. 175. 198. 212. 215 f. 235
Bariton-Tuba 174
Baroxyton 169
Basse Danse 93

Bassetthorn 129. 131 f. 142. 144. 174. 179. 237
Baßhorn 168. 179 f. 196
Baßinstrumente 147. 168 f. 210
Basso 115. 126. 133. 141. 169. 196
Basson 126. 134
Baßproblem 141. 168 f.
Baßstimme 129. 141. 168 f. 179
Battaglia 96. 99
Bayern 201. 210
Bearbeitung 7. 15 f. 34. 39. 43–46. 57 f. 63. 78. 80. 93. 131. 145 f. 148–152. 155. 157. 165. 167. 177. 182–187. 189 f. 192. 196. 198. 200. 202. 209. 215. 219 f. 228. 235–237
Becken 157. 175. 180. 183
Belgien 168. 222
Berlin 117. 128. 147. 157. 180. 185 f.
Besetzungsvielfalt 94. 137. 139. 197
Bicinium 105. 116
Bildmaterial/-quellen 87. 91–93. 95 f. 106 f. 157
Bildung 82 f. 188 f. 190. 203.
Bläserensemble (Begriff) 61–63
Bläserformationen 52–63
Bläsergattung 96. 121. 142
Bläserkammermusik →
 Kammermusik
Bläserklang 231

Bläserkreis 220
Bläsermusik (Begriff) 48–51
Bläseroktett → Oktett
Bläserquintett 13f. 19. 49. 52. 55. 63. 136f. 142. 151f. 163–167. 177. 234. 238
Bläsersatz 95. 150. 235
Bläserserenade → Serenade
Blasinstrumentenschulen 96. 114f. 125. 171
Blaskapelle (Begriff) 53f.
Blasmusik (Begriff, Arten) 27–48
Blasmusikförderung 6f. 9
Blasmusikforschung 3–26. 28. 46. 48f. 54. 64. 73. 78. 81. 225. 239
Blasmusikwesen 5. 15. 21f. 31f. 54. 71–73. 77. 81. 83. 201. 203–205. 211. 220
Blasorchester (Begriff) 53–59
Blasorchesterklang 177. 213
Blasorchestermusik (originale) 17. 44. 208–233
Blasorchestertradition 194. 233
Blechbläserensemble 52. 62. 99. 196f. 199
Blechbläserklang 127. 191
Blechbläsermusik 199f. 236
Blechbläsersatz/-register 170. 176f. 199
Blechbläser-Septett 196
Blechblas-Formationen 62f. 195–201
Blechblasinstrumente 21. 47. 57. 59–61. 74. 91. 99. 102. 139. 168f. 170f. 173. 178. 190. 193. 196. 199f. 202. 214. 230
Blockflöte 88. 94–96. 100. 129. 132
Blues 198
Böhmen 29. 138. 145. 148. 201
Bombardon 168. 174. 196. 212
Bomhart 89f. 92. 94
Brass-Band 27. 47. 52. 59–62. 75. 190–198. 214. 233. 236
Brass-Bewegung 15. 59. 190f. 195. 197

Brass-Ensemble 51f. 62. 98f. 104. 178. 195. 199f.
Brass-Sound 191
Breitenwirkung 160. 165. 184. 189
Bucina 87f.
Bügelhorn 60. 168. 190. 196
Bühnenwerke 113. 184. 187f. 203
bugle band 60. 190
bugle horn → Bügelhorn
Busine/Busune 87–90

Canzone 98–100
Cassation 142f.
Cembalo 49. 129f.
Chaconne 213
Chalumeau 126. 128–131. 151
Charakterstück 38. 203
Choral 101. 105
Clareta 112
Clarinblasen 100. 102. 104. 111f. 114f. 116. 118. 128. 135
concert band 59–61. 224. 227. 229f. 233. 235
Concerto grosso 134. 198
Consort 92. 95f.
Cor de Chasse 127. 130
cori-spezzati-Technik 98
cornet → Kornett
cornet band 59f. 190
Cornetto → Zink
ČSFR 138. 143. 222f. 230

Darbietungsmusik 40. 43. 48
DDR (ehemalige) 75. 83
Detmold 179f. 182. 184. 196
Divertimento 132. 139–148. 151. 154. 156. 165. 199f. 214f.
Dodekaphonie 231
Donaueschingen 151. 214. 218. 220
Drittes Reich 72f. 77–79. 161. 206–208. 218–220
Dudelsack 107
Duett/Duo 49f. 80. 105. 116. 129–132. 238
Dulzian 126

Sachen

Echoeffekt 105. 118
England 61. 66. 119f. 125.
　134f. 139. 143. 148f. 153f. 168.
　175. 179. 185. 195. 197. 199. 212.
　222f. 226
Englischhorn 131f. 166. 176. 234f.
Erziehung 73–75. 83. 188. 190
Euphonium 174f. 198. 212. 235
Evergreen 51. 209

Fachzeitschriften 211. 216
Fackeltanz 118
Fagott 21. 58. 63. 80. 97. 100. 103.
　118. 120. 122. 126. 128–142.
　144–147. 151–153. 157. 159. 165f.
　168. 175f. 179f. 183. 210. 212.
　225. 235–237
Fanfare (Musik) 63. 115. 120. 185.
　227. 236
Fanfare (Orchester) 61. 197
Fanfarenfunktion 65
Fantasie 183f. 214. 227. 238
Feldstück/-musik 112–116. 133.
　197
Feldtrumet 112
Festmusik 218. 236
Fifara 88
Figuralmusik 112
Filmmusik 36. 38. 40. 208
Flandern 23. 87. 91
Flatterzunge 232
flat-trumpet 119
Flöte 49. 58. 63. 80. 87f. 94f. 97.
　100. 106. 124f. 129–132. 137.
　139. 141f. 145f. 148. 152. 155.
　157–159. 166. 173. 175. 179–181.
　183. 212. 225. 235–237
Flötenduett 130
Flötenensemble 52. 95
Flötenkonzert 20. 129
Flötensonate 129
Florenz 89. 186
Flügelhorn 55. 170. 174–176. 198.
　215. 225
Frankreich 108. 117f. 120. 123f.
　126. 153. 162f. 168. 173. 175.
　185. 189f. 211. 222f. 227f.
Französische Revolution 19. 54f.
　129. 158–163. 165. 178
Freiluftmusik 14. 18. 28. 118. 120f.
　124. 135. 142. 145. 154f. 159. 178
French Horn 131
Fuge 187. 199. 221. 227

Galopp 183f.
Gebrauchsmusik 39–41. 46f. 145.
　205. 211. 215f. 218
Glockenspiel 157
Graz 4. 91

Harmonie (Orchester) 56. 61. 197
Harmoniebaß 168. 175
Harmoniemusik 4. 12–14. 44. 50.
　65. 122. 129. 135–157. 161.
　163–166. 178–184
Harmoniequintett 166
Hautbois → Oboe
Hautboist (Hof-, Stadt-,
　Regiments-) 65. 102. 111. 123f.
　126. 128. 132–134. 137–141. 148.
　150. 152f. 154. 157. 160. 164. 167.
　180
Helikon 169. 174f.
Hofkapelle 44. 121. 145
Hof- und Feldtrompeter 4. 65. 90.
　108–120. 128. 172. 196
Holzbläserklang 167. 173
Holzblasinstrumente 13. 47. 57. 59f.
　101. 120. 167f. 173. 176f. 190f.
　193. 232
Horn 62–64. 67. 80. 87f. 118.
　127–132. 134–141. 144–147.
　152f. 157. 159. 166. 169. 174.
　179f. 183. 196. 212. 225. 235–238
Hornisten-Corps 196
Hornkonzert 20. 49
Hymne 93. 158. 160. 219

Ideologie 64–83. 159. 161. 188–190.
　203. 206–208. 218f.

Idiomatik 100. 145
Improvisation 92 f. 107. 112–115.
  118. 194 f. 232
Instrumentation 17. 44. 79. 94. 99.
  145. 147–149. 174. 176 f. 179 f.
  183. 193 f. 197. 210. 213. 215 f.
  224. 231. 237
Instrumentationslehre 56. 176. 198
Instrumentenbau 169. 175
Instrumentenfamilien 94
Instrumentenkunde 4 f. 13. 20 f. 25
Instrumentisten-Trompeter 111
Intonation 125. 191
Intrade 104. 219
Inventionshorn 127
Inventionstrompete 128
Irland 107. 193
Italien 96. 100. 113. 125 f. 180.
  185 f. 189 f. 193. 201 f. 223

Jägermusik 196
Janitscharenmusik 129. 156 f. 164.
  174. 178. 180
Japan 185. 222 f.
Jazz 10. 20. 27. 36. 52. 60. 75. 194 f.
  208. 217
Jugend(bewegung) 73. 75. 206 f.
  219

Kammermusik (Bläser-) 4. 13. 20.
  49 f. 57. 61. 98. 123. 154 f. 165 f.
  199. 234. 236–239
Kammermusiktage 214. 217 f.
Kanada 202. 231 f.
Kantorei 111
Kenthorn ("key-bugle") 170. 183.
  196
Kirche 30. 159. 207
Kirchenlied/-musik 36. 46. 96. 113
Klangästhetik 175
Klangbalance 167
Klangbild 93. 201
Klangcharaktere 236
Klangfaktor 138
Klangfarbe 99 f. 145. 148. 232

Klangflächen 99
Klangfülle 218
Klangmalerei 96
Klangqualität 198
Klangspaltung 99
Klangteppich 135
Klapp(en)horn 170. 172. 183. 196
Klappenhornbaß 168
Klappentrompete 170. 172
Klarinette 52. 55. 63. 67. 125.
  128–132. 134 f. 137–141.
  144–148. 151–153. 157. 159. 166.
  175. 179 f. 183. 194. 212 f. 225.
  234–237
Klarinettenduett 80. 130 f. 238
Klarinettenformation 52
Klarinettenkonzert 20
Klarinettenmusik 130
Klavier 49. 94. 179. 227. 231. 233.
  236 f.
Kontrabaß 58. 141 f. 144–147. 151.
  155. 159. 180. 212 f. 236 f.
Kontrafagott 129. 139. 141 f. 157.
  168 f. 175. 179 f. 225. 235 f.
Konzert(wesen) 13. 68–70. 150.
  152. 154. 160. 184–188. 189 f.
  199. 209. 213 f. 216 f. 203. 207.
  220
Konzertblasorchester 57 f. 60. 223
Konzert-/konzertante Musik 18.
  38. 43 f. 56 f. 154. 161. 209.
  214–218. 233
Kopenhagen 95. 114
Kornett (cornet) 55. 60. 62. 97.
  170 f. 174 f. 190 f. 194. 198. 212
Kreuzzüge 88 f.
Krummhorn 94 f. 102
Krummhornquartett 95
Kunstmusik 6. 11. 14 f. 17–20. 39 f.
  43–45. 48–51. 58. 116. 119. 124.
  136. 154 f. 158. 187 f. 216. 222.
  232

Ländler 34. 131
Laienmusik 30. 41. 217–219

Landschaftstrompeter 111
Landsknechte 106f.
Largo 144. 149
Laute 94. 197
Leipzig 103–105. 180. 182
Liechtenstein 65. 152f.
Lied 38. 93–96. 78. 101. 103. 107.
114. 152. 158. 160. 212. 214. 227.
230. 238
Lituus 88
London 186. 235

Mainz 182f.
marching band 24. 52. 59–61. 224
Marsch 11. 16. 18. 29f. 34. 40. 44.
46. 55f. 60. 64. 66–68. 71. 77f.
80f. 89. 107. 111. 115. 117. 119.
121–123. 125f. 129. 131. 133f.
137. 139–142. 144. 147–150.
152f. 157f. 160f. 173f. 176.
178–188. 190–193. 195f. 198.
202f. 206. 213f. 216. 219–221.
224. 228. 232f. 236f.
Massenkonzert 48. 54. 68f.
Massenmedien 34–39. 133. 187.
208. 221
Massenwirkung 69. 189. 218
Mazurka 183f.
Medley 38. 208. 224
Mehrchörigkeit 98
Mensuralmusik 92
Menuett 118. 131. 144. 152. 179
Militär-/militärische Musik
10–12. 14. 16–18. 20. 23. 27. 29f.
36. 39–41. 47. 56. 58. 66–72. 74.
77. 79–81. 95. 106. 113–115.
120–125. 128. 133–135. 141. 143.
147. 152. 163. 167–191. 194. 196.
201f. 204. 207. 215. 217. 231. 233.
237
Militarismus 30. 67–72. 81. 207f.
military band 59–61. 212f. 235. 238
Mittelalter 22. 28f. 50. 62. 87. 112.
114. 200
Monsterkonzert 69. 159. 187. 193

Monsterorchester 159. 161. 171
Monumentalmusik 178
Motette 93. 96f.
München 69. 140. 185f.
Musical 51. 208
Musikästhetik 5. 9. 36. 48. 136.
152–154. 187. 189
Musikethnologie 9. 20
Musikgeschichte 6. 10. 12. 199
Musikkultur 4. 12. 36. 73
Musikleben/-pflege 56. 154. 181.
185–187. 208. 210. 216
Musikpädagogik 5. 7f. 20. 42.
81–83. 224
Musikpsychologie 5. 20. 81
Musiksoziologie 5. 11. 15. 20. 42.
81
Musikverband 70. 197. 208
Musikwissenschaft/-forschung
3–6. 8. 10–15. 17. 19–23. 26–28.
49. 52. 116. 136f. 238

Nachtmusik 143. 153
Naturton 105. 108. 112
Naturtoninstrument 93. 171
Naturtonreihe 115
Naturtrompete 104f. 113. 171
negro brass band 60
Neoklassizismus 222. 229. 236
Neue Musik 46. 200. 216. 218. 222.
232
Niederlande 61. 209f. 222f.
Nonett 199
Norwegen 222f.
Notturno 142. 179f.

Oboe 21. 49. 58. 63. 67. 97. 104. 118.
121f. 124–126. 128. 130–135.
137–142. 144–148. 152. 157. 166.
175f. 178–181. 183. 210. 212.
225. 235–237
Oboenensemble 117f. 121f. 126.
132–134
Oboenkonzert 20
Österreich 72. 79. 82. 116. 138. 163.

168–170. 173–176. 191. 196.
203–205. 209. 211. 221 f.
Oettingen-Wallerstein 66. 140–142.
145 f. 153–155
Oktett 50. 63. 137–140. 142. 145.
152 f. 164. 179 f. 236
Oper 12. 18. 39. 67. 108. 113. 117.
120. 131. 144 f. 149–152. 155.
157 f. 162. 171. 177. 182–185. 187.
189 f. 192. 203. 224
Ophicleide 168. 179
Orgel/-musik 47. 95. 98. 116. 119.
200. 210
Ouvertüre 44 f. 58. 124. 133–135.
140. 154. 159 f. 176. 179 f. 182.
184 f. 192. 203. 216. 221. 227. 229

Paris 117. 122. 141. 166. 176.
182–184. 186. 236
Parthie/Partita 66. 131. 137. 139.
141–147. 149. 155–157. 167. 182
Pauke 62. 64. 108 f. 113. 115–118.
134 f. 157. 159. 213
Pavane 94. 121
Percussion → Schlaginstrumente
Pfeife (und Trommel) 87 f. 102.
106 f. 121
Piccolo-Flöte 129. 157–159. 173.
179 f. 231
Pieces d'harmonie 152. 162 f. 182
Pifara 88
Piper 87
Piston 175
Polen 222. 229
Politik 7. 16. 30. 40. 207
Polka 29 f. 34. 37 f. 48. 184. 221
Polonaise 144. 183
Polyphonie 221
Polyrhythmik 232
Pommer 90–92. 95. 121
Populäre Musik 3. 6. 10–14. 17–19.
28. 30. 32. 36–41. 46. 48. 51. 73.
150. 153–155. 166. 185. 192. 200.
208 f. 215 f. 221 f. 229
Popularmusikforschung 20. 36 f.

Posaune 45. 62 f. 89–92. 95. 97 f.
100. 102–105. 119. 129. 139. 141.
157–159. 161. 168. 173. 175. 179.
181. 183. 191. 194. 196. 198. 201.
212. 234–236
Posaunenchöre 18. 48. 50. 68. 195
Posaunen-Ensemble 52. 62
Potpourri 38. 68. 149. 183–185. 192.
203. 209
Präludium 44. 221
Prélude 118. 213. 227
Preußen 16. 68. 79. 134. 163. 168.
170. 173–176. 184. 193. 203
Prinzipal(stimme) 115 f. 135
Prozessionsmusik 18. 92
Pumpventil 170

Quartett 49 f. 62. 95. 130–132. 199.
238
Querflöte → Flöte
Quickstep(-March) 192
Quintett 50. 63. 145. 153. 161.
165–167. 180. 238

Ragtime 195
Ratsmusiker 101 f. 109
Ratstrompeter 109
Regensburg 140. 142. 146
Reiterballett 113. 118
Reiterkapelle 89
Renaissanceflöte 95
Revolutionsmusik 158. 160
Rezeption 12. 19. 37–40. 47. 187 f.
Rhapsodie 218
Ricercar 98
Rockmusik 11. 36. 200
Rohrblattinstrumente 90. 176. 211
Rohrkontrabaß 169
Romanze 144. 147. 237
Rondo 144. 221. 230
Rothphone 169
Russische Hornmusik 170

Saargebiet 71 f. 203. 205
Sachsen 66. 133 f. 175

sackbut/sagbut 90f. 97. 120. 201
Saiteninstrumente 93
Salonmusik 29. 175
Salzburg 116. 140. 145
Sarrusophon 169. 175.
Saxhorn 60. 174f. 190f. 193
saxhorn band 60
Sax-Instrumente 191
Saxophon 61. 79f. 175. 210–212. 220. 225. 227. 231. 235
Saxophonensemble 52
Saxorusophone 169
Schallplatte 35. 39. 50. 217. 241
Schalmei 87–92. 97. 102. 121f. 124–126. 132
Schalmeiensemble 121
Scherzo 213. 221. 233. 238
Schlachtenlärm 96
Schlachtenmusiken 68. 157
Schlaginstrumente 47. 59–61. 156–158. 161. 164. 174. 199. 210. 226. 229–232
Schlagwerk 61. 158. 179. 198. 212
Schlagzeug(gruppe) 55. 189. 198
Schwegel/Swegel 88
Schweiz 61. 74. 87f. 106. 196f. 221
Septett 50. 196
Serenade 13. 140. 142–145. 149–151. 153–156. 165f. 178–181. 214f. 236f.
Serielle Musik 221. 230f.
Serpent 95. 129. 139. 141. 157. 159. 168f. 174. 183
Sextett 50. 142. 145. 147. 153
shawm → Schalmei
shawm band 121
Signal 64f. 96. 101. 107. 111–116. 119
Sinfonia 161. 180. 192. 236
Sinfonie 15. 17. 39. 45. 133. 149. 155. 158. 160f. 178. 180. 187. 192. 199. 227–229. 233–238
Sinfonieorchester 15. 55. 57. 170. 177f. 187. 225. 227. 231. 233. 235

Sinfonische Blasmusik 43f. 49. 57. 218
Sinfonisches Blasorchester 19. 47. 52. 57f. 141
Skandinavien 61. 223
slide-trumpet 90f.
Soloinstrument/-musik 17. 20. 48. 50. 129. 151. 224. 234. 238
Sonata 98f. 103. 113. 115
Sonate 49. 98. 102–104. 111. 113–116. 131. 187. 238
Sonatine 236f.
Song → Lied
Sonsfeldsche Musiksammlung 133f.
Sousaphon 194
Spielleute 97. 102
Spielmannstrompete 90
Spielmusik 206. 219f.
Spielweise/-technik 12. 112. 124. 146. 192. 195. 225. 232
Stadtpfeifer/-musikanten 4. 13f. 18. 87. 89. 91. 101–107. 109–111. 201
Stimmung (Instrumente) 167. 174
street band 60. 141
Streicher 41. 49. 55f. 88. 97. 116. 129. 135. 142. 148. 150. 166. 177. 189. 231. 235
Streichermusik 14. 41. 51. 160. 166
Streichersatz 150
Streichinstrument 14. 101. 142. 150. 159. 166
Streichquartett 155. 165f.
Streichquintett 166
Subkontrafagott 169
Suite 18. 38. 143. 181. 198f. 212–214. 219. 221. 224. 227–229. 236. 238
symphonic wind band 57. 59–61. 194. 225
symphonic wind ensemble 60f. 232. 235

Tafelmusik 90. 92. 103. 113. 116. 118. 133. 144f. 153. 155

Taille 132–134
Tambourin 157
Tamtam 157. 159
Tanz(-Musik, -Formen) 38. 40. 92.
  94. 97. 99. 103 f. 107. 113. 115.
  118. 123. 143. 145. 149. 152. 154.
  157. 180. 182 f. 184. 187. 192.
  202 f. 208. 210. 219. 227. 230
Tenorhorn 55. 174 f. 196. 198. 215.
  235
Tirol 11. 74
Toccata 120. 214
Transkription 7. 39. 46. 150. 184 f.
  203. 224
Trauermusik/-marsch 113. 119.
  178–180. 198. 228
Triangel 157. 180
Trio 49 f. 62. 130–132. 142
Triosonate 103. 148
Tritonikon 169. 175
Trivialmusik 10. 18. 31. 38. 40. 47
Tromba 134. 159. 172
Trommel 80. 88. 107. 122 f. 135. 157.
  159. 175. 180. 183
Trompe de Chasse 127
Trompe/Tromper 87. 91
Trompete 16. 49. 62–65. 79. 87–93.
  96. 100–105. 108–119. 124. 127 f.
  131 f. 134 f. 137. 139. 141. 146.
  151. 157. 159. 169. 171–175. 179 f.
  183. 194. 196. 212 f. 234–236
Trompetenensemble 63. 92. 113.
  116
Trompetenkonzert 20. 116
Trompetenmusik 63. 105. 112.
  116–119
Trompeterzunft 108–113
trompette de guerre 90
trompette des ménestrels 90
trompette saicquebutte 90
Trumpet Voluntary 119
Tuba 52. 62 f. 99. 168–170. 174 f.
  180. 194. 198. 235 f.
Tuba (Mittelalter) 88
tuba curva 159

Türkenoper 158
Türkische Musik 65. 141. 147. 152.
  156–158. 163–166. 174. 178.
  180–182
Türmer 101 f. 104. 201
Türmerhorn 102
Turmmusik/-blasen 33. 64. 101.
  104. 106

UdSSR 223
Umgangsmusik 40 f. 43
Unterhaltungsmusik → Populäre
  Musik
USA 22–26. 59. 61. 73. 146. 153.
  175. 185. 190–194. 196. 199. 208.
  211. 214. 218–220. 222–232 f.
  238
Uster/Schweiz 221–223. 232

Variation 144. 149. 181. 184 f. 198.
  216. 218 f. 227. 229 f. 236
Venedig 98. 126. 186
Venezianische Bläsermusik 96 f.
  104
Ventile 17. 167–172. 174 f. 196. 202
Ventilinstrument 159. 161. 165.
  170–172. 175. 190. 202
Ventiltrompete 171. 174. 183
Verband/Verbandswesen 4. 70. 73.
  77. 82. 197. 201. 204–209. 211.
  225
Verein/Vereinswesen 46. 53. 71. 78.
  196 f. 201. 203–205
Verlag 34. 181–183. 206
Verleger 98. 211. 237 f.
Viola 98. 142. 146 f.
Violine 55. 57. 93 f. 98. 100. 147. 233
Violone/Violono 141
Virtuosität 166. 175
Vokalmusik 14. 96. 98 f. 158. 200
Vokalpolyphonie 92
Volkskultur 33. 211
Volkskunde 5. 11. 41
Volkslied 36. 206. 213. 221. 226
Volksmusik 11. 29 f. 32–35. 40 f.

Personen 273

46. 50. 54. 201 f. 205–208. 214.
218. 227
Volkstanz 36. 206. 213
Volkstümliche Musik 30. 32–35. 37.
46. 220
Volkstum/Brauchtum 9. 33. 50

waits 121. 125
Waldhorn → Horn
Walzer 29 f. 34. 37 f. 178. 183 f. 203.
221
Werkskapelle 71. 173. 197. 201. 203
Wien 118. 140. 145. 153. 168. 182.
236

wind band 23. 55. 61. 179. 191. 202.
224
wind ensemble 60–62. 202. 212.
216. 234. 238
Windkapselinstrumente 96
Wissenschaftstheorie 6–8. 21

Zink 21. 94. 96–100. 102–105. 201
Zinken-Posaunen-Kombination
99. 104
Zinkforschung 97
Zuginstrument 93
Zugmechanismus 91
Zugtrompete 89–91. 102

Personen

Adam, A. 184
Adler, G. 10
Adler, S. 229
Adlung, J. 152
Adorno, Th.W. 27. 48. 73. 76. 219
Adson, J. 120. 200
Agricola, M. 93. 95
Ahrens, Chr. 54. 111 f. 159.
169–172. 175. 189. 202
Albinoni, T. 134
Alker, H. 132
Aloixe, G. 97
Altenburg, D. 87. 90–92. 101. 105.
108. 111. 113–116. 118 f.
Altenburg, J.E. 65. 110. 112 f. 115 f.
118. 125. 128. 172
Amram, D. 229
Anderson, J.D. 238
Anzenberger, F. 111. 170 f.
Arban, J.-B.L. 175
Arlt, W. 12
Asplmayr, F. 147
Attaignant, P. 94
Auber, D.F. 184
August II. 66

Baak Griffioen, R.v. 100

Bach, C.Ph.E. 117. 130. 147. 155
Bach, J.Chr. 140. 161
Bach, J.S. 51. 106. 200
Bach, M.S. 197
Badings, H. 222 f. 229. 232
Bailey, S.C. 25
Baines, A. 121. 125. 170
Baird, F.W. 170 f. 175
Balissat, J. 222
Ball, E. 223
Barber, S. 227. 229
Barclay-Squire, W. 119
Barnes, J. 229
Bartók, B. 226. 233
Bartoš, J.Z. 222
Bath, H.D. 58
Battisti, F. 225
Becker, H. 12. 120. 131. 150. 184
Becx, C. 223
Beebe, J.P. 132
Beecke, I.v. 66. 146. 151
Beethoven, L.v. 15. 131. 142. 145.
148 f. 151. 155. 158. 179. 192
Bellini, V. 184
Bendinelli, C. 112. 114 f.
Benjamin, W. 35
Bennett, H. (siehe H. Fillmore)

Bennett, R.R. 44. 229
Bennwitz, H. 40. 214. 216 f.
Benson, W. 229
Benz, A. 222
Berg, A. 233 f.
Berg, H.-W. 211
Bergsma, W. 199. 225
Berlioz, H. 15. 56. 69. 171. 177 f. 185
Bernstein, H.M. 97
Berr, F. 182
Besançon, A. 222
Besseler, H. 40. 43. 89 f. 92 f. 97
Betzwieser, Th. 158
Biber, H.I.F. 116
Biber, W. 41. 43. 55. 196 f.
Bielawa, H. 229 f.
Bierley, P.E. 228
Birsak, K. 29. 48–50. 204
Bismantova, B. 105. 126
Bispo, A.A. 9
Bizet, G. 186
Blank, L. 53. 201. 205
Blatný, P. 232
Blaukopf, K. 9. 11. 33. 35. 76. 148
Blomhert, B. 136. 151
Blühmel, B. 170
Bly, L.J. 221 f. 228. 232
Boedijn, G. 223
Böhler, A. 222
Boekel, M. 222
Boieldieu, F.A. 180. 184
Bolen, Ch.W. 25. 104. 121. 123
Bonanni, F. 159
Bonson, M. 34 f. 37
Borovička, A. 37
Boudreau, R. 229
Bowles, E.A. 90. 92
Boyd, J.P. 25. 179
Bozza, E. 167
Brade, W. 200
Brahms, J. 16. 57. 237
Brand, G. 197 f.
Brand, V. 197
Brant, H. 227. 229

Braun, D. 97
Braun, G. 131. 150
Braun, H. 33–35. 37. 41. 43. 54
Braun, W. 100. 105. 124
Brenet, M. 11. 123
Bresgen, C. 222
Britten, B. 198
Brixel, E. 3–8. 10. 12 f. 16. 18–20. 30 f. 33. 41. 43. 45–47. 50 f. 54. 58. 68. 72. 80. 132. 170. 187. 196. 202. 204. 210 f. 231 f.
Broadbent, D. 198
Brod, H. 167
Bruckner, A. 16. 44 f. 57. 80. 177
Brüchle, B. 127. 131 f. 135
Brusniak, F. 12. 32
Bülow, H.v. 11. 69. 185
Büttner, M. 195
Buhle, E. 88
Bulling, B. 132
Burgess, J.W. 63. 119
Burkart, R.E. 119
Burney, Ch. 152
Byrd, W. 214

Cambini, G.G. 158. 167
Camus, R.F. 23. 59 f. 138. 192. 194. 224
Carl zu Schwarzburg-Sondershausen 180
Carmichael, J.C. 216 f.
Carter, Ch. 229
Casey, R.L. 224. 230
Catel, Ch.S. 158 f.
Cazden, N. 199
Červený, V.F. 169
Chance, J.B. 226. 229 f.
Cherubini, L. 158. 180. 184
Chou Wen-chung 229
Christoff, D. 15. 55. 57
Clarke, J. 119
Cocteau, J. 236
Cohn, A. 199
Collver, M. 94. 97
Conley, Ph.R. 119

Copland, A. 229
Cormier, C. 132
Corporon, E. 228
Corteccia, F. 95
Cowell, H. 199. 226
Coy, A. 158. 160
Creston, P. 226. 229
Crinon, M. 119
Croes, H.-J. de 146 f.
Croft-Murray, E. 120. 125. 131. 134 f. 139 f. 143. 148. 154. 179
Crouch, R.E. 163. 175
Cruft, A. 198. 223
Curnow, J.E. 226. 229

Daetwyler, J. 222
Dahl, I. 199. 227. 229
Dahlhaus, C. 10. 38
Damiani, P. 223
Dammann, R. 108
Dampierre, M.-A. 127
Danuser, H. 216 f. 235
Danzi, F. 167
Dart, Th. 97. 120. 130
Daub, P.E. 25. 66. 153
Dauverné, F.-G.-A. 171
Davidovsky, M. 225
Debussy, C. 234
Degele, L. 11. 78–80
Deisenroth, F. 220
Dello Joio, N. 224. 229 f.
Denner, J.Chr. 128
Desjardins, Ph.H. 123
Desmarets, H. 123
Dessau, P. 215–217
Deutsch, W. 3. 28. 50. 53. 71. 204
Devienne, F. 158
Dickey, B. 94. 97
Dietz, N. 199
Dodworth, A.T. 190
Dömling, W. 178
Doherty, Ch.R. 165
Donizetti, Gaetano 16. 58. 180. 184. 186

Donizetti, Giuseppe 180
Dopheide, B. 43
Douglas, R. 115
Downs, A. 97. 101. 104 f.
Druschetzky, G. 151
Dudley, W.S. 25. 158
Dušek, F.X. 131
Duthaler, G. 106
Dvorak, Th.L. 228
Dvořák, A. 180 f.
Dwight, J.S. 195

Eckhardt, J. 69. 82. 188
Egg, E. 204
Egger, H. 11
Ehmann, W. 195
Ehrenfried, F.H. 66. 146. 151
Eichborn, H. 69. 115
Einem, K.v. 70
Einstein, A. 136
Eitner, R. 103
Eley, Chr.F. 149
Elgar, E. 45. 198
Eliason, R.E. 170
Elkus, J. 59. 192
Engel, C. 227
Engel, P. 232
Eppelsheim, J. 121. 169
Eppendorf, H. 150
Erickson, F. 229 f.
Erlebach, Ph.H. 133
Errante, F.G. 132
Ess, D.H.v. 25. 62. 119 f. 199
Evenson, P.E. 25. 108. 119
Evers, St. 39
Eyck, J.v. 100

Fahrbach, Ph. 178
Falvy, Z. 103
Fantini, G. 96. 115. 119
Farmer, H.G. 11. 106. 169
Fasch, J.F. 132. 134
Fasman, M.J. 21
Federhofer, H. 90
Feldmayr, J.G. 146

Fennell, F. 225
Ferdinand II. 110
Ferdinand III. 110
Fetter, D.J. 103
Fiala, J. 151
Fillmore, H. (Pseud. H. Bennett) 224
Fischer, J.C.F. 133
Fitzpatrick, H. 127
Fleming, H.F.v. 125f. 132–134. 152
Flender, R. 36–38
Fletcher, G. 222
Fletcher, P.E. 198
Flotow, F. 184
Ford, T. 222
Fortner, W. 167
Frahm, E. 35
Français, J. 167
Franz I. 110
Frei, H. 30. 196
Frichot, A. 168
Friedemann, C. 221
Friedrich II. 66. 138
Friedrich Wilhelm III. 67. 169
Fries, J.H.H. 133
Fritzsche, J. 75
Fronsperger, L. 114
Fürstner, A. u. O. 238

Gabrieli, A. 96
Gabrieli, G. 97–100. 105. 200
Gál, H. 214f. 217
Galkin, E. 226
Galpin, F. 119. 121
Ganassi, S. 96
Gauldin, R.L. 15. 17. 23. 25. 61. 135. 140. 143–145. 148f. 179. 234f. 237–239
Gebauer, F.R. 158. 167
Gebauer, M.J. 158
Geiringer, K. 136
Genzmer, H. 167. 219. 222
Georg II. 66
Gerber 148
Gervink, M. 80. 218

Giannini, V. 44. 225. 229f.
Gibson, O.L. 135
Gifford, R.M. 90f. 231
Gilmore, P.S. 193f. 224
Glinka, M. 184
Glover, St.L. 175
Gmasz, S. 204
Goethe, J.W.v. 164
Goldman, E.F. 223f.
Goldman, R.F. 213. 225f.
Golland, J. 198. 222
Good, M. 228
Goossen, E. 238
Gossec, F.J. 23. 158–160
Gotkovsky, I. 222f.
Gould, M. 229
Gounod, Ch. 15. 180. 184. 186
Grabner, H. 219f.
Graf, U. 95
Grafulla, C. 192
Grainger, P.A. 212. 214. 218. 225f. 229
Grawert, Th. 237
Grechesky, R. 228
Gregson, E. 198
Griebel, A. 204
Grieg, E. 23
Grieshofer, F. 53. 82
Griffel, M.R. 158
Guion, D.M. 98

Haase-Altendorf, H. 220
Habla, B. 10. 17. 54. 56f. 71. 79f. 169f. 173. 176f. 186. 206. 215f.
Hackenberger, O. 237
Häberling, A. 221f.
Händel, G.F. 15. 66. 118. 135
Hahnenkamp, H. 204
Haidmayer, K. 221
Halary, J. 168
Halliday, J. 170
Halseth, R.E.P. 228
Hammerschmidt, A. 100f.
Hampel, A. 127. 170
Hančl, T. 223

Personen

Handschin, J. 10
Hanslick, E. 67f. 185. 190
Hanson, H. 229
Harding, A.A. 225
Harris, R. 227. 229
Harsdörffer, Ph. 118
Hartley, W.S. 229
Haydn, J. 15f. 140. 142f. 145. 148. 153. 155. 158. 160. 166f. 200
Haynes, B. 132
Heartz, D. 90
Hechler, I. 93f. 96
Hedlund, H.J. 25. 120. 135. 147
Heidenreich, J. 150
Heiß, H. 219
Heister, H.-W. 79
Hellyer, R. 136–140. 143. 147. 151. 163
Hemke, F.L. 164. 175
Hentzschel, C. 109
Henze, H.W. 167
Herbert, J.W. 25. 88. 121. 186. 201
Hermann, H. 219
Hespe, G. 198
Heyde, H. 87. 89–92. 113. 127. 167f. 170. 175
Hildebrand, R. 132–134
Hiller, A. 113
Hiller, J.A. 65. 67
Hindemith, P. 15. 56. 167. 192. 214. 216–220. 226–229. 238
Hinton, St. 41. 215
Hitler, A. 67
Hodkinson, S. 232f.
Höfele, B.F. 13. 136. 149
Höffer, P. 219
Hofer, A. 106. 136. 147. 156. 158. 170
Hoffmann, F. 83
Hoffmann-Axthelm, D. 106f.
Hofmannsthal, H.v. 237
Hofmeister, F. 163. 182
Holborne, A. 94
Holcomb, B. 170
Holliger, H. 21

Holst, G. 17. 23. 44. 198. 212–214. 218
Honig, W. 30. 69
Horovitz, J. 198
Horsley, I. 94. 96
Hošek, M. 132. 165
Hovhaness, A. 199. 229
Howarth, E. 198
Howey, H.E. 103
Huber, P. 222
Huber, R. 204
Huguenet, P. 117
Hummel, J.N. 178
Hunsberger, D. 216. 225. 228
Husa, K. 17. 226. 229–232
Husadel, H.F. 237
Husted, B.F. 15. 25. 62. 104. 115. 119f. 199

Iannaccone, A. 229
Intravaia, L. 120
Ireland, J. 198
Isouard, N. 184
Ives, Ch. 23. 60. 192. 233

Jacob, G. 214. 223
Jacobs, R.M. 25. 135. 147
Jadin, H. 158. 160
Jaeggi, St. 44. 214. 221
Jager, R. 226. 229
Jaime II. 109
Janáček, L. 16
Janetzky, K. 127. 131. 135. 152
Jelich, V. 98
Jenkins, C. 198. 223
Joas, P. 204. 217. 219f.
Johannes de Grocheo 33
Johnson, Ch.E. 224. 229f.
Jones, Ph. 178
Jones, W.J. 132
Jones, W.L. 136. 147
Joplin, S. 195
Joppig, G. 13. 121. 128. 131f. 142. 169
Joseph II. 110

Kagel, M. 16. 232
Kalkbrenner, A. 11
Kandler, G. 80
Kaplan, D.L. 25. 136. 147 f.
Kappey, J.A. 11
Karajan, H.v. 55
Karl Theodor 140
Karstädt, G. 28. 41. 53 f. 89. 93. 96 f. 100
Kastner, G. 89
Kay, U.S. 227
Keldany-Mohr, I. 32–34. 38 f. 68. 185. 187 f.
Kenton, E.F. 94. 97–99
Kindermann, J.E. 100
Kinzl, F. 221
Kitchen, O. 15. 17. 23. 60 f.
Klein, H.-G. 79
Klöcker, D. 13. 143. 145. 148. 150 f. 154 f. 167. 180
Knepler, G. 10
Koch, H.Chr. 138. 164
Kodály, Z. 18
Köhler, L. 68
Kölbel, F. 170
König, H. 221
König, M. 204
Köper, K.-H. 222
Körner, F. 21. 170
Konold, W. 165
Konstanzer, H. 30. 48. 205. 209
Korn, P.J. 222
Kraft Ernst 66. 155
Kreines, J. 228
Křenek, E. 17. 214–217. 225. 227. 234
Krieger, J.Ph. 133
Krommer, F. 131. 182
Kubitschek, E. 94
Küffner, J. 146. 178. 180. 183
Kuegler, H. 221
Kühmstedt, P. 220
Kuhlo, J. 18. 68
Kunze, St. 99

Kurtz, S.J. 25. 136. 150
Kussewitzky, S. 235

Laing, M.M. 165
Lalande, M.R.de 117. 123
Lancen, S. 222
Landon, H.C.R. 140
Langford, G. 198
Langwill, L.G. 121
Lanner, J. 184
Lannoy, E.v. 56
Larson, A.P. 170
LaRue, J. 94. 96. 200
Lasocki, D. 95
Last, J. 208
Latham, W.P. 229 f.
Lawson, C. 128·
Leeson, D. 137. 144. 151
Lefèvre, J.X. 158
Leleu, J. 238
Lendvay, K. 222
Leonhardt, A. 174
Leopold I. 118
Lesueur, J.F. 158
Lijnschooten, H.v. 210. 222
Liszt, F. 16. 44. 185 f. 192. 237
Locke, M. 120
Löffler, E. 220. 222
Loritz, A. 220
Lortzing, A. 184
Ludwig IX. 66
Ludwig XIV. 117. 120 f. 123 f. 127. 134
Lübeck, H. 114–116
Lully, J.-B. 15. 113. 117 f. 120–123. 127. 135
Lumbye, H.Chr. 184. 186

Maasz, G. 220
Mahling, Chr.-H. 16. 41. 71 f. 110 f. 185. 187 f. 203
Majo, E. 38. 220
Maloney, S.T. 202. 212. 228 f. 232 f.
Mamminga, M.A. 197

Marini, B. 100
Markl, H. 8
Marsop, P. 189
Martin, B. 238
Marx, J. 130
Mary II. 119
Masel, A. 11. 29. 47. 54. 78. 204. 208f.
Massaino, T. 100
Mathez, J.-P. 170. 175. 195
Maximilian I. 89. 106. 108
Mayer, F.N. 213
Mayr, J.S. 146
Mayuzumi, T. 223
McBeth, W.F. 229
McGinty, A. 229
McLaurien, D. 17. 45. 61. 226. 230f.
McMurray, A. 228
Méhul, É. 158
Mende, E. 88
Mendelssohn Bartholdy, F. 15. 166. 178–181
Merck, J.H. 66
Meredith, H.M. 115
Mersenne, M. 95f. 121
Messiaen, O. 233. 238
Meybrunn, F.J. 220
Meyer, C.H. 182
Meyer, E.R. 143
Meyer, J. 13
Meyerbeer, G. 16. 184. 186
Meylan, R. 107. 129
Michael, J. 132
Milhaud, D. 24. 44. 62. 167. 226–228. 233. 238
Miller, St. 61. 227. 238
Mitchell, D.C. 212f.
Mjaskowskij, N. 223
Moeck, H. 3f. 97
Moege, G.R. 170
Mönkemeyer, H. 97
Mössmer, G. 106
Molter, J.M. 132. 134
Monteverdi, C. 88. 120
Moog, H. 8

Moore, D. 225
Moritz, C.W. 169
Morricone, E. 208
Mosch, E. 29. 35. 37
Moser, H.-J. 103
Mozart, C. 140
Mozart, L. 156
Mozart, W.A. 15f. 18. 20. 24. 49. 129. 131f. 140–146. 148f. 151. 153–155. 158. 166. 179f. 192. 237
Mózi, A. 103
Müller, P. 167
Müller, U. 170
Müller-Blattau, W. 28. 98f.
Munter, F. 66
Mutter, G. 220. 222

Naginsky, Ch. 199
Nagy, M. 14. 21. 29. 126. 168f.
Napoleon 55
Natvig, M. 236–238
Naumann, J.G. 157
Neithardt, A.H. 175
Nelhýbel, V. 222. 229
Nemetz, A. 176
Newsom, J. 191. 193. 197
Newsome, R. 198
Nicholson, J.M. 119
Nicolai, O. 184
Norton, P.E.H. 192
Nozy, N. 58

Olson, R.H. 238
Ostling, A.E. 45
Overton, F.R. 97
Ozi, É. 158

Padovano, A. 96
Paisiello, G. 131. 146. 149
Palecziska, H. 11. 106
Panoff, P. 11. 78–80
Paques, L. 223
Parkes, P. 198
Pechatschek, F. 131

Penderecki, K. 6. 18. 23. 45. 229. 232
Penders, J. 223
Pepping, E. 214. 217
Perrins, B. 197
Persichetti, V. 229
Petyrek, F. 215
Peuerl, P. 100
Pez, J.Chr. 132
Pezel, J. 101–105
Pfaundler, W. 204
Philidor, A.D. 117. 121–123
Philidor, J. 123
Philippine Charlotte von Braunschweig 147
Pichler, G. 75
Pierce, D.M. 165
Piersol, J.R. 23–25. 66. 136. 142. 145. 148. 154f.
Pirker, M. 157
Pittman, D.S. 214
Pleyel, I. 146
Ploner, J.E. 221
Poesinger, F.A. 131
Polk, K. 23. 25. 87. 90. 93
Ponchielli, A. 186
Poulenc, F. 238
Powley, E.H. 157
Prätorius, M. 100. 106. 114
Pressl, H.M. 221. 232
Prieberg, F.K. 72. 79f. 219
Printz, W.C. 124. 126. 156
Purcell, H. 119

Quantz, J.J. 130. 152

Randall, D.M. 130. 132
Rasmussen, M. 131
Rauhe, H. 36–38
Ravizza, V. 90. 92
Reed, A. 229
Reed, D.F. 179
Reed, H.O. 227
Reeves, D.W. 192f.
Regner, H. 220
Rehfeld, K. 220
Rehrig, W.H. 228
Reicha, A. 14. 146. 165–167
Reicha, J. 142. 146. 155
Reichardt, J.F. 117. 153
Reiche, G. 101–103. 105
Reidemeister, P. 12
Reschke, J. 11
Respighi, O. 225f.
Revelli, W.D. 225
Reynolds, H.R. 225. 228
Riegger, W. 62. 199. 227. 229
Righini, V. 66. 146
Rimskij-Korsakow, N. 15–17. 45. 181
Roberts, M.K. 25. 223
Rochberg, G. 229f.
Rodriguez, R. 231
Rogg, R. 58
Rosen, Ch. 136
Rosetti, A. 146. 155. 166
Rosinack (Rosinak), F.J. 151
Ross, G.J. 132
Rossini, G. 152. 176. 180. 184. 186. 192
Roussel, A. 225
Rudolph 157
Rüdiger, Th. 44
Ruhnke, M. 53. 111
Ruhr, P. 19. 48. 53. 71f. 76f. 82f. 202f. 206
Rusha, S. de 228
Russell, A. 229

Sadie, St. 161
Sager, P. 220
Salmen, W. 88. 168
Salnikov, G. 223
Sammartini, G.B. 134
Sandman, S.M.G. 25. 122
Saro, J.H. 176
Sárosi, B. 8
Sauer, R.C. 200
Sax, A. 191
Scala, F. 193

Schacht, Th.v. 144. 146f. 149. 157
Schafer, W.J. 52. 55. 60. 191. 194f.
Scheidt, S. 99f. 114. 200
Schein, J.H. 95. 200
Schenk, J. 132
Scherchen, H. 217
Scherer, G. 131
Schick, F. 175
Schleuning, P. 154. 156
Schleyer, B. 133
Schmelzer, J.H. 101. 118
Schmidt, (?) v. 70
Schmidt, H. 237
Schmidt-Brunner, W. 59. 227
Schmitt, A. 156. 158
Schmitt, F. 212. 238
Schmitt, G. 162
Schneider, E. 71f.
Schneider, G.A. 146
Schneider, W. 30. 208. 219f.
Schönberg, A. 15. 18. 48. 167. 218. 226f. 229f.
Schoenebeck, M.v. 39
Schott, A. 183
Schrijver, K.de 223
Schubert, F. 178f. 192
Schubert, F.L. 196
Schünemann, G. 114
Schütz, H. 114
Schulé, B. 222
Schuler, M. 151
Schulhoff, E. 215
Schulin, K. 68. 157
Schuller, G. 199. 229f.
Schultz, R.A. 168
Schulze, P. 35. 70. 77
Schuman, W. 227. 229
Schwantner, J. 229
Schwarz, B. 158
Schweighofer, E. 32. 53. 82. 205
Scott, M.L. 170
Sedlak, W. 150. 152
Segers, J. 222
Sehnal, J. 136
Seidel, W. 27f.

Seidl, S. 58. 211
Seifert, H. 138
Seyfried, I.v. 151
Shepard, B.K. 238
Shore (Familie) 119
Sibelius, J. 196
Siebold, R. 53
Simpson, Th. 200
Simrock, F. 16
Sirker, U. 13. 136. 151. 165–167
Sirman, M.N. 102f.
Smith, A. 21. 88. 95
Smith, C.T. 222. 229
Smith, H. 229f.
Smith, N. 217. 228
Smithers, D.L. 104f. 108. 117. 119f.
Somers, H. 233
Sorenson, S.P. 170
Sousa, G.D. 228
Sousa, J.Ph. 192–194. 223–226. 233
Sparke, Ph. 198
Speer, D. 101–103. 119
Spielmann, M. 21. 97
Spohr, L. 15f. 118. 166. 178. 180f.
Spontini, G. 16. 180. 184
Stadler, A. 141. 153
Staehelin, M. 107
Stahmer, K. 144
Stamitz, C. 154
Steibelt, D.G. 146
Steinmetz, H. 204
Steinquest, E.W. 25. 136. 147. 157
Stekl, H. 65. 136. 152
Stekl, K. 221
Stewart, G.M. 168
Stobart, J. 198
Stockmann, E. 88. 106
Stölzel, H. 169f. 172
Störl, J.G. 133
Stolzer, Th. 95
Stoutamire, A. 217. 228
Stowasser, W. 169
Strauß, J. (Vater u. Sohn) 184. 186

Strauss, R. 15. 24. 181. 233.
 236–238
Strawinsky, I. 15f. 23. 55. 217.
 233–236. 238
Strom, K. 11
Stumpf, J.Chr. 150f.
Sundelin, A. 176
Suppan, A. 25. 71
Suppan, W. 3–5. 7. 10f. 13. 15f.
 18–20. 22. 24. 30f. 33f. 36. 38.
 41–44. 47. 55–58. 71. 78. 80f. 177.
 181. 187. 197. 200f. 204. 208f.
 212. 214f. 218–223. 228. 232. 237
Swain, J.J. 170
Swanzy, D.P. 25. 158. 160

Tanzer, S. 209. 221
Tarr, E.H. 63. 90. 92. 102. 105.
 112–116. 125. 135
Thaler, S. 221
Thelen, F. 30
Thomas, O.E. 25
Thomsen, M. 114–116
Thomson, V. 227
Thouret, G. 67
Tibbe, M. 34f. 37
Tinctoris, J. 89
Tippett, M. 198
Toch, E. 17. 56. 214f.
Toeche-Mittler, J. 78f.
Torre, F. de la 92
Träger, K.-P. 170. 179. 181–184. 196
Traster, J.L. 136f. 142. 146f. 149.
 156f.
Triebensee, J. 131. 150–152
Troesch, U. 228
Tröster, P. 92
Tschaikowsky, P.I. 15. 45
Tscherepnin, A. 215. 222
Tull, F. 229
Tunnell, M.H. 63
Turrentine, E.M. 104
Tyson, A. 140

Uber, D. 229

Ulrich von Liechtenstein 89
Uray, E.L. 222

Varèse, E. 24. 238
Vaughan Williams, R. 17. 198. 214.
 233
Venturini, F. 132. 154
Verdi, G. 184. 186. 192
Vessella, A. 11. 121
Vester, F. 132
Vierdanck, J. 100
Vinter, G. 198
Virdung, S. 93. 95. 102. 112
Vlak, K. 210. 222
Voss, St. 99. 200
Votta, M. 15. 20. 131. 140. 144. 155.
 237

Wagner, R. 15f. 57. 80. 180.
 184–186. 192. 237
Walch, J.H. 162f. 182f.
Waldmann, G. 220
Waldteufel, E. 186
Wallace, D. 228
Warner, Th.E. 125
Wasserfuhr, R. 69
Wattenbarger, J.A. 104
Webber, A.L. 208
Weber, C.M.v. 15. 152. 178f. 180.
 184. 186
Weidinger, A. 170
Weigl, J. 146
Weill, K. 41. 55. 57. 233
Weinberger, J. 225
Weiner, L.B. 105. 130. 238
Weinzweig, J. 233
Welker, L. 89. 91–93
Weller, F. 175
Wendel, M. 222
Wendt (Went), J.N. 131f. 150. 183
Whear, P. 229
Whistling, C.F. 163. 182
Whitwell, D. 14. 23. 55. 91. 132–134.
 136. 138. 144. 147. 149. 154. 158.
 161. 225

Whythorne, Th. 94
Widholm, G. 3 f.
Wieland, P. 133
Wieprecht, W. 16. 168–170. 172. 174–176. 184. 193. 196
Williams, C. 226. 229
Winkler, K. 195
Winneberger, P. 146
Witt, F. 146

Wolf, G. 94. 96. 200
Wood, G. 198
Wright, D. 198
Wright, F. 198
Wulf, J. 79

Yoder, P. 222

Zaubek, O.K.M. 6. 33
Zelter, K.F. 164. 167